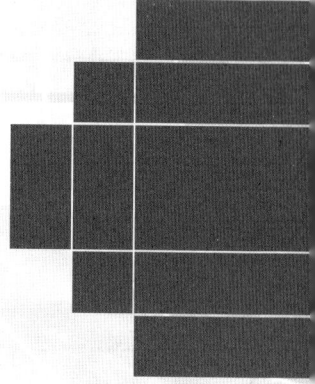

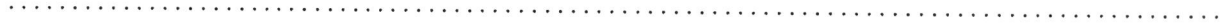

2015 年鉴 Yearbook

浙江大学校长办公室编

Seeking Truth Pursuing Innovation

ZHEJIANG UNIVERSITY PRESS
浙江大学出版社

图书在版编目（CIP）数据

浙江大学年鉴. 2015 / 浙江大学校长办公室编. —
杭州：浙江大学出版社，2015.11
ISBN 978-7-308-14883-2

Ⅰ. ①浙… Ⅱ. ①浙… Ⅲ. ①浙江大学—2015—年鉴
Ⅳ. ①G649.285.51-54

中国版本图书馆 CIP 数据核字（2015）第 160478 号

浙江大学年鉴 2015

浙江大学校长办公室　编

责任编辑	葛　娟	
责任校对	陈晓璐　金　蕾　余月秋	
封面设计	刘依群	
出版发行	浙江大学出版社	
	（杭州市天目山路 148 号　邮政编码 310007）	
	（网址：http://www.zjupress.com）	
排　版	杭州中大图文设计有限公司	
印　刷	杭州日报报业集团盛元印务有限公司	
开　本	710mm×1000mm　1/16	
印　张	29.75	
字　数	688 千	
版印次	2015 年 11 月第 1 版　2015 年 11 月第 1 次印刷	
书　号	ISBN 978-7-308-14883-2	
定　价	88.00 元	

▲ 10月21日，浙江大学煤炭分级转化清洁发电协同创新中心（左图）和感染性疾病诊治协同创新中心（右图）入选国家"2011计划"。图为教育部考察组于7月16—17日现场考察中心。

► 1月10日，控制科学与工程学系孙优贤院士（右一）领衔的"高端控制装备及系统的设计开发平台研究与应用"项目获2013年度国家科技进步奖一等奖。

◄ 1月10日，医学院李兰娟院士（右二）领衔的"重症肝病诊治的理论创新与技术突破"项目获2013年度国家科技进步奖一等奖；其团队于7月23日在Nature上在线发表最新微生态科研成果"肝硬化中肠道菌群的改变"。

◄ 11月6日,高新材料化学中心彭笑刚(右一)课题组和金一政(右二)课题组解决了载流子平衡注入的难题,其研究成果的第一篇论文在*Nature*上发表,第一作者为博士生戴兴良。

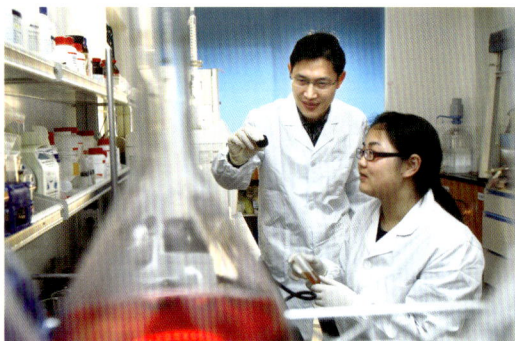

▲ 1月24日,高分子系高超团队(左图)的"'全碳气凝胶'的固态材料",医学院附属第一医院(右图)联合香港大学、中国疾病预防控制中心等单位研制的"首例人感染H7N9禽流感病毒疫苗株"入选2013年中国十大科技进展新闻。

▲ 2月13日,教育学院田正平(左图)、人文学院张涌泉(右图)受聘为浙江大学文科资深教授。

◀ 9月8日，数学系教授苏德矿（中）以最高票获得浙江大学"心平奖教金"，并于9月22日获浙江省首届"最美教师"称号。

▲ 4月28日，浙江大学皮卫星团队被授予2013年度"全国工人先锋号"的称号。

▲ 5月23日，在第八届AAC艺术·中国年度影响力评选颁奖盛典上，浙大出版社出版的《元画全集》获年度艺术出版物大奖。

▶ 11月12日，浙江大学文化遗产研究院科技考古中心团队宣布：仿真重建的敦煌220号石窟竣工。

◀ 7月25日，在巴西举行的2014年RoboCup机器人世界杯比赛中，浙江大学卫冕RoboCup小型组冠军。

► 10月2日，在仁川亚运会男子4×100米接力决赛中，中国队以37秒99的成绩夺冠并打破亚洲纪录。浙江大学教育学院学生谢震业（右三）在中国队中担任第二棒选手。

◀ 11月4日，浙江大学选送6支参赛队在2014年"创青春"全国大学生创业大赛决赛中获4块金牌、2块银牌及"优胜杯"。

► 5月16日，浙江大学首届"启真杯"学生十大学术新成果奖在浙大2014年学术年会上颁发。

▲ 6月19日，2013年诺贝尔化学奖得主Michael Levitt教授受聘浙江大学名誉教授。

▲ 3月13日，诺贝尔基金会主席Carl-Henrik Heldin教授访问浙江大学。

▲ 3月17日，浙江大学与德国柏林工业大学建立校际合作关系三十周年庆典活动在浙大举行。

▲ 5月7-9日，由教育部委托浙江大学承办的第五届亚欧教育部长会议2014年中期高官会在杭州召开。

▲ 11月26日，联合国教科文组织中国创业教育联盟在杭成立，并落户浙江大学。

▲ 10月11日，依托于浙江大学的中国创新设计产业战略联盟在杭成立。路甬祥院士当选为第一届理事会会长，潘云鹤院士当选为理事长。

▲ 12月5日，由浙江大学与国土资源部合作共建的"浙江大学土地与国家发展研究院"在浙大紫金港校区成立。

▲ 3月8日，浙江大学与中国工程院在北京正式签订共建"中国工程科技数据和知识技术研究中心"的合作协议。

▲ 12月12日，浙江大学与普洱市人民政府在浙江大学紫金港校区签署合作框架协议。

▲ 10月31日，浙江大学首家异地附属医院——附属第四医院于义乌市开业。

◀ 6月28日，浙江大学授予香港永新企业有限公司副董事长曹其镛先生"名誉校董"。

▶ 5月20日，查氏企业集团主席查懋声先生代表查氏集团向浙江大学捐赠4000万元人民币，用于建造紫金港校区求是文化建筑群。

◀ 11月10日，宁波方太集团名誉董事长茅理翔访问浙江大学，并向浙江大学教育基金会捐赠2000万元，支持设立"浙江大学管理学院企业家学院"。

▶ 6月16日，心理与行为科学系教授龚浩然、黄秀兰夫妇向浙江大学教育基金会捐赠首期人民币80万元，支持设立"浙江大学龚浩然维果茨基研究出版基金"。

◀ 6月30日，位于海宁市区鹃湖湖畔的浙江大学国际联合学院（海宁国际校区）开工。

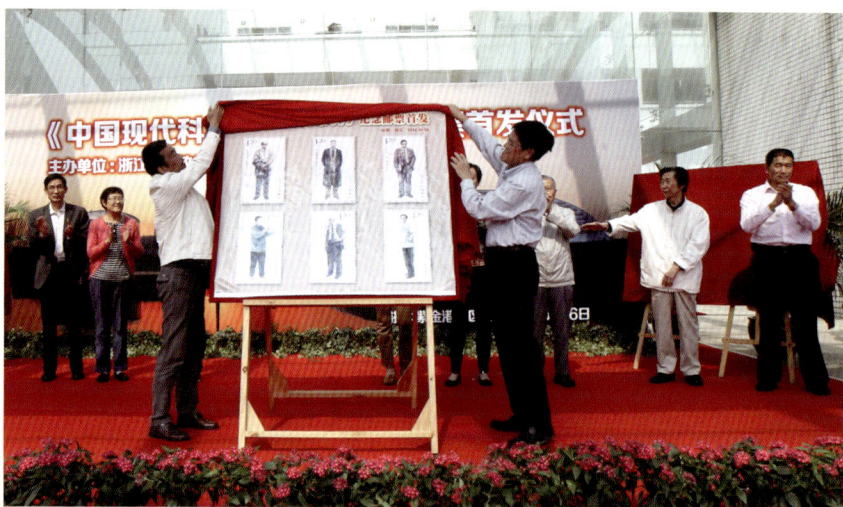

▶ 10月16日，中国现代科学家第六组纪念邮票在浙江大学首发。

◀ 12月20—31日，浙江大学举行首届学生节，主题为"健康、快乐、成长、梦想"。

《浙江大学年鉴 2015》编委会

编 辑 说 明

    《浙江大学年鉴2015》全面系统地反映浙江大学2014年事业发展及重大活动的基本情况，包括人才培养、科学研究、社会服务、党的建设等方面的内容，为教职员工提供学校的基本文献、基本数据、科研成果和最新工作经验，是兄弟院校和社会各界了解浙江大学的窗口。《浙江大学年鉴》每年一期。

    一、《浙江大学年鉴》客观地记述学校各领域、各方面的建设发展情况。

    二、年鉴分特载、专题、浙江大学概况、党建与思想政治工作、人才培养、科学研究与社会服务、规划与重点建设、学科与师资队伍建设、对外交流与合作、院系基本情况、财务与资产管理、校园文化建设、办学支撑体系建设、后勤服务与管理、附属医院、机构与干部、表彰与奖励、人物、大事记等栏目。

    年鉴的内容表述有专文、条目、图片、附录等几种形式，以条目为主。

    全书主体内容按分类排列，分栏目、分目和条目。

    三、选题基本范围为2014年1月1日至2014年12月31日间的重大事件、重要活动及各个领域的新进展、新成果、新信息，依实际情况，部分内容时间上可有前后延伸。

    四、《浙江大学年鉴2015》所刊内容由各单位确定专人撰稿，并经本单位负责人审定。本年鉴以分目为单位撰稿，撰稿人及审稿人在文后署名。

《浙江大学年鉴》编委会

CONTENTS
目　录

党建与思想政治工作 /30

目　录

科学研究与社会服务 /112

规划与重点建设/160

学科与师资队伍建设/162

对外交流与合作/175

院系基本情况 /187

财务与资产管理/280

校园文化建设/291

办学支撑体系建设 /301

后勤服务与管理 /311

机构与干部 /337

表彰与奖励 /358

人　物/388

大事记/441

浙江大学 2014 年工作总结

（2015 年 4 月 4 日）

　　2014 年是学校深入实施"六高强校"战略的关键一年。一年来，在教育部和浙江省委、省政府的正确领导下，学校以邓小平理论、"三个代表"重要思想和科学发展观为指导，深入学习贯彻党的十八大及十八届三中、四中全会和习近平总书记系列重要讲话的精神，深化改革，激发活力，提高办学质量，促进内涵发展，学校各项事业发展迈上新台阶。

一、学习贯彻中央精神，积极谋划综合改革，学校创新发展的战略布局进一步深化

　　1. 认真学习贯彻中央会议和领导讲话精神。通过理论中心组学习、报告会、座谈会等形式，广泛开展宣讲、研讨、培训等活动，组织师生员工认真学习党的十八大及十八届三中、四中全会和习近平总书记系列重要讲话精神，深刻领会中央"四个全面"重大部署，切实将思想与行动统一到自觉贯彻落实中央精神上来，进一步凝聚改革共识，推进依法治校，深化作风建设。深入学习贯彻习近平总书记北京大学"五四"重要讲话精神，增强办学的使命感、责任感和紧迫感，进一步坚定建设中国特色、世界一流大学的信心和决心。11 月 21 日，李克强总理来学校考察，与学生亲切座谈并发表重要讲话，学校深入学习贯彻李克强总理讲话精神，大力弘扬和丰富发展求是创新精神，努力为教师教书育人和学生成长成才创造更加良好的环境与文化氛围。

　　2. 积极谋划学校综合改革。根据中央关于全面深化改革的重大战略部署和国家高等教育体制改革的总体要求，研究制定全面深化重点领域，改革的意见，明确了学校改革发展的重点领域和重点任务。经过深入调研和反复论证,制定了学校综合改革方案,从8个方面确定了学校深化改革的52项任务以及相应改革举措。改革方案获国家教育体制改革领导小组办公室同意备案实施,并明确了国家和部省予以支持的政策和权限,为进一步提升学校核心竞争力和可持续发展能力打下坚实基础。

　　3.聚焦重点领域加强战略布局。组织召开学校领导班子重大战略问题研讨会和学校发展战略咨询会议,研究梳理学校战略发展思路。聚焦探索浙江大学办学体系、现代大学治理体系和科技创新服务体系等重点领域,加强战略布局,积极推进海洋学院和国际联合学院建设,支持城市学院和宁波理工学院转型发展。编制实施学科与人才队伍建设新一轮发展规划,筹集25.57亿资金,启动实施学科与人才队伍建设专项计划。面向国际学术前沿和国家区域重大需求,主动组织前期预研,凝练16+X预研项目,积极抢占未来学术制高点。

二、调整优化学科布局,加强资源协同保障,学科声誉和人才队伍建设水平稳步提升

　　4.统筹推进学科建设。启动实施为期四年的学科与人才队伍专项建设,加强学科分析、规划和布局,加大经费投入,发挥院系主体作用。积极推进学科调整与交叉融合,规划支持微纳加工平台、遗传研究所、示范性微电子学院等重要学科平台建设。加强"985工程"建设及项目管理,强化经费执行和建设成效评估。主动对接国家海洋战略,加快建设摘箬山海洋科技示范岛,与国际顶尖海洋学科进行深度合作,推进一流涉海学科发展。据2015年1月公布的ESI数据,我校17个学科进入世界学术机构前1%,居全国高校第二;4个学科进入世界前1‰,居全国高校第一;6个学科进入世界前100位,4个学科进入世界前50位,并列全国高校第一。

　　5.加强人才队伍建设。科学编制各学科人才队伍建设规划,实施师资队伍定编定岗工作。借鉴国际高水平大学教师聘任的学术标准和程序,启动实施"百人计划",试行教师长聘制和国际化评估,14位教师入选。设立引才育才奖,加大高层次人才引进和培养力度,全年引进教师156名,其中直接从海外引进88名,占56.4%;获得海外知名大学博士学位的教师75名,占48.1%。评出文科资深教授2名,引进国家"千人计划"学者8名、"青年千人计划"学者15名,新增"长江学者"16名、国家杰出青年基金获得者8名、浙江省特级专家10名、国家优秀青年基金获得者17名。推荐133人申报青年千人计划,其中42人成功入选,申报人数和入选人数分别居全国高校第一、第二。

　　6.加强人力资源管理服务。在定编定岗基础上,调整高级专业技术职务评聘办法,进一步发挥院系主体作用,全年评聘教授(研究员)91人,副教授(副研究员)95人。加强博士后队伍建设,新进博士后研究人员413人,新增新闻传播学博士后科研流动站。探索党政管理人员公开招聘制度,完善职员职级晋升办法。加强非事业性质岗位用工管理,促进劳务派遣工作规范化。完善人事管理制度,出台《浙江大学教师校内兼聘暂行办法》等政策文件。

三、坚持立德树人导向,提高教育教学质量,加快构建适应人才培养规律的教育体系

　　7.完善人才培养机制。推进本科教育质量工程,着眼学生个性发展,积极推进专业、课程建设与改革,新增 3 门国家精品视频公开课。注重对学生实践能力的培养,推进实验教学改革,构建长时间实习、探究性实验与过程型实践相结合的立体化实践教学体系,新增 3 个国家级校外实践基地和 1 个国家级虚拟仿真实验教学中心。建立 192 个以课程(群)或专业为单元的基层教学组织,组建校院两级教学督导体系,优化课堂教学评价,不断强化教学质量保障。探索完善"1+1+2"的本科学生管理模式,进一步强化求是学园各学园与专业院系管理培养环节的衔接。加大教学经费投入,营造尊师重教的氛围,继续抓好"心平"奖教金、优质教学奖、"三育人"先进集体和标兵的评选工作。提高教育教学质量,获得国家教学成果奖 11 项,获奖数居全国高校第一;加强教学名师培养,我校教师荣获第二届全国高校青年教师教学竞赛人文社会科学组一等奖第一名。

深化研究生培养机制改革,推行研究生课程教学质量网上评价,构建研究生评教、督导评估与管理人员评价相结合的质量保证和监督体系。加强研究生创新能力培养,完善学位论文匿名评阅与质量抽查制度,保障学位授予质量,获得中国学位与研究生教育学会研究生教育成果奖一等奖 1 项。推进海外教师主导的研究生全英文课程建设,增开 23 门共享性全英文课程。注重学生国际化培养,选送 1618 名研究生赴国(境)外攻读学位、联合培养和交流访学,支持 441 名研究生参加高水平国际学术会议。完善奖助管理体系,增设研究生学业奖学金,顺利实施研究生收费制度改革后的研究生新资助体系,探索完善以科研为主导的导师负责制和资助制。

8. 加强招生与就业工作。改进大类选拔,拓宽多元录取途径,创新招生宣传方式,在浙江省试点"三位一体"综合评价录取模式,扎实推进优质生源工程。优化博士生招生指标分配机制,完善研究生培养成本补偿机制,推行博士生招录"申请—考核"制。2014 年,招收全日制本科生 5893 人、硕士生 4698 人、博士生 1893 人;授予学士学位 5331 人、硕士学位 6289 人、博士学位 1516 人。加强学生就业指导与服务,引导学生树立正确就业观,2014 届毕业生初次就业率为 97.18%,本科毕业生海内外深造率达到 55.99%。

9. 提升思想政治教育成效。重视马克思主义理论学科建设,依托思想政治理论教学科研部筹建马克思主义学院,设立"马克思主义理论和中国特色社会主义研究与建设工程"专项课题。加强学生思想政治教育,探索思政理论的情境式教学和在线课程建设。强化学生思想引领,深入开展社会主义核心价值体系教育和中华优秀传统文化教育。完善"三全"育人体系,加强专兼职辅导员队伍建设,提升班主任、德育导师队伍专业化水平。完善研究生导师育人机制和"新生之友"寝室联系制度,开展 3 期"书记有约"和 2 期"校长有约"活动。

10. 强化创新创业教育。成立学生创新创业教育工作领导小组,完善创新创业教育协同机制,积极构建"创业培训—创业竞赛—创业交流—创业孵化"全过程教育体系。大力培育支持学生创业平台和团队,设立创业种子基金,启动 e-works 创业实验室,建设项目成果孵化平台,学生创业团队全年获得风险投资和政府资助超过 1 亿元人民币。在 2014 年全国挑战杯大学生创业计划大赛上获得 8 块金牌和 2 块银牌的历史最好成绩,金牌总数位居全国高校第一。推进国际创业教育交流合作,联合国教科文组织中国创业教育联盟落户浙大,我校担任联盟主席单位。成功举办"新尚杯"高校大学生创业邀请赛等活动,营造浓厚创业教育氛围。

11.提高学生综合素质。完善德育、体育、美育和实践教育的第二课堂体系,加强大学生领导力教育中心、卓越工程师教育发展中心等综合素质训练平台建设。持续推进研究生教育"健心"计划,增强研究生适应社会的素质能力。加强大学生社会实践锻炼,组织8000余名本科生和1000余名研究生开展社会实践与科技服务,选派147名研究生参加挂职锻炼,积极开展博士生技术咨询服务活动,新增11个校级社会实践基地。支持大学生参加各类学科竞赛,在校本科生参加各类学科竞赛获得国际特等奖1项、一等奖33项,国家特等奖2项、一等奖19项。其中,连续五年获得国际大学生数学建模竞赛特等奖,获奖次数位居全国高校第一;卫冕机器人世界杯足球赛RoboCup小型组冠军;获得德国红点设计奖9项和IF设计奖3项。

四、激发学术创新活力,推进科技研发服务,科研内涵发展和协同创新能力持续增强

12.推进科研内涵发展。主动适应国家科技计划管理改革,前瞻布局"十三五"科研发展计划,提升重大科研项目组织化程度,加强科研合同、过程和经费使用管理。科研规模稳中有升,全年到款科研经费31.21亿元,继续保持全国高校第二位。基础研究能力不断提升,获得国家自然科学基金项目739项,资助总金额达5.61亿元;获批国家自然科学基金创新研究群体延续资助项目1项、重大重点项目18项;获批国家社科基金项目共51项,包括重大招标项目11项、重点项目11项,其中重大招标项目立项数居全国第一。重大研究承载能力持续提升,2014年在研千万级项目达115项。

13.激发学术创新活力。优化评价体系,强调质量导向,引导培育高水平标志性成果,在国际顶级学术期刊《自然》上发表论文2篇。发表论文数量质量继续保持高校领先,根据中信所公布数据,我校2013年被SCI收录的Article、Review两类论文5298篇,十年累计国际论文被引29004篇(327298次),"表现不俗"论文2098篇,在各学科领域影响因子最高的期刊上发表论文219篇,均保持国内高校第一;6篇论文入选百篇最具影响的国际学术论文,并列全国第一。提高人文社会科学论文质量,2014年被SSCI收录论文323篇,居全国高校第三;被A&HCI收录论文42篇,居全国高校第一。获得国家科学技术奖励13项,其中作为第一完成单位5项,作为参与单位8项,通用项目获奖总数居全国高校第一。高新材料化学中心"利用溶液法制备出高性能量子点发光二极管"的成果获得2014年度"中国科学十大进展";医学院附属第一医院"肝硬化中肠道菌群的改变的研究"入选2014年度"中国高等学校十大科技进展"。

14.增强协同创新能力。积极培育建设"2011协同创新中心",我校牵头的"煤炭分级转化清洁发电协同创新中心"和"感染性疾病诊治协同创新中心"通过国家认定,作为核心单位参与"人工微结构科学与技术协同创新中心"和"高端制造装备协同创新中心"。全面启动文科协同创新,成立"一带一路"合作与发展协同创新中心,作为协同单位加入"中国文化走出去协同创新中心——中国图像整理与研究创新平台"和"司法文明协同创新中心"。

15.落实哲学社会科学繁荣计划。打造立足原始创新的基础性科研平台,成立人文高等研究院。推进省部基地建设，与国土资源部共建"浙江大学土地与国家发展研究院"，与省委宣传部共建传媒与国际文化学院。推进一流智库建设，确定若干个面向国家、区域、浙江省的重点建设智库。培育学术精品，第一批"文科高水平学术著作"项目稳步推进。实施文科国际学术会议支持计划，文科国际学术影响力不断扩大。

16.提高社会服务成效。主动服务国家和区域创新驱动发展战略，积极推动技术成果转化和产业化，构建辐射全国的技术转移网络和重大研发平台，新设滨海、华南和包头工业技术研发合作平台，发起成立中国创新设计产业战略联盟，与龙头骨干企业共建了一批校企研发机构。全年横向科研经费达10.7亿元，获授权国家专利2080件，其中获授权发明专利1489件，获授权发明专利数继续保持全国高校第一。充分发挥学校人才优势，积极推荐各类专家服务地方经济民生，入选浙江省第四批重点科技创新团队11个，省科技特派员37人，省"五水共治"技术专家43人。

拓展和深化与贵州、新疆、广西、江苏等省区及省内杭州、湖州、舟山等地区的合作，校地合作平台和项目建设成效明显。继续加强援藏援疆和对口支援贵州大学、塔里木大学工作，深化与西部高校在文化遗产保护、数字化文明、农业生产技术、种质资源保护等领域的合作研究。继续做好定点扶贫和结对帮扶工作，与云南普洱市政府签署合作协议，支持滇西应用技术大学普洱茶学院建设。

支持各附属医院加强自身建设、拓展发展空间，启动附属医院编制员额核定与公开招聘，进入备案制试点工作，实施"临床医学名师计划"，医学院附属第四医院和儿童医院滨江院区正式开诊，附属第一医院余杭院区开工建设。7家医学院附属医院新增国家临床重点专科12个，门急诊数超过1329.3万人次，比上年增长9.6%；收治住院病人43.4万人次，比上年增长13.9%；业务总收入119.3亿元，比上年增长25.6%。提升继续教育质量和品牌，大力拓展高端教育培训，继续教育培训达15.7万人次，总收入达到6.5亿元，比上年增长4.8%。

五、创新中外合作模式，传承求是创新文化，国际化办学水平和海外影响力不断提高

17.扩大学校国际影响。积极推进国际联合学院建设，落实国际合作办学机构和项目，深入开展"一对多"的教学、科研、产业化合作。与帝国理工学院共建的"应用数据科学联合实验室"正式成立，两校联合的培养研究生项目被国家留学基金委确定为首批创新型人才国际合作培养资助项目。与爱丁堡大学签署联合办学协议，与沃顿商学院、卡耐基梅隆大学等共建联合学院并有序推进各项合作。深入实施"海外一流学科伙伴提升计划"，遴选11个院系对接32所世界名校，开展学生交流、学术互访，着力提升学科国际影响力。加大校际交流力度，新签、续签一批校际合作协议，全年接待海外访问团组1768人次，全校师生海外学习交流总数达到6651人次，其中学生海外学习交流总数为3161人次。营造校园国际化氛围，成功组织"英国帝国理工日"、"德国柏林工大日"等重大国际交流活动，承办第五届亚欧教育部长会议2014中期高官会，主办"海峡两岸校务管理研讨会"。设立"启真海外名师大讲堂"，邀请海外杰出学者、文化名人、大学校长等举办公众讲座20场，产生了较大影响。

18. 提高留学生教育质量。重视和加强留学生教育,完善留学生管理与教育工作机制,稳步扩大留学生规模,在校留学生总数达到 5746 人(含非学历学生),比上年增长 9.1%;其中攻读学位的留学生数达到 2682 人,比上年增长 7.3%。成立浙江大学中国学中心,开展"庆祝孔子学院成立十周年"系列活动,加强中国文化传播与推广,获得"全国来华留学生教育先进集体"称号。

19. 营造校园文化氛围。启动建校 120 周年校庆筹备和筹资计划,进一步凝聚师生、校友和社会力量。与湄潭、龙泉等地举办纪念西迁办学 75 周年系列活动,回顾西迁历史,弘扬求是精神。成功举办首届浙江大学学生节,增强学生主体意识,支持学生自主开展各类文艺、体育和学术活动。组织开展首届"浙大好医生、好护士"评选活动,评出"好医生"、"好护士"各 5 名,在医学领域乃至全社会产生积极反响。积极打造新年音乐会、校庆晚会、迎新晚会等校园文化品牌,支持各类体育、文艺社团组织体育竞技和艺术展演活动,丰富校园文化生活。组织开展第三届校园文化建设优秀成果评选,推动院系文化建设。完善校园文化建设机制,不断优化校园标识,规范学校楼宇及机构标识设置,推进求是书院文化元素建筑群等文化项目建设。营造学术文化氛围,精心组织年度十大学术进展评选、十大教材评选以及高端学术报告会,开展首届"启真杯"学生十大学术新成果评选活动。大力弘扬法治精神,做好校园普法工作,举办国家宪法日学习宣传教育活动。举办"浙大欢迎您""浙大祝贺您""浙大祝福您"等系列仪式活动,积极营造以师生为本的人文氛围。

六、完善内部治理结构,强化支撑保障体系,继续优化健康和谐稳定的办学环境

20. 完善现代大学治理体系。组织制定《浙江大学章程》并经教育部核准实施,强化了依法治校的制度基础。健全现代大学制度,完善校院(系)管理架构,强化权责统一,遴选 8 个院系开展改革试点,进一步扩大院系自主权,激发基层办学活力。优化学部制改革,统一学部运行机制,进一步构建完善学校、学部、院系学术委员会体系,发挥学术委员会在学科规划建设、人才评价引进、重大项目凝练等方面的重要作用。积极推进信息公开和校务公开,健全民主决策和民主管理,建立了学校重大制度意见征求与解读平台和重大政策跟踪评估工作制度。

21. 提升管理服务效能。深化"一流管理、服务师生"活动,推进学校机关转变职能和作风,梳理审批清单、责任清单和服务清单,加强行政服务办事大厅建设,办事大厅窗口办事事项总数增加至 304 项,累计办结事项 20 余万件次,师生满意率达到 99.9%。严格执行审计制度,提高审计质量,重点推进经济责任审计、科研经费审计、工程审计和校属企业年报审计等,积极探索建立修缮工程全过程审计。深化采购项目精细化管理,全年完成采购预算金额 48671.41 万元,成交金额 45940.38 万元,直接节约采购资金 2731.03 万元。加强实验室建设与管理,推进建立生物医学高端电镜平台、3T/7T 磁共振成像平台等大型仪器公共技术服务平台,全年新增仪器设备固定资产总台件 24398 台(套),总额 56611.15 万元。

22. 强化支撑保障条件。完善学校战略布局,优化院系在各校区的空间调整,提高空间利用效率。以紫金港校区西区建设为重点,加强与政府及相关部门的沟通协调,加快推进

110万平方米工程的报批、设计、招标等工作。舟山校区（海洋学院）主体建筑全面竣工，海宁国际校区开工建设。"1250安居工程"取得积极进展，西湖区块人才房开工建设，余杭区块人才房土地通过招拍挂程序顺利取得。加强玉泉、西溪、华家池、之江等校区的修缮整治和绿化美化，"美丽校园"建设取得明显成效。进一步规范公用房管理，积极推进公用房有偿使用，提高了公用房配置绩效。学校财力持续增长，年度财务总收入达109亿元，比上年增长30.9%，教育基金会规模达到13.69亿元。加强发展联络工作，全年接收社会捐赠签约项目143个，签约金额2.47亿元，实际到款折合人民币3亿元，获得国家财政配比奖励1.19亿元。强化图书文献资源保障，加强古籍保护与开发，收藏1400余种拓片实物。完善全校有线网、无线网统一运维格局，探索在线教育平台建设和视频交互平台服务，提升信息化支撑能力。推进数字档案馆建设，建成陈香梅女士数字馆和3D展厅。加强校史研究，撰写完成《浙江大学史话》。

23.推进学校产业与后勤发展。圆正控股集团实现年收入20.71亿元，净利润1.91亿元，上缴税费1.30亿元，净资产收益率9.3%。创新技术研究院有限公司全力打造全方位开放的科技成果产业化平台，全年考察成立295个产业化项目，成立3家高科技公司。国家大学科技园新增入园企业106家，培育毕业企业25家，创办青蓝计划企业31家，大学生创业企业69家，各分园建设取得积极进展。建筑设计研究院全年签订设计合同556项，合同金额4.35亿元，完成产值约4.4亿元。推进后勤集团等单位的改革发展，加强后勤服务设施改造和保障能力建设，全面提升后勤服务质量。出版社全年销售收入2.13亿元，品牌声誉不断提升，《浙江大学学报（人文社会科学版）》两年他引影响因子和五年他引影响因子均居全国高校综合性学报第一，《浙江大学学报（英文版A/B辑）》入围"中国国际影响力TOP学术期刊"前5%。

24.建设平安和谐校园。加强校园综合治理和安全教育宣传，完善安全责任和人防、技防体系，层层落实安全责任，确保校园治安、交通、消防、食品、防疫、实验室等安全。建立学校安全稳定评估排查机制，修订完善各类突发事件应急预案，制定学校重大决策社会风险评估制度。完善信访工作机制，落实学校领导包案制度，推动疑难信访联合化解工作。主动关心师生成长发展，完善关爱帮扶机制，进一步提升职工大病医疗互助保障能力，争取2000万元社会捐赠充实爱心基金，并安排1000万元设立爱心基金学生专项基金。重视家庭经济困难学生入学和资助工作，发放经济困难学生各类补助金2827.8万元。

七、落实从严治党要求，加强改进党的建设，党的群众路线教育实践活动成果进一步巩固拓展

25.巩固拓展教育实践活动成果。深入推进党的群众路线教育实践活动整改落实工作，以钉钉子精神对"两方案一计划"确定的整改任务实行销号式管理。《学校领导班子整改方案》确定的27项整改任务、《"四风"突出问题专项治理方案》确定的21项任务和《制度建设计划》确定的13类制度建设计划，除个别需待上级政策明确后落实外，其余均如期完成。通过整改，清理各类考核、评比、表彰活动30项，清理回收超标办公用房6475平方米；大幅压缩行政任务出访组团和人数,减少"三公"经费支出,学校层面召开的会议数明显下降。及时组织教育实践活动"回头看",以"三严三实"为标尺制定巩固拓展教育实践活动成果的方案,持续深化校院两级整改工作,推进作风建设常态化、长效化。

26. 抓好宣传思想工作。组织师生深入学习习近平总书记关于意识形态工作重要讲话的精神和中央《关于进一步加强和改进新形势下高校宣传思想工作的意见》,用马克思主义中国化最新成果武装党员师生,不断完善政治理论学习制度和学习形式。举办学习贯彻习近平总书记系列重要讲话精神培训班,对全体中层以上干部进行为期5天的集中培训。继续落实"育人强师"的全员培训计划,对教师和管理干部加强理想信念教育、革命传统教育,全年举办20个班次、培训2058人次。开展培育和践行社会主义核心价值观主题教育,深化"我们的价值观"大讨论,引导师生员工自觉践行核心价值观。加强改进宣传思想和意识形态工作,强化新媒体平台和"求是网军"建设,牢牢把握正确的舆论导向和意识形态话语权。

27. 加强干部队伍建设。认真落实中央《关于坚持和完善普通高等学校党委领导下的校长负责制实施意见》,组织修订党委全委会、常委会、校务会会议制度和议事规则。加强各级领导班子建设,严格党内政治生活,强化政治纪律、组织纪律和廉政纪律,认真开好班子民主生活会。认真执行干部管理监督有关制度,做好对领导干部的从严管理。贯彻执行中央新修订的《党政领导干部选拔任用工作条例》,强化党委在选人用人工作中的责任意识和把关作用,严格执行干部考察、公示等制度。选好配强中层班子,调整中层干部74人次,对94名任职试用期干部进行了考核和综合评价,完成了中层后备干部的民主推荐工作。加强对年轻干部的培养和交流,全年调整科职干部127人,新选派挂职干部55人,接收挂职干部17人,从校部机关选派19位年轻干部到17个院系工作,从院系、附属医院选派42位教师到校部机关27个单位挂职锻炼。

28. 强化基层党建工作。深入开展"五好"党支部创建活动,全年309个支部通过验收。"五好"党支部创建活动被评为浙江省组织系统特色工作。强化院级党组织的政治核心和监督保证作用,部署"五好"院级党委创建活动。加强基层党建骨干队伍建设,建立院级党组织书记例会制度,加强党建工作培训,部署推进基层党建工作。加强党员发展和教育管理服务工作,按照"控制总量、优化结构、提高质量、发挥作用"的要求,认真落实党员发展计划,全年新发展党员1765名。组织开展校"两优一先"评选活动,表彰了50个先进基层党组织、120位优秀共产党员和50位优秀党务工作者。

29. 推进党风廉政建设。落实学校党风廉政建设党委主体责任和纪委监督责任,健全学校党风廉政建设领导体制和工作机制,制定《中共浙江大学委员会关于落实党风廉政建设党委主体责任和纪委监督责任的实施办法》,深入推进惩治和预防腐败体系的建设。强化源头预防,组织开展党风廉政建设情况分析,抓好廉洁教育,层层签订廉政责任书和廉洁自律承诺书,健全权力运行制约和监督机制,强化重点部位和关键环节的监管。进一步健全学校纪检监察工作体制机制,明确校院两级纪检监察工作职责,累计在校内51家二级单位设立纪委,支持纪检监察工作,落实"三转"要求,强化监督执纪问责。加强信访举报问题排查,严肃查处违纪违法案件2件,党纪处分1人,政纪处分4人。深入开展校院两级作风建设,建立机关作风建设督导员制度,切实营造风清气正的办学环境。

30. 做好统一战线和群团工作。继续加强统一战线和群团工作,鼓励支持各民主党派和无党派人士参与学校管理、服务社会发展,指导支持各级团组织和学生社团加强自身建设。坚持和完善以"双代会"为基本形式的民主管理制度,顺利完成"双代会"换届工作,建立了关系教职工切身利益的重大事项提交双代会审议的制度。做好离退休工作,按照有关文件精神认真落实离退休教职工生活待遇,完善关爱机制,细化服务举措,畅通沟通渠道,充分听取老同志的意见建议。拓宽教职工参与学校民主管理的渠道,设立"金点子"合理化建议网上征集平台,广泛征集广大教职工对推动学校改革发展、优化管理服务机制的意见和建议。

浙江大学 2014 年工作要点

(2014 年 3 月 17 日)

2014 年学校工作的总体要求是:深入学习贯彻党的十八大及十八届三中全会精神,深化改革,激发活力,尊重院系主体地位,发挥师生首创精神,深入实施"六高强校"战略,大力推进学校内涵建设,努力开创学校事业发展新局面。

一、深入学习贯彻十八届三中全会精神,深化重点领域改革

1. 学习领会十八届三中全会的精神。深入开展学习、宣传工作,组织进行习近平总书记系列讲话和十八届三中全会精神的学习培训,凝聚改革共识,形成改革合力,完善学校深化改革的领导体制和工作机制,明确学校深化改革的总体要求和目标任务。

2. 优化内部治理结构。制定《浙江大学章程》,完善学校内部治理结构和基本管理制度。强化校院两级管理体制,启动扩大院系办学自主权改革试点,推动管理重心下移。建立健全学校、学部、学院(系)学术组织及其运行机制,充分发挥教授治学的重要作用。进一步优化学部制度,做好学部换届工作。

3. 推进人事制度改革。实施定编定岗工作,核定各学院(系)教师编制和岗位结构。实施"百人计划",加大对优秀青年人才的引进和培养力度。试行长聘制。在深化教师岗位分类管理改革的基础上,完善教师分类评价、考核、晋升、聘任和激励政策。打破学科资源壁垒,制定教师兼职、成果共享的有效办法,促进学科交叉和人才联合培养。

4. 完善资源配置机制。加强财务预算管理,扩大院系资金统筹使用权限。逐步实施学校公共资源全成本管理,提高资源利用效率。创新资产经营管理模式,盘活学校存量资源。积极打造公共服务平台,建立共建共享机制。

二、统筹规划落实责任,着力加强学科和人才队伍建设

5.统筹推进学科建设。加强学科分析、规划和布局,推动重点方向和平台的调整建设,支持学科交叉和跨学科合作。加大学科建设投入,优化资源配置,做好新一轮"985工程"和"211工程"重点建设预研工作,完善项目管理机制、责任机制和绩效评价机制。

6.加强人才队伍建设。修订完成院(系)人才队伍建设规划,加大力度引进海内外高层次人才。落实求是创新团队支持计划,制定具体实施办法。发展专职科研队伍,完善专职科研队伍建设管理机制。严格控制编制外人员聘用,制定人才(劳务)派遣人员管理办法,规范非事业性质岗位用工管理。

三、围绕立德树人的根本任务,努力提高教育教学质量

7.提高本科生教育质量。围绕立德树人的中心任务,根据人才培养目标,进一步明确人才培养理念。增强教师教学责任,激发教师教书育人的积极性,加大教学名师培养力度。优化本科生招生、培养与管理模式,完善通识教育与专业教育,以及研究生教育有效衔接的机制。推进本科教学质量工程,完善课堂教学质量评价。加强基层教学组织建设,推进课程建设和教法改革。加强本科专业建设和评估,推进实施各类卓越教育培养计划。积极做好准备迎接本科教学工作审核评估。

8.深化研究生培养机制改革。改革完善研究生招生办法和名额配置机制,提高研究生生源质量,健全研究生资助体系。构筑研究生培养质量保证和监督体系,注重提高研究生学术水平和创新能力。创新拓展研究生教育国际化模式,推进海外教师主导的研究生全英文课程建设,加大力度支持研究生的国际合作与交流项目。探索"定制"式的专业学位研究生培养模式。

9.加强思想教育与指导服务。完善德育、体育、美育和实践教育的第二课堂体系,重视学生素质发展。深入开展社会主义核心价值体系教育和中国优秀传统文化教育,提高学生思想素质和人文素养。完善班主任、德育导师和辅导员工作协调机制,贴近学生实际创新思想政治教育模式,提高思政教育的针对性和有效性。为学生自我教育与管理提供更多资源平台,支持学生社团开展各类社会实践和学术文化活动。加强学生就业指导与服务,切实提高毕业生就业质量。

四、推动科学研究内涵发展,激发自主创新活力

10.提升科学研究水平。瞄准国际学术前沿和国家区域发展战略,谋划布局"十三五"科研发展目标与路径。构建开放式创新体系,加快推进"2011协同创新中心"的培育建设工作,力争在教育部新一轮的协同创新中心认定中取得突破。强化科研创新支撑,营造激发原始创新和开创性研究的学术环境,稳定支持一批优秀学者和学术团队潜心研究。精心培育文科学术精品,支持大型文化研究项目,促进一批高水平学术著作出版。

11. 优化科研体制机制。完善以创新和质量为导向的科研评价机制,探索长周期考核激励政策,促进科研内涵建设。加强对基础研究的稳定支持,重视对高新技术和先进技术的组织实施。探索完善知识产权归属和利益分享机制,充分调动科研人员转化科研成果的积极性,促进知识转移与技术服务的可持续发展。落实哲学社会科学繁荣计划,加快推进人文高等研究院的筹建工作,优化适应文科特点的学术生态。

五、完善校地合作平台布局,提升社会服务能力水平

12. 推动成果转化和产业化。服务国家和区域创新驱动发展战略,围绕区域、行业的战略目标与需求,完善技术转化、转移与服务体系,加强工业技术研究院、新农村发展研究院、创新技术研究院、西部发展研究院、转化医学研究院等平台的建设,发挥国家大学科技园的作用,加快科技成果转化和产业化。加强文科智库建设,围绕经济社会发展的重大现实问题,积极开展高水平的决策咨询研究。

13. 完善社会服务体系和平台。加强重大校地合作平台建设,督促合作签约项目顺利实施。支持城市学院、宁波理工学院完善办学体制,推动其持续健康发展。认真做好援疆、援藏和对口支援工作,扎实推进定点扶贫工作。加快推动医学中心建设,支持附属医院拓展、发展空间,提升医疗服务水平,辐射优质医疗资源。完善继续教育体系,加强干训基地建设,着力开展高端教育培训,塑造继续教育品牌,推进继续教育质量认证体系建设。

六、创新海外合作模式,提升国际化办学水平

14. 提升国际化办学水平。扎实推进国际校区建设,积极探索国际合作办学的新机制新模式,促进国际合作办学机构和项目的落实。深入实施"海外一流学科伙伴计划",深化与高层次国际合作伙伴的合作与交流,加强国际科技合作和人才联合培养。积极推动国际化课程和国际师资队伍建设。稳步扩大留学生规模,提高留学生教育的质量和层次。

15. 拓展国际合作交流渠道。坚持"走出去"和"引进来",积极拓展优化师生赴海外合作交流项目,吸引更多高水平大学的学生来我校学习交流。推进学校和国际大学组织的深度合作,组织开展"英国浙大周"等活动,着力提升学校国际影响力。完善海外办事机构工作机制,加强海外联络和引智引才工作。

七、提升学校治理能力,优化办学环境与条件支撑

16. 加强和规范管理服务。加强财务管理,规范财务运行,完善会计核算体系,加强内部稽查和审计检查,进一步规范行政经费、科研项目、校办企业和工程建设项目的经费使用。加强学校各类资产管理,探索建立资产经营管理新机制,促进公共资源的共享利用。加强行政服务办事大厅和网上办事大厅建设,进一步理顺机关管理职能和流程,切实提高机关管理与服务水平。优化后勤管理与服务,加强后勤服务质量监管,推进绿色校园建设。

17. 强化支撑保障条件。正式启动紫金港校区西区建设,确保一批基建项目顺利开工。

高质量推进舟山校区、国际校区和"1250安居工程"的建设,适时启动人才房申购工作。强化图书文献资源保障,完善校园网络基础设施,推进在线教育平台建设,提升信息化支撑能力。拓宽筹资渠道,完善校院两级筹资工作体系,争取社会广泛支持,完善教育基金会运行机制,发挥基金会筹资平台作用。大力发展科技产业和后勤服务,提高学校产业发展质量和效益。

18.维护校园和谐稳定。加强各校区管理和校园综合治理,争创5A级平安校园。完善公共卫生防控体系,确保消防安全、交通安全、食品安全和实验室安全,提高突发事件应急处置能力。完善"三级信访"制度,做好矛盾化解工作。关心离退休老同志的思想和生活,做好离退休工作。

19.加强学校文化建设。启动建校120周年前期筹备工作,积极依托各地校友会开展校友活动,增强感情联络。深入开展校园文化品牌创建活动,推进求是书院文化元素建筑群等文化项目的建设。弘扬求是创新精神,强化师德师风和学术道德建设,着力营造优良校风。进一步规范校园名称标识设置,推进校园文化设施和景点建设。加强新闻传播和舆论引导,构建良好的网络文化环境。

八、巩固教育实践活动成果,提升党的建设科学化水平

20.巩固群众路线教育实践活动成果。落实教育实践活动整改任务,建立健全的反对"四风"、改进作风的各项规章制度,推动作风建设常态化、长效化。

21.加强思想政治建设和意识形态工作。深入推进"我的中国梦"、"我们的价值观"大讨论等一系列主题宣传教育活动,弘扬主旋律,传播正能量,加强师生理想信念教育和社会主义核心价值观教育。加强学校思想阵地建设,重视发挥新媒体作用,加强网络舆论引导。做好信息公开、信息安全以及学校保密工作。

22.加强基层组织和干部队伍建设。落实院级党组织条件保障,深化"五好"院级党委建设,健全院级党组织作用发挥机制。探索"五好"党支部晋位升级建设机制和党员联系群众机制,进一步加强党员发展和党员教育管理工作,注重发挥党支部和党员作用。学习贯彻《党政领导干部选拔任用工作条例》,完善干部选拔任用机制。优化组织机构设置,严格核定校部机关编制和领导干部职数。做好产业系统领导班子换届工作。加强领导班子民主集中制建设,拓宽专职管理干部发展空间,强化年轻后备干部培养。

23.做好统一战线和群团工作。推进统战工作的制度化和规范化,完善党外代表人士的选拔培养办法,支持民主党派基层组织加强自身建设。做好"双代会"换届及有关提案工作,保障教职员工在学校管理中的参与权和监督权。关心支持青年工作,加强对共青团和学生会、研究生会、博士生会的指导,支持共青团和各类学生组织加强自身建设,以促进成长成才为中心开展形式多样的活动。

24.加强反腐倡廉建设。完善廉政风险防控体系,制定学校建立健全惩治和预防腐败体系的五年规划。制定《党风廉政建设责任制实施办法》,落实领导班子及成员在党风廉政建设中的责任。出台纪检监察工作规定,进一步规范学校纪检监察工作。加强重点领域、关键环节的源头防腐工作,加大监督检查和惩处力度,认真解决师生反映强烈的突出问题。

专　题

浙江大学章程

（2014 年 10 月 17 日）

序　言

　　浙江大学的前身求是书院创立于 1897 年，1928 年定名国立浙江大学。1937 年浙江大学举校西迁，在贵州遵义、湄潭等地办学，1946 年秋回迁杭州。1952 年全国高等学校院系调整时，浙江大学部分系科转入中国科学院和其他高校，主体部分在杭州重组为若干所院校，后分别发展为原浙江大学、杭州大学、浙江农业大学和浙江医科大学。1998 年，同根同源的四校实现合并，组建了新的浙江大学。

第一章　总　则

　　第一条　为促进教育事业发展，实现大学崇高使命，保障学校依法自主办学，规范管理体制机制，维护师生员工权益，根据《中华人民共和国宪法》《中华人民共和国教育法》《中华人民共和国高等教育法》等法律、法规和规章，制定本章程。

　　第二条　学校名称为浙江大学，英文名称为 Zhejiang University；中文简称为浙大，英文缩写为 ZJU。学校域名是：http://www.zju.edu.cn。

　　学校法定住所地为浙江省杭州市余杭塘路 866 号，设多校区办学。

　　第三条　学校是由国家举办，由国务院教育行政部门主管，浙江省人民政府共建。

　　第四条　学校为非营利性事业组织，具有独立法人资格，依法自主办学。学校在民事活动中依法享有民事权利，承担民事责任。

第五条　校长是学校的法定代表人，由学校举办者依据国家有关规定任命。

第六条　学校的办学使命是：传播与创造知识，弘扬与引领文化，服务与奉献社会，培养德智体美全面发展、具有国际视野的高素质创新人才和未来领导者，推动国家繁荣、社会发展和人类文明进步。

第七条　学校的校训是"求是创新"。

第八条　学校实行中国共产党浙江大学委员会领导下的校长负责制，坚持依法治校，保障学术自由，实行民主管理。

第二章　学校的功能、权利和义务

第九条　学校以人才培养为中心，开展教育教学、科学研究、社会服务，推进文化传承与创新。

第十条　学校根据国家和社会需求、办学条件以及国家法律、法规、规章，自主设置系科专业，根据核定的办学规模，制定招生和人才培养方案，组织实施教育教学活动。

第十一条　学校主要教育形式为全日制本科和研究生学历教育。根据人才培养的目标和要求，确定和调整学历教育修业年限。为适应学习型社会和终身教育体系建设的需要，学校开展继续教育。

第十二条　学校依法颁发学历证书和其他学业证书，依法授予学士、硕士及博士学位。学校依法向为社会发展和人类文明进步做出突出贡献的国内外杰出人士授予名誉学位或其他荣誉称号。

第十三条　学校根据自身条件和学术伦理，自主开展科学研究、技术开发和社会服务。

第十四条　学校按照国家有关规定，自主开展与境内外政府部门、社会组织和学术单位等之间的科学、教育、文化等方面的交流与合作。

第十五条　学校根据实际需要和精简、高效的原则，自主确定教育教学、科学研究、管理职能部门等内部组织机构的设置和人员配备；按照国家有关规定，评聘教师和其他人员的职务职级，调整收入分配。

第十六条　学校依法自主设立附属医院、学术出版机构、资产管理公司等具有独立法人资格的组织。

第十七条　学校对国家提供的财产、国家财政性资助、受捐赠资产依法自主管理和使用，不得将用于教育教学和科学研究活动的资产挪作他用。

第三章　组织结构与管理体制

第一节　党政组织与决策机制

第十八条　中国共产党浙江大学委员会（以下简称学校党委）是中国共产党在浙江大学的基层委员会，统一领导学校工作，支持校长依法积极主动、独立负责地开展工作。

第十九条　学校党委的主要职责根据《中国共产党普通高等学校基层组织工作条例》及国家有关规定确定。

第二十条 学校党委设立常务委员会,由委员会全体会议选举产生,在党委会全体会议闭会期间,由常务委员会行使党委会职权,领导学校工作。常委会向党委会负责并定期报告工作。

第二十一条 学校党委(常委)会的议事范围和议事规则由党委(常委)会根据党委的领导职责及学校实际制定,经党的委员会全体会议通过后实施。

第二十二条 学校党委(常委)会决策贯彻民主集中制,凡属学校重大决策、重要人事任免、重大项目安排、大额度资金使用事项都要通过党委(常委)会集体讨论决定。

第二十三条 学校党委根据党员人数和行政、学术组织设置,可设立党的委员会、总支部委员会、支部委员会或党的工作委员会。

第二十四条 中国共产党浙江大学纪律检查委员会是学校的党内监督执纪机构,在上级纪委和学校党委的领导下,检查党的路线、方针、政策、决议及学校重大决策的执行情况,负责协助党委加强党风建设和组织协调学校的反腐倡廉建设工作,保障和促进学校各项事业健康发展。

第二十五条 学校依法成立工会、共青团等群众组织。各群众组织在学校党委的领导下,依法履行各自的职责。

第二十六条 校长是学校的行政负责人,全面负责学校教育教学、科学研究和其他行政管理工作。

第二十七条 校长根据国家法律、法规、规章和学校党委(常委)会决定事项,行使以下职权:

(一)拟订发展规划,制定具体规章制度和年度工作计划并组织实施;

(二)组织教育教学、科学研究和思想品德教育;

(三)拟订内部组织机构的设置方案,任免内部组织机构的负责人;

(四)聘任与解聘教师以及内部其他工作人员,对学生进行学籍管理并实施奖励或者处分;

(五)拟订和执行年度经费预算方案,保护和管理校产,维护学校的合法权益;

(六)法律、法规规定的其他职权。

第二十八条 学校建立校务会议制度。校务会议是处理学校教育教学、科学研究和其他行政管理工作的行政决策会议,由校长主持。

第二十九条 校务会议议事范围和议事规则由校务会议根据校长职权及学校实际制定,经学校党委(常委)会通过后实施。

第三十条 学校根据工作需要,可设立常设和非常设机构及议事协调组织,协助党委和校长处理有关事务。

第三十一条 学校附属的具有独立法人资格的单位,依照法律、法规、规章和学校规定运行与管理。

第三十二条 学校根据学科分类设置学院(系)。学院(系)是组织实施教育教学、科学研究、社会服务和国际交流与合作的基本单位,在学校授权范围内实行自主管理。其主要职责是:

（一）拟订学院（系）发展规划，经学校批准后实施；

（二）开展教育教学、科学研究和其他学术活动；

（三）组织实施学科专业建设，管理基层教学组织和研究所室；

（四）负责学生的教育、培养与管理，具体实施思想教育、课程建设及教学计划，提出年度招生计划建议，做好就业指导工作；

（五）提出学院（系）师资队伍建设的规划并组织实施，制定学院（系）教师任职资格、业绩评价标准和专业技术职务晋升条件，组织实施教师的考核和评聘工作；

（六）在学校核定的编制内设置内部机构，制定内部工作规则和办法，实施对学院（系）机构工作人员的聘任与管理；

（七）管理、使用学校核拨的办学经费和资产，负责实验室、公用房等管理工作；

（八）组织开展国内外学术交流；

（九）行使学校授予的其他职权。

第三十三条　学院（系）实行党政联席会议制度，党政联席会议是学院（系）党政管理的决策机构。党政联席会议由学院（系）党政领导班子成员组成，按照民主集中制原则讨论和决定学院（系）工作中的重要事项。

第二节　学术组织体系

第三十四条　学校保障各级学术组织在学术事务中充分发挥咨询、审议、评价、决策作用，维护学术活动的独立性，尊重和保障师生依法享有的学术自由。

第三十五条　学校学术组织体系按校级及学部、学院（系）三级设立，根据需要设立学术（教授）委员会、学位评定委员会、教学（指导）委员会、教师及专业技术职务评审委员会等其他学术组织。

第三十六条　学校学术委员会由学校专家学者代表组成，为学校最高学术组织，负责对学校学术领域重大事项进行咨询、审议、评价和监督。学校学术委员会可根据工作需要设立若干工作组（或专门委员会）。学校学术委员会主任候选人由校长提名，党委常委会讨论通过，经学术委员会全体会议选举产生。

学校学术委员会的主要职责是：

（一）审议学科发展规划和重大科学研究计划；

（二）审议院系设置与调整的原则和方案；

（三）评议教育教学和科学研究改革的重大政策与措施；

（四）评定重要学术标准和学术成果；

（五）评定对外推荐优秀学术人才的学术水平；

（六）指导和推进重大学术合作与交流活动；

（七）指导学术道德建设活动；

（八）接受学校委托对其他有关的重要学术事项进行论证、咨询和仲裁。

第三十七条　学校依法设立学位评定委员会，负责学位授予工作。

第三十八条　学部是学校学术分类管理和教授治学的重要组织形式，在其学科领域发挥学术规划、咨询、评议、协调的作用。学部主要设学术委员会和学位评定委员会。学部实行委员会决策制度。

学部受学校委托承担如下主要职责：

（一）组织制订学科及跨学科发展规划、学术评价规则；

（二）对学校、学部及其范围内学院（系）的学术发展与管理、学科发展提出咨询意见；

（三）评议、评审和讨论重大学术事项；

（四）对学部范围内的相关学术事项进行协调。

第三十九条 学院（系）设立学术（教授）委员会等学术组织，在学校和学部学术委员会指导下开展工作。学校和学部的学术委员会、学位评定委员会分别负责对学院（系）学术（教授）委员会、学科学位评定委员会的工作指导。

第四十条 各级学术组织应当遵循学术规律，维护学术独立，公开、公平、公正地履行职责，完善学术管理制度和规范，保障教师和科研人员在教育教学、学术研究和管理中充分发挥作用。

第三节 民主管理与监督机制

第四十一条 学校教职工代表大会是教职工依法参与学校民主管理和监督的基本形式，在学校党委领导下开展活动。学校教职工代表大会实行民主集中制。学校教职工代表大会的主要职权有：

（一）听取学校章程草案的修订情况报告，提出修改意见和建议；

（二）听取学校发展规划、教职工队伍建设、教育教学改革、校园建设以及其他重大改革和重大问题解决方案的报告，提出意见和建议；

（三）听取学校年度工作、财务工作、教职工代表大会、工会工作报告以及其他专项工作的报告，提出意见和建议；

（四）讨论通过学校提出的与教职工利益直接相关的福利、校内分配实施方案以及教职工聘任、考核、奖惩办法；

（五）审议学校上一届（次）教职工代表大会提案的办理情况报告；

（六）按照有关工作规定和安排评议学校领导干部；

（七）通过多种方式对学校工作提出意见和建议，监督学校章程、规章制度和决策的贯彻落实，提出整改意见和建议；

（八）讨论法律、法规和规章规定的以及学校与学校工会商定的其他事项。

第四十二条 学校学生代表大会在学校党委领导、学校团委指导下开展活动，代表全校学生参与学校民主管理与监督。学生代表大会可根据学生类别分别召开。

学校学生代表大会的主要职权有：

（一）听取、审议并通过学生委员会工作报告，审批大会形成的其他文件；

（二）讨论并表决大会的各项决议；

（三）制订、修改学生会章程；

（四）选举新一届学生委员会；

（五）收集、整理代表提案，负责向学校领导及有关部门反映，并提请他们及时向学生作出答复。

第四十三条　学校各民主党派及群众组织在其职责范围内开展活动，依法参与学校民主管理，监督学校各项办学活动。

第四十四条　学校成立听证委员会，在学校制订和实施有关规定，或做出有关决定之前，听取利害关系人的意见和建议。

第四章　学　生

第四十五条　学生是指被学校依法录取、取得入学资格、具有学校学籍的受教育者。

第四十六条　学生在享有法律、法规、规章规定的权利的同时，还享有下列权利：

（一）公平接受学校教育，利用学校公共教育资源，获得全面发展所需要的基本条件和保障；

（二）公平获得按规定条件和程序选择专业，选修课程，参与国内外进修学习的机会；

（三）在品德、学业和能力等方面获得公正评价，公平获得各级各类奖励及荣誉称号；

（四）组织和参加学生社团，组织和参加各类科技、文化、体育、艺术和社会实践等活动；

（五）知悉涉及个人切身利益的事项，对学校教学、管理等相关工作提出意见和建议，参与学校的民主管理；

（六）对纪律处分和涉及自身利益的决定表达异议和提出申诉；

（七）学校规章制度规定的其他权利。

第四十七条　学生除履行法律、法规、规章规定的义务外，还应履行下列义务：

（一）遵守学校学习、考试制度和获得学历学位的相关规定；

（二）遵守学校学籍管理规定和学生行为规范；

（三）珍惜和维护学校声誉，维护学校利益；

（四）按规定缴纳学费及有关费用；

（五）爱护并合理使用教育设备和生活设施等；

（六）学校规章制度规定的其他义务。

第四十八条　学校为学生的全面发展提供必要条件，鼓励学生参加科学研究、学术竞赛、创新创业、文体活动、社会实践等，增强学生的社会责任感、创新精神和实践能力。

第四十九条　学校设立奖学金、助学金、勤工俭学等形式的助学项目，奖励品学兼优的学生，帮助在学习生活中遇到特殊困难的学生，保障学生不因生活困难而辍学。

第五十条　学校公正评价学生的学业成绩和品行。对取得突出成绩和为学校争得荣誉的学生集体或个人进行表彰奖励，对违纪学生给予相应的纪律处分。

第五十一条　学生社团是学生自愿组织的群众性团体，经过学校批准成立，接受学校指导和统一管理，在法律范围内开展活动。

第五十二条　学生在规定的学习年限内，修满规定的学分，符合相应条件的，准予毕业，并依照规定的程序授予相应的学位。

如不符合毕业条件,可按照规定以肄业、结业、退学等处理。

第五章　教职工

第五十三条　教师是学校办学的主体力量。学校为教师和专业技术人员开展教育教学与科学研究活动提供必要的条件和保障。学校依法维护全体教职工的合法权益。

第五十四条　学校实行全员岗位聘任制度,并根据不同类别分别实行教师资格制度、专业技术职务聘任制度和教育职员制度和劳动合同制。

第五十五条　学校依据国家收入分配制度,实行科学规范、绩效优先、公平公正的薪酬制度,创造条件改善教职工的生活条件和工作待遇。

第五十六条　学校依照国家法律、法规和有关规定制定人力资源管理制度,对教职工的职业道德和工作实绩进行考核,考核结果作为聘任、晋升、奖励、处分和解除聘约的依据。

第五十七条　学校教职工在享有法律、法规、规章规定的权利的同时,还享有下列权利:

(一)依据有关规定合理使用学校的公共资源;

(二)在品德、能力和业绩等方面获得公正评价;

(三)公平获得自身职业发展所需要的机会和条件;

(四)公平获得各种奖励和荣誉称号;

(五)知悉学校改革、建设和发展及关涉切身利益的重大事项,参与民主管理,对学校工作提出意见和建议;

(六)就职务晋升、岗位聘任、福利待遇、评奖评优、纪律处分等事项向有关部门和委员会表达异议和提出申诉;

(七)学校规定和聘任合同约定的其他权利。

第五十八条　学校教职工除应履行法律、法规、规章规定的义务外,还应履行下列义务:

(一)忠于教育事业,履行岗位职责,尊重和爱护学生,教书育人、管理育人、服务育人;

(二)维护学校的声誉和利益;

(三)遵守职业道德和学术规范;

(四)遵守学校各项规章制度;

(五)学校规定和聘任合同约定的其他义务。

第六章　经费与资产

第五十九条　学校的经费来源以财政拨款为主、其他多种渠道筹措办学经费为辅。学校办学经费来源渠道包括:财政补助收入、事业收入、经营收入、上级补助收入、附属单位上缴收入、社会捐赠和其他合法收入。

第六十条　学校积极拓展办学经费来源渠道,依法设立教育基金会,筹措事业发展资金;鼓励和支持校内各单位面向社会筹措资金。

第六十一条　学校财务实行统一领导、集中核算、分级管理的财务管理制度,建立健全的经济责任制度和审计监察制度,完善监督机制,保证资金规范合理运用。

第六十二条　学校建立健全资产管理制度,合理配置资源,提高资源使用效率,实现资产保值增值。学校保护并合理利用校名、自有知识产权等无形资产。

第六十三条　利用学校资源所获得的收入纳入学校预算,并统一核算管理。

第七章　学校与社会的关系

第六十四条　学校全方位服务国家和区域经济社会发展,关注和致力于解决世界和平发展与人类进步面临的重大问题。

第六十五条　学校适应国家经济社会发展的需要,确立多层次、多规格的人才培养体系,为经济社会发展提供人才支持。

第六十六条　学校与国家部门、地方政府、企业事业组织、社会团体及其他社会组织在人才培养、科学研究、技术开发和成果推广等方面开展多种形式的合作与交流。

第六十七条　学校通过中外合作办学、国际科技文化交流等,多渠道开展国际教育合作,推动国际化发展。

第六十八条　学校建立校友总会,以多种方式联系和服务校友,凝聚校友资源和社会各界力量,为学校、校友和社会的发展提供支持。

第六十九条　学校实行信息公开制度,保障公民、法人和其他社会组织依法获取学校信息,并依法接受社会监督。

第八章　校标、校徽、校旗、校歌与校庆日

第七十条　学校校标分内外两圈,两圈之间为中英文字形的"浙江大学",内圈下方的数字"1897"表示浙江大学的创建年份,校标中央展翅飞翔的"求是鹰"代表浙江大学的求是创新精神。

第七十一条　学校校徽为教职工和学生佩戴的题有校名的长方形证章。教职工用校徽底色为红色,文字为白色;本科生用校徽底色为白色,文字为红色;研究生用校徽底色为橙色,文字为红色。

第七十二条　学校校旗形状为矩形,旗面正中为"浙江大学"四字,左上角为"求是鹰"标志;旗面海蓝色底,"求是鹰"标志为浅蓝色,字纯黄色。

第七十三条　学校校歌为《浙江大学校歌》,由马一浮作词、应尚能作曲。

第七十四条　学校校庆日为每年 5 月 21 日。

第九章　附　则

第七十五条　本章程的制定经学校教职工代表大会讨论,由校务会议讨论通过,提交学校党委常委会审定,报国务院教育行政部门核准后由学校发布。

第七十六条　有以下情况之一的,章程应当及时按程序进行修订:

(一)章程制定所依据的法律、法规和国家有关规定修改后导致章程违反上位法的;

(二)学校的办学宗旨和发展目标发生重大变化的;

（三）学校管理体制发生重大变化的；

（四）其他有关学校的重大事项发生变化的。

章程的修订由校务会议提出，修订程序与章程制定程序相同。

第七十七条　本章程由学校党委常委会负责解释。

第七十八条　本章程经核准，自发布之日起施行。

浙江大学综合改革方案（节选）

（备案稿）

2014年12月

为深入贯彻落实党的十八大、十八届三中、四中全会和习近平总书记系列重要讲话的精神，根据《中共中央关于全面深化改革若干重大问题的决定》部署，按照国家教育综合改革的总体要求，结合浙江大学实际，制定和实施学校建设世界一流大学的综合改革总体方案。

一、工作基础（略）

二、面临形势（略）

三、指导思想

浙江大学深化综合改革的总体指导思想是以邓小平理论、"三个代表"重要思想、科学发展观为指导，深入贯彻落实党的十八大、十八届三中、四中全会精神和习近平总书记系列重要讲话精神，坚持中国特色社会主义道路，坚持党的教育方针和社会主义办学方向，遵循国际高等教育发展趋势、世界一流大学建设的基本规律，聚焦制约学校发展的突出问题，深入实施"培育时代高才、构建学科高峰、打造科研高地、汇聚名师高人、积累文化高度、探索改革高招"等"六高强校"战略，加强内涵建设、提高教育质量，加快探索中国特色、浙大特点的世界一流大学建设道路，为我国高等教育改革发展提供有现实借鉴意义的经验。结合浙大实际，综合改革要把握如下原则：

——彰显顶天立地特色。坚持"高水平、强辐射"，旗帜鲜明地履行当代大学使命。服务国家战略，为民族复兴提供坚强的精神力量、科技支撑和人才保障；瞄准学术前沿，培育国际领先的原创成果；对接区域需求，为经济社会发展做出应有贡献。

——完善现代大学治理。针对制约学校发展的突出问题，加大改革攻坚力度，推进学校治理体系和治理能力现代化，构建符合世界一流大学建设规律的现代大学制度；积极争取并科学行使办学自主权，推动资源和权责在校院之间的合理配置，强化自我约束、目标考核和绩效管理,提高履行办学自主权的能力和水平。

——发挥学科综合优势。将促进学科交叉作为学校改革发展的重要增长点,紧密围绕科技发展趋势和重大现实的需要,凝练学科交叉的重点突破方向。探索学科交叉支撑高水平创新创业和人才培养的有效机制,使综合优势转化为内涵发展的特色。

——落实师生为本的理念。坚持依靠师生,充分激发和释放师生的活力和潜力,使建设世界一流大学的目标愿景内化为师生的价值追求和实际行动。坚持为了师生,提供一流的发展条件和充满关怀的人文环境,增强师生对学校的归属感与荣誉感。

四、总体目标

浙江大学第十三次党代会确定了学校建设世界一流大学"三步走"目标愿景,力争经过三个阶段的努力,到 21 世纪中叶,进入世界一流大学的前列:第一阶段是 2020 年左右,学校部分优势学科跻身世界前列,主要办学指标和整体实力初步达到世界一流大学水平;第二阶段是 2035 年左右,学校服务国家战略的能力更加突出,在国际学术领域的地位显著提升,更多优势学科进入世界前列,主要办学指标和整体实力稳居世界一流大学水平;第三阶段是 2049 年左右,学校办学声誉获得世界公认,部分优势学科达到世界顶尖水平,主要办学指标和整体实力达到世界一流大学前列水平。

学校实施综合改革分为两个阶段:从现在到建校 120 周年(2017 年),一批具体项目取得突破性进展,重点领域和关键环节改革取得初步成果;从 2017 年到 2020 年,在重点领域和关键环节改革取得决定性成果,形成较为完备的制度体系和较为强大的综合竞争力。改革总体目标是推进学校治理体系和治理能力现代化,即以学生为中心的创新人才培养模式基本建立,学科战略布局全面优化,充满活力的队伍建设机制初步形成,科研内涵发展取得突破,中国特色现代大学制度日臻健全,支撑保障机制不断完善,浙江大学办学体系的品牌效应加快显现,党的建设科学化水平稳步提升,为实现建设世界一流大学"三步走"目标愿景的第一阶段目标——跻身世界一流大学行列奠定扎实的基础。

通过实施综合改革,推动学校事业发展取得新进展。力争到 2020 年,学校主要办学指标和总体排名跻身世界一流大学行列,部分学科达到世界先进水平;支撑国家区域重大战略任务的能力稳步增强,作为国内顶尖创新源、人才泵、思想库的地位进一步巩固;国际声誉不断提升,努力建设成为具有显著教育影响力和学术影响力的创新型大学。

五、重点任务

浙江大学在综合改革中,将围绕建设世界一流大学和服务国家的区域战略目标,全面深化三方面的改革:

一是改革内部管理体制机制,推进内涵发展,提高教育质量。综合推进教育教学、科研评价、队伍建设、管理体制和资源配置等领域的改革,建立健全中国特色现代大学制度,完善大学治理体系,激发基层组织和师生员工的活力与潜力,提升人才培养质量和学术创新能力。

二是构建原始创新、技术研发和成果产业化为一体的科技服务体系,重点在推进产学研协同创新、加快高科技成果转化产业化以及知识产权管理保护等方面作进一步改革探索,建

浙江大学年鉴

中国特色世界一流大学

学术影响　教育影响

改革的基本内涵

使命
一流大学在实现民族复兴"中国梦"中的责任和担当

思路
坚持社会主义办学方向
遵循世界一流大学基本规律
聚焦制约发展突出问题
实施"六高强校"战略

目标
治理体系和治理能力现代化

行动
（聚焦八大领域 52 个项目）
● 创新人才培养机制
● 调整优化学科布局
● 深化人事制度改革
● 推进科技创新服务
● 完善现代大学制度
● 优化资源配置机制
● 构建体系战略布局
● 加强改进党的建设

支撑
● 办学自主权（改革试点、引导清单、自我约束）
● 经费保障（国家投入、地方投入、社会资源）
● 组织保障（组织领导、党的建设、督查评估）

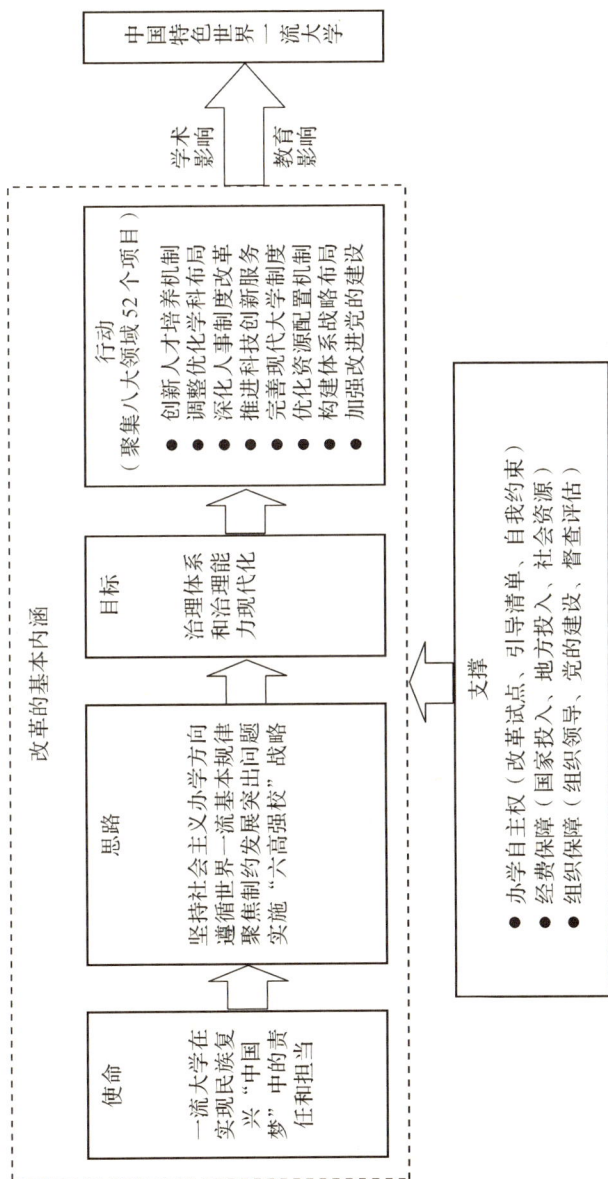

浙江大学综合改革示意图

立健全科技与经济紧密结合的新机制,更好地服务国家和区域创新驱动发展战略。

三是办学系统进一步完善,更好地服务浙江发展,探索一流大学建设的新模式。将建设一流大学和服务国家海洋战略、教育国际化战略紧密结合,积极建设海洋学院和国际联合学院,带动省内多所高校提升整体办学水平,形成多校区办学、多高校共建的浙江大学办学体系,为浙江提供更多更好的优质教育,带动高等教育整体发展,做出最大程度的贡献。

学校将围绕人才培养、学科建设、师资队伍、科技服务、内部治理、资源配置、体系布局和党的建设八项重点任务,实施52个改革重点项目,切实有力地推进综合改革工作。

(一)创新人才培养机制,提高人才培养质量

项目1:招生制度改革

项目2:本科教学模式改革

项目3:学位授予模式改革

项目4:专业学位研究生教育改革

项目5:人才培养国际化机制改革

项目6:留学生教育体制改革

项目7:科教协同人才培养机制改革

项目8:实践训练教学改革

项目9:创业教育改革

项目10:思想政治理论课改革创新

项目11:就业指导改革

项目12:人才培养质量保障机制改革

项目13:思想政治教育管理体制改革

(二)调整优化学科布局,推动科研内涵发展

项目14:学科设置和结构改革

项目15:学科交叉合作发展机制改革

项目16:基层学术组织管理机制改革

项目17:学科考核评估机制改革

项目18:面向重大问题的科研发展体制改革

项目19:学术出版物管理体制改革

项目20:智库建设机制改革

项目21:基础科学研究发展机制改革

项目22:医学教育协同机制改革

(三)深化人事制度改革,打造一流人才队伍

项目23:师资队伍聘任制度改革

项目24:管理人员队伍聘任制度改革

项目25:实验技术人员队伍建设机制改革

项目26:专职研究队伍建设改革

项目27:深化校内收入分配制度改革

(四)推进科技创新服务,面向区域战略需求

项目28:科技创新与服务协同体制改革

项目29:校办产业体制改革

项目30:科技成果转化机制改革

项目31:继续教育体制改革

项目32:地方合作医疗联合体体制改革

(五)完善现代大学制度,优化内部治理结构

项目33:院系办学体制改革

项目34:基于教授治学的学术委员会体制改革

项目35:行政管理服务体制改革

项目36:以理事会为核心的社会参与办学体制改革

(六)优化资源配置机制,提高支撑保障能力

项目37:提升大型仪器使用效率机制改革

项目38:招投标机制改革

项目39:采购管理体制改革

项目40:信息化建设机制改革

项目41:公共资源管理体制改革

项目42:财务管理机制改革

项目43:农业试验站管理体制改革

(七)构建体系战略布局,扩大优质高教资源

项目44:浙江大学办学体系布局结构及功能优化

项目45:浙江大学舟山校区和海宁国际校区办学体制改革

项目46:浙江大学地方合作院校办学体制改革

项目47:浙江大学教育合作联盟体制改革

(八)加强改进党的建设,提供坚强政治保证

项目48:完善党委领导下的校长负责制

项目49:创新基层党组织建设

项目50:深化干部人事制度改革

项目51:培育和践行社会主义核心价值观

项目52:加强党委主体责任、纪委监督责任的党风廉政建设机制建设

六、支撑保障(略)

浙江大学概况

浙江大学简介

　　浙江大学是一所历史悠久的国家重点高校，是首批进入国家"211工程"和"985工程"建设的若干所重点大学之一。建校一个多世纪以来，浙江大学以民族振兴、国家强盛为己任，不断创新发展，已成为一所基础坚实、实力雄厚、特色鲜明，居于国内一流水平，在国际上有较大影响的综合型、研究型、创新型大学。浙江大学以"求是创新"为校训，现任校长是林建华教授。

　　浙江大学位于中国历史文化名城、世界著名的风景游览胜地——浙江省杭州市。学校现有玉泉、西溪、华家池、之江、紫金港等5个校区，占地面积6754.97亩，分布于杭州市区不同方位。另有两个在建校区——舟山校区和海宁国际校区。校园依山傍水，环境幽雅，花木繁茂，碧草如茵，景色宜人，与西湖美景交相辉映，相得益彰，是读书治学的理想园地。

　　浙江大学的前身是建于1897年的求是书院，为中国人自己创办最早的新式高等学府之一。1928年，学校正式定名为国立浙江大学，是中国最早的国立大学之一。1936年，著名科学家竺可桢出任国立浙江大学校长，广延名师，实行民主办学、教授治校，使国立浙江大学声誉鹊起，成为一所文、理、工、农、医和师范学科齐全，享誉海内外的著名大学。期间由于抗日战争爆发，浙江大学举校西迁，流亡办学历时九年，足迹遍及浙、赣、湘、桂、闽、粤、黔七省，谱写了"文军长征"的辉煌篇章。在遵义、湄潭等地艰苦办学的七年间,浙江大学弦歌不辍,以杰出的成就赢得了"东方剑桥"的美誉。1952年全国高等学校院系调整时,浙江大学部分系科转入兄弟高校和中国科学院,留在杭州的主体部分被分为多所单科性院校,后分别发展为原浙江大学、杭州大学、浙江农业大学和浙江医科大学。1998年,同根同源的四校实现合并,组建了新浙江大学,迈上了创建世界一流大学的新征程。

在浙江大学的百年历史上,群星璀璨,俊彦云集。马一浮、丰子恺、许寿裳、梅光迪、郭斌和、夏鼐、钱穆、吴定良、张其昀、张荫麟、马叙伦、马寅初、夏承焘、姜亮夫、李浩培、沙孟海等学术大师和著名学者曾经在这里任教。新文化运动的先驱、中国共产党的创办人之一的陈独秀,北京大学校长何燮侯和蒋梦麟,著名教育家邵裴子和郑晓沧,中国新闻界的先驱邵飘萍,新文化运动和电影事业的先驱夏衍,"敦煌保护神"、著名画家常书鸿等著名历史文化名人,也在浙江大学留下了他们求学的身影。此外,陈建功、苏步青、谷超豪、胡刚复、束星北、何增禄、王淦昌、卢鹤绂、吴健雄、李政道、程开甲、钱三强、卢嘉锡、贝时璋、谈家桢、罗宗洛、谭其骧、陈立、竺可桢、叶笃正、赵九章、蔡邦华、王季午、钱令希、梁守槃等一大批著名科学家都曾在浙江大学求学或任教过。据统计,曾在浙江大学求学或任教过的中国科学院院士和中国工程院院士共有160余名,其中曾经在浙江大学求学的有90余名。

今天的浙江大学,是中国学科最齐全、综合实力最强的高等学校之一。学校建有7个学部,下设36个院系。现有127个本科专业,331个硕士学位授权点,58个一级学科博士学位授权点,268个二级学科博士学位授权点,54个博士后流动站,另有4个专业博士学位授权点和28个专业硕士学位授权点;有一级学科国家重点学科14个,二级学科国家重点学科21个和国家重点(培育)学科10个;有国家重点(专业)实验室14个,国家工程实验室2个,国家工程(技术)研究中心6个,国家人文社科重点研究基地3个,国家基础科学研究和教学人才培养基地8个,国家工科基础课程教学基地4个,国家战略产业人才培养基地3个,国家动画教学研究基地1个,国家教学试验示范中心11个,国家大学生文化素质教育基地1个,全国大学生校外实践教育基地23个。

浙江大学师资力量雄厚,现有教职工8293人,其中专任教师3437人。专任教师中有正高职人员1474人,副高职人员1408人。教师中有中国科学院院士12人,中国工程院院士17人,文科资深教授3人,国家"千人计划"学者69人,教育部"长江计划"特聘(讲座)教授111人,浙江省特级专家43人,国家杰出青年基金获得者105人,国家级教学名师10人。学校现有全日制在校学生46364人,其中博士研究生8779人、硕士研究生13952人、本科生 23633 人、在校留学生 5746 人（含非学历生）。

浙江大学坚持"以人为本、整合培养、求是创新、追求卓越"的教育理念，打造卓越教育品牌，致力于培养具有国际视野的高素质创新人才和未来领导者。浙江大学与时俱进的教育思想，引领浙大教育教学模式改革始终走在全国高校前列；丰富的校园文化、先进的教学设施和广泛的国际交流为学生成长创造了优越条件。2014 年，本科毕业生海内外深造率达到 55.99%。

浙江大学注重精研学术和科技创新，建设了一批开放性、国际化的高端学术平台，汇聚了各学科的学术大师和高水平研究团队。近年来，发表权威学术期刊论文、获授权国家发明专利等主要科研指标保持全国高校领先地位，在科学技术和人文社科领域取得了许多重要成果。主动对接国家和区域战略需求，着力打造具有影响力的高水平创新源、人才泵和思想库。2014 年，科研到款经费突破 31 亿元，作为牵头单位获得国家科技奖励 5 项，作为参与单位获奖 8 项。

综合办学条件优良，基本设施齐全。校舍总建筑面积 204 万余平方米，拥有计算中心、分析测试中心等先进的教学科研机构和科学馆、体育场、活动中心等各类公共服务设施。图书馆藏书量达 671 万余册，数字化图书资源的数量与支撑技术水平处于国际领先水平。还拥有 7 家设备先进、水平一流的省级附属医院以及 1 家出版社。总长达 68 公里的高速计算机骨干网络以及特设的公交线路将各校区和附属医院联为一体。

"国有成均，在浙之滨。"如今，有着百年辉煌历史的浙江大学，正肩负着新的历史使命。作为中国高等教育管理体制改革的试点之一，浙江大学将秉承求是创新精神，致力于创造与传播知识、弘扬与传承文明、服务与引领社会，积极推动国家繁荣、社会发展和人类进步，努力跻身世界一流大学行列，为中华民族的伟大复兴不懈奋斗。

机构简介 *

注：* 详见 P337"机构与干部"。

【附录】

附录 1　浙江大学 2014 年教职工基本情况　　　　　　（单位：人）

职称级别	总计	专任教师	行政人员	教学科研支撑人员	科研机构人员	其他人员
总计	8293	3437	1322	773	1165	1596
正高级	1648	1474	40	21	69	44
副高级	2562	1408	343	220	289	302
中级及以下	4083	555	939	532	807	1250

附录 2　浙江大学 2014 年各类学生数　　　　　　（单位：人）

	毕业生数	招生数	在校学生数	毕业班学生数
一、研究生	5854	6591	22731	8773
其中：博士生	1501	1893	8779	4807
硕士生	4353	4698	13952	3966
二、本科生	5340	5893	23633	5817
三、留学生	1864	2400	4221*	
其中：攻读学位留学生	354	634	2284	308
四、远程教育	16202	16808	57953	/

注：＊不含 2014 年年中进出的语言生数。

党建与思想政治工作

思想建设

【概况】 2014年，浙江大学积极贯彻落实党的十八大、十八届三中全会、四中全会精神和习近平总书记系列重要讲话精神，继续深入贯彻落实全国宣传思想工作会议精神，紧密围绕"六高强校"战略目标，围绕中心，牢牢把握正确的舆论导向，努力构建培育和践行社会主义核心价值观的长效机制，充分发挥宣传思想文化工作的思想引领、舆论推动、精神激励和文化支撑作用，为加快建设中国特色世界一流大学提供强有力的思想保证、精神动力、舆论支持和文化条件。

加强理论学习和思想武装，制定《浙江大学2014年党委中心组理论学习计划》，发布《关于深入学习贯彻党的十八届四中全会精神的通知》《关于学习贯彻习近平总书记五四重要讲话精神的通知》等文件，组织中心组理论学习会、专题学习会、报告会、座谈会等形式多样的学习活动；举办马克思主义经典语录漫画大赛等活动，进一步推进青年学生学习、宣传和实践马克思主义和中国特色社会主义理论体系；组建新一届理论宣讲团，开展主题宣讲活动。以落实中央浙江省委办公厅《关于对进一步加强和改进意识形态工作进行督查的通知》和中共浙江省委来校督查意识形态工作为契机，认真梳理总结学校贯彻落实的情况和成效，加强和改进学校宣传思想和意识形态工作。加强和规范报告会、论坛讲座等活动管理。

紧扣学校中心任务，进一步加强系列报道和新闻专题策划，以教学科研重要进展和校园文化建设等为宣传重点，充分融合新媒体传播渠道，开展"学校综合改革""浙大获国家奖数目全国高校位列第一""浙大科学家发现H7N9患者重症化标志物"等专题新闻报道活动39次，各级各类记者进校采访近600人次。中央地方媒体报道浙大新闻近500篇（条），其中，人民日报、中央电视台、新华社等主流媒体159篇（条）；与中央电视台等媒体协作摄制的《校训是什么？》《抉择1949：竺可桢》《新闻1+1：心平奖》等9部视频作品在中央电视台等播出。浙大求是新闻网发布文字新闻近1300篇、图片新闻1098幅、视频新闻及专业报道68条，发布新闻专题120个，推出原创视频516分钟。组织开展"家的味道——新年图文故事汇"、首届浙大"好医生、好护士评选"等线上文化传播活动。出版发行《教授带你"逛"专业》一书，制作《求是·浙江大学》视频光盘，帮助社会各界更好地了解浙江大学。

《浙江大学报》连续编辑出版38期，持续深化建设"实施六高强校战略 深化学校内涵发展""深化改革进行时""为民务实清廉 切实反对四风""科学""我们心中的好医生好护士"等专版专栏，获2014年中国高校校报好新闻评选一等奖5项和浙江省高校校报好新闻评选一等奖7项。

校广播台全年制作播出自办节目有声内容270小时。校园电视全年制播重要电视新闻150余条，各类自办栏目80多期，录制各类实况40场，摄制各类视频短片30多部，采制图片报道100余组；通过校园屏媒系统"浙大屏媒"全年累计放送视频近800部。校广播电视台选送的10部师生作品获第四届中国高校电视奖一、二等奖各4个，三等奖2个，其中《段树民课题组揭秘脑睡眠机制》《浙·瞬间》《20cm爱的距离》和《一个舞台》分别获新闻类、专题类、栏目类和宣传片类一等奖。

加强校园网络建设与管理，在校网络信息建设与管理领导小组下成立校WWW门户网站建设工作决策领导小组，完善机制建设，保障规范管理。对校门户网站首页进行响应式改造，建成校门户网站移动版和校微信微网站，形成平台集成共享；加强英文网站模板与专业翻译团队建设，推进校英文网站建设。完善网络舆情报送机制，全年共编发《网络舆情简报》83期、《网络舆情专报》29期；发现与处理各类舆情信息100余次；加强新媒体工作队伍建设，按照"核心"、"骨干"、"基础"三个层级，组建了"50＋100＋1000"的网络评论员队伍，成立"浙江大学微讯社"。截至2014年12月31日，浙江大学新浪官方微博粉丝数达27万余个。据新浪校园2014年度全国高校官方微博影响力排名统计数据表明，浙江大学官方微博影响力位居全国高校第三，获教育部"2014年度教育系统官方微博创新奖"。人民日报、央视新闻等校外主流新媒体共计转发浙大新媒体平台信息250余条；浙江大学、浙大资讯和浙大微校园3个微信公众平台共推送信息2200余条、关注用户51300余人。

【加强和改进党委中心组理论学习】 2014年6月，修订并出台《中共浙江大学委员会关于进一步加强和改进党委中心组学习的意见》，进一步规范学校党委中心组的理论学习；不断完善党委中心组集中学习、个人自学、读书报告会、学习调研、学习管理、学习考核和述学等制度；下发《浙江大学院级党委中心组学习记录本》，切实加强对中心组学习的日常管理，推进中心组学习各项制度落到实处。

【培育和践行社会主义核心价值观】 2014年5月，发布《中共浙江大学委员会关于深入开展培育和践行社会主义核心价值观主题教育活动的通知》，进一步深化"我们的价值观"大讨论活动，组织开展"寻最美记忆，讲浙大故事"的主题故事征集活动，弘扬求是创新精神，总结社会主义核心价值观在浙大的实践成果；组织开展"培育和践行社会主义核心价值观"征文活动,论文《价值排序视域下大学生社会主义核心价值观培育研究》获浙江省第九届精神文明建设理论研讨会优秀论文奖;举办全国新闻战线"好记者讲好故事"报告会、浙江省皮肤病防治研究所上柏住院部医疗团队先进事迹报告会等活动,引导师生自觉践行核心价值观。

(王小燕撰稿　应　飚审稿)

组织建设

【概况】 2014 年,全校共有院级党组织 57 个,其中党委 51 个,离休党工委 1 个,国际联合学院(筹)党工委 1 个,直属党总支 3 个,直属党支部 1 个;校党委派出机构共 6 个;党总支共 103 个;党支部共 1587 个,其中在职教职工党支部 569 个、离退休党支部 151 个、学生党支部 867 个。

全校共有中共党员 34987 人。学生党员 15854 人,占学生总数的 33.97%,其中研究生党员 12920 人,占研究生总数的 56.09%;本科生党员 2934 人,占本科生总数的 12.41%。本校在职教职工党员 12720 人,其中专任教师党员 1993 人,占专任教师总数的 58.29%;离退休党员 3822 人;长期出国、挂靠等其他党员 2591 人。

至 2014 年底,全校共有中层干部 478 人。其中,正职 172 人(含主持工作副职 2 人)、副职 306 人;女干部 108 人,占中层干部总数的 22.6%;非中共党员干部 66 人,占中层行政干部总数的 19.2%。中层干部平均年龄为 48.0 岁,其中正职平均年龄为 51.2 岁,副职平均年龄为 46.3 岁;45 岁以下的中层干部共有 156 人,占中层干部总数

的 32.6%。中层干部中具有博士学位的有 231 人、硕士学位的有 164 人,具有正高职称的有 254 人、副高职称的有 170 人。

围绕学校中心工作,加强干部队伍建设。贯彻中共中央新修订的《党政领导干部选拔任用工作条例》,完善干部选拔任用的体制机制。强化党委在选人用人工作中的责任意识和把关作用,强调对人选的综合分析。对全校中层以下行政管理编制和科职职数进行了核定。加强干部任前档案审核,对拟提拔干部的个人身份及"三龄两历"等进行核查。着眼考准考实干部、选好配强班子,对 94 名任职试用期干部进行了考核和综合评价,并将考核结果进行了反馈。落实《浙江大学 2010—2020 年中层后备干部队伍建设规划》,开展中层后备干部民主推荐工作。督促全校 102 个中层班子明确班子成员分工并落实 AB 角制度,进一步完善各中层班子内部运行机制。完成 6 个学部的班子调整工作。制定实施《关于进一步扩大院级单位、部门内设机构管理自主权的若干意见》,推动管理重心下移。加强年轻干部培养,全年援疆、援藏、对口支援滇西等外派挂职教师干部在岗总数达 69 人,其中 2014 年新选派挂职教师干部共计 55 人,接收 17 位校外干部挂职锻炼;选派校部机关 19 位年轻干部到 17 个院系工作,选派学院(系)、附属医院 42 位教师到校部机关 27 个单位挂职锻炼。全年共调整中层干部 74 人次,其中新提任正职 5 人、副职 13 人;共评聘(转任)调研员 18 人,其中正处职 4 人、副处职 14 人;共调整科职干部 127 人,其中新提任正职 26 人、副职 46 人。

加强基层党组织和党员队伍建设,不断夯实组织基础。深入推进"五好"党支部创建活动,共 1156 个党支部通过验收,该活动

被评为浙江省组织系统特色工作。制定院级党委工作若干规定、"五好"院级党委建设活动实施意见、优秀"五好"党支部创建活动方案等文件。研究制定《关于进一步加强党员发展和教育管理服务工作的若干规定》，修订发展党员工作流程。全年共发展党员1765人，其中教职工111人、研究生651人、本科生1003人。组织开展"五水共治"捐款，收到全校总额107万余元。开展帮扶慰问老党员和生活困难党员工作，帮扶慰问779人。

进一步发挥党校在党员干部教育培训中的主渠道、主阵地作用。举办党建骨干、预备党员、入党积极分子培训班，举办"中层干部学习贯彻习近平总书记系列讲话精神"培训班，深入推进"育人强师"全员培训，努力提高党校培训质量。积极开拓党校培训资源，与中央党校、井冈山大学、延安大学等达成合作协议，办学层次进一步提高。全年共培训干部教师2058人次、党建骨干1254人次、预备党员1547人次、入党积极分子2686人次，共选送干部专家参加上级组织调训20人次。

坚持党管人才原则，牵头做好校地人才合作与服务工作。积极参与中共浙江省委组织部"五水共治"、浙大—湖州市共建美丽乡村、浙大—杭州市市校战略合作人才和教育合作组等工作。

【深入推进党的群众路线教育实践活动整改落实工作】 1月，召开全校党的群众路线教育实践活动总结大会，全面总结梳理教育实践活动的做法和经验，研究部署整改落实工作。先后组织召开5次教育实践活动领导小组办公室会议，研究推进全校整改落实、巩固成果和"回头看"工作。在全校范围深入学习贯彻习近平总书记在中央群众路线教育实践活动总结大会上重要讲话精神。

推行销号式管理，持续推进学校领导班子整改方案、"四风突出问题"专项治理方案和制度建设计划等各项整改任务的落实工作。组织开展奢侈浪费等10余项专项整治，开展群众路线制度统计和执行情况专项检查，进一步巩固活动成果。12月，先后印发《关于深化"四风"整治、巩固和拓展党的群众路线教育实践活动成果的工作方案》《关于对教育实践活动整改落实情况进行"回头看"的工作方案》，指导、督促整改任务的及时落实。结合整改落实和"回头看"情况，认真撰写中共党员干部个人和班子民主生活会对照检查材料，组织召开高质量的中共党员校领导和中层领导干部民主生活会。校教育实践活动督导联络小组参加各部门、单位的民主生活会，进一步推动整改落实工作。浙大教育实践活动整改工作得到中央肯定，中央教育实践活动340期简报以"浙江大学以真整实改新成效推动学校新发展"为题进行了专题报道，第157期简报、第54期整改落实专报也分别作了报道。

【加强干部监督工作】 浙江大学深入贯彻落实上级有关文件精神，认真执行干部管理监督有关制度，积极做好对领导干部的从严管理、从严监督。认真执行领导干部报告个人有关事项制度，按照上级要求完成2013年度全体中层领导干部和调研员的个人有关事项报告的汇总综合及情况报告，首次随机抽取了26位干部的个人有关事项报告送交教育部进行核实；面向全体中层领导干部、调研员和包括10位副省部级、25位副省部级以下的校级领导在内的退（离）休专职党政管理领导干部，对其在企业兼职（任职）和在社会团体兼职的情况进行摸底、清理和规范；对副处级及以上干部中配偶已移居国（境）外（没有配偶、子女均已移居国

（境）外）的情况进行摸底和报告。结合上级文件精神和学校实际，出台了《关于对中层及以上领导干部因私出国（境）证件实行集中管理的通知》，全校中层及以上领导干部（含调研员）的因私出国（境）证件已纳入党委组织部统一保管。按照上级要求，对全校中层及以上领导干部因私出国（境）证件持有情况和集中保管情况进行了全面自查和情况报告。认真落实领导干部任期（离任）经济责任审计制度，对 15 位领导干部开展了经济责任审计和整改落实工作。

（盛　芳撰稿　金海燕审稿）

作风建设

【概况】　2014 年，浙江大学党风廉政建设工作坚持党要管党、从严治党，坚定不移地严明纪律、改进作风、强化监督，合力推进体制机制创新和制度建设，主动构建党风廉政建设和反腐败工作新常态。

狠抓政治纪律组织纪律，坚决贯彻落实中央有关精神和上级要求。校党委派出 8 个督导联络组，督促党员干部严格落实党章要求，严肃认真参加民主生活会。对学校"两方案一计划"和各单位（部门）整改任务实行销号式管理，会议数量、发文数量及"三公"经费支出继续减少，清理收回超标办公用房 6475 平方米。印发《关于深化"四风"整治、巩固和拓展党的群众路线教育实践活动成果的工作方案》，部署开展整改落实情况"回头看"。加强网上办事大厅建设，实现 254 项审批服务事项在行政服务办事大厅集中办理。印发《关于进一步加强和改进机关作风建设的实施意见》，推动各部门制订

部门审批权力清单、责任清单和服务事项清单。建立机关作风建设督导员制度，聘请督导员 30 名开展明查暗访。认真开展"三育人"标兵评选活动，将师德作为教师年度考核、岗位聘任、职务（职称）晋升、评奖评优的首要标准。出台《浙江大学博士硕士学位论文抽查及结果处理暂行办法》，推进学风建设机构、学术规范制度和不端行为查处机制"三落实""三公开"。

不断规范校党委常委会、校务会议等会议制度和议事决策程序，凡属"三重一大"事项，都经过集体研究决定。制定《中共浙江大学委员会关于深入推进惩治和预防腐败体系建设的实施意见》。完善校院两级教代会、学术委员会、教学指导委员会等组织的民主监督与专业咨询制度。健全协同监督网络，完成 10 位校特邀监察员的换任。组织开展 2014 年"廉洁教育季"系列活动，启动第二届"清心正道"书画作品征集，启动编写《清廉浙大》丛书并出版第一辑。分层分类开展廉洁教育培训，重点强化警示教育，对领导干部、重要岗位人员及师生员工等开展培训与政策宣讲 100 余次，组织参加旁听法庭审理 5 次共计 200 余人次。通过网络 QQ、手机微信等新兴传媒平台，开展廉洁文化宣传教育。推进学校廉政研究中心工作，完成全国纪检监察工作调研与创新联系点相关任务，累计承担部、省及校级廉政理论研究课题 10 余项，立项并资助学校 2014 年廉政研究课题 6 项，为相关会议提供交流论文 5 篇，向上级部门报送调研报告 3 篇。

梳理 2011 年以来反映领导干部问题线索的"大起底"工作。完成信访举报信息系统建设，共受理来信来访来电和网络信访举报件 133 件（次），建立完善信访季度专报制度，落实纪检监察建议书工作举措。严肃查

浙江大学年鉴

处违反党纪政纪的行为,共查处违纪违法案件 2 件、党纪处分 1 人、政纪处分 4 人。

进一步规范干部的选拔任用,在新提任干部考察中,注重对"德"的正、反向测评,提拔任用中层干部前全部书面征求校纪委意见。进一步完善领导干部报告个人有关事项、因公因私出国(境)等制度,切实加强廉政谈话、提醒谈话、诫勉谈话以及干部任期审计制度执行力建设。校领导对所有新提任中层干部进行任前廉政谈话 18 人,诫勉谈话 3 人。领导干部进行述职述廉 475 人,纠正处级干部违规兼职 21 人,开展干部经济责任审计 14 人(不含校属企业负责人)。进一步完善科研经费使用管理制度、健全科研经费协同监管机制。深化实施招生"阳光工程",重点加强对依法自主招生、体育和艺术类特长生等特殊类型招生工作的监察力度,强化研究生招生监察工作。监察部门参加招生监察活动 12 次。推进采购招投标管理信息化,参与现场监督 160 余项。着力加强对西区建设工程、大额基建(修缮)工程、"1250 工程"等的监督与检查,加强对附属医院大型医疗器械、医疗耗材和药品采购业务流程和相关操作的监管与指导。制定完善校办企业和国有资产管理制度,成立学校经营性资产监督管理委员会,对 10 位校属企业负责人任期经济责任进行审计。

【落实党风廉政建设党委主体责任和纪委监督责任】 制定《关于落实党风廉政建设党委主体责任和纪委监督责任的实施办法》,对党委主体责任的内容做了详细规定并进行了责任分解,也明确了纪委承担监督责任的主要内容,以及落实两个责任的制度机制。校党委主动担负起主体责任,校党委书记、校长履行第一责任人职责,对全校党风廉政建设做到"四个亲自"。校纪委主动转

职能、转方式、转作风,聚焦监督执纪问责。

【大力加强二级单位纪检监察组织机构和队伍建设】 2014 年 5 月 13 日,校党委发文成立数学系、物理学系、化学系、地球科学系、心理与行为科学系纪律检查委员会。至此,学校二级单位纪委数增加到 51 个。校纪委加强对二级单位纪委干部的培训,制定出台了《浙江大学纪检监察工作规定》,明确了校院两级纪检监察工作职责,并建立起二级单位纪委书记例会制度和附属医院纪委书记联席会议制度。

【组织开展浙江大学 2014 年"廉洁教育季"系列活动】 该活动于 4 月至 9 月在全校范围内进行,组织开展了专题学习会、理论研讨会、警示教育会等一系列活动,继续支持"一院一品"廉洁教育与廉政文化品牌创建,立项资助了传媒与国际文化学院"廉始于心,洁践于行"学生廉洁教育平面公益广告设计大赛等 12 个重点项目,确定"崇廉尚洁,清正为人"外语学院学生廉洁主题教育活动等 13 项申报项目为一般项目。

(许慧珍撰稿 张子法审稿)

统战工作

【概况】 2014 年,浙江大学共有民主党派成员 2295 人(见表1),民主党派在职人员中具有高级职称的占 83.2%。党外人士中有 73 人任各级人大代表、政协委员,其中全国人大常委 1 人、浙江省人大常委会副主任 1 人、杭州市人大常委会副主任 1 人、全国政协委员 4 人(常委 1 人)、浙江省政协副主席 2 人,民主党派中央常委 4 人、民主党派浙江省委员会主委 3 人。

表1　2014年浙江大学民主党派组织机构

党派名称	委员会（个）	总支（个）	支部（个）	成员数（人）	
				总数	2014年新增数
民　革	1		8	199	8
民　盟	1	5	19	589	11
民　建	1		3	54	4
民　进	1		14	446	13
农工党	1		9	327	12
致公党	1		4	116	6
九三学社	1		17	557	13
台　盟			1	7	0
合　计	7	5	75	2295	67

表2　2014年浙江大学各民主党派和统战团体负责人

名称	姓名	职称	职务	所在单位
民　革	段会龙	教　授	主　委	生物医学工程与仪器科学学院
民　盟	雷群芳	研究员	主　委	实验室与设备管理处
民　建	张　英	教　授	主　委	生物系统工程与食品科学学院
民　进	陈　忠	教　授	主　委	药学院
农工党	徐志康	教　授	主　委	高分子科学与工程学系
致公党	裘云庆	主任医师	主　委	医学院附属第一医院
九三学社	谭建荣	教授、中国工程院院士	主　委	机械工程学院
台　盟	刘伟文	副教授	主　委	浙江大学城市学院
知联会	段树民	研究员、中国科学院院士	会　长	医学部
侨联、留联会	郑　耀	教　授	主席、会长	先进技术研究院

开展"深入基层、服务群众"主题活动。在民主党派和统战团体中组织开展中国特色社会主义学习实践活动，如在民盟、农工党、致公党等党派基层组织专题举办"人文社科论坛"、中国特色社会主义理论与实践主题学习报告会和基层组织创新发展系列论坛等活动。积极争取上级统战部门的支持，重视与民主党派浙江省委会的联系和沟通，协助做好民主党派省委会班子等后备人选的考察工作。专项开展在党外人士中推

荐校内挂职干部工作,18位党外优秀青年教师走上挂职岗位。建立和完善党外后备干部队伍,浙江大学党外代表人士队伍库,实行动态管理。积极选送党外代表人士到中央社会主义学院、浙江省社会主义学院学习。

举办浙江大学民主党派基层组织负责人培训班,共60余人参加。校领导通过参加党派组织活动、与党外代表人士谈心交友、召开统一战线各界人士座谈会、每季度一次的情况通报会等向党外人士介绍情况,听取意见,鼓励党外人士知情出力,增进学校改革发展共识。民主党派各个基层组织围绕学校中心工作积极向学校建言献策,得到了校领导及相关部门的重视。2014年,1人受聘为浙江省政府参事,1人增补为省知联会副会长,1人在杭州市西湖区知联会换届大会上被选为执行会长;3人参加了由中央统战部和浙江省委统战部举办的无党派代表人士培训班。在全省党外知识分子坚持和发展中国特色社会主义学习实践活动先进集体和先进个人评选表彰活动中,浙江大学知联会获浙江省优秀知联会荣誉称号,2人获浙江省"杰出知联之星"荣誉称号,3人分别获浙江省知联会"行业之星""建言之星""奉献之星"荣誉称号。

认真学习贯彻中央有关加强和改进新形势下侨联工作的意见精神,举办全省高校侨(留)联学习贯彻中央《意见》精神报告会;举行侨留联联海华论坛之文化品鉴沙龙活动;组织浙大侨留联理事赴瑞安参加海外高层次留学归国人员志愿服务团,浙江大学在9月召开的中国侨联第五届新侨创新成果交流表彰会上共有3人获中国侨界贡献奖;召开少数民族师生学习中央民族工作会议精神座谈会;创建"浙大统一战线"微信公众平台,运用新媒体构建统战宣传工作新平台。

【民主党派基层组织班子完成换届或届中调整】 2014年,九三学社浙大委员会、农工党浙大委员会、民革浙大委员会分别召开代表大会,总结过去,谋划未来,并选举产生了新一届校委会领导班子,通过换届,改善了班子结构,很好地实现了新老交替,一批优秀年轻党外代表人士进入校委会班子,增强了班子活力。部分党派校委会因工作需要进行了届中调整,新成立民革浙大委员会邵逸夫医院支部。

【党外各级人大代表、政协委员履职尽责】 党外人大代表、政协委员围绕社会经济热点,深入开展调查研究,积极参政议政,建言献策。在2014年召开的省政协十一届二次会议上,浙江大学政协委员共提交了44件提案,内容涉及环保、科教、文化、农林、卫生等多个领域,研究分析深入,反映情况真实,体现高校特色。10位政协委员被评为"浙江省政协履职优秀委员",3件提案被评为优秀提案。

【浙江大学党外知识分子培训班】 于12月5日至6日在海盐举行。中共浙江省委统战部领导和有关专家应邀作专题辅导报告,来自浙江大学知联会、海盐县知联会、海盐县工商界近130位骨干参加培训。浙江大学知联会与海盐县知联会自2012年结对共建以来,合作开展了医疗卫生、农业技术、科技对接、专业培训等形式多样的活动,此次联合举办培训班,是双方创新形式、深化合作的又一平台和载体。无党派人士一致认为,通过培训,提高了对自身身份定位的认识,加深了对无党派人士参政途径、作用发挥等方面的了解。

(王一清编撰 赵文波审稿)

安全稳定

【概况】 2014年,以责任落实为抓手,以长效机制建设为目标,开展安全稳定隐患的排查化解工作,采取了一系列措施,妥善处置安全稳定事件,有效维护校园正常秩序。

构建多层次安全责任体系,与各院系、各单位签订《浙江大学校园综合治理和深化"平安校园"建设责任书》,按照"谁主管、谁负责"的原则,层层落实安全责任。

推动安全教育宣传工作。开发启用"安全教育考试系统",新生入学前需考试合格方可申请住宿,将安全教育关口前移;开辟固定课堂与动态课堂,多渠道普及安全知识;成立校园安全学生服务队,形成联育机制;利用宣传册、工作简报、广播电视、校报、微信、网站、竞赛等多种宣传形式,营造安全文化。全年发放安全教育手册2万余份,微信160条,开展安全知识讲座97场,图片、视频展36场,应急疏散演练56场,参与师生2万余人。

预处并重,维护学校安全稳定。协助国家安全、公安机关开展专项工作;做好重要来宾来校和大型活动期间的安保工作。2014年,浙江大学被授予"浙江省国家安全人民防线建设优秀单位"、"杭州市高校情报信息工作先进单位"。

开展消防精细化检查,整改安全隐患;做好消防设施维护和检测工作,确保系统正常使用;及时增添、更换消防器材,消除安全隐患。全年消防安全检查645次,维修消防设施108处,增添、更换消防器材5882具,消防水带1445条。全校共发生火警(灾)2起。

开展治安安全检查489次,破获案件94起,抓获嫌疑人62人,刑事拘留34人。

加强交通管控力度,整合停车区域,完善交通设施,改善校园交通秩序;提前预判交通流量,及时发布温馨提示;联合交警查处无牌无证摩托车、燃油助动车。

推进剧毒化学品、第一类易制毒化学品资质认定专项管理。对通过资质认定的实验室进行年审,落实"双人领取、双人保管、双人使用、双人记账、双人双锁"的管理制度。

优化服务,提升一体化安全服务能力。按照"态度要好,程序要守,方法要巧,问题要解"的工作要求,创新举措,提升服务。采取电子离校的审核方式,优化毕业生户口迁出工作流程。完善新生落户工作,做好户籍信息核查;解除受理对象校区限制,简化办理程序。全年窗口办结事项23351件,受理报警求助咨询7000余次。

加强技防建设,提升安防实力,做好监控系统的维护,启用紫金港校区楼宇门禁系统,有效控制了发案率。

【推进安保信息化建设】 2014年4月开发启用校园安全管理服务平台,集预警研判、接警处置、留档追溯三位一体,完善了安保工作预防、报警、指挥、存档体系,推动校园安全防范模式向联动化和智慧化方向发展。

(吴红飞撰稿 蒋伟君审稿)

工会与教代会

【概况】 教代会、工会认真学习贯彻党的十八届三中、四中全会精神和中国工会十六大精神,紧紧围绕学校发展目标和中心工作,明确使命,凝心聚力,开拓创新,紧密团结广

浙江大学年鉴

大教职工,为学校建设世界一流大学建功立业。召开浙江大学第七届教代会、第二十一届工代会第一次会议,选举产生新一届教代会执行委员会、工会委员会和经费审查委员会。发挥教代会代表闭会期间的作用,组织校情通报会,邀请常务副校长宋永华向教代会代表通报学校学科与人才队伍建设进展情况。组织教代会代表对附属医院建设发展情况进行巡视,对党政机关部门的工作作风、实绩进行民主测评。继续拓宽民主渠道,启动"金点子"合理化建议征集工作。开展院级工会创建"模范教工之家"活动,建设组织健全、维权到位、工作规范、作用明显、教职工信赖的院级教工之家。开展第七届"三育人"先进集体、标兵评选活动,评选出3个"三育人"先进集体、15位"三育人"标兵、42名"三育人"先进个人。落实浙江省省级产业工会职工大病医疗互助保障工作的要求,以参加城镇职工基本医疗保险、未参加爱心基金教职工专项基金的非事业编制职工为重点,组织42家院级工会的9602位教职工参加了互助保障,占浙江省高校参保总人数的近70%。继续做好浙江大学教职工爱心基金工作和罹患大病教职工的帮扶工作,全年共有8103名教职工捐款51.865万元,39位教职工获补助49.553万元。承办浙江省高校第八届青年教师教学竞赛,浙江大学选送的6位参赛青年教师,5位获得特等奖,1位获一等奖,获得了优异成绩。女工委组织丰富多彩的深受女职工喜爱的活动,促进女教师职业发展,继续推进女教授与湖州市科技服务合作。青工委策划打造"青春汇"系列活动,拓展工作格局,更好地促进青年教职工的全面发展,服务学校发展大局。

航空航天学院微小卫星研究中心被授予全国工人先锋号。环境与资源学院朱利中获得浙江省劳动模范称号。数学系苏德矿被授予浙江省首届"最美教师"称号。光华法学院郑春燕参加全国高校第二届青年教师教学竞赛总决赛,获得全国人文社科组一等奖第一名。在浙江省第八届青年教师教学技能竞赛中,梁君英、郑春燕、汪凯巍、仝维鋆、张萌等5位教师获特等奖,胡吉明获一等奖。王建安、华晨、何善蒙、李兰娟、杨冬晓、杨德仁、沈爱国、肖文、邱利民、欧阳宏伟、任金林、阮俊华、吴巨慧、陈敏、程晓东等15位教师被授予浙江省2013—2014年度浙江省教育系统"三育人"先进个人称号,电工电子基础教学中心、公共体育与艺术部被授予2013—2014年度浙江省教育系统"三育人"先进集体称号。

【第七届教职工代表大会、第二十一届工会会员代表大会第一次会议】 于4月25—26日在紫金港校区召开。会议深入学习贯彻党的十八届三中全会、中共中央总书记习近平系列重要讲话精神和中国工会十六大精神,就深入实施"六高强校"战略,深化重点领域改革,进一步推进质量内涵建设,加快世界一流大学建设建言献策、集思广益。中国教科文卫体工会、浙江省总工会有关负责人到会祝贺并作重要讲话。大会选举产生新一届教代会执委会、工会委员会及工会经费审查委员会,在原有的6个专门委员会基础上,在全国高校中首设教师发展委员会,加强教师队伍建设。大会听取了学校工作报告和学校财务收支执行情况报告,审议了《浙江大学章程(草案)》,通过了《浙江大学教职工代表大会提案工作规定(修订稿)》等重要事项。

七届一次教代会共收到代表以提案形式提交的意见、建议171件,经提案工作委员会认真审理,正式立案 116 件,作为意见、建议 52 件,不予立案的 3 件,立案率 67.8%。在部门处理 116 件提案的过程中,代表对提案办理态度"满意"的有 111 件,占 95.69%;"基本满意"的有 5 件,占 4.31%;对办理结果"满意"的有 87 件,占 75%;"基本满意"的有 27 件,占 23.28%;"不满意"的有 2 件,占 1.72%。

【七届一次教代会首设教师发展委员会】
该委员会在 4 月 25—26 日召开的第七届教职工代表大会、第二十一届工会会员代表大会第一次会议上成立。它以"关心事业发展、促进水平提高、咨询政策制度、推动思想建设、引领教师文化,加强人文关怀"作为自己的工作职责,参与新教工始业教育,帮助青年教师融入求是大家庭,开展教师队伍的有关调研,积极为学科与人才队伍建设献言献策。教师发展委员会首期"师说"论坛以"今天,我们如何当老师?"为题,邀请老中青三代学者对师道师德的当代内涵进行访谈讨论,产生积极反响。

【拓宽教职工参与学校民主管理的渠道】
11 月 19 日,校工会组织教代会代表对附属医院的建设发展情况进行巡视,实地考察附属第二医院滨江院区,听取医院情况汇报,对医院的现代化建设和提升师生医疗服务水平提出意见和建议。12 月 24 日,举行教代会代表校情通报会,邀请常务副校长宋永华通报学校学科与人才队伍建设相关情况,领导与代表凝心聚力共谋学科与人才队伍建设大计。11 月底,开设"金点子"合理化建议征集系统和信箱,常年开放征集建议,全方位听取广大教职工对推动学校改革发展,优化管理服务机制的小建议、好点子、新想法,形成与提案工作互为补充的凝心聚智新途径。

(袁　璐撰稿　王　勤审稿)

学生思政

【概况】 2014 年,浙江大学坚持"育人为本,德育为先",把"培育时代高才"和"造就具有国际视野的高素质创新人才和未来领导者"作为德育工作的重要目标,在本科学生思政工作中,以推进思想政治教育、创新创业教育、综合素质教育、榜样先锋教育和辅导员队伍专业化建设为工作着力点,着重打造"2014 创业教育年",着力提升大学生理想信念、社会责任和职业素养,全面促进以质量提升为核心的学生工作内涵式发展;在研究生思政工作中继续围绕"保稳定、树典型、造氛围、促发展"的总体思路,为助推研究生成长成才,努力打造党员骨干培育、学术交流共进、综合能力发展、"三自"能力发挥、社会实践锻炼五大平台,不断完善奖助管理、学籍管理两大服务体系,持续营造科研诚信、导学和谐的新风尚,推动研究生工作持续、高效、稳步发展。

推进马克思主义和中国特色社会主义理论的学习、宣传与实践。开展校史校情教育、新生特别教育、新生军训及国防教育等活动。组织本科生党支部、班级品牌活动申报工作,共立项 99 项,累计资助活动经费 19.8 万元。开展网络思政教育,"求是潮"网站被教育部评为"第六届全国高校百佳网站",并获"最佳网络文化奖"和"最佳视觉效果奖"。开展征兵工作宣传,2 名本科学生应征入伍。

全年培训本科新生党员 120 人、本科预备党员 755 人、本科学生党建骨干 561 人。培训研究生预备党员 681 人,研究生党支部书记 343 人。着重培养学生的领导能力、创业创新能力、语言与文字发展能力、礼仪与形象管理能力、职业发展能力、团队合作能力、情商（EQ）、跨文化交流能力等综合素质,完善大学生领导力教育中心、创业教育中心、口才中心、写作中心、礼仪与形象管理中心、卓越工程师发展中心、EQ（情商）中心等校院两级综合素质训练平台。"985"工程四期经费支出 250 万,支持学生综合素质培养项目 49 个。

完善分层次、分类别的辅导员培训体系,提高思政队伍研究能力。组织新辅导员岗前培训,并为新辅导员配备学术导师;成立 5 个辅导员工作室,开设 15 门辅导员课程（工作坊）超市;举办辅导员论坛;选派多名辅导员参加各级培训。组织参加辅导员职业能力大赛,1 人获省赛和华东片区赛一等奖、全国赛三等奖,1 人获省赛一等奖、华东片区赛二等奖,1 人获"第六届全国高校辅导员年度人物"提名奖。组织思政课题的申报立项,获教育部人文社科研究专项任务项目（高校思政工作）一类课题 1 项、辅导员专项课题 1 项。全校共评选出优秀辅导员 10 人、优秀班主任 90 人。另有 1 名辅导员获浙江大学心平奖教金,3 人获评浙江省优秀辅导员。

重视专兼职咨询师及辅导员的心理工作能力专业化发展,全年共选送 22 名辅导员参加心理咨询师学习培训,选派 9 人参与国内各类心理工作培训。成立常青藤服务团队。首次开办新任辅导员"心理助人能力"培训班。举办心理讲座 55 讲、团体辅导 73 项、心理沙龙 2 项、宣教活动 150 余场,全年共接待个别心理咨询 2074 人次,开展危机干预个案 11 例。

全校教职工共有 1469 人自愿担任新生之友,实现 1450 个新生寝室的全覆盖。2014 年,首次开展优秀新生之友评选工作,共有 72 人获"优秀新生之友"称号。

全年,认定全校家庭经济困难本科学生总人数 3600 人,其中特困生 1612 人、困难生 1988 人。向本科学生发放各类补助金近 2600 万;近 3 万人次参与勤工助学,发放酬金 720 万元。420 名本科新生通过"绿色通道"入学。

做好研究生"三助"（助教、助研、助管）津贴的发放工作,发放金额总计达 2.6 多亿元;发放优秀博士生岗位助学金 777 人,共计金额 777 万元。开辟研究生绿色通道,实施学费代偿制度,通过国家助学贷款、学业奖学金代偿等方式,让经济困难的研究生可以顺利入学,完成学业。2014 年中国银行的续签人数为 146 人,续签金额为 68.95 万元;新增 126 人,新增贷款金额为 332 万元（整个学制）。下拨院系困难补助经费 211.55 万元;发放个别特别困难、重病及死亡研究生补助 23 人次,累计金额 16.22 万元。评审浚生、任熙云等助学金共 7 项,总受益人数为 249 人,资助总金额为 75.8 万元。

2013—2014 学年,在本科生中评选出浙江大学竺可桢奖学金 12 人,特别奖学金 1 人,国家奖学金 321 人,浙江大学优秀学生一等奖学金 875 人、二等奖学金 1269 人、三等奖学金 2217 人、单项奖学金 6452 人、研究与创新奖学金 375 人、专业奖学金 1248 人、国家级人才培养基地奖学金 442 人、外设奖学金共 43 项,奖励人数 60 人,奖励额 400 多万元。评选出浙江大学优秀学生 3234 人、本科生优秀学生干部 1162 人,本科生先进班级 61 个、文明寝室 454 个。评选出浙江省优秀毕业生 270 人、浙江大学校级优秀毕业生 687 人。开展"诚信"主题教育活动；发挥优秀学生示范作用，开展"追寻优秀学生成长足迹"、"竺奖零距离"午后沙龙等活动。

在研究生中共评选出竺可桢奖学金 12 人，其中博士生 8 人、硕士生 4 人；评选研究生国家奖学金 625 人，其中博士生 296 人、硕士生 329 人，奖励金额 1546 万；评选专项奖学金 43 项，奖励人数 790 人次，奖励金额 299.79 万元；评选研究生一等奖学金 10 人，二等奖学金 16 人，单项奖学金 162 人；评选优秀研究生 4718 人，三好研究生 1767 人，优秀研究生干部 946 人，社会实践先进个人 190 人，研究生先进班级 108 个，研究生文明寝室 405 个。做好优秀毕业生评选工作，2014 届省级优秀毕业研究生 268 人，校级优秀毕业生 1138 人。

2014 年，处理本科学生违纪事件 31 起，其中开除学籍 1 人，留校察看 3 人，记过并作结业处理 1 人，记过 23 人、严重警告 2 人、警告 1 人。全年共 3 名研究生受到处分，2 名研究生解除处分。

【营造和谐导学风尚】 2014 年，继续完善学院(系)研究生思政线与导师的工作协调机制。开展浙江大学第四届研究生"五好"导学团队评选活动，持续倡导爱生如子、尊师重道、同学互助、师生共进的优良风气，推动和谐导学文化形成。经团队自荐、院系初评和学校答辩评审，光华法学院李有星团队等 10 个团队获第四届研究生"五好"导学团队，人文学院陈红民团队等 10 个团队获提名奖。

【创新研究生开学典礼】 2014 级研究生开学典礼于 9 月 21 日举行。该典礼打破传统单一的程式化议程，将大学精神的追求、学校文化的传统、学术创新的使命等有机地融入典礼之中。典礼分为"大学·际于天地"、"大道·上善若水"、"大师·开物前民"、"大爱·润物无声"四个篇章，特别设置了研究生遵守学术规范宣誓活动，并邀请校领导、两院院士、文科资深教授等为新生颁发学术规范，结合学术创新、学术诚信等主题做新生寄语。典礼融合学术成果展、校史展演、升校标、原创诗歌朗诵等形式，得到师生高度评价。

【创立"浙大研究生"微信公众平台】 1 月 3 日，"浙大研究生"微信公众平台正式启动运营。该微信平台由校党委研究生工作部指导，校研究生新闻媒体中心牵头，校研究生会、博士生会、研究生创新创业中心、未来企业家俱乐部、求是学社、研究生社会实践发展中心、研究生调研室、研究生心理互助会、润莘社等十大研究生组织(社团)共同合作运营，旨在为广大研究生提供科研学术、出国交流、选课考试、校园文化等全方位的资讯服务。运营一年来，平台关注量突破万人，跻身国内高校校园媒体微信影响力前列，在研究生中获得广泛好评。

(袁 榕 单珏慧撰稿
邬小撑 吕淼华审稿)

团学工作

【概况】 2014 年，共青团浙江大学委员会紧紧围绕"六高强校"战略和建设世界一流大学的目标任务，找准切入点，创新模式与途径，进一步完善"思想、组织、实践、文化"四育人工作体系。5 月 20 日，团中央书记处第一书记秦宜智来校调研工作。至 2014 年底，浙江大学共有基层团委 51 个，其中院系(学园)团委 39 个,青工系统团委 12 个;团总支 144 个,团支部 1472 个,团员 46097 名;共有团干部 163 名,其中专职 131 名,兼职 32 名。

加强理想信念教育,提升思想引领的实效性。针对青年学生特点,开展中国梦、核心价值观等主题教育活动 1800 余场,推送正能量文章 500 余篇。推进团学工作网络新媒体转型,组建 600 余人新媒体队伍,实现团组织新媒体平台全覆盖,官方微信在全国高校团委名列前茅,信息年阅读量超过 250 万人次。

深化党建带团建,加强团的自身建设。开创党建带团建工作新局面,做好"推优"和党校学生入党积极分子培训班工作,全年共培训入党积极分子 2600 余名。夯实基层团组织建设,开展基层团组织建设月主题活动,深入实施"团建统筹工程",各团支部开展主题团日活动 4000 余场次,覆盖 8 万余人次。加强团学干部培养,选派 9 名专职团干部赴教育部、团中央和基层挂职,选拔 120 余名优秀学生担任校院两级团委挂职团干部。以促进团员青年工作技能提升为抓手,大力推进青工工作,7 个集体和个人获国家级、省级"青年文明号"、"青年岗位能手"等荣誉称号。一年来,浙大团委共获"全国五四红旗团委"等省级以上集体荣誉 11 项。

加强对学生会、研究生会和博士生会的指导,促进校风学风建设。6 月 15 日,召开浙江大学第三十一次学生代表大会,并于 6 月 21 日产生第三十一届学生委员会第一任主席团成员,由邱实任主席,孟详东、陆舒扬(女)、聂轩、钱铭(女)任副主席。10 月 18 日,召开浙江大学第二十七次研究生代表大会,选举产生新一届主席团成员,由张鲲鹏任主席,陈世兵、程心怡(女)、徐松杰、陈旻远任副主席。10 月 29 日,召开浙江大学第十三次博士生代表大会,产生第十三届博士生会主席团成员,由徐建任主席,戴凌宸、俞昕佩(女)、潘伟康、傅铁铮任副主席。

【浙江大学团学工作网络新媒体战略转型项目获评团中央优秀项目】 2014 年初,"浙江大学团学工作网络新媒体战略转型"项目被列为团中央学校线重点工作创新试点项目,学校团委以此为契机,从阵地、队伍、内容、活动、机制五个方面加强建设,实现共青团工作微博、微信在青年学生群体中的全覆盖,提升理想信念教育实效性。2014 年 12 月,该项目通过团中央学校共青团重点工作创新试点结项评审,并获评优秀项目。

(任立娣撰稿 刘艳辉审稿)

人才培养

研究生教育

【概况】 2014年,浙江大学研究生教育以提高研究生质量为核心,积极探索研究生教育改革的新思路、新做法,继续以建设国际一流的研究生教育教学体系为总目标,坚持内涵式发展为主线,全面实施研究生教育教学综合改革,实现研究生教育各项工作稳步发展。

浙江大学是中国博士、硕士学位授权学科最为齐全的大学之一,可在哲学、经济学、法学、教育学、文学、历史学、理学、工学、农学、医学、管理学、艺术学等12个学科门类授予学术性学位。截至2014年12月31日,浙江大学共有博士学位授权二级学科268个(含自主增设39个),涉及一级学科63个,其中博士学位授权一级学科58个;硕士学位授权二级学科331个(含自主增设40个),涉及一级学科79个,其中硕士学位授权一级学科72个;还有博士专业学位授权点4个,硕士专业学位授权点28个。拥有14个一级学科国家重点学科、21个二级学科国家重点学科和10个国家重点(培育)学科、7个农业部重点学科和70个浙江省重点学科。2014年,各学科共有2082名教师具有博士研究生招生资格,其中198名教师具有专业学位博士研究生招生资格;3622名教师具有硕士研究生招生资格(含具有博士研究生招生资格的教师),其中有2055名教师具有专业学位硕士研究生招生资格。

2014年,浙江大学共计招收全日制研究生6591人,其中博士研究生1893人、硕士研究生4698人;入学博士研究生1997人(含医学8年制本博连读生53人、外国留学生75人)、硕士研究生5086人(含医学七年制本硕连读生254人、外国留学生155人)。截至2014年12月,在校研究生总数为22731人,其中博士研究生8779人(含外国留学生293人)、硕士研究生13952人(含外国留学生366人)。2014年,建立学籍季报制度,以每个季度最后一天为统计时间,对研究生学籍数据进行统计分析,为教育决策提供数据基础。

2014年,共招收同等学力申请硕士学位课程学习人员2792人。原有的课程进修班学员 1687 人结业。

2014 年度,研究生退学共 101 人、取消入学或放弃入学共 146 人(含外国留学生 83 人)、提前攻博 452 人、转学 4 人、死亡 3 人、博转硕 45 人、保留学籍后重新入学 12 人、保留学籍 25 人、因公出境(3 个月及以上)404 人、入境复学 319 人、休学 123 人、休学后复学 87 人、特殊延期 358 人、转学院 7 人、转专业 17 人。

2014 年,毕业研究生 5854 人,其中博士生 1501 人(其中留学生 35 人)、硕士生 4353 人(其中留学生 104 人);授予博士学位 1515 人,其中授予博士专业学位 135 人;授予硕士学位 6289 人,其中以同等学力申请硕士专业学位人员 28 人,在职攻读硕士专业学位人员 1518 人。

参加就业的毕业研究生共 5635 人,在职、定向、委培生 323 人。截至 2014 年 12 月 31 日,毕业研究生按总人数统计的就业率为 97.85%(其中 7 名研究生进行了自主创业),待就业率为 2.15%。硕士毕业生中,签订协议书就业的有 3220 人,灵活就业 46 人,被录取为国内大学或研究机构博士生的有 356 人,出国(境)154 人,待就业 74 人;博士毕业生中,签订协议书就业的有 829 人,灵活就业 16 人,被录取为博士后的有 147 人,出国(境)70 人,待就业 47 人。

继续实施各类研究生国际合作研究与交流项目,全校共选送 1617 名研究生以攻读学位、联合培养、短期访问、参加高水平国际学术会议等形式公派出国(境),其中国家建设高水平大学公派研究生项目派出 168 人,分赴哈佛、牛津、耶鲁、剑桥、麻省理工等 81 所大学及科研机构,学科涵盖文科类(17.2%)、理科类(5.3%)、工科类(42%)、医学类(9.5%)及农科类(24.3%);资助 441 人赴海外参加高水平国际学术会议(博士研究生占资助总人数的 70.5%),资助总额达 375 余万元。资助博士研究生开展国际合作研究与交流项目共选派 100 名博士研究生,资助总额达 582 余万元,接待了澳大利亚西澳大学、香港城市大学等国外高校的交流访问。

2014 年,根据教育部《关于继续做好研究生学术交流平台项目管理和实施工作的通知》(教研司〔2014〕1 号),浙江大学继续举办研究生学术交流平台项目——博士生学术论坛,资助经费同国家标准。至 2014 年年底,资助国际经济学博士生学术论坛、全国教育博士学术论坛、光子学技术博士生学术论坛,资助金额为每个平台各 25 万元,共计 75 万元。资助金额从学科建设经费中列支。

2014 年 5 月 4 日,浙江大学举办第七期"求是导师学校",国家自然科学基金委员会主任杨卫院士、副主任沈岩院士应邀分别以"导师十策"和"为师不易"为题作专题报告,为在座的各位导师就如何培养高素质的创新性人才出谋划策。浙江大学 247 位 2013 年新增的研究生导师以及 85 位来自浙江工业大学、浙江理工大学和杭州师范大学等浙江省内高校的教师代表共计 332 人参加本期培训。

【"985 工程"三期——拔尖创新人才培养项目的后续建设】 进一步做好"985 工程"三期——拔尖创新人才培养项目的后续建设工作。首批浙江大学研究生全英文课程建设项目于 2011 年 1 月立项建设共 11 项,经过三年多的建设,根据《浙江大学研究生全英文课程建设及申报的通知》要求,于 2014 年 7 月组织专家进行终期验收评审,所有项目均达到项目建设要求。首批 8 个浙江大学专业学位研究生教育综合改革试点项目和8个实践基地建设项目于2011年1月立项建设,经过三年多的建设,于2014年度通过项目自我评估、同行专家评议、项目实地抽查等方式,通过终期验收。2014年度,利用2014年"985工程"过渡经费700万元立项建设4个研究生教育项目,分别是:第三批浙江大学核心课程22门,投入经费330万元(见表1);第二批浙江大学专业学位研究生教育实践基地建设项目3项,投入经费100万元(见表2);国际交流能力提升工程投入经费240万元,用于资助研究生赴海外参加国际学术会议;研究生社会发展能力提升工程投入经费30万元。

表1　第三批浙江大学研究生核心课程建设项目

序号	归属学院(系)	课程名称	项目建设负责人
1	经济学院	国际经济学前沿专题	黄先海
2	教育学院	教育学名著导读	刘正伟
3	教育学院	体育学研究进展	林小美
4	人文学院	中国书画篆刻史学研究	陈振濂
5	外国语言文化与国际交流学院	外国文学专题研究	高奋
6	生命科学学院	全球变化生物学	程磊
7	生命科学学院	高级生态学	王根轩
8	建筑工程学院	可持续建筑技术理论与方法	葛坚
9	农业与生物技术学院	基因操作原理	马忠华
10	医学院	实用临床基础	姒健敏
11	管理学院	高级管理研究方法	宝贡敏
12	管理学院	农林经济理论前沿	陆文聪
13	化学工程与生物工程学院	生物化工前沿	姚善泾
14	信息与电子工程学系	高等电磁场理论	陈红胜
15	信息与电子工程学系	机器学习	张仲非
16	思想政治理论教学科研部	思想政治教育专题研究	马建青
17	海洋学院	先进海洋技术	陈鹰
18	海洋学院	海洋物质循环与海洋资源	叶瑛
19	海洋学院	海洋地质与地球物理技术	楼章华
20	地球科学系	华南大地构造演化与野外实践	陈汉林
21	地球科学系	矿床与资源	厉子龙
22	心理与行为科学系	心理学研究方法论	马剑虹

浙江大学年鉴

表2 第二批浙江大学专业学位研究生教育实践基地建设项目

项目序号	类别(领域)	所属单位	资助经费(万元)
1	工程硕士(机械工程领域)	机械工程学院	40
2	工程硕士	台州研究院	30
3	农业推广硕士	新农村发展研究院	30
共计		100	

【推进"海外教师主导的研究生全英文课程"建设项目】 依照"总体规划、分批建设、逐步推进、保证质量"的建设原则,按照国际一流的标准,分学科门类共建具有基础性、前沿性、交叉性且受益面广的共享性全英文课程,培养一批本土的"国际教师"。2013年9月,首批37门理工农医类"海外教师主导的研究生全英文课程"陆续启动,每门课聘请一名海外主讲教师,确定一位课程责任教师,配备一位青年助理教师。2014年在工科等优势学科建设了第二批共享性全英文课程7门,在社科和人文大类中建设了16门共享性全英文课程。至2014年底,全校共计建设了60门课程,已开课55门。对于开课的海外教师主导的研究生全英文课程,督导老师随堂听课,并对学生发放教学质量评价表。通过对评价表的统计分析,评价教学态度为"优"的占91.80%,教学内容为"优"的占90.25%,教学方法为"优"的占88.76%,教学效果为"优"的占89.60%。

【启动"研究生课程教学质量"网上评价工作】 浙江大学于2013—2014学年春夏学期启动"研究生课程教学质量"网上评价工作。研究生评价内容主要为教学态度、教学内容、教学方法、教学效果,管理人员评价内容主要为声誉评价和规范评价,研究生、管理人员二个评价主体按80%和20%的权重

统计评价结果。推进研究生督导、研究生教育管理者随堂听课制度,构建研究生评教、督导评估与管理人员评价三结合的研究生教学与培养质量评价体系。做好全校公共课的听课工作。2014年度,共计抽查全校公共课44门,随堂给学生发放课程评价表,并对评价表进行统计分析,并将评价结果反馈任课教师所在院系。

【获国家级、省级教学成果奖多项】 依据国务院发布的《教学成果奖条例》规定 报经国务院批准,教育部于2014年9月发布《教育部关于批准2014年国家级教学成果奖获奖项目的决定》(教师〔2014〕8号)。由浙江大学主持的4项研究生教学成果获第七届高等教育国家级教学成果奖,其中一等奖1项,二等奖3项(见附录12)。由浙江大学教授应义斌等完成的"以生为本多元融合——依托紧密型团队的农业工程研究生培养的探索与实践"项目获得国家级教学成果奖一等奖,实现浙江大学研究生教育获国家级教学成果奖一等奖零的突破。国家级教学成果奖每4年评审一次,被社会各界视为当前中国高等教育教学工作的最高水平与最高荣誉。

2014年9月浙江省教育厅发布《浙江省教育厅关于公布2014年省级教学成果奖评选表彰高等教育项目的通知》。浙江大学

研究生教育共获得浙江省第七届高等教育教学成果奖9项，其中一等奖7项、二等奖2项（见附录12）。

【获中国学位与研究生教育学会研究生教育成果奖】 2014年12月22日，由中国工程院院士岑可法等完成的"面向能源学科前沿与国家重大需求，团队式国际化培养创新人才的实践"项目获得2014年第一届中国学位与研究生教育学会研究生教育成果奖一等奖。中国学位与研究生教育学会研究生教育成果奖为全国研究生教育的最高层次奖，表彰在研究生教育的理论研究与教育教学实践工作中开拓创新、做出突出贡献、取得显著成效的集体和个人。该奖项2014年为首次评选。

【完善招生信息公开制度】 2014年，浙江大学硕士研究生招生录取工作根据教育部文件的要求，进一步提高招生选拔质量，大力推进招生录取信息公开，不断加强监督管理，确保研究生招生录取工作科学公正、规范透明。各院系严格按照规定准确、规范、充分、及时予以公开包括招生简章、招生计划、复试办法、复试名单、复试成绩、录取名单、投诉渠道等的重要信息。经统计，36个学院（系）的复试程序、复试成绩所占权重、录取名单和投诉渠道等关键信息在网络上公开的比例都达到100％。

【推进博士生招生机制改革】 为进一步规范博士研究生招生工作，推进优质生源工程，提升博士研究生培养质量，对博士生招生机制进行了一系列改革：出台《浙江大学博士研究生招生指标分配方案（试行）》，优化以质量为导向的招生指标分配机制；制订《博士研究生培养成本补偿指标管理办法》，推进多渠道筹集经费的研究生教育投入机制，促进研究生教育的健康发展，全年共计34名博士生新生以培养成本补偿指标录取，筹集培养成本补偿经费510万元；设立"博士生新生奖学金"，吸引更多的优秀博士生生源，以提升博士生的科研创新能力。全年评选了128名博士生新生奖学金获得者，涉及60个基础或艰苦专业，发放奖学金为128万元，其中28万元为学院（系）配套经费。

【加大招生宣传力度】 鼓励学院（系）更高质量地举办夏令营，从中发掘并吸引更多的优质生源。2014年，全校共有28个学院（系）开展了夏令营活动，共吸引营员1787人来浙大参观交流，其中来自985高校的营员925名，C9高校的营员175名，211高校的营员634名。

【争创优秀博士学位论文资助】 为推动卓越人才的培养，2014年继续实施争创优秀博士学位论文的资助工作。根据《浙江大学优秀博士学位论文资助办法》，激励优秀的博士生努力工作，做出原创性成果。2014年，共资助17名延期博士生，资助学生覆盖了人文学院、公共管理学院、数学系、航空航天学院、能源工程学院、机械工程学院、材料科学与工程学院、光电信息工程学系、生物系统工程及食品科学学院、农业与生物技术学院、生命科学学院、医学院等院系。

附录1 浙江大学 2014 年博士、硕士学位授权学科

学科门类	一级学科	二级学科代码	二级学科	硕士	一级硕士	博士	一级博士
哲学	哲学（一级学科博士点）	010101	马克思主义哲学	√	√	√	√
		010102	中国哲学	√	√	√	√
		010103	外国哲学	√	√	√	√
		010104	逻辑学	√	√	√	√
		010105	伦理学	√	√	√	√
		010106	美学	√	√	√	√
		010107	宗教学	√	√	√	√
		010108	科学技术哲学	√	√	√	√
		0101Z1	休闲学	√	√	√	√
经济学	理论经济学（一级学科博士点）	020101	政治经济学	√	√	√	√
		020102	经济思想史	√	√	√	√
		020103	经济史	√	√	√	√
		020104	西方经济学	√	√	√	√
		020105	世界经济	√	√	√	√
		020106	人口、资源与环境经济学	√	√	√	√
	应用经济学（一级学科博士点）	020201	国民经济学	√	√	√	√
		020202	区域经济学	√	√	√	√
		020203	财政学	√	√	√	√
		020204	金融学	√	√	√	√
		020205	产业经济学	√	√	√	√
		020206	国际贸易学	√	√	√	√
		020207	劳动经济学	√	√	√	√
		020209	数量经济学	√	√	√	√
		020210	国防经济	√	√	√	√
法学	法学（一级学科博士点）	030101	法学理论	√	√	√	√
		030102	法律史	√	√		√
		030103	宪法学与行政法学	√	√		√
		030104	刑法学	√	√		√
		030105	民商法学	√	√		√
		030106	诉讼法学	√	√	√	√

学科门类	一级学科	二级学科代码	二级学科	硕士	一级硕士	博士	一级博士
法学	法学 (一级学科博士点)	030107	经济法学	✓	✓	✓	✓
		030108	环境与资源保护法学	✓	✓		✓
		030109	国际法学	✓	✓		✓
		0301Z1	中国法	✓	✓	✓	✓
		0301Z2	海洋法学	✓	✓	✓	✓
	政治学	030201	政治学理论	✓		✓	
		030202	中外政治制度	✓			
		030203	科学社会主义与国际共产主义运动	✓			
		030204	中共党史	✓			
		030206	国际政治	✓			
		030207	国际关系	✓			
	社会学	030301	社会学	✓			
		030302	人口学	✓		✓	
	马克思主义理论 (一级学科博士点)	030501	马克思主义基本原理	✓	✓	✓	✓
		030502	马克思主义发展史	✓	✓	✓	✓
		030503	马克思主义中国化研究	✓	✓	✓	✓
		030504	国外马克思主义研究	✓	✓	✓	✓
		030505	思想政治教育	✓	✓	✓	✓
		030506	中国近现代史基本问题研究	✓	✓	✓	✓
教育学	教育学 (一级学科博士点)	040101	教育学原理	✓	✓	✓	✓
		040102	课程与教学论	✓	✓	✓	✓
		040103	教育史	✓	✓	✓	✓
		040104	比较教育学	✓	✓	✓	✓
		040105	学前教育学	✓	✓	✓	✓
		040106	高等教育学	✓	✓	✓	✓
		040107	成人教育学	✓	✓		✓
		040108	职业技术教育学	✓	✓		✓
		040109	特殊教育学	✓	✓		✓
		040110	教育技术学	✓	✓	✓	✓

浙江大学年鉴

学科门类	一级学科	二级学科代码	二级学科	硕士	一级硕士	博士	一级博士
教育学	心理学（一级学科博士点）	040201	基础心理学	√	√	√	√
		040202	发展与教育心理学	√	√	√	√
		040203	应用心理学	√	√	√	√
	体育学（一级学科博士点）	040301	体育人文社会学	√	√	√	√
		040302	运动人体科学	√	√		√
		040303	体育教育训练学	√	√		√
		040304	民族传统体育学	√	√		√
文学	中国语言文学（一级学科博士点）	050101	文艺学	√	√	√	√
		050102	语言学及应用语言学	√	√		√
		050103	汉语言文字学	√	√		√
		050104	中国古典文献学	√	√		√
		050105	中国古代文学	√	√		√
		050106	中国现当代文学	√	√		√
		050107	中国少数民族语言文学	√	√		√
		050108	比较文学与世界文学	√	√		√
		0501Z1	中国学	√	√		√
	外国语言文学（一级学科博士点）	050201	英语语言文学	√	√		√
		050202	俄语语言文学	√	√		√
		050203	法语语言文学	√	√		√
		050204	德语语言文学	√	√		√
		050205	日语语言文学	√	√		√
		050206	印度语语言文学	√	√		√
		050207	西班牙语语言文学	√	√		√
		050208	阿拉伯语语言文学	√	√		√
		050209	欧洲语言文学	√	√		√
		050210	亚非语言文学	√	√		√
		050211	外国语言学及应用语言学	√	√	√	√
	新闻传播学（一级学科博士点）	050301	新闻学	√	√		√
		050302	传播学	√	√		√
		0503Z1	文化产业学	√	√		√

学科门类	一级学科	二级学科代码	二级学科	硕士	一级硕士	博士	一级博士
历史学	考古学（一级学科博士点）	060102	考古学及博物馆学	√	√	√	√
	中国史	060101	史学理论及史学史	√	√		
		060103	历史地理学	√	√		
		060104	历史文献学	√	√		
		060105	专门史	√	√		
		0602L4	中国古代史	√	√	√	
		0602L5	中国近现代史	√	√	√	
	世界史（一级学科博士点）	060108	世界史	√	√	√	√
理学	数学（一级学科博士点）	070101	基础数学	√	√	√	√
		070102	计算数学	√	√	√	√
		070104	应用数学	√	√	√	√
		070105	运筹学与控制论	√	√	√	√
	物理学（一级学科博士点）	070201	理论物理	√	√	√	√
		070202	粒子物理与原子核物理	√	√	√	√
		070203	原子与分子物理	√	√	√	√
		070204	等离子物理	√	√	√	√
		070205	凝聚态物理	√	√	√	√
		070206	声学	√	√	√	√
		070207	光学	√	√	√	√
		070208	无线电物理	√	√	√	√
	化学（一级学科博士点）	070301	无机化学	√	√	√	√
		070302	分析化学	√	√	√	√
		070303	有机化学	√	√	√	√
		070304	物理化学	√	√	√	√
		070305	高分子化学与物理	√	√	√	√
	地理学	070501	自然地理学	√			
		070502	人文地理学	√			
		070503	地图学与地理信息系统	√		√	
	大气科学	070601	气象学	√	√		

学科门类	一级学科	二级学科代码	二级学科	硕士	一级硕士	博士	一级博士
理学	海洋科学	070701	物理海洋学	√	√		
		070702	海洋化学	√	√		
		070703	海洋生物学	√	√		
		070704	海洋地质	√	√		
	地质学（一级学科博士点）	070901	矿物学、岩石学、矿床学	√	√	√	√
		070902	地球化学	√	√	√	√
		070903	古生物学与地层学（含古人类学）	√	√	√	√
		070904	构造地质学	√	√	√	√
		070905	第四纪地质学	√	√	√	√
		0709Z1	海洋资源与环境	√	√	√	√
	生物学（一级学科博士点）	071001	植物学	√	√	√	√
		071002	动物学	√	√	√	√
		071003	生理学	√	√	√	√
		071004	水生生物学	√	√	√	√
		071005	微生物学	√	√	√	√
		071006	神经生物学	√	√	√	√
		071007	遗传学	√	√	√	√
		071008	发育生物学	√	√	√	√
		071009	细胞生物学	√	√	√	√
		071010	生物化学与分子生物学	√	√	√	√
		071011	生物物理学	√	√	√	√
		0710Z1	生物信息学	√	√	√	√
	系统科学	071102	系统分析与集成	√	√		
	科学技术史	071200	科学技术史	√	√		
	生态学（一级学科博士点）	071012	生态学	√	√	√	√
	统计学（一级学科博士点）	070103	概率论与数理统计	√	√	√	√
		020208	统计学	√	√	√	√

学科门类	一级学科	二级学科代码	二级学科	硕士	一级硕士	博士	一级博士
工学	力学 （一级学科博士点）	080101	一般力学与力学基础	√	√	√	√
		080102	固体力学	√	√	√	√
		080103	流体力学	√	√	√	√
		080104	工程力学	√	√	√	√
	机械工程 （一级学科博士点）	080201	机械制造及其自动化	√	√	√	√
		080202	机械电子工程	√	√	√	√
		080203	机械设计及理论	√	√	√	√
		080204	车辆工程	√	√	√	√
		0802Z1	工业工程	√	√	√	√
		0802Z2	船舶与海洋工程装备	√	√	√	√
	光学工程 （一级学科博士点）	080300	光学工程	√	√	√	√
		0803Z1	光通信技术	√	√	√	√
	仪器科学与技术 （一级学科博士点）	080401	精密仪器及机械	√	√	√	√
		080402	测试计量技术及仪器	√	√	√	√
		0804Z1	电子信息技术及仪器	√	√	√	√
	材料科学与工程 （一级学科博士点）	080501	材料物理与化学	√	√	√	√
		080502	材料学	√	√	√	√
		080503	材料加工工程	√	√	√	√
		0805Z1	高分子材料	√	√	√	√
	动力工程及 工程热物理 （一级学科博士点）	080701	工程热物理	√	√	√	√
		080702	热能工程	√	√	√	√
		080703	动力机械及工程	√	√	√	√
		080704	流体机械及工程	√	√	√	√
		080705	制冷及低温工程	√	√	√	√
		080706	化工过程机械	√	√	√	√
		0807Z1	能源环境工程	√	√	√	√
	电气工程 （一级学科博士点）	080801	电机与电器	√	√	√	√
		080802	电力系统及其自动化	√	√	√	√
		080803	高电压与绝缘技术	√	√	√	√
		080804	电力电子与电力传动	√	√	√	√
		080805	电工理论与新技术	√	√	√	√

浙江大学年鉴

学科门类	一级学科	二级学科代码	二级学科	硕士	一级硕士	博士	一级博士
工学	电子科学与技术（一级学科博士点）	080901	物理电子学	√	√	√	√
		080902	电路与系统	√	√	√	√
		080903	微电子学与固体电子学	√	√	√	√
		080904	电磁场与微波技术	√	√	√	√
	信息与通信工程（一级学科博士点）	081001	通信与信息系统	√	√	√	√
		081002	信号与信息处理	√	√	√	√
		0810Z1	海洋信息科学与工程	√	√	√	√
	控制科学与工程（一级学科博士点）	081101	控制理论与控制工程	√	√	√	√
		081102	检测技术与自动化装置	√	√	√	√
		081103	系统工程	√	√	√	√
		081104	模式识别与智能系统	√	√	√	√
		081105	导航、制导与控制	√	√	√	√
	计算机科学与技术（一级学科博士点）	081201	计算机系统结构	√	√	√	√
		081203	计算机应用技术	√	√	√	√
		0812Z1	数字化艺术与设计	√	√	√	√
		0812Z3	空天信息技术	√	√	√	√
	建筑学（一级学科博士点）	081301	建筑历史与理论	√	√		
		081302	建筑设计与其理论	√	√	√	√
		081304	建筑技术科学	√	√		
	土木工程（一级学科博士点）	081401	岩土工程	√	√	√	√
		081402	结构工程	√	√	√	√
		081403	市政工程	√	√	√	√
		081404	供热、供燃气、通风及空调工程	√	√	√	√
		081405	防灾减灾工程及防护工程	√	√	√	√
		081406	桥梁与隧道工程	√	√	√	√
		0814Z1	道路与交通工程	√	√	√	√
	水利工程（一级学科博士点）	081501	水文学与水资源	√	√		√
		081502	水力学与河流动力学	√	√		√
		081503	水工结构工程	√	√		√
		081504	水利水电工程	√	√		√
		081505	港口、海岸及近海工程	√	√	√	√

学科门类	一级学科	二级学科代码	二级学科	硕士	一级硕士	博士	一级博士
工学	化学工程与技术（一级学科博士点）	081703	生物化工	√	√	√	√
		0817Z1	化工过程工程	√	√	√	√
		0817Z2	化学产品工程	√	√	√	√
		0817Z3	生态化工	√	√	√	√
		0817Z4	制药工程	√	√	√	√
	地质资源与地质工程（一级学科博士点）	081801	矿产普查与勘探	√	√	√	√
		081802	地球探测与信息技术	√	√	√	√
		081803	地质工程	√	√	√	√
	轻工技术与工程	082203	发酵工程	√			
	交通运输工程	082301	道路与铁道工程	√	√		
		082302	交通信息工程及控制	√	√		
		082303	交通运输规划与管理	√	√		
	船舶与海洋工程	082401	船舶与海洋结构物的设计制造	√	√		
	航空宇航科学与技术	082501	飞行器设计	√			
		082502	航空宇航推进理论与工程	√			
		082503	航空宇航制造工程	√			
	核科学与技术	082703	核技术及应用	√		√	
	农业工程（一级学科博士点）	082801	农业机械化工程	√	√	√	√
		082802	农业水土工程	√	√	√	√
		082803	农业生物环境与能源工程	√	√	√	√
		082804	农业电气化与自动化	√	√	√	√
		0828Z1	生物系统工程	√	√	√	√
	环境科学与工程（一级学科博士点）	083001	环境科学	√	√	√	√
		083002	环境工程	√	√	√	√
	生物医学工程（一级学科博士点）	083100	生物医学工程	√	√	√	√
	食品科学与工程（一级学科博士点）	083201	食品科学	√	√	√	√
		083202	粮食、油脂及植物蛋白工程	√	√	√	√
		083203	农产品加工及贮藏工程	√	√	√	√
		083204	水产品加工及贮藏工程	√	√	√	√
		0832Z1	食品安全与营养	√	√	√	√

学科门类	一级学科	二级学科代码	二级学科	硕士	一级硕士	博士	一级博士
工学	城乡规划学（一级学科博士点）	081303	城市规划与设计	✓	✓	✓	✓
	风景园林学	090706	园林植物与观赏园艺	✓	✓		
	软件工程（一级学科博士点）	081202	计算机软件与理论	✓	✓	✓	✓
农学	作物学（一级学科博士点）	090101	作物栽培学与耕作学	✓	✓	✓	✓
		090102	作物遗传育种	✓	✓	✓	✓
		0901Z1	种子科学与技术	✓	✓	✓	✓
	园艺学（一级学科博士点）	090201	果树学	✓	✓	✓	✓
		090202	蔬菜学	✓	✓	✓	✓
		090203	茶学	✓	✓	✓	✓
		0902Z1	观赏园艺学	✓	✓	✓	✓
	农业资源与环境（一级学科博士点）	090301	土壤学	✓	✓	✓	✓
		090302	植物营养学	✓	✓	✓	✓
		0903Z1	农业遥感与信息技术	✓	✓	✓	✓
		0903Z2	水资源利用与保护	✓	✓	✓	✓
	植物保护（一级学科博士点）	090401	植物病理学	✓	✓	✓	✓
		090402	农业昆虫与害虫防治	✓	✓	✓	✓
		090403	农药学	✓	✓	✓	✓
	畜牧学（一级学科博士点）	090501	动物遗传育种与繁殖	✓	✓	✓	✓
		090502	动物营养与饲料科学	✓	✓	✓	✓
		090504	特种经济动物饲养	✓	✓	✓	✓
	兽医学（一级学科博士点）	090601	基础兽医学	✓	✓		✓
		090602	预防兽医学	✓	✓		✓
		090603	临床兽医学	✓	✓		✓
	水产	090801	水产养殖	✓			

浙江大学年鉴

学科门类	一级学科	二级学科代码	二级学科	硕士	一级硕士	博士	一级博士
医学	基础医学（一级学科博士点）	100101	人体解剖与组织胚胎学	√	√	√	√
		100102	免疫学	√	√	√	√
		100103	病原生物学	√	√	√	√
		100104	病理学与病理生理学	√	√	√	√
		100105	法医学	√	√	√	√
		100106	放射医学	√	√	√	√
		100107	航空、航天与航海医学	√	√	√	√
		1001Z1	干细胞和再生医学	√	√	√	√
	临床医学（一级学科博士点）	100201	内科学	√	√	√	√
		100202	儿科学	√	√	√	√
		100203	老年医学	√	√	√	√
		100204	神经病学	√	√	√	√
		100205	精神病与精神卫生学	√	√	√	√
		100206	皮肤病与性病学	√	√	√	√
		100207	影像医学与核医学	√	√	√	√
		100208	临床检验诊断学	√	√	√	√
		100210	外科学	√	√	√	√
		100211	妇产科学	√	√	√	√
		100212	眼科学	√	√	√	√
		100213	耳鼻咽喉科学	√	√	√	√
		100214	肿瘤学	√	√	√	√
		100215	康复医学与理疗学	√	√	√	√
		100216	运动医学	√	√	√	√
		100217	麻醉学	√	√	√	√
		100218	急诊医学	√	√	√	√
		1002Z1	移植医学	√	√	√	√
		1002Z2	全科医学	√	√	√	√
		1002Z3	微创医学	√	√	√	√
		1002Z4	重症医学	√	√	√	√
	口腔医学（一级学科博士点）	100301	口腔基础医学	√	√	√	√
		100302	口腔临床医学	√	√	√	√

学科门类	一级学科	二级学科代码	二级学科	硕士	一级硕士	博士	一级博士
医学	公共卫生与预防医学（一级学科博士点）	100401	流行病与卫生统计学	√	√	√	√
		100402	劳动卫生与环境卫生学	√	√	√	√
		100403	营养与食品卫生学	√	√	√	√
		100405	卫生毒理学	√	√	√	√
	中西医结合	100602	中西医结合临床	√			
	药学（一级学科博士点）	100701	药物化学	√	√	√	√
		100702	药剂学	√	√	√	√
		100703	生药学	√	√	√	√
		100704	药物分析学	√	√	√	√
		100705	微生物与生化药学	√	√	√	√
		100706	药理学	√	√	√	√
		1007Z1	海洋药物学	√	√	√	√
	中药学	100800	中药学	√	√		
	护理学（一级学科博士点）	100209	护理学	√	√	√	√
管理学	管理科学与工程（一级学科博士点）	120100	管理科学与工程	√	√	√	√
		1201Z1	技术创新与管理	√	√	√	√
		1201Z2	工程管理	√	√	√	√
	工商管理（一级学科博士点）	120201	会计学	√	√	√	√
		120202	企业管理	√	√	√	√
		120203	旅游管理	√	√	√	√
		1202Z1	创业管理	√	√	√	√
		120204	技术经济及管理	√	√	√	√
	农林经济管理（一级学科博士点）	120301	农业经济管理	√	√		√
		120302	林业经济管理	√	√		√
	公共管理（一级学科博士点）	120401	行政管理	√	√	√	√
		120402	社会医学与卫生事业管理	√	√		√
		120403	教育经济与管理	√			
		120404	社会保障	√	√		√
		120405	土地资源管理	√	√	√	√
		1204Z1	社会管理	√	√	√	√
		1204Z3	非传统安全管理	√	√	√	√
		1204Z4	城市发展与管理	√	√	√	√

续表

学科门类	一级学科	二级学科代码	二级学科	硕士	一级硕士	博士	一级博士
管理学	图书情报与档案管理	120501	图书馆学	✓	✓		
		120502	情报学	✓	✓		
		120503	档案学	✓	✓		
	戏剧与影视学	050407	广播电视艺术学	✓	✓		
	美术学 1304	050403	美术学	✓	✓		
	设计学 1305	050404	设计艺术学	✓	✓		

附录 2　浙江大学 2014 年博士、硕士专业学位授权点

序号	专业学位类别	专业学位领域	培养单位
博士专业学位授权点(4 个)			
1	教育博士专业学位	教育领导与管理	教育学院
		学科课程与教学	
2	临床医学博士专业学位		医学院
3	口腔医学博士专业学位		医学院
4	工程博士专业学位	电子与信息	工学门类相关院系
		能源与环保	
硕士专业学位授权点(28 个)			
1	法律硕士专业学位		光华法学院
2	教育硕士专业学位	现代教育技术	教育学院
		学科教学(英语)	外国语言文化与国际交流学院
		教育管理	教育学院
		学科教学(语文)	教育学院
		学科教学(物理)	物理系
3	体育硕士专业学位	社会体育指导	教育学院
		竞赛组织	
		体育教学	
		运动训练	
4	汉语国际教育硕士专业学位		人文学部

序号	专业学位类别	专业学位领域	培养单位
5	艺术硕士专业学位	广播电视	传媒学院
		美术	人文学院
6	工程硕士专业学位	环境工程	环境与资源学院
		食品工程	生物系统工程与食品科学学院
		制药工程	化学工程与生物工程学院、药学院
		农业工程	生物系统工程与食品科学学院
		软件工程	软件学院
		地质工程	地球科学系
		材料工程	材料科学与工程学院高分子科学与工程学系
		车辆工程	能源工程学院
		航天工程	航空航天学院
		项目管理	经济学院、建筑工程学院、管理学院
		物流工程	管理学院
		化学工程	化学工程与生物工程学院
		建筑与土木工程	建筑工程学院
		计算机技术	计算机科学与技术学院
		控制工程	控制科学与工程学系
		电子与通信工程	信息与电子工程学系
		电气工程	电气工程学院
		动力工程	能源工程学院
		仪器仪表工程	生物医学工程与仪器科学学院
		光学工程	光电信息工程学系
		机械工程	机械工程学院
		生物医学工程	生物医学工程与仪器科学学院
		工业设计工程	计算机科学与技术学院

续表

序号	专业学位类别	专业学位领域	培养单位
6	工程硕士专业学位	水利工程	建筑工程学院
		生物工程	化学工程与生物工程学院
		工业工程	机械工程学院
		集成电路工程	信息与电子工程学系
		轻工技术与工程	生物系统工程与食品科学学院
		交通运输工程	建筑工程学院
		船舶与海洋工程	海洋系
7	农业推广硕士专业学位	作物	农业与生物技术学院
		草业	农业与生物技术学院
		农业资源利用	环境与资源学院
		园艺	农业与生物技术学院
		植物保护	农业与生物技术学院
		农业机械化	生物系统工程与食品科学学院
		农村与区域发展	农业与生物技术学院、管理学院
		养殖	动物科学学院
		农业科技组织与服务	农业与生物技术学院
		农业信息化	环境与资源学院
		食品加工与安全	生物系统工程与食品科学学院
8	兽医硕士专业学位		动物科学学院
9	风景园林硕士专业学位		农业与生物技术学院
10	临床医学硕士专业学位		医学院
11	口腔医学硕士专业学位		医学院
12	公共卫生硕士专业学位		医学院
13	工商管理硕士专业学位	高级管理人员工商管理	管理学院
		工商管理	
14	公共管理硕士专业学位		公共管理学院

序号	专业学位类别	专业学位领域	培养单位
15	建筑学硕士专业学位		建筑工程学院
16	金融硕士专业学位		经济学院
17	税务硕士专业学位		经济学院
18	国际商务硕士专业学位		经济学院
19	应用心理硕士专业学位		心理与行为科学系
20	新闻与传播硕士专业学位		传媒与国际文化学院
21	文物与博物馆硕士专业学位		人文学院
22	旅游管理硕士专业学位		管理学院
23	会计硕士专业学位		管理学院
24	翻译硕士专业学位		外国语言文化与国际交流学院
25	药学硕士专业学位		药学院
26	城市规划硕士		建筑工程学院
27	社会工作	社会工作	公共管理学院
28	工程管理	工程管理	建筑工程学院 机械工程学院 材料科学与工程学院

附录3 浙江大学2014年在岗博士生指导教师

一级学科	二级学科名称	导师姓名
哲　学	马克思主义哲学 中国哲学 外国哲学 逻辑学 伦理学 美学 宗教学 科学技术哲学 休闲学	包利民　陈　强　丛杭青　董　平　何　俊* 何善蒙　胡志毅　黄华新　金　立　孔令宏 李恒威　廖备水　潘立勇　潘一禾　庞学铨 彭国翔　任会明　沈语冰　盛晓明　唐孝威 王国平*　王　俊　王礼平　王晓朝　王志成 徐慈华　徐向东　徐　岱　许为民　杨大春 应　奇　章雪富　张节末

一级学科	二级学科名称	导师姓名
理论经济学	政治经济学 经济思想史 经济史 西方经济学 世界经济 人口、资源与环境经济学	曹玉书* 曹正汉 陈 凌 董雪兵 杜立民 方红生 顾国达 黄先海 金祥荣 金雪军 罗卫东 马述忠 潘士远 沈满洪* 史晋川 宋顺锋 汪丁丁 汪 炜 王汝渠* 王维安 肖 文 叶 航 张小蒂 张旭昆* 张自斌 赵 伟 朱希伟
应用经济学	金融学 产业经济学 国际贸易学 劳动经济学	陈菲琼 陈建军 陈勇民 戴志敏 杜立民 顾国达 郭继强 黄先海 黄 英 黄祖辉 蒋岳祥 金祥荣 金雪军 马述忠 钱雪亚 史晋川 宋华盛 汪 炜 王维安 王义中 王志凯 肖 文 杨柳勇 杨晓兰 姚先国 张俊森* 张小蒂 张自斌 赵 伟 朱希伟 邹小芃
法 学	法学理论 宪法学与行政法学 民商法学 诉讼法学 经济法学 国际法学 海洋法学	陈长文* 陈林林 葛洪义 巩 固 胡建森* 胡 铭 李有星 梁治平 刘铁铮* 钱弘道 王冠玺 王泽鉴* 夏立安 叶良芳 余 军 章剑生 赵 骏 郑春燕 周 翠 周江洪 朱庆育 朱新力 邹克渊
政治学	政治学理论	冯 钢 高力克 毛 丹 阮云星 王小章 余逊达 张国清
社会学	人口学	米 红
马克思主义理论	马克思主义基本原理 马克思主义发展史 马克思主义中国化研究 国外马克思主义研究 思想政治教育 中国近现代史基本问题研究	陈国权 段治文 冯 刚* 黄 铭 马建青 潘恩荣 任少波 万 斌 张国清 张 彦

浙江大学年鉴

一级学科	二级学科名称	导师姓名
教育学	教育学原理 课程与教学论 教育史 比较教育学 学前教育学 高等教育学 成人教育学 职业技术教育学 特殊教育学 教育技术学	方展画　顾建民　李　艳　刘　力　刘正伟 商丽浩　盛群力　宋永华　田正平　王莉华 魏贤超　吴　华　吴雪萍　肖　朗　徐小洲 杨　明　叶映华　张剑平　周谷平
心理学	基础心理学 发展与教育心理学 应用心理学	曹立人　高在峰　何贵兵　何　洁　卢舍那 马剑虹　钱秀莹　沈模卫　唐孝威　王　健 王伟(医)王重鸣　张　琼　张智君
体育学	体育人文社会学 体育教育训练学	丛湖平　胡　亮　林小美　邱亚君　司　琦 王　健　王　进　于可红　张　辉　郑　芳
中国语言文学	文艺学 语言学及应用语言学 汉语言文字学 中国古典文献学 中国古代文学 中国现当代文学 中国少数民族语言文学 比较文学与世界文学	曹锦炎　陈　洁　陈振濂　池昌海　崔富章 方一新　冯国栋　关长龙　胡可先　黄华新 黄　健　黄　擎　黄笑山　贾海生　金健人 李旭平　李咏吟　梁　慧　林家骊　刘海涛 楼含松　盘　剑　彭利贞　沈松勤*　束景南 苏宏斌　孙敏强　陶　然　汪超红　汪维辉 王德华　王小潞　王云路　吴　笛　吴秀明 吴义诚　肖瑞峰*　徐　亮　徐永明　徐　岱 许建平　许志强　颜洽茂　姚晓雷　叶　晔 张德明　张节末　张涌泉　周明初　朱首献 朱则杰　邹广胜　祖　慧
外国语言文学	英语语言文学 俄语语言文学 德语语言文学 外国语言学及应用语言学	陈伟英　程　乐　方　凡　高　奋　何辉斌 何莲珍　乐　明　李德高　李　媛　梁君英 刘海涛　刘慧梅　马博森　沈　弘　沈　杰 施　旭　隋红升　谭惠娟　汪运起　王　永 吴　笛　吴宗杰　肖忠华　瞿云华
新闻传播学	新闻学 传播学 文化产业学	范志忠　黄少华*　李东晓　李红涛　李　杰 李　岩　邵培仁　沈语冰　施　旭　王小松 韦　路　卫军英　吴　飞　章　宏

一级学科	二级学科名称	导师姓名				
考古学	考古学及博物馆学	曹锦炎	方　闻	黄厚明	缪　哲	束景南
		吴小平	项隆元	谢继胜	严建强	张秉坚
		张　晖	庄孔韶			
中国史	中国古代史	陈红民	杜正贞	高力克	龚缨晏*	梁敬明
		刘进宝	陆敏珍	戚印平	孙竞昊	汪林茂
	中国近现代史	吴艳红	肖如平			
世界史	世界史	陈　新	董小燕	龚缨晏*	哈全安	计翔翔
		乐启良	刘国柱	吕一民	戚印平	沈　坚
数　学	基础数学	白正国	包　刚	蔡天新	陈叔平	程晓良
		董　浙	方道元	冯　涛	邵传厚	葛根年
	计算数学	胡贤良	黄正达	孔德兴	李　冲	李　方
		李胜宏	李　松	林　智	蔺宏伟	刘　刚*
	应用数学	刘康生	刘克峰	卢涤明	罗　锋	丘成栋
		丘成桐*	阮火军	盛为民	谈之奕	王成波
		王伟(理)	王晓光	吴庆标	吴志祥	武俊德
		徐　翔	许洪伟	杨海涛	尹永成	翟　健
	运筹学与控制论	张国川	张　挺	张振跃	郑方阳	朱建新
物理学	理论物理	鲍世宁	曹光旱	陈飞燕	陈　骝	陈启瑾
	粒子物理与原子核物理	陈庆虎	陈一新	方明虎	冯　波	何丕模
	原子与分子物理	金洪英	李海洋	李弘谦*	李宏年	李有泉
	等离子物理	鲁定辉	陆璇辉	路　欣	罗孟波	罗民兴
		吕丽花	马志为	宁凡龙	潘佰良	阮智超
	凝聚态物理	沙　健	盛正卯	谭明秋	唐孝威	万　歆
		王浩华	王　凯	王立刚	王　森	王晓光
	声学	王业伍	王兆英	吴惠桢	吴建澜	武慧春
		肖　湧	许晶波	许祝安	叶高翔	尹　艺
	光学	应和平	袁辉球	张富春*	张　宏	张剑波
		章林溪	赵道木	赵学安	郑　波	郑大昉
	无线电物理	周　毅	朱国怀			

浙江大学年鉴

一级学科	二级学科名称	导师姓名				
化 学	无机化学	安全福	包伟良	曹楚南	曹发和	陈红征
		陈万芝	陈卫祥	丁寒锋	杜滨阳	范 杰
		范志强	方 群	方文军	方征平*	傅春玲
	分析化学	傅智盛	高 超	高长有	郭永胜	侯昭胤
		胡吉明	黄飞鹤	黄建国	黄小军	黄志真
		计 剑	江黎明	金钦汉	孔学谦	李寒莹
	有机化学	李浩然	李延斌	李 扬	林贤福	林旭锋
		凌 君	楼 辉	陆 展	吕 萍	麻生明
		马 成	孟祥举	潘远江	彭笑刚	邱化玉*
		邱利焱	任广禹*	商志才	邵海波	申有青
	物理化学	沈家骢	沈之荃	史炳锋	苏 彬	孙景志
		孙维林	汤谷平	唐睿康	万灵书	王从敏
		王建明	王 立	王利群	王 敏	王 齐
		王 琦	王彦广	王 勇	邬建敏	吴传德
	高分子化学与物理	吴 健	吴 静*	吴 军	吴 起	吴庆银
		吴 韬	西蒙·杜特怀勒		肖丰收	徐君庭
		徐利文*	徐志康	许宜铭	阎卫东	张秉坚
		张兴宏	张玉红	张 昭	郑 强	周宏伟
		周仁贤	朱宝库	朱利平	朱龙观	朱蔚璞
		朱 岩	邹建卫*			
地理学	地图学与地理信息系统	杜震洪	林 舟	刘仁义	潘德炉*	沈晓华
		王 琛	张 丰	邹乐君		
地质学	矿物学、岩石学、矿床学	陈大可*	陈汉林	陈建芳	陈望平*	初凤友*
	地球化学	戴金星*	邓起东	丁巍伟	董传万	韩喜球*
	古生物学与地层学（含古人类学）	黄大吉*	金翔龙	李家彪	李正祥*	厉子龙
		刘文汇	龙江平	楼章华	饶 刚	阮爱国*
		沈晓华	沈忠悦	孙永革	陶春辉*	汪 新
	构造地质学	王桂华	翁焕新	吴巧燕	肖安成	杨树锋
	第四纪地质学	叶 瑛	曾江宁*	张海生*	章风奇	朱 晨*
	海洋资源与环境	朱小华*	朱扬明	邹乐君		

続表 续表

一级学科	二级学科名称	导师姓名				
生物学	植物学 动物学 生理学 水生生物学 微生物学 神经生物学 遗传学 发育生物学 细胞生物学 生物化学与分子生物学 生物物理学 生物信息学	Anna wang Roe	James Whelan*	包爱民		
		包劲松	仓勇	常杰	陈才勇	陈岗
		陈军	陈铭	陈平*	陈伟	陈伟
		陈晓冬	陈欣	陈新	陈学群	陈烨
		陈子元	丁平	丁兴成	段树民	樊龙江
		范衡宇	方马荣	方盛国	方卫国	冯明光
		冯新华	傅承新	甘霖*	高海春	高志华
		戈万忠	龚薇	龚哲峰	管坤良	管敏鑫
		管文军	韩家淮*	何向伟	华跃进	黄俊
		贾俊岭	江辉	蒋德安	金勇丰	康利军
		康毅滨*	柯越海	赖蒽茵	李晨	李继承
		李明定	李晓明	李学坤	李永泉	李月舟
		林旭瑷	刘建新	刘鹏渊	刘世洲	刘婷
		刘伟	娄永根	鲁林荣	陆林宇	陆燕
		罗琛	罗建红	骆严	吕镇梅	毛传澡
		牟颖	牛田野	裴真明*	彭金荣	祁鸣
		钱大宏	邱猛生*	邱爽	邱英雄	邵吉民
		邵建忠	沈炳辉*	沈逸	沈颖	寿惠霞
		舒庆尧	舒小丽	宋海	宋海卫	孙秉贵
		孙启明	孙毅	唐修文	田兵	佟超
		万秋红	汪方炜	汪海燕	汪浩	汪洌
		王本	王福俤	王建莉	王金福	王立铭
		王利	王青青	王书崎	王伟	王晓东
		吴殿星	吴建祥	吴敏	吴雪昌	夏总平
		项春生	肖磊	肖睦	谢安勇	徐晗
		徐立红	徐平龙	徐以兵	许均瑜	许正平
		严杰	严庆丰	杨建立	杨万喜	杨巍
		杨卫军	杨小杭	叶庆富	叶升	易文
		于明坚	余路阳	袁洁	张传溪	张龙
		张舒群	张咸宁	章晓波	赵斌	赵烨
		赵永超	赵宇华	赵云鹏	郑绍建	钟伯雄
		周耐明	周天华	周雪平	周以侹	周煜东
		朱诚	朱冠*	朱睦元	朱永群	邹键
生态学	生态学	常杰	陈欣	程磊	丁平	方盛国
		冯明光	葛滢	江昆	邱英雄	万秋红
		王根轩	于明坚			
统计学	统计学	蒋岳祥	庞天晓	邵启满*	苏中根	张立新
	概率论与数理统计	张荣茂	张奕	朱军		

一级学科	二级学科名称	导师姓名				
力 学	一般力学与力学基础	陈 彬	陈伟芳	陈伟球	邓茂林	干 湧
		宦荣华	黄永刚*	黄志龙	金晗辉	林建忠*
	固体力学	孟 华	钱 劲	曲绍兴	邵雪明	宋吉舟
		陶伟明	王宏涛	王惠明	王 杰	吴 禹
	流体力学	熊红兵	杨 卫	姚宇峰*	应祖光	余钊圣
		张凌新	张 帅	郑 耀	朱林利	朱位秋
	工程力学	庄国志	邹鸿生			
机械工程	机械制造及其自动化	Kok-Meng Lee*		Perry Y. Li*		曹衍龙
		陈文华*	陈 鹰	陈章位	陈子辰	丁 凡
	机械电子工程	董辉跃	冯培恩	傅建中	傅 新	甘春标
		龚国芳	顾临怡	顾新建	郝志勇	何 闻
		贺 永	胡 亮	焦 磊	金 波	居冰峰
	机械设计及理论	柯映林	雷 勇	冷建兴	黎 鑫	李江雄
		李 伟	刘 涛	刘振宇	陆国栋	梅德庆
		潘晓弘	阮晓东	谭建荣	唐任仲	陶国良
	车辆工程	童水光	汪久根	王林翔	王 青	王庆丰
		王宣银	王义强*	魏建华	魏燕定	邬义杰
	工业工程	谢 金	徐 兵	徐敬华	杨灿军	杨华勇
		杨将新	杨克己	杨世锡	姚 斌	余忠华
	船舶与海洋工程装备	俞小莉	张大海	张树有	周 华	周晓军
		朱世强	朱祖超*	邹鸿生	邹 俊	
光学工程	光学工程	仇 旻	戴道锌	丁志华	方 伟	冯华君
		高士明	何建军	何赛灵	胡慧珠	胡 骏
		匡翠方	李海峰	李明宇	李 强	李晓彤
		李一恒(EL HANG LEE)			林 斌	刘 崇
		刘 东	刘 旭	罗 明	马云贵	钱 骏
		沈建其	沈伟东	沈亦兵	沈永行	时尧成
	光通信技术	舒晓武	斯 科	童利民	吴 波	吴 兰
		吴兴坤	徐海松	徐之海	严惠民	杨 青
		杨甬英	叶 辉	余飞鸿	张冬仙	张 磊
		章海军	郑臻荣			
仪器科学与技术	精密仪器及机械	白 剑	车双良	陈祥献	陈耀武	黄 海
	测试计量技术及仪器	金钦汉	刘 承	刘华锋	潘 杰	宋开臣
	电子信息技术及仪器	汪凯巍	王晓萍	余 锋		

一级学科	二级学科名称	导师姓名			
材料科学与工程	材料物理与化学	Ahuja Rajeev*	陈邦林*	陈红征	陈立新
		陈湘明	程继鹏	程 逵	崔元靖	丁新更
		杜 宁	杜丕一	樊先平	方征平*	高长有
		谷月峰*	谷长栋	韩高荣	何海平	洪明辉*
	材料学	洪樟连	胡国华*	胡巧玲	黄富强*	黄靖云
		计 剑	姜银珠	蒋建中	金传洪	金 桥
		金一政	李东升	李吉学	李 雷	李 翔
		凌国平	刘宾虹	刘小峰	刘小强	刘 毅
		刘永锋	刘 涌	陆赟豪	罗仲宽	吕建国
	材料加工工程	马 列	马天宇	马向阳	毛星原	毛峥伟
		孟 亮	潘洪革	潘新花	彭华新	彭 懋
		彭新生	皮孝东	钱国栋	邱建荣	阙端麟
		任科峰	任召辉	上官勇刚		沈家骢
		施敏敏	宋义虎	孙景志	唐本忠*	田 鹤
		仝维鋆	涂江平	王慧明	王小祥	王晓东
		王新华	王 勇	王幽香	王征科	王智宇
		翁文剑	吴 刚	吴进明	吴勇军	肖学章
	高分子材料	谢 健	徐明生	徐志康	严 密	杨德仁
		杨桂生*	杨 辉	杨 雨	叶志镇	余 倩
		余学功	张 辉	张启龙	张溪文	张孝彬
		张 泽	赵高凌	赵新兵	郑 强	周时凤
		朱宝库	朱丽萍	朱铁军	左 敏	
动力工程及工程热物理	工程热物理	John M. Pfotenhauer*		薄 拯	岑可法
		陈光明	陈志平	成少安	程 军	程乐鸣
	热能工程	池 涌	樊建人	范利武	方梦祥	甘智华
		高 翔	顾大钊*	韩晓红	郝志勇	洪伟荣
	动力机械及工程	胡亚才	黄群星	蒋旭光	金 涛	金 滔
		金志江	李冬青*	李 蔚	李文英*	李晓东
		刘洪来*	刘建忠	刘 科*	陆胜勇	罗 坤
	流体机械及工程	骆仲泱	马增益	倪明江	欧阳晓平*	
		邱利民	史绍平	苏义脑*	孙大明	汤 珂
		童水光	王 飞	王 勤	王勤辉	王树荣
	制冷及低温工程	王 涛	王玉明*	王智化	吴大转	吴 锋
		吴学成	肖 刚	肖天存*	许世森*	许忠斌
	化工过程机械	严建华	姚 强	叶笃毅	俞小莉	俞自涛
		岳光溪*	张凌新	张小斌	张学军	张彦威
	能源环境工程	张玉卓*	郑传祥	郑津洋	周 昊	周劲松
		周俊虎	周志军	朱祖超		

一级学科	二级学科名称	导师姓名		
电气工程	电机与电器 电力系统及其自动化 高电压与绝缘技术 电力电子与电力传动 电工理论与新技术	Rajashekara. Kaushik* 陈阳生　　方攸同 韩祯祥　　何奔腾 江道灼　　江全元 卢琴芬　　吕征宇 盛　况　　宋永华 吴新科　　项　基 颜钢锋　　杨　欢 张军明　　张森林 祝长生	陈国柱 甘德强 何湘宁 金孟加 马　皓 汪槱生 辛焕海 杨仕友 赵荣祥	陈隆道 郭创新　　郭吉丰* 黄　进　　黄晓艳 李武华　　林振智 马伟明*　　沈建新 韦　巍　　文福拴 徐德鸿　　徐　政 姚缨英　　叶云岳 周　浩　　诸自强*
电子科学与技术	物理电子学 电路与系统 微电子学与固体电子学 电磁场与微波技术	陈红胜　　程志渊 杜　阳　　韩　雁 江晓清　　金　浩 金晓峰　　金心宇 李　凯　　林时胜 马慧莲　　欧阳旭 沈会良　　沈继忠 王德苗　　王浩刚 吴锡东　　夏永祥 杨建义　　尹文言 赵梦恋　　赵　毅	池　灏 何乐年 金建铭* 金仲和 刘　旸 潘　赟 史治国 王　曦 徐　杨 余　辉 郑光廷	丁　勇　　董树荣 何赛灵　　皇甫江涛 金　韬　　金小军 李春光　　李尔平 刘　英　　骆季奎 冉立新　　沈海斌 谭年熊　　汪小知 魏兴昌　　吴昌聚 严晓浪　　杨冬晓 俞　滨*　　章献民 郑史烈　　周柯江
信息与通信工程	通信与信息系统 信号与信息处理 海洋信息科学与工程	George Christakos* 宫先仪　　韩　军 李亚波　　刘坚能* 齐家国　　瞿逢重 徐　敬　　徐　文 张宏纲　　张　明	蔡云龙 何贤强* 刘　鹏 王　匡 于慧敏 张仲非	陈建裕* 黄爱苹　　李建龙 毛志华　　潘　翔 王　玮　　吴嘉平 虞　露　　张朝阳 赵民建　　钟财军
控制科学与工程	控制理论与控制工程 检测技术与自动化装置 系统工程 模式识别与智能系统 导航、制导与控制	King Yeung YAU* Steven H. Low*　陈积明 程　鹏　　戴连奎 侯迪波　　胡　超 厉小润　　梁　军 刘　勇　　卢建刚 彭勇刚　　齐冬莲 宋春跃　　宋执环 王　宁　　王　西 项　基　　谢　磊 徐祖华　　许　超 杨春节　　杨　强 张光新　　张宏建 周建光　　朱善安	Romeo Ortega* 陈　剑　　陈　曦 冯冬芹　　付敏跃　　葛志强 黄志尧　　李　光　　李　平 林志赟　　刘妹琴　　刘兴高 马龙华　　毛维杰　　牟　颖 荣　冈　　邵之江　　沈学民* 苏宏业　　孙优贤　　王保良 王　智　　韦　巍　　吴　俊 熊　蓉　　徐文渊　　徐正国 许　力　　颜钢锋　　颜文俊 杨秦敏　　杨再跃　　叶旭东 张森林　　张　涛　　赵春晖 朱豫才	

续表

一级学科	二级学科名称	导师姓名				
计算机科学与技术	计算机系统结构	鲍虎军	卜佳俊	蔡登	蔡铭	陈纯
		陈德人	陈刚	陈华钧	陈建军	陈俊
		陈岭	陈天洲	陈为	陈文智	陈延伟*
		陈焰*	陈左宁*	代建华	邓水光	董玮
	计算机应用技术	冯结青	高曙明	高云君	耿卫东	何钦铭
		何晓飞	侯启明	黄劲	金小刚(CAD)	
		李明	李善平	李玺	林海	林兰芬
		刘波	刘新国	刘玉生	鲁东明	陆哲明
		罗仕鉴	潘纲	潘云鹤	钱沄涛	任重
	数字化艺术与设计	沈荣骏*	寿黎但	宋明黎	孙建伶	孙守迁
		汤永川	唐敏	童若锋	王凭慧*	王锐
		王新赛*	王跃明	魏宝刚	吴朝晖	吴春明
		吴飞	吴健	项阳*	肖俊	许端清
	空天信息技术	杨建刚	姚敏	尹建伟	应放天	应晶
		于金辉	俞益洲	郁发新	张东亮	张国川
		张三元	章国锋	郑扣根	郑小林	郑耀
		周昆	朱建科	庄越挺		
建筑学	建筑设计及其理论	葛坚	贺勇	华晨	李王鸣	沈杰
		王洁	王竹	吴越	徐雷	
土木工程	岩土工程	白勇	包胜	边学成	蔡袁强*	陈根达
		陈光明	陈驹	陈仁朋	陈水福	陈伟球
	结构工程	陈云敏	陈祖煜*	邓华	董石麟	段元锋
		范立峰	高博青	龚顺风	龚晓南	关富玲
	市政工程	黄铭枫	黄志义	金南国	金伟良	金贤玉
		柯瀚	李庆华	凌道盛	楼文娟	罗尧治
		吕朝锋	马克俭*	钱晓倩	尚岳全	邵益生*
	供热、供燃气、通风及空调工程	汤珂	唐晓武	童根树	王殿海	王浩
		王奎华	王立忠	王勤	王亦兵	韦娟芳
	防灾减灾工程及防护工程	魏新江*	吴建营	夏唐代	项贻强	谢霁明
		谢康和	谢新宇	谢旭	徐日庆	徐荣桥
		徐世烺	徐长节	许贤	闫东明	杨贞军
	桥梁与隧道工程	杨仲轩	姚谏	姚忠达*	叶苗苗	叶肖伟
		袁行飞	詹良通	詹树林	张大伟	张磊
	道路与交通工程	张土乔	张学军	张仪萍	赵阳	赵羽习
		周燕国	朱斌	朱志伟		

浙江大学年鉴

一级学科	二级学科名称	导师姓名				
水利工程	水文学与水资源	Thomas Pähtz	程伟平	管卫兵[*]	韩 军	
	水工结构工程	贺治国	胡云进	江衍铭	蒋建群	李 爽
		梁楚进[*]	刘国华	刘海江	冉启华	苏纪兰[*]
		孙红月	孙志林	唐佑民	万五一	王振宇
	港口、海岸及近海工程	夏小明[*]	谢海建	许月萍	杨劲松	杨贞军
		张继才	张科锋[*]	张永强	赵西增	
化学工程与技术	生物化工	Steven J. Severtson[*]			包永忠	鲍宗必
		曹 堃	柴之芳[*]	陈丰秋	陈纪忠	陈建峰[*]
		陈圣福	陈新志	陈英奇	陈志荣	程党国
	制药工程	戴黎明[*]	戴立言	单国荣	范 宏	范志强
		冯连芳	傅 杰	高从堦	高 翔	关怡新
		何潮洪	侯立安[*]	胡国华	黄 磊	蒋斌波
		金志华	雷乐成	李伯耿	李浩然	李 伟
		李 希	李洲鹏	廖祖维	林东强	林建平
	化工过程工程	林贤福	林跃生[*]	林 展	刘祥瑞	罗英武
		吕秀阳	毛加祥[*]	梅乐和	孟 琴	欧阳平凯
		潘鹏举	钱 超	任其龙	商志才	申屠宝卿
		申有青	施 耀	隋梅花	唐建斌	汪燮卿[*]
	化学产品工程	王靖岱	王 立	王文俊	王正宝	温月芳
		吴坚平	吴林波	吴素芳	吴忠标	夏黎明
		谢 涛	邢华斌	徐志南	闫克平	严玉山
		阳永荣	杨立荣	杨亦文	姚善泾	姚 臻
	生态化工	于洪巍	詹晓力	张安运	张才亮	张 林
		张庆华	张兴旺	张 懿	张治国	章鹏飞[*]
		赵迎宪	郑津洋	朱世平[*]		
地质资源与地质工程	地球探测与信息技术	曹 龙	陈生昌	高金耀[*]	贾晓静	李小凡
		厉子龙	毛志华[*]	田 钢	吴自银[*]	翟国庆
		章孝灿				
核科学与技术	核技术及应用	陈子元	丁兴成	叶庆富		
农业工程	农业机械化工程	成 芳	傅迎春	郭宗楼	韩志英	何 勇
	农业水土工程	蒋焕煜	李建平	李晓丽	李延斌	泮进明
	农业生物环境与能源工程	裘正军	饶秀勤	盛奎川	王剑平	王 俊
	农业电气化及自动化	吴 坚	谢丽娟	杨祥龙	叶章颖	应义斌
	生物系统工程	朱松明				

续表

一级学科	二级学科名称	导师姓名				
环境科学与工程	环境科学	陈宝梁	陈 红	陈雪明	甘剑英*	官宝红
		何 若	雷乐成	李 伟	梁新强	林道辉
		刘维屏	刘 越	骆仲泱	沈超峰	施积炎
	环境工程	施 耀	史惠祥	田光明	童裳伦	翁焕新
		吴伟祥	吴忠标	吴祖成	徐向阳	徐新华
		闫克平	严建华	杨京平	杨 坤	俞绍才
		翟国庆	张志剑	郑 平	朱利中	
生物医学工程	生物医学工程	Anna Wang Roe		陈 岗	陈 杭	陈晓冬
		邓 宁	杜一平	段会龙	封洲燕	黄正行
		李劲松	李铁强	刘清君	吕旭东	宁钢民
		田景奎	王 平	王怡雯	夏 灵	夏顺仁
		许科帝	许迎科	叶学松	张明暐	钟健晖
食品科学与工程	食品科学	陈健初	陈启和	陈士国	陈 卫	冯凤琴
	粮食、油脂及植物蛋白工程	冯 杰	何国庆	胡福良	胡亚芹	李 铎
	农产品加工及贮藏工程	刘东红	刘松柏	陆柏益	罗自生	茅林春
	水产品加工及贮藏工程	沈立荣	沈生荣	汪以真	王敏奇	叶兴乾
	食品安全与营养	应铁进	余 挺	张 辉	张 英	章 宇
		郑晓冬				
城乡规划学	城市规划与设计	华 晨	李王鸣	吴 越	杨建军	
软件工程	计算机软件与理论	卜佳俊	陈 纯	陈 刚	陈 岭	陈天洲
		陈文智	董 玮	高曙明	高云君	何钦铭
		李善平	林兰芬	潘 纲	潘云鹤	寿黎但
		宋明黎	孙建伶	童若锋	魏宝刚	吴春明
		姚 敏	尹建伟	应 晶	俞益洲	郑扣根
		周 昆	庄越挺			
作物学	作物栽培学与耕作学	包劲松	陈仲华	程方民	樊龙江	甘银波
	作物遗传育种	胡 晋	蒋立希	金晓丽	钱 前*	石春海
	种子科学与技术	舒庆尧	涂巨民	王学德	邬飞波	徐建红
		张国平	周伟军	朱 军	祝水金	
园艺学	果树学	Ian Ferguson*		曹家树	柴明良	陈昆松
	蔬菜学	陈利萍	陈志祥	高中山	郭得平	何普明
	茶学	黄 鹂	李传友*	李 鲜	梁月荣	卢 钢
	观赏园艺学	陆建良	师 恺	孙崇德	滕元文	屠幼英
		汪俏梅	王校常	王岳飞	吴 迪	夏晓剑
		夏宜平	徐昌杰	杨景华	殷学仁	喻景权
		张 波	张明方	周艳虹		

一级学科	二级学科名称	导师姓名			
农业资源与环境	土壤学	Philip C. Brookes	陈丁江	邓劲松	邸洪杰
	植物营养学	方 萍	何 艳	黄敬峰	金崇伟	李廷强
	农业遥感与信息技术	梁永超	林咸永	刘杏梅	卢升高	罗安程
	水资源利用与保护	吕 军	倪吾钟	史 舟	田生科	汪海珍
		王 珂	吴嘉平	吴劳生	吴良欢	徐建明
		杨肖娥	姚槐应	张丽萍	章明奎	章永松
		赵和平	郑绍建			
植物保护	植物病理学	蔡新忠	陈剑平[*]	陈学新	程家安	方 华
	农业昆虫与害虫防治	方荣祥[*]	何祖华[*]	蒋明星	李 斌	李红叶
		李正和	林福呈	刘树生	刘小红	娄永根
	农药学	马忠华	莫建初	沈志成	施祖华	时 敏
		宋凤鸣	王晓伟	王政逸	吴建祥	谢 艳
		叶恭银	尹燕妮	虞云龙	张传溪	赵金浩
		郑经武	周雪平	朱国念	祝增荣	
畜牧学	动物遗传育种与繁殖	陈玉银	杜华华	冯 杰	傅 衍	胡彩虹
	动物营养与饲料科学	胡福良	胡松华	李卫芬	刘广绪	刘红云
	草业科学	刘建新	鲁兴萌	缪云根	彭金荣	邵庆均
	特种经济动物饲养	时连根	汪以真	王佳堃	王敏奇	王 岩
		王争光	吴小锋	吴信忠	吴跃明	徐宁迎
		占秀安	张才乔	郑火青	钟伯雄	朱良均
		邹晓庭				
兽医学	预防兽医学	杜爱芳	方维焕	胡松华	黄耀伟	鲁兴萌
		米玉玲	孙红祥	张才乔	周继勇	
基础医学	人体解剖与组织胚胎学	Stijn van der Veen		蔡志坚	曹雪涛[*]	陈玮琳
	免疫学	程洪强	刁宏燕	董辰方	冯友军	韩 曙
	病原生物学	胡 虎	黄 河	纪俊峰	金洪传	柯越海
	病理学与病理生理学	来茂德	李继承	梁 平	林旭瑗	凌树才
	法医学	柳 华	鲁林荣	闵军霞	欧阳宏伟	
	放射医学	潘建平[*]	祁 鸣	邵吉民	沈 静	盛建中
	航空、航天与航海医学	汪 洌	王 迪	王建莉	王青青	王晓健
	干细胞和再生医学	王英杰	夏大静	肖 磊	严 杰	余 红
		张丹丹	张 雪	章淑芳	赵经纬	周 韧
		周天华	邹晓晖			

续表

一级学科	二级学科名称	导师姓名
临床医学	内科学 儿科学 老年医学 神经病学 精神病与精神卫生学 皮肤病与性病学 影像医学与核医学 临床检验诊断学 外科学 妇产科学 眼科学 耳鼻咽喉科学 肿瘤学 康复医学与理疗学 运动医学 麻醉学 急诊医学 全科医学 移植医学 微创医学 重症医学	Anna wang Roe　蔡秀军　蔡　真　曹　江 曹　倩　陈　峰　陈　岗　陈功祥　陈江华 陈　力　陈其昕　陈维善　陈　伟　陈　希 陈晓冬　陈新忠　陈　瑜　陈志华　陈志敏 陈　智　程　浩　戴　宁　戴一凡*　刁宏燕 丁克峰　丁美萍　董旻岳　杜立中　范顺武 范伟民　方　红　方向明　傅国胜　傅君芬 高　峰　龚方戚　龚渭华　顾扬顺　韩春茂 何　超　贺　林*　胡　坚　胡申江　胡兴越 胡　汛　黄　河　黄荷凤　黄　建　黄丽丽 季　峰　江米足　金　帆　金洪传　金　洁 金晓东　李恭会　李　红　李　君　李兰娟 李　雯　李晓明　厉有名　梁　黎　梁廷波 林　俊　林胜璋　刘鹏渊　楼　敏　罗本燕 吕卫国　毛建华　闵军霞　欧阳宏伟 潘宏铭　潘文胜　钱大宏　钱建华　钱文斌 裘云庆　曲　凡　阮　冰　沈华浩　盛建中 舒　强　姒健敏　宋朋红　宋章法　孙　仁* 孙　毅　谈伟强　汤永民　陶志华　滕理送 田　梅　佟红艳　王建安　王　凯　王良静 王林波　王伟(医)　王伟林　王　娴 王英杰　王　跃　魏启春　吴南屏　吴育连 项春生　项美香　肖永红　谢立平　谢鑫友 谢　幸　徐承富　徐　峰　徐靖宏　徐清波* 徐荣臻　徐　骁　徐晓军　徐　旸　许　毅 严　敏　严森祥　严　盛　严世贵　严伟琪 杨蓓蓓　杨廷忠　杨晓明　姚　克　姚玉峰 叶　娟　叶招明　应可净　应颂敏　余　红 俞惠民　俞云松　虞朝辉　袁　瑛　詹仁雅 张宝荣　张　丹　张根生　张　宏　张建民 张　钧　张　力　张　茂　张敏鸣　张松英 张苏展　张信美　赵凤东　赵小英　赵永超 赵正言　郑良荣　郑　敏　郑　敏　郑铭豪* 郑　树　郑树森　郑　伟　周建英　朱建华 朱依敏　朱永坚　朱永良　邹晓晖
口腔医学	口腔基础医学 口腔临床医学	陈　晖　陈莉丽　傅柏平　何福明　李晓东 王慧明　姚　华
公共卫生与 预防医学	流行病与卫生统计学 劳动卫生与环境卫生学 营养与食品卫生学 卫生毒理学	陈光弟　陈　坤　高存记　高向伟　金永堂 李兰娟　李　鲁*　那仁满都拉　孙文均 王福俤　王建炳　夏大静　许正平　余运贤 曾群力　朱善宽　朱心强　朱益民

浙江大学年鉴

一级学科	二级学科名称	导师姓名				
药 学	药物化学	陈建忠	陈枢青	陈学群	陈 忠	程翼宇
	药剂学	崔孙良	丁 健*	丁 玲	杜永忠	段树民
	生药学	范骁辉	甘礼社	高建青	龚哲峰	韩 峰
		韩 旻	何俏军	侯廷军	胡富强	胡薇薇
	药物分析学	胡有洪	蒋惠娣	连晓媛	刘建华	刘龙孝
		罗建红	罗沛华	马忠俊	那仁满都拉	
	微生物与生化药学	戚建华	瞿海斌	沈 逸	孙秉贵	孙翠荣
		汤慧芳	王秀君	王 毅	吴 斌	吴 敏
	药理学	吴希美	吴亚林	吴永江	徐金钟	许学伟*
		杨 波	杨 巍	应颂敏	游 剑	余露山
	海洋药物学	俞永平	袁 弘	曾 苏	张治针	周煜东
		朱丹雁	朱 虹	邹宏斌		
护理学	护理学	王 薇	徐鑫芬	叶志弘		
管理科学与工程	管理科学与工程	Mark J. Greeven		陈德人	陈 劲*	陈明亮
	工程管理	陈 熹	杜 健	郭 斌	华中生	黄 灿
		金 珺	刘南(管)		刘 渊	马 弘
	技术创新与管理	马庆国	瞿文光	寿涌毅	汪 蕾	温海珍
		吴晓波	许庆瑞	张 宏	郑 刚	周伟华
工商管理	会计学	Douglas B. Fuller		宝贡敏	贲圣林	蔡 宁
	企业管理	陈 凌	窦军生	郭 斌	霍宝锋	贾生华
	旅游管理	陆文聪	王端旭	王婉飞	王重鸣	魏 江
	技术经济及管理	邬爱其	吴晓波	谢小云	熊 伟	徐维东
		徐晓燕	许庆瑞	颜士梅	姚 铮	张 钢
	创业管理	周 帆	周宏庚	周玲强		
农林经济管理	农业经济管理	郭红东	韩洪云	洪名勇*	黄祖辉	金少胜
		陆文聪	钱文荣	阮建青	卫龙宝	杨万江
	林业经济管理	张晓波*	张忠根	周洁红		
公共管理	行政管理	Thomas Heberer		巴德年	蔡 宁	曹 洋
	社会医学与卫生事业管理	曹 宇	陈国权	陈建军	陈 劲*	陈丽君
		董恒进	范柏乃	郭苏建	郭夏娟	韩昊英
	教育经济与管理	何文炯	胡税根	胡小君	黄敬峰	靳相木
		郎友兴	李金珊	李 鲁*	林 卡	刘卫东
	社会保障	刘 渊	毛 丹	米 红	苗 青	阮云星
	土地资源管理	史 舟	苏振华	谭 荣	王红妹	王诗宗
	非传统安全管理	魏 江	吴次芳	吴结兵	吴宇哲	徐小洲
		杨廷忠	姚先国	叶艳妹	余潇枫	郁建兴
	社会管理	岳文泽	张蔚文	赵鼎新	赵正言	周 萍
	城市发展与管理	朱鹏宇	朱善宽	庄孔韶	邹晓东	

（注：按一级学科代码升序排列，导师按姓名拼音排序，姓名后标*为兼职导师。）

附录4　浙江大学2014年在岗博士专业学位研究生指导教师

专业学位类别	代码	专业学位领域	导师姓名				
教育博士	0451	学校课程与教学	方展画	顾建民	刘　力	刘正伟	商丽浩
			盛群力	王莉华	魏贤超	吴　华	吴雪萍
		教育领导与管理	肖　朗	许迈进	杨　明	于可红	张剑平
			周谷平	祝怀新	邹晓东		
工程博士	0852	电子与信息	董丹申	杜　宁	干　钢	何湘宁	黎　冰
			宋永华	孙志林	王德苗	王　青	徐德鸿
		能源与环保	徐　政	张彦威	赵荣祥		
临床医学博士专业学位	1051		蔡秀军	蔡　真	曹利平	曹　倩	柴　莹
			陈丹青	陈　峰	陈　高	陈江华	陈　力
			陈其昕	陈维善	陈新忠	陈益定	陈　瑜
			陈志敏	陈　智	程　浩	戴　宁	丁克峰
			丁美萍	董旻岳	杜立中	范顺武	方　红
			方向明	傅国胜	傅君芬	高　峰	龚方戚
			顾扬顺	韩春茂	何　超	胡　坚	胡申江
			胡兴越	黄　河	黄荷凤	黄　金	黄丽丽
			季　峰	江米足	蒋晨阳	建　帆	金洪传
			金　洁	金晓东	李恭会	李　红	李　君
			李兰娟	李　雯	厉有名	梁　黎	梁廷波
			梁伟峰	林　俊	林胜璋	楼敏	卢美萍
			罗本燕	吕卫国	毛建华	孟海涛	牟一平
			倪一鸣	潘宏铭	潘文胜	潘志军	钱建华
			钱文斌	裘云庆	曲　凡	阮　冰	尚世强
			沈华浩	沈华浩	盛吉芳	寿张飞	舒　强
			姒健敏	谈伟强	汤永民	滕理送	田　梅
			佟红艳	万小云	王　本	王建安	王　凯
			王林波	王伟(医)		王伟林	王　娴
			王　跃	魏启春	吴福生	吴　健	吴立东
			吴　明	吴瑞瑾	吴育连	项美香	肖永红
			谢立平	谢鑫友	谢　幸	徐　峰	徐靖宏
			徐　骁	徐　旸	许国强	许　毅	严　敏
			严森祥	严　盛	严世贵	严伟琪	杨蓓蓓
			杨小锋	杨晓明	杨益大	杨云梅	姚　克
			姚玉峰	叶　娟	叶招明	应可净	余日胜
			俞惠民	俞云松	虞朝辉	袁　瑛	詹仁雅
			张宝荣	张　丹	张鸿坤	张建民	张　钧
			张　茂	张敏鸣	张松英	张苏展	张信美
			赵凤东	赵小英	赵正言	郑良荣	郑　敏
			郑　树	郑树森	郑　伟	周嘉强	周坚红
			周建英	周水洪	朱建华	朱小明	朱依敏
			朱永坚	祝胜美	邹朝春		
口腔医学博士专业学位	1052		陈　晖	陈莉丽	傅柏平	何福明	王慧明
			姚　华				

浙江大学年鉴

专业名称	毕业生数	授予学位数	在校学生数				预计毕业生数
			合计	一年级	二年级	三年级及以上	
总计	5854	5815	22731	7083	6875	8773	8659
学术型学位博士生	1399	1365	8313	1862	1845	4606	3018
国家任务	1190	1158	7476	1790	1771	3915	2362
委托培养	174	173	525	0	0	525	517
自筹经费	35	34	312	72	74	166	139
学术型学位硕士生	2848	2846	7769	2752	2669	2348	2914
国家任务	2738	2737	7430	2630	2591	2209	2693
委托培养	31	32	85	0	7	78	84
自筹经费	79	77	254	122	71	61	137
专业学位博士生	102	97	466	135	130	201	134
国家任务	95	90	376	132	94	150	99
委托培养	7	7	87	0	36	51	35
自筹经费	0	0	3	3	0	0	0
专业学位硕士生	1505	1507	6183	2334	2231	1618	2593
国家任务	662	664	4015	2301	1039	675	954
委托培养	54	54	183	0	71	112	113
自筹经费	789	789	1985	33	1121	831	1526

附录 6 浙江大学 2014 年分学科研究生数 （单位：人）

学科门类	研究生	毕业生数	授予学位数	在校学生数				预计毕业生数
				合计	一年级	二年级	三年级及以上	
总计	博士生	1501	1462	8779	1997	1975	4807	3152
	硕士生	4353	4353	13952	5086	4900	3966	5507
哲学	博士生	22	19	113	23	28	62	55
	硕士生	23	23	57	27	23	7	30

学科门类	研究生	毕业生数	授予学位数	在校学生数				预计毕业生数
				合计	一年级	二年级	三年级及以上	
经济学	博士生	27	28	226	38	39	149	104
	硕士生	67	67	139	67	68	4	72
法学	博士生	22	19	193	42	42	109	93
	硕士生	99	100	229	119	95	15	110
教育学	博士生	20	21	191	38	38	115	93
	硕士生	81	81	178	73	70	35	74
文学	博士生	57	53	386	77	94	215	181
	硕士生	182	182	409	166	167	76	190
历史学	博士生	6	5	71	20	14	37	32
	硕士生	25	24	58	28	25	5	30
理学	博士生	270	268	1371	350	331	690	486
	硕士生	314	319	1285	514	475	296	420
工学	博士生	601	596	3871	819	792	2260	1348
	硕士生	1515	1505	3943	1275	1279	1389	1384
农学	博士生	151	144	609	146	153	310	222
	硕士生	162	167	559	189	190	180	179
医学	博士生	144	131	783	207	197	379	210
	硕士生	173	175	493	169	156	168	167
管理学	博士生	79	81	499	102	117	280	194
	硕士生	205	201	360	106	100	154	238
艺术学	博士生	0	0	0	0	0	0	0
	硕士生	2	2	59	19	21	19	20
专业学位	博士生	102	97	466	135	130	201	134
	硕士生	1505	1507	6183	2334	2231	1618	2593

浙江大学年鉴

学院(系)名称	在校生数	博士生数	硕士生数
人文学院	610	349	261
外国语言文化与国际交流学院	257	81	176
传媒与国际文化学院	239	80	159
经济学院	482	212	270
光华法学院	418	99	319
教育学院	262	144	118
管理学院	1546	258	1288
公共管理学院	675	250	425
思想政治理论教学科研部	96	51	45
数学系	308	157	151
物理学系	281	171	110
化学系	527	289	238
地球科学系	294	106	188
心理与行为科学系	195	79	116
机械工程学院	1058	400	658
材料科学与工程学院	595	264	331
能源工程学院	714	329	385
电气工程学院	956	356	600
建筑工程学院	989	351	638
化学工程与生物工程学院	858	325	533
海洋学院	258	61	197
航空航天学院	244	96	148
高分子科学与工程学系	320	162	158
光电信息工程学系	550	229	321
信息与电子工程学系	639	216	423
控制科学与工程学系	591	195	396
计算机科学与技术学院	1368	463	905

续表

学院(系)名称	在校生数	博士生数	硕士生数
软件学院	455	0	455
生物医学工程与仪器科学学院	452	169	283
生命科学学院	550	262	288
生物系统工程与食品科学学院	404	176	228
环境与资源学院	674	243	431
农业与生物技术学院	922	350	572
动物科学学院	416	160	256
医学院	2531	1197	1334
药学院	338	156	182
国际教育学院	659	293	366
合　计	22731	8779	13952

附录 8　浙江大学 2014 年在职攻读硕士学位在学人数　　　　（单位：人）

专业学位类别名称	在学人数
法律硕士	351
风景园林硕士	174
高级工商管理硕士	683
工程硕士	5785
工商管理硕士	88
公共管理硕士	650
公共卫生硕士	149
汉语国际教育硕士	1
教育硕士	491
农业推广硕士	346
兽医硕士	65
体育硕士	229
法律硕士	351

人才培养

附录9　浙江大学2014年获得争创优秀博士学位论文资助者名单

学生姓名	导师姓名	学科专业	所在院/系	资助期间
杨晓雅	张德明	比较文学与世界文学	人文学院	2014.07—2015.06
李慈瑶	周明初	中国语言文学	人文学院	2014.07—2015.06
邱 辉	黄华新	语言学及应用语言学	人文学院	2014.07—2015.06
沈永东	郁建兴	行政管理	公共管理学院	2014.07—2015.03
杨一超	李 方	基础数学	数学系	2014.07—2015.06
尹冰轮	黄永刚 曲绍兴	固体力学	航空航天学院	2014.07—2015.06
金 台	罗 坤 樊建人 岑可法	动力工程及工程热物理	能源工程学院	2014.07—2014.12
唐建伟	何赛灵	光学工程	光电工程学系	2014.07—2015.06
郑钜圣	李 铎	食品科学	生工食品学院	2014.07—2014.12
薛 建	张传溪	农业昆虫与害虫防治	农业与生物技术学院	2014.07—2015.06
董顺利	黄 俊	生物化学与分子生物学	生命科学学院	2014.07—2014.12
韩 勇	段树民	神经生物	医学院	2014.07—2015.03
梅 标	柯映林 朱伟东	机械制造及其自动化	机械工程学院	2015.04—2015.12
路 宜	涂江平 毛星原	材料学	材料科学与工程学院	2014.10—2015.03
刘继业	仓 勇	细胞生物学	生命科学研究院（医学院）	2015.04—2015.09
冀 彤	仓 勇	细胞生物学	生命科学研究院（医学院）	2015.04—2015.12
刘 欢	赵 斌	细胞生物学	生命科学研究院（医学院）	2015.04—2015.12

附录 10　浙江大学 2014 届毕业研究生就业流向按单位性质统计

类别	单位性质	类别	比例(％)
博士生	各类企业(71.44％)	国有企业	23.09
		三资企业	15.71
		其他企业	32.64
硕士生	各类企业(31.19％)	国有企业	11.48
		三资企业	4.87
		其他企业	14.84
博士生	事业单位(24.54％)	高等教育单位	3.30
		科研设计单位	3.13
		艰苦行业事业单位	0.11
		其他事业单位	6.26
		医疗卫生单位	9.79
		中等、初等教育单位	1.95
硕士生	事业单位(67.18％)	高等教育单位	34.11
		科研设计单位	7.08
		艰苦行业事业单位	0.23
		其他事业单位	5.45
		医疗卫生单位	20.19
		中等、初等教育单位	0.12
博士生	政府、部队(4.02％)	党政机关	3.62
		部队	0.40
硕士生	政府、部队(1.63％)	党政机关	1.28
		部队	0.35

附录 11　浙江大学 2014 届毕业研究生就业流向按单位地区统计

单位地区	硕士就业人数(人)	比例(％)	博士就业人数(人)	比例(％)
浙江省	1947	54.97	451	52.44
上海市	542	15.30	85	9.88

浙江大学年鉴

单位地区	硕士就业人数（人）	比例（%）	博士就业人数（人）	比例（%）
江苏省	174	4.91	49	5.70
北京市	169	4.77	28	3.26
广东省	166	4.69	37	4.30
山东省	104	2.94	26	3.02
四川省	63	1.78	12	1.40
湖北省	57	1.61	20	2.33
福建省	35	0.99	16	1.86
湖南省	34	0.96	18	2.09
安徽省	29	0.82	12	1.40
河南省	26	0.73	19	2.21
重庆市	25	0.71	8	0.93
天津市	21	0.59	8	0.93
辽宁省	18	0.51	5	0.58
陕西省	18	0.51	20	2.33
贵州省	17	0.48	4	0.47
河北省	14	0.40	5	0.58
吉林省	13	0.37	3	0.35
江西省	12	0.34	9	1.05
山西省	12	0.34	8	0.93
广西壮族自治区	11	0.31	6	0.70
新疆维吾尔自治区	10	0.28	1	0.12
云南省	9	0.25	6	0.70
甘肃省	5	0.14	1	0.12
海南省	4	0.11	3	0.35
内蒙古自治区	2	0.06	0	0.00
黑龙江省	2	0.06	0	0.00
宁夏回族自治区	1	0.03	0	0.00
青海省	1	0.03	0	0.00
西藏自治区	1	0.03	0	0.00
总人数	3524	100	860	100

附录 12　浙江大学 2014 年获教学成果奖情况

获 2014 年国家级教学成果奖项目			
序号	推荐成果名称	成果主要完成人姓名	获奖类别
1	以生为本　多元融合——依托紧密型团队的农业工程研究生培养的探索与实践	应义斌　蒋焕煜　徐惠荣　吴　坚 成　芳　泮进明　傅霞萍　谢丽娟 叶尊忠　俞永华　崔　笛　李冬阳 刘湘江　邵玉芳　饶秀勤　王剑平	一等奖
2	"AGE"整体推进,提升研究生培养质量	严建华　叶恭银　吕森华　陈凯旋 赵张耀　何俊杰　葛盈辉　单珏慧 来茂德　杨　卫	二等奖
3	面向国家急需,规划与建设我国集成电路人才培养体系(2003—2013)	严晓浪　王志华　张　兴　郝　跃 林殷茵　张　波　时龙兴　毛志刚 邹雪城　杨冬晓　何乐年　庄奕琪 于敦山　陈　虹　周　嘉　程　炼 李智群　雷鑑铭　付宇卓　张玉明	二等奖
4	全国工程硕士《自然辩证法》课程教材的立体化建设	陈子辰　许为民　陈慰浙　章丽萍 李正风　陆　俊　孟庆伟　孙毅霖 徐小钦　楼慧心	二等奖
获第七届浙江省教学成果奖项目			
1	以生为本　多元融合——依托紧密型团队的农业工程研究生培养的探索与实践	应义斌　蒋焕煜　徐惠荣　吴　坚 成　芳　泮进明　傅霞萍　谢丽娟 叶尊忠　俞永华　崔　笛　李冬阳 刘湘江　邵玉芳　饶秀勤　王剑平	一等奖
2	"AGE"整体推进,提升研究生培养质量	严建华　叶恭银　吕森华　陈凯旋 赵张耀　何俊杰　葛盈辉　单珏慧 来茂德　杨　卫	一等奖
3	面向国家急需,规划与建设我国集成电路人才培养体系(2003—2013)	严晓浪　王志华　张　兴　郝　跃 林殷茵　张　波　时龙兴　毛志刚 邹雪城　杨冬晓　何乐年　庄奕琪 于敦山　陈　虹　周　嘉　程　炼 李智群　雷鑑铭　付宇卓　张玉明	一等奖
4	全国工程硕士《自然辩证法》课程教材的立体化建设	陈子辰　许为民　陈慰浙　章丽萍 李正风　陆　俊　孟庆伟　孙毅霖 徐小钦　楼慧心	一等奖

浙江大学年鉴

	获第七届浙江省教学成果奖项目		
序号	推荐成果名称	成果主要完成人姓名	获奖类别
5	构建一流国际合作与交流基地,培养具有国际视野的创新型能源人才	倪明江　高　翔　王智化　周　昊 陈玲红　周劲松　邱坤赞　池　涌 吴学成　岑可法	一等奖
6	基于学术规范建设的研究生教育学术生态优化探索	王家平　徐国斌　蒋笑莉　周文文 方　磊　房　刚　徐敏娜　刘　多 倪加旎　杨　卫	一等奖
7	计算机类研究生卓越人才培养体系建设与实践	陈　纯　庄越挺　陈　刚　杨小虎 陈　丽　鲍虎军　干红华　黄启春	一等奖
8	浙江大学全球化创业管理精英人才跨国协同培养模式的创新与实践	吴晓波　严建华　王重鸣　张　钢 卫龙宝　陈　超　李贤红　寿涌毅	二等奖
9	光学工程学科研究生创新人才的国际化培养机制探索	何赛灵　何建军　戴道锌　胡　骏 时尧成　沈建其	二等奖

(许斯佳撰稿　吕森华审稿)

本科生教育

【概况】　浙江大学共有本科生专业 127 个,涵盖哲学、经济学、法学、教育学、文学、历史学、理学、工学、农学、医学、管理学、艺术学等 12 大学科门类。其中,哲学类专业 1 个,经济学类专业 4 个,法学类专业 4 个,教育学类专业 4 个,文学类专业 14 个,历史学类专业 2 个,理学类专业 25 个,工学类专业 39 个,农学类专业 9 个,医学类专业 4 个,管理学类专业 17 个,艺术学类专业 4 个。

浙江大学本科生招生计划 5840 人,实际招收 5893 人(见表1)。

表 1　2014 年浙江大学招生情况

录取批次	录取人数(人)
理工类	3700
文史类	739
保送生	273
农学类	489
国防生	90
艺术类	67
内地民族班	70
体育单考单招	39
贫困计划	344
高水平运动队	41
少数民族预科班	20
少数民族班	21
总计	5893

截至 2014 年 12 月 31 日，2014 届毕业生 5340 人，授予学位者 5331 人，获辅修证书者 203 人，获第二专业证书者 6 人，获双学士学位者 65 人，结业生换发毕业证书者 190 人。参加就业本科毕业生为 5308 人，其中就业人数为 5120 人（含国内升学 1783 人，海外升学 1189 人，签订协议书就业 1573 人，灵活就业 175 人，其他应聘就业等 400 人），另有 188 人待就业，初次就业率达到 96.46%。

2014 年，继续以国家、省本科教学改革项目引领浙江大学的教学改革。组织申报并获 2 个（涉及 8 个专业）国家卓越农林人才培养计划试点项目、1 个教育部—中国移动"信息技术支持下的高等教育教学模式研究及试点项目"、3 门国家级"精品视频公开课"、3 个国家大学生校外实践基地，并有 56 种教材获批为第二批"十二五"国家级规划教材，批准率为 64.3%。

2014 年，组织申报并获 12 项第七届国家级教学成果奖，其中高等教育一等奖 1 项、高等教育二等奖 10 项、基础教育二等奖 1 项，获奖数位列全国高校第一；获评 36 项浙江省教学成果奖，其中一等奖 24 项、二等奖 12 项（见表 2）。

表 2　浙江大学获 2014 年第七届国家级教学成果奖情况

序号	成果名称	完成单位	完成人	获奖等级
1	以生为本　多元融合——依托紧密型团队的农业工程研究生培养的探索与实践	浙江大学	应义斌、蒋焕煜、徐惠荣、吴坚、成芳、泮进明、傅霞萍、谢丽娟、叶尊忠、俞永华、崔笛、李冬阳、刘湘江、邵玉芳、饶秀勤、王剑平	一等
2	文史哲通识课程建设的精品化与公开化	浙江大学	盛晓明、黄华新、董平、吕一民、陈振濂、吴秀明、沈坚、王云路、胡可先、高晖、章雪富	二等
3	全国工程硕士《自然辩证法》课程教材立体化建设	浙江大学、清华大学、北京科技大学、上海交通大学、重庆大学、哈尔滨工业大学	陈子辰、许为民、陈慰浙、章丽萍、李正风、陆俊、孟庆伟、孙毅霖、徐小钦、楼慧心	二等
4	课内外融合的程序设计能力培养方法的研究与实践	浙江大学	陈越、何钦铭、陆汉权、王灿、翁恺、许端清、陈天洲、耿卫东、冯雁	二等

序号	成果名称	完成单位	完成人	获奖等级
5	面向国家急需,建设我国集成电路紧缺人才培养体系的十年探索与实践	浙江大学、北京大学、清华大学、西安电子科技大学、复旦大学、电子科技大学、东南大学、上海交通大学、华中科技大学	严晓浪、王志华、张兴、郝跃、林殷茵、张波、时龙兴、毛志刚、邹雪城、杨冬晓、何乐年、陈虹、于敦山、庄奕琪、周嘉、程炼、李智群、雷鑑铭、付宇卓、张玉明	二等
6	五位一体电气工程创新人才培养方式的研究与实践	浙江大学	韦巍、姚缨英、马皓、杨敏虹、范承志、齐冬莲、姚维、杨莉、阮秉涛	二等
7	强化节能减排意识,提升创新实践能力,创建与推进全国大学生节能减排竞赛	浙江大学、北京科技大学、西安交通大学、华中科技大学、哈尔滨工业大学、上海交通大学	岑可法、骆仲泱、张欣欣、丰镇平、黄树红、谈各平、王如竹、邱利民、高翔、俞自涛、胡亚才、方惠英、陈炯、周昊、倪明江	二等
8	农科拔尖人才培养的"五创新五提升"探索与实践	浙江大学	陈学新、喻景权、周雪平、赵建明、林良夫、肖113富、叶庆富、樊龙江、宋凤鸣、须海荣、汪俏梅、张颖、王涛、张国平、楼成礼	二等
9	基于公共精神塑造的高校人才培养模式创新:公共管理强化班十年建设与拓展	浙江大学	郁建兴、王诗宗、金一平、唐晓武、高翔、陈丽君、徐林、吴金群、王卫星	二等
10	学科竞赛激活学生活力之浙江二十载探索实践	浙江大学、浙江省大学生科技竞赛委员会、杭州电子科技大学、浙江师范大学、浙江工商大学、浙江工业大学、湖州师范学院、浙江万里学院	陆国栋、魏志渊、余水宝、陈临强、李磊、毛一平、魏遐、林家莲、应航、李凤	二等
11	"AGE"整体推进,提升研究生培养质量	浙江大学	严建华、叶恭银、吕森华、陈凯旋、赵张耀、何俊杰、葛盈辉、单珏慧、来茂德、杨卫	二等

浙江大学年鉴

继续深入组织开展本科生四级科研训练,进一步强化过程管理,提升质量。2014年,共立校院(系)二级大学生科研训练计划(SRTP)项目1646项、国家大学生创新创业训练项目145项、浙江省大学生科技创新项目185项、"中控教育基金"大学生创新创业训练项目10项。本科生参加科研训练积极性高,参与面广,科学素养、创新与创业意识、科研能力、团队协作能力得到进一步提高。

2014年,浙江大学在校内共组织24大类61项学科竞赛,共评选出浙江大学特等奖5项、一等奖72项、二等奖129项、三等奖234项、单项奖4项;并参加国内外各类竞赛,成绩优异。2014年共获国际竞赛一等奖33项、二等奖37项、三等奖4项(见表3);国家特等奖2项、一等奖19项、二等奖15项、三等奖13项(见表4);其中,国际大学生数学建模竞赛特等奖1项、一等奖17项,自2010年以来浙江大学连续五年获特等奖,截至2014年共获特等奖7次,居全国高校之首。获德国红点和IF设计竞赛12项大奖;获全国大学生节能减排竞赛特等奖1项和一等奖5项等。浙江省特等奖7项、一等35项、二等奖51项、三等奖41项;获奖学生高达2160人次。浙江大学还获得多项全国大学生结构设计竞赛、数学建模竞赛、节能减排竞赛和广告艺术大赛等优秀组织奖。

表3 2014年浙江大学本科生参加国际大学生学科竞赛获奖情况 (单位:项)

竞赛项目＼获奖等级	特等奖	一等奖	二等奖	三等奖	合计
国际大学生数学建模竞赛(MCM)	1	17	32		50
亚洲大学生程序设计竞赛(ACM)		3	5	4	12
世界大学生机器人竞赛	小型组卫冕冠军				1
国际德国红点与IF概念设计竞赛	12				12
合 计	1	33	37	4	75

表4 2014年浙江大学本科生参加全国大学生学科竞赛获奖成果情况(单位:项)

竞赛项目＼获奖等级	特等奖	一等奖	二等奖	三等奖	合计
全国大学生数学建模竞赛		3	6		9
全国大学生智能汽车竞赛		2			2
全国大学生节能减排社会实践与科技竞赛	1	5	2	3	11
全国大学生信息安全和模拟电子系统设计竞赛		1	1	2	4

竞赛项目 ＼ 获奖等级	特等奖	一等奖	二等奖	三等奖	合计
全国大学生光电设计竞赛			3	3	6
全国大学生广告艺术设计竞赛				1	1
全国大学生化工设计竞赛	1		1	3	5
全国大学生临床技能竞赛				1	1
全国大学生创业计划竞赛		8	2		10
合计	2	19	15	13	49

组织开展学生对外交流学习活动。校、院两级开展本科生对外交流项目共计 237 项,参加对外交流本科生共 1726 人;接收交换生 122 人;委培生 107 人;获批国家留学基金委"优秀本科生国际交流项目"4 项,派出学生 16 人,包括国家留学基金委——阿尔伯塔大学暑期实习项目,派出学生 6 人。

表5　2014 年浙江大学本科生对外交流情况

（单位:人）

项目类别	学生人数	项目类别	学生人数
交换生	521	会议	5
暑(寒)期班	319	访问交流	406
攻读学位	125	体育交流	37
科研实习	253	文艺交流	40
竞赛	20	总计	1726

表6　2014 年各学院(系)本科生对外交流情况　　　　（单位:人）

院(系)	人数	院(系)	人数
经济学院	150	航空航天学院	2
光华法学院	22	竺可桢学院	21
教育学院	94	能源工程学院	34
人文学院	44	机械工程学院	31
外国语言文化与国际交流学院	118	材料科学与工程学院	27
生命科学学院	26	化学工程与生物工程学院	26
电气工程学院	71	高分子科学与工程学系	10
建筑工程学院	96	光电信息工程学系	25
生物系统工程与食品科学学院	44	信息与电子工程学系	37

续表

院(系)	人数	院(系)	人数
环境与资源学院	19	控制科学与工程学系	44
生物医学工程与仪器科学学院	36	海洋学院	3
农业与生物技术学院	67	数学系	69
动物科学学院	18	物理学系	19
医学院	67	化学系	37
药学院	5	地球科学系	14
管理学院	84	心理与行为科学系	18
计算机科学与技术学院	164	文琴艺术团	40
公共管理学院	83	竞赛	20
传媒与国际文化学院	41	总计	1726

【ZJUNlict 再次卫冕机器人世界杯冠军杯】
由控制系、机械学院、电气学院、计算机学院学生组成的 ZJUNlict 队,获得了 2014 年 7 月 25 日在巴西诺昂佩索阿(Joao Pessoa)举办的世界大学生机器人竞赛的冠军。浙大代表队以 2:0 的绝对优势击败美国卡内基梅隆大学队,卫冕世界冠军,为学校和国家争得更大荣誉。

【获第二届全国高校青年教师教学竞赛人文社会科学组一等奖第一名】 该竞赛于 2014 年 8 月 27 日—29 日在武汉华中农业大学举行。浙江大学光华法学院郑春燕老师以富有创意的课件设计、自然大方的教姿教态、引人入胜的教学语言、精湛娴熟的教学技艺、颇具深度的教学反思力挫群芳,获人文社会科学组一等奖第一名。来自全国 32 个省市自治区的 96 位选手参加本次比赛。该竞赛由中国教科文卫体工会和教育部教师司主办,每两年一届。本次竞赛分人文社会科学、自然科学基础学科、自然科学应用学科三个组别,以教学设计、课堂教学、教学反思三个步骤开展。

【首设唐立新名师奖】 2014 年 9 月 24 日新尚集团董事长唐立新先生为支持浙江大学教育事业发展,设立唐立新教学名师奖,旨在奖励在人才培养领域和教学过程中取得优异成绩的教师。首次唐立新教学名师奖评选通过院系和基层教学组织推荐,共有来自 7 个学部的 23 位教师进入学校评审环节。10 月 20 日启动网评和学生访谈评审程序,12 月 19 日进行评审,最后由唐立新教学名师奖评审委员以实名投票方式确定了章雪富、范捷平、卢兴江、俞小莉、华晨、杨冬晓、翁恺、陈学新、陈力、吴叶海 10 位教师为 2014 年度唐立新教学名师奖获得者,每人奖励人民币 5 万元。

【首开深度型实习计划】 2014 年,浙江大学首次在学院(系)开展以走出校园、深度体验为内涵的本科生深度实习,要求专业实习时间 28 天以上,认识实习时间 14 天以上。

浙江大学年鉴

2014年全校34个学院（系）共109个本科专业组织了教学实习，其中83个本科专业开展了不同程度的深度实习，占进行实习教学专业总数的76%。总计13487名本科生参加深度实习，其中9050名本科生参与校外实习，占全部参加实习学生总数的65%，3516名本科生参加校内实习，占全部参加实习学生总数的25%，既在校内又在校外实习的学生1281人，占比10%。学生实习足迹遍及22个省份、11个国家和地区。在首次实习教学的组织和实施中，较好地体现了深度实习的异地实习、深度体验的精神内涵。首次探索建立了以院系为实施主体、学校提供制度保障的实践教学体系，充分调动和激发了基层教学组织开展实践教学的能动性和师生参与实践教学的积极性。

【校级教材立项建设】 为加强教材的规划与建设，充分发挥教材在提高人才培养质量中的基础性作用，2014年，浙江大学开展了校级本科教材培育和建设申报工作，其中16个院系的26个系列231部教材、56部特色教材、7部教学专著获得立项资助，9人次教师获得教学讲义和教材编辑会议资助。

【开展浙江省"三位一体"招生】 2014年，浙江大学开展了浙江省拔尖创新学生"三位一体"综合评价自主选拔招生工作。根据浙江大学2014年浙江省"三位一体"综合评价招生简章要求，计划招生100名。考生通过报名、初审和综合能力测试等环节，入围人数为计划数的1∶1.5左右比例，按综合能力测试成绩确定了"三位一体"入围考生151名。经高考后，依据中学学业水平测试成绩、高校综合测试成绩和高考成绩以1∶3∶6的比例折合成综合成绩，由综合成绩从高分到低分择优录取新生99人。

【完善分类招生制度】 浙江大学经过多年大类招生、大类培养的实践和探索，不断改进和完善大类模式的人才选拔和培养机制。为响应国家招生考试制度改革关于"分类招生、综合评价、多元录取"的整体框架，从2014年起，通过对七个学部的调研，调整现有大类招生的格局，推行分类招生的举措。大类招生完善为分类招生，其目的是进一步做好通识教育和专业培养的协同，解决专业冷热之间的矛盾，推进和落实新一轮本科教学改革方案，实施"分类招生、通识教育、专业培养、因材施教"的人才培养体系。2014年，各学部本科生分类招生方案为：人文学部分人文科学试验班、人文科学试验班（传媒）、人文科学试验班（外国语言文学）3个大类招生；社科学部仍按社会科学试验班大类招生；理学部分理科试验班类、理科试验班类（生命、环境与地学）2类招生；工学部分工科试验班（机械与能源类）、工科试验班（材料与化工类）、工科试验班（电气与自动化类）、工科试验班（建筑与土木）、工科试验班（航天航空类）、工科试验班（海洋）6类招生；信息学部仍按工科试验班（信息）招生；农学部和医药学部按原方案招生。

【附录】

附录 1　浙江大学 2014 年本科专业

学院	序号	专业代码	专业名称	学位授予学位
经济学院	1	020201K	财政学	经济学
	2	120801	电子商务	管理学
	3	020401	国际经济与贸易	经济学
	4	020301K	金融学	经济学
	5	020101	经济学	经济学
光华法学院	6	030101K	法学	法学
教育学院	7	120401	公共事业管理	管理学
	8	040104	教育技术学	教育学
	9	040101	教育学	教育学
	10	040204K	武术与民族传统体育	教育学
	11	120212T	体育经济与管理	管理学
	12	040202K	运动训练	教育学
人文学院	13	050305	编辑出版学	文学
	14	060104	文物与博物馆学	历史学
	15	050105	古典文献学	文学
	16	050101	汉语言文学	文学
	17	060101	历史学	历史学
	18	130401	美术学	艺术学
	19	130502	视觉传达设计	艺术学
	20	130503	环境设计	艺术学
	21	010101	哲学	哲学
外国语言文化与国际交流学院	22	050203	德语	文学
	23	050202	俄语	文学
	24	050204	法语	文学
	25	050261	翻译	文学
	26	050207	日语	文学
	27	050201	英语	文学
		050103	汉语国际教育	文学

学院	序号	专业代码	专业名称	学位授予学位
地球科学系	28	070601	大气科学	理学
	29	070504	地理信息科学	理学
	30	070903T	地球信息科学与技术	理学
	31	070503	人文地理与城乡规划	理学
化学系	32	070301	化学	理学
	33	070302	应用化学	理学
数学系	34	070101	数学与应用数学	理学
	35	071201	统计学	理学
	36	070102	信息与计算科学	理学
物理系	37	070201	物理学	理学
心理与行为科学系	38	071101	心理学	理学
	39	071102	应用心理学	理学
生命科学学院	40	071002	生物技术	理学
	41	071001	生物科学	理学
	42	071003	生物信息学	理学
	43	071004	生态学	理学
机械工程学院	44	120701	工业工程	工学
	45	080204	机械电子工程	工学
	46	080201	机械工程	工学
能源工程学院	47	080202	机械设计制造及其自动化	工学
	48	080502T	能源与环境系统工程	工学
	49	080503T	新能源科学与工程	工学
材料科学与工程学院	50	080401	材料科学与工程	工学
高分子科学与工程学系	51	080407	高分子材料与工程	工学
	52	080403	材料化学	工学
化学工程与生物工程学院	53	080206	过程装备与控制工程	工学
	54	081301	化学工程与工艺	工学
	55	083001	生物工程	工学
	56	081302	制药工程	工学

学院	序号	专业代码	专业名称	学位授予学位
电气工程学院	57	080601	电气工程及其自动化	工学
	58	080701	电子信息工程	工学
	59	080714T	电子信息科学与技术	工学
	60	120101	管理科学	理学
		080801	自动化	工学
光电信息工程学系	61	080705	光电信息科学与工程	工学
控制科学与工程学系	62	080801	自动化	工学
信息与电子工程学系	63	080702	电子科学与技术	工学
	64	080706	信息工程	工学
	65	080703	通信工程	工学
海洋学院	66	081902T	海洋工程与技术	工学
	67	081103	港口航道与海岸工程	工学
	68	070701	海洋科学	理学
	69	081901	船舶与海洋工程	工学
建筑工程学院	70	082802	城乡规划	工学
	71	082801	建筑学	建筑学
	72	081102	水利水电工程	工学
	73	081001	土木工程	工学
生物系统工程与食品科学学院	74	082701	食品科学与工程	工学
	75	082301	农业工程	工学
		083001	生物工程	工学
环境与资源学院	76	082502	环境工程	工学
	77	082503	环境科学	理学
	78	090201	农业资源与环境	农学
	79	082506T	资源环境科学	理学
生物医学工程与仪器科学学院	80	080301	测控技术与仪器	工学
	81	082601	生物医学工程	工学

人才培养

浙江大学年鉴

学院	序号	专业代码	专业名称	学位授予学位
农业与生物技术学院	82	090107T	茶学	农学
	83	090101	农学	农学
	84	090109T	应用生物科学	农学
	85	090502	园林	农学
	86	090102	园艺	农学
	87	090103	植物保护	农学
动物科学学院	88	090301	动物科学	农学
	89	090401	动物医学	农学
公共卫生系	90	100401K	预防医学	医学
基础医学系	91	100101K	基础医学	医学
	92	100102TK	生物医学	理学
口腔医学系	93	100301K	口腔医学	医学
临床医学系	94	101101	护理学	理学
	95	100201K	临床医学(5.5年留学生班,7、8年制)	医学
药学院	96	100702	药物制剂	理学
	97	100701	药学	理学
	98	100801	中药学	理学
管理学院	99	120204	财务管理	管理学
		120801	电子商务	管理学
	100	120201K	工商管理	管理学
	101	120203K	会计学	管理学
	102	120901K	旅游管理	管理学
	103	120302	农村区域发展	管理学
	104	120301	农林经济管理	管理学
	105	120206	人力资源管理	管理学
	106	120202	市场营销	管理学
	107	120601	物流管理	管理学
	108	120102	信息管理与信息系统	管理学

续表

学院	序号	专业代码	专业名称	学位授予学位
计算机科学与技术学院	109	080205	工业设计	工学
	110	080901	计算机科学与技术	工学
	111	080906	数字媒体技术	工学
	112	130504	产品设计	艺术学
软件学院	113	080902	软件工程	工学
公共管理学院	114	030202	国际政治	法学
	115	120403	劳动与社会保障	管理学
	116	030301	社会学	法学
	117	120404	土地资源管理	管理学
	118	120503	信息资源管理	管理学
	119	120402	行政管理	管理学
	120	030201	政治学与行政学	法学
传媒与国际文化学院	121	050103	汉语国际教育	文学
	122	050302	广播电视学	文学
	123	050303	广告学	文学
	124	050301	新闻学	文学
航空航天学院	125	082002	飞行器设计与工程	工学
	126	080102	工程力学	工学
国际教育学院	127	050102	汉语言	文学

附录 2　浙江大学 2014 年本科学生分类录取情况　（单位：人）

分类名称	实际录取人数
工科试验班	1885
工科试验班（信息）	738
理科试验班类	655
应用生物科学（农学）	415
社会科学试验班	837
人文科学试验班	821
医学试验班类	542
合计	5893

学科门类	毕业生数	在校生数	2014 级	2013 级	2012 级	2011 级	2010 级
哲学	12	38	0	15	9	13	1
经济学	315	930	81	241	309	297	2
法学	189	556	0	174	192	187	3
教育学	47	235	39	57	73	65	1
文学	399	1928	638	486	408	396	0
历史学	44	118	0	45	37	36	0
理学	608	2746	699	705	643	692	7
工学	2620	11334	2692	2808	2825	2834	175
农学	301	1340	309	332	344	352	3
医学	347	2042	542	494	353	335	318
管理学	409	2096	779	385	460	451	21
艺术学	49	270	67	55	64	68	16
总计	5340	23633	5846	5797	5717	5726	547

附录 4　浙江大学 2014 年本科学生数按院系统计　　（单位：人）

院（系）	毕业生数	在校生数计	2014 级	2013 级	2012 级	2011 级	2010 级
人文学院	216	687	18	231	221	200	17
外国语言文化与国际交流学院	133	603	142	157	145	159	0
传媒与国际文化学院	130	387	0	130	128	129	0
经济学院	315	849	0	241	309	297	2
光华法学院	142	427	0	137	146	141	3
教育学院	55	404	79	105	105	95	20
管理学院	212	615	0	169	229	216	1
公共管理学院	236	628	0	187	218	222	1
数学系	197	588	0	164	207	214	3
物理学系	90	300	0	72	105	122	1
化学系	84	289	0	88	95	106	0

人才培养

院（系）	毕业生数	在校生数计	2014 级	2013 级	2012 级	2011 级	2010 级
地球科学系	74	265	0	76	97	92	0
心理与行为科学系	57	173	0	54	58	61	0
机械工程学院	192	615	0	199	200	211	5
材料科学与工程学院	110	314	0	96	104	112	2
能源工程学院	233	689	0	227	234	227	1
电气工程学院	342	1036	0	316	359	357	4
建筑工程学院	299	1018	0	265	313	310	130
化学工程与生物工程学院	169	441	0	133	133	174	1
海洋学院	43	294	79	111	49	55	0
航空航天学院	35	90	0	22	26	42	0
高分子材料与工程学系	84	267	0	78	95	94	0
光电信息工程学系	123	415	0	125	141	149	0
信息与电子工程学系	272	905	0	282	298	322	3
控制科学与工程学系	127	402	0	128	139	132	3
计算机科学与技术学院	341	1186	0	372	401	390	23
生物医学工程与仪器科学学院	163	454	0	137	173	143	1
生命科学学院	86	231	0	65	80	84	2
生物系统工程与食品科学学院	96	351	0	112	130	107	2
环境与资源学院	82	348	0	113	126	108	1
农业与生物技术学院	183	609	0	202	205	200	2
动物科学学院	72	281	0	83	93	105	0
医学院	294	1235	0	356	285	280	314
药学院	53	201	0	74	68	55	4
求是学院	0	5118	5111	3	2	2	0
竺可桢学院	0	918	417	487	0	13	1
总计	5340	23633	5846	5797	5717	5726	547

浙江大学年鉴

招生地	录取人数（人）	男（人）	女（人）	理科（1：1投档线）	文科（1：1投档线）
北京市	53	36	17	636	661
天津市	77	39	38	621	659
河北省	147	100	47	638	681
山西省	148	78	70	587	646
内蒙古自治区	57	38	19		657
辽宁省	139	93	46	627	663
吉林省	106	53	53	633	677
黑龙江省	109	70	39	635	668
上海市	56	30	26	491	496
江苏省	212	112	100	372	381
浙江省	2589	1534	1055	679	687
安徽省	152	110	42	619	626
福建省	112	81	31	642	652
江西省	154	108	46		646
山东省	195	124	71	660	684
河南省	171	113	58	609	665
湖北省	149	83	66	607	653
湖南省	154	98	56	644	653
广东省	170	101	69	643	659
广西壮族自治区	63	45	18		660
海南省	15	10	5		787
重庆市	105	57	48	635	641
四川省	183	108	75	610	643
贵州省	61	51	10		658
云南省	61	46	15		665
西藏自治区	44	17	27		
陕西省	136	83	53	646	674
甘肃省	47	40	7		645

续表

招生地	录取人数 （人）	男 （人）	女 （人）	理科 （1∶1投档线）	文科 （1∶1投档线）
青海省	17	11	6		628
宁夏回族自治区	31	16	15	577	638
新疆维吾尔自治区	90	49	41		645
台湾省	62	39	23		
香港特别行政区	14	7	7		
澳门特别行政区	14	8	6		
合计	5893	3588	2305		

附录6　浙江大学2014届参加就业毕业生流向按单位性质统计

单位性质	单位	比例（%）
各类企业 （总计：84.68%）	国有企业	23.48
	三资企业	10.05
	其他企业	51.15
事业单位 （总计 7.01%）	科研设计单位	1.64
	医疗卫生单位	0.24
	中等、初等教育单位	0.87
	高等教育单位	1.50
	其他事业单位	2.76
政府、部队 （总计：8.31%）	部队	0.82
	党政机关	7.49

附录7　浙江大学2014届参加就业本科毕业生流向按地区统计

单位地区	本科人数 （人）	比例 （%）	单位地区	本科人数 （人）	比例 （%）
总人数	2148	100	重庆市	11	0.51
浙江省	1449	67.46	安徽省	5	0.23
上海市	239	11.13	黑龙江省	6	0.28
广东省	129	6.01	西藏自治区	12	0.56

单位地区	本科人数 (人)	比例 (%)	单位地区	本科人数 (人)	比例 (%)
北京市	61	2.84	广西壮族自治区	6	0.28
江苏省	66	3.07	宁夏回族自治区	2	0.09
山东省	19	0.88	湖北省	6	0.28
辽宁省	13	0.61	江西省	5	0.23
四川省	12	0.56	新疆维吾尔自治区	4	0.19
天津市	13	0.61	山西省	2	0.09
福建省	30	1.40	海南省	4	0.19
吉林省	9	0.42	河北省	6	0.28
湖南省	6	0.28	河南省	3	0.14
陕西省	7	0.33	贵州省	6	0.28
云南省	8	0.37	内蒙古自治区	6	0.28
青海省	3	0.14			

（王　琎撰稿　陆国栋审稿）

继续教育

【概况】 浙江大学以"质量管理,品牌建设"为导向,深入贯彻教育部全面提高高等教育质量工作会议提出的高等教育要改革创新和走内涵发展道路的精神,积极落实办学规模与质量并重的要求,创新运行机制,强化内涵式发展,制定出台了《浙江大学继续教育研究课题管理办法》(浙大继发〔2014〕1号)、《浙江大学继续教育收入分配及财务管理办法补充规定(试行)》(浙大发计〔2014〕15号)、《关于组织开展浙江大学2014年教师培训质量监控工作的通知》,修订了《浙江大学继续教育培训管理规定(2014年10月修订)》(浙大发继教〔2014〕2号)、《关于浙江大学教育培训项目实行收费指导价的通知(修订版)》(浙大继发〔2015〕1号)等相关管理文件,进一步规范了继续教育管理,坚持以浙江大学为办学主体,优化和谐稳定的办学环境,培育品牌项目,促进浙江大学继续教育做强做大。

2014年,浙江大学继续教育办学总收入突破6.5亿元。其中,教育培训收入5.072亿元,其中专业学院2.181亿元、继续教育学院2.891亿元,比上年增加0.366亿元,同比增长7.8%;远程教育收入1.453亿,与上年基本持平。上交学校管理费1.15亿元,其中教育培训0.69亿元、远程学历教育0.46亿元。

全年教育培训人数共计 15.73 余万人次，其中党政领导干部占 52%、企业经管人员占 14%、专业技术人员占 30%、其他占 4%，培训人数较上年增长 2.8%；培训项目 2418 项，与上年基本持平；发放培训证书 13.1 万余份，其中高级研修班证书 1052 份、继续教育结业证书 3222 份、继续教育学习证明 12.67 万份。新一代继续教育管理系统于 3 月正式推出，达到了简化管理流程、管理重心下移、加强风险防范、增强基层活力的目的。

远程学历教育注册新生总人数为 16253 人，比上年减少 3341 人，降低 17.05%；在学人数 57953 人，其中专科起点本科 41875 人（含本科及以上层次修读本科 5551 人）、高中起点本科 1262 人、高中起点专科 14816 人；远程教育毕业生 16202 人，其中本科 12614 人，授予学士学位 2377 人，学位授予率为 18.84%。现有远程教育校外学习中心（自建）113 个，其中浙江省内 71 个，省外 42 个，分布在 17 个省市自治区。2014 年春秋授权招生学习中心数各 74 个。

2014 年，自学考试主考专业 18 个，其中专科起点本科 12 个、高中起点本科 1 个、专科 5 个；命题 23 门课程 69 套试卷；阅卷 2 次，共 288 门课程，19116 课次；主考专业毕业生 790 人，其中本科 713 人、专科 77 人；授予学士学位 80 人。实践性环节考核 429 人次，论文答辩 389 人；开设网上答疑课程 151 门。

【教育部继续教育示范基地项目通过验收】
2014 年 12 月 13 日，浙江大学承办的教育部高等学校继续教育示范基地建设项目东部组验收会召开，所申报的教育部高等学校继续教育示范基地建设项目"高校继续教育管理体制与运行机制模式创新"通过验收。该项目是教育部为推动国家经济社会发展战略和人才强国战略，探索开放、灵活的高校继续教育办学服务体系和管理运行机制而采取的重要举措，通过三年时间建设项目，培育一批发挥引领、示范和辐射作用的高校。浙江大学是教育部首批的 50 所高校继续教育示范基地之一。

【浙江大学被人社部确立为国家级专业技术人员继续教育基地】 2014 年 7 月 7 日，人力资源社会保障部办公厅下发了《关于设立第四批国家级专业技术人员继续教育基地有关问题的通知》，经专家评议，人社部研究决定，在浙江大学设立第四批国家级专业技术人员继续教育基地。目前中高级专业技术人员培训占浙江大学每年全校培训总量的三分之一，充分体现了学校复合型、交叉型的教学模式。国家级专业技术人员继续教育基地的建立，将对浙江大学培养中高级专业技术人才、提升专业技术人员能力素质、促进专业技术人才队伍建设等方面起到重要作用。

【主办第十五届海峡两岸继续教育论坛】
该论坛于 2014 年 11 月 25—26 日在广州召开，海峡两岸暨港澳地区的 22 所会员高校、8 所特邀高校共 100 余名代表参加了本次论坛。本届论坛的主题是"继续教育与学习型社会建设：融合、创新、发展"。论坛由中山大学承办。

【附录】

附录1　浙江大学2014年继续教育各类培训情况

编号	招生对象	班次（人）	人次（人）
1	党政管理人员	1448	81433
2	企业管理人员	448	22254
3	专业技术人员	429	47245
4	其他人员	93	6408
5	总计	2418	157340

附录2　浙江大学2014年远程教育本专科学生数　　　　　（单位：人）

毕业生数				招生数		在校生数		
合计	本科	专科	授予学士学位数	招生数	注册数	合计	本科	专科
16202	12614	3588	2377	16808	16253	57953	43137	14816

附录3　浙江大学2014年远程教育招生层次和专业

招生层次	专业名称	
专科	会计	护理
	工商企业管理	药学
	市场营销	农业技术与管理
	建筑工程管理	畜牧兽医
	学前教育	
专升本 （含第二本科）	工商管理	英语（经贸英语）
	公共事业管理	电子商务
	人力资源管理	信息管理与信息系统
	会计学	计算机科学与技术
	金融学	土木工程（工程管理）
	法学	电气工程及其自动化
	学前教育	护理学
	市场营销	药学
	汉语言文学	农业技术推广（不含第二本科）
	汉语言文学（师范方向）	动物医学（不含第二本科）

附录4 浙江大学 2014 年远程教育授权招生的学习中心分布情况

省份(分布 14 省市)	学习中心名称(74 个学习中心)
浙江省 (52)	杭州地区(8):西溪直属学习中心　华家池直属学习中心　华家池医学学习中心　杭州学习中心　余杭学习中心　杭州农业学习中心　建德学习中心　萧山学习中心 宁波地区(8):宁波电大学习中心　宁波学习中心　宁海学习中心　象山学习中心　余姚学习中心　奉化学习中心　宁波医学学习中心　慈溪学习中心 温州地区(9):温州学习中心　乐清学习中心　平阳学习中心　瑞安学习中心　泰顺学习中心　苍南学习中心　永嘉学习中心　文成学习中心　洞头学习中心 嘉兴地区(6):嘉兴学习中心　海盐学习中心　海宁学习中心　嘉善学习中心　海宁医学学习中心　嘉兴农业学习中心 湖州地区(2):湖州学习中心　湖州医学学习中心 绍兴地区(3):绍兴学习中心　诸暨医学学习中心　诸暨学习中心 金华地区(8):金华学习中心　义乌学习中心　磐安学习中心　武义学习中心　永康学习中心　浦江学习中心　兰溪学习中心　东阳医学学习中心 衢州地区(1):衢州学习中心 舟山地区(1):普陀学习中心 台州地区(2):台州电大学习中心　玉环学习中心 丽水地区(4):丽水学习中心　缙云学习中心　龙泉学习中心　丽水医学学习中心
江苏省(3)	南京学习中心　苏州学习中心　扬州学习中心
福建省(2)	福州学习中心　厦门学习中心
安徽省(2)	合肥学习中心　芜湖学习中心
上海市(1)	上海学习中心
山东省(1)	烟台学习中心
江西省(1)	南昌学习中心
河南省(2)	洛阳学习中心　郑州学习中心
湖南省(1)	湘潭学习中心
广西壮族自治区(1)	南宁学习中心
广东省(3)	广州(珠海)学习中心　中山学习中心　深圳学习中心
河北省(3)	石家庄学习中心　廊坊学习中心　涿州学习中心
海南省(1)	海口学习中心
天津市(1)	天津学习中心

浙江大学年鉴

附录5 浙江大学2014年自学考试主考专业

层　次	专业名称	
专升本	检验	汉语言文学
	新闻学	心理健康教育
	道路与桥梁工程	法律
	建筑工程	经济学
	电力系统及其自动化	国际贸易
	英语语言文学	金融
专科	新闻学	电力系统及其自动化
	护理学	道路与桥梁工程
	房屋建筑工程	
高起本	新闻学	

（熊晶蕾撰稿　陈　军审稿）

留学生教育

【概况】　2014年，浙江大学留学生总规模达到5746人，比上年增加9.1％。其中学历生2682人，比上年增加7.3％。学历生中共有博士研究生352人，比上年增加14.3％；硕士研究生521人，比上年增加21.2％；本科生1809人，增加2.7％。非学历中共有长期语言生1272人、短期生867人、普通进修生835人、高级进修生90人。留学生的国别分布更加合理，结构层次进一步提高。

留学生来自143个国家，比上年增加15个国家，占了全球190多个国家的大部分；学生数量排在前10位的国家依次是韩国、泰国、美国、澳大利亚、意大利、德国、英国、马来西亚、巴基斯坦、日本，共有学生3479人。

参加了中国教育部和中国国家留学基金委等部委组办的美国、加拿大、马来西亚、南非、印度尼西亚、韩国、比利时、意大利、泰国等国的"留学中国"教育展，走访了广东、山东、江苏、黑龙江、北京、天津等地近40所中学与留学中介，宣传浙江大学的人才培养优势和招生政策。

重视营造和谐共处的校园国际化氛围，组织留学生参加各种文化活动。形成了以举办和参与全国在华留学生汉语大赛（浙江赛区）、"梦行浙江才艺展示"等为品牌的留学生文化展演格局；举办留学生语言文化活动100多次，取得显著成绩。组织孔子学院奖学金生参加国家汉办组织的"我的梦想与中国"征文比赛，汉语言进修生马克西姆的作文《火柴盒托起我的中国梦》获评优秀征文,并被刊登在 8 月 14 日的《光明日报》上。这是浙江大学留学生首次在国家级的报刊上获奖并刊文。9 月,受孔子学院总部派遣和美国东部 5 所孔子学院邀请,浙江大学文琴艺术团一行 20 人赴美进行了为期 11 天的巡回演出,得到了当地师生和华人华侨的热烈欢迎与高度赞誉。2014 年 9 月 8 日,浙江大学美国博士研究生英亚东(Alexander English)作为浙江大学学生代表参加 2014 年中美青年高峰论坛,获"中美青年之桥"优异表现奖。

　　3 所海外共建孔子学院各项工作平稳推进。2014 年西澳大学孔子学院已经开办 2 个孔子课堂,注册学习汉语的人数超过千人。举办"五四中国"主题音乐会、海外华人文化身份认同研讨会、孔子论坛、"孔子学院日"活动、"中文之星"中文比赛等活动,反响热烈。罗德岛大学孔子学院汉语教师培训工作坊 2014 年继续邀请了 2 位语言教学方面的专家开设讲座。日本立命馆亚洲太平洋大学孔子学院在校内、大分市、福冈市三个地方定期开设讲座,提供书法、绘画、太极、烹饪等趣味性课程。2014 年浙江大学共新派出 1 名汉语教师和 7 名志愿者,充实了海外孔子学院的师资力量。

【中国政府奖学金预科留学生交流活动】活动于 2014 年 5 月 24 日在浙江大学举行。来自山东大学、南京师范大学和同济大学的 600 余位中国政府奖学金预科留学生参加了交流活动。国家留学基金委秘书长刘京辉出席活动。本次活动是浙江大学受国家留学基金委委托承办的。

【"亚洲青年交流中心"建成使用】该中心落成仪式于 2014 年 10 月 28 日在紫金港校区举行,曹其镛先生家族、浙江省政府相关领导、校党委书记金德水、校长林建华及学生代表共 120 人出席了仪式。该中心位于紫金港校区北部,建筑面积近万平方米;大楼共十一层,一至三层为活动交流场所和阅览室等,四层及以上为学生宿舍,宿舍总间数为 120 间,极大地缓解了留学生住宿紧张的现状。它由曹其镛先生捐资 2000 万元人民币建设,从立项到建成投入使用,历时三年。

【留学生在高分子顶级期刊 *Progress in Polymer Science* 上发表文章】留学博士研究生 Akram Muhammad 撰写的以浙江大学为第一作者单位和通讯作者单位的论文" *Polyphophazenes as Anti-cancer Drug Carriers：From Synthesis to Application* "(抗癌载体聚磷腈的合成与应用)在高分子领域顶级期刊 *Progress in Polymer Science* (2014 年第七期第 9 页,2013 年影响因子 26.854)上在线发表。该论文揭示了聚磷腈的合成通路及它们在抗癌药载体方面的应用。Akram Muhammad 是化工系的博士二年级学生,来自巴基斯坦,导师是王立教授。

浙江大学年鉴

【附录】

附录 1　浙江大学 2014 年外国留学生数　　　　　　　（单位：人）

博士研究生	硕士研究生	本科生	高级进修生	普通进修生	长期语言生	短期生	合计
352	521	1809	90	835	1272	867	5746

附录 2　浙江大学 2014 年分院系外国留学生数　　　　　（单位：人）

院系	博士研究生	硕士研究生	本科生	研究学者	高级进修生	普通进修生	语言生	短期生	合计
材料科学与工程学院	14	6	10		4	44			78
电气工程学院	10	4	14		4	43			75
高分子科学与工程学系	9	5	10		9	41			74
海洋学院	7	1				6			14
航空航天学院	5		10						15
化学工程与生物工程学院	14	4	12			47			77
机械工程学院	6		22		3	41			72
建筑工程学院	10	5	25		3	47			90
能源工程学院	9	4	17		4	41			75
地球科学系	5	5							10
化学系	5		6						11
数学系	11		4						15
物理学系	8		4		4	5			21
心理与行为科学系	9	5	16						30
动物科学学院	5	1	1						7
环境与资源学院	9	1	2						12
农业与生物技术学院	40	7	1		3	3			54
生物系统工程与食品科学学院	9	2	1		2				14
生命科学学院	7		7						14
传媒与国际文化学院	2	57	168			81			308
人文学院	38	140	80		6	121			309
外国语言文化与国际交流学院	6	127	194			82			422
光华法学院	5	10	20			6			41

续表

院系	博士研究生	硕士研究生	本科生	研究学者	高级进修生	普通进修生	语言生	短期生	合计
公共管理学院	12	52	42		6	16			128
管理学院	13	35	154		18	78			298
教育学院	11	11	7			5			34
经济学院	4	31	213			24			272
光电信息工程学系	6					18			24
计算机科学与技术学院	13	5	61		4	21			104
控制科学与工程学系	6				2	33			41
生物医学工程与仪器科学学院	3	2							5
软件学院									0
信息与电子工程学系	8	6	6		4				24
医学院	17	49	603		2	6			677
药学院	10		2		2	4			18
国际教育学院	6	9	88		10	3	1272	867	2255
求是学院			9						9
城市学院						19			19
合计	352	521	1809		90	835	1272	867	5746

附录3　浙江大学2014年MBBS(全英文医学本科)项目留学生数　（单位：人）

年度	新生数	在校生数	毕业生数
2014	97	588	71

附录4　浙江大学2014年分经费来源外国留学生数　（单位：人）

浙江省政府资助	中国政府资助	本国政府资助	校际交流	自费	合计
77	638	21	1723	3287	5746

附录5　浙江大学2014年主要国家留学生数　（单位：人）

韩国	泰国	美国	澳大利亚	意大利	德国	英国	马来西亚	巴基斯坦	日本
1174	447	413	335	208	200	190	189	164	159

附录6　浙江大学 2014 年分大洲外国留学生数　　　　（单位：人）

亚洲	非洲	欧洲	美洲	大洋洲	合计
3089	257	1465	588	347	5746

附录7　浙江大学 2014 年毕业、结业外国留学生数　　　　（单位：人）

博士研究生	硕士研究生	本科生	高级进修生	普通进修生	汉语生	短期生	合计
32	115	241	90	835	1098	867	3278

（何旭东撰稿　王　立审稿）

科学研究与社会服务

科学技术研究

【概况】 2014年，浙江大学以中央财政科技计划管理的改革和"2011计划"实施为契机，贯彻落实"六高强校"战略，坚持"顶天立地、育才树人"的科研理念，推进"内涵发展、质量优先"，加快科研发展方式转变，促使"学科前沿、国家需求和学校基础"紧密结合，保障科研事业的可持续发展。

布局"十三五"科技发展规划。从2014年初开始，"浙江大学西湖学术论坛"开辟了专项战略研讨，积极布局"十三五"科技发展规划，提出要在重大科技项目上实现战略必争，要以重大工程项目为战略重心，并对重点专项进行战略布局。面向国际学术前沿和国家区域重大需求，主动组织前期预研，凝练16＋X预研项目，积极抢占未来学术制高点。

2014年，浙江大学到款科研经费31.21亿元，其中纵向科研经费20.51亿元（占65.7％）、横向科研经费10.70亿元（占34.3％），呈现稳定增长态势；基础科学研究、产业技术研发和技术服务应用科研规模中各占科研经费的三分之一。全年启动千万级项目23项，结题千万级项目24项，在研千万级项目115项。2014年，新获批973计划项目2项、重大科学研究计划项目2项、青年科学家专题1项。获批创新研究群体科学基金延续资助项目1项，重大科研仪器设备研制专项（自由申请）项目3项、重点项目18项，数量均列全国高校前列。牵头的转基因专项重大课题和重点课题立项各3项，传染病专项立项2项、水专项立项1项。其中千万级课题5项，预算国拨经费近1.6亿元。牵头主持2014年农业部公益性行业专项1项、国家气象局公益性行业专项1项；参加卫生部、环保部、气象局、水利部等其他公益性行业专项12项。围绕国家和地方战略性新兴产业发展，凝练组织实施一批横向千万级项目，主要包括"吸附分离材料"、"抗耐药的 EGFR 抑制剂抗肿瘤新药候选化合物"、"中药数字化生产过程知识管理系统（PKS）开发及产业化研究"、"服务机器人研究中心"等。

浙江大学获2014年度（通用项目）国家

科学技术奖共 13 项，获奖数居全国高校第一位。其中，作为第一完成单位获得国家科学技术奖 5 项，含国家自然科学二等奖 1 项、国家技术发明二等奖 2 项、国家科技进步二等奖 2 项；作为参与单位完成的项目获国家科学技术奖共 8 项；作为第一完成单位获教育部高等学校科学研究优秀成果奖（科学技术）10 项，其中一等奖 3 项、二等奖 7 项。

发表论文数量和质量持续保持高校领先。根据中国科学技术信息研究所 2014 年 9 月发布的统计结果，2013 年浙大作为第一作者的被 SCIE 收录的 Article、Review 两类论文总数、表现不俗论文数、年度百篇最具影响的国际学术论文数、第一作者国际合著论文数、各学科领域影响因子最高期刊论文数、国际论文十年累计被引篇数次数等持续保持国内高校首位。2014 年，浙大作为第一作者和通讯作者单位，在 Cell、Science、Nature 系列刊物上发表论文 13 篇，其中 Nature 正刊 2 篇、Cell 子刊 1 篇、Nature 子刊 10 篇。截至 2014 年 12 月 12 日，浙大 2014 年被 SCI 收录第一单位论文 5349 篇，其中两类论文（Article、Review）5059 篇（比上年上升 3.4％），影响因子 10 以上论文 86 篇（比上年上升 45.8％）。截至 2014 年 10 月 31 日，浙江大学十年累积引文居世界 181 位；2014 年有 17 个学科的累积引文量居学科前 1％，其中前 100 位的学科有 6 个、前 50 位的学科 4 个。

2014 年，授权发明专利 1489 件，持续位居国内高校第一。获得美日欧授权专利 11 项，通过专利合作协定（PCT）申请专利 9 项；获得中国专利优秀奖 2 项。

各类科研人才类项目持续稳步发展，新批国家杰出青年科学基金项目获得者 4 人、优秀青年科学基金获得者 17 人，入选科技部中青年科技创新领军人才 7 人、重点领域创新团队 1 个，入选浙江省"五水共治"技术专家 43 人，推荐适用技术 71 项。浙大教授牵头的"复杂机电系统创新团队"等 11 个团队入选浙江省第四批重点科技创新团队（占全省 52％）。皮卫星团队被授予"全国工人先锋号"的荣誉称号。

2014 年，在科研院内增设了科技项目过程管理中心，进一步强化了项目的精细化和深层次过程管理，以新的大科研服务管理系统平台建设为载体，推进与相关职能部门的协同联动以及与院系所的纵向互动；完善科研项目管理有关文件，制订出台了《浙江大学科研合同管理办法》、《浙江大学国家及省部级重点实验室建设与运行管理细则（试行）》，修订出台了《浙江大学自然科学研究机构管理办法》，强化科研项目的过程服务和管理。

【"2011 协同创新中心"培育认定取得突破】
2014 年全国共有 170 所高校的 203 个"2011 协同创新中心"参加认定，经过层层筛选环节，"2011 计划"领导小组批准了 24 个中心通过认定。浙大牵头负责的"煤炭分级转化清洁发电协同创新中心"和"感染性疾病诊治协同创新中心"2 个"2011 协同创新中心"通过国家认定。浙大作为核心单位参与的"人工微结构科学与技术协同创新中心"和"高端制造装备协同创新中心"也同时通过国家认定。

【李兰娟课题组在 Nature 发文解析肝硬化中肠道菌群的改变】 2014 年 7 月，李兰娟院士领衔的团队开展的"肝硬化中肠道菌群的改变的研究"成果发表在 Nature 杂志，并入选 2014 年度"中国高等学校十大科技进展"。该研究首次建立了世界上第一个肝硬化肠道菌群基因集;阐明了肝硬化肠道菌群的结构变化;发现了肝硬化患者的口腔菌侵入到肠道,可能对肝硬化的发生发展产生重要影响;鉴别了 15 个高特异性和灵敏性的微生物基因,建立了预测疾病的模型,有助于肝硬化诊断,并可用于肝硬化疗效的评估。该成果获得"2014 年中国十大科技进展"的荣誉。

【彭笑刚课题组和金一政课题组在 *Nature* 发表论文证实量子点 LED 优势】 该研究解决了载流子平衡注入的难题,设计出一种新型的量子点发光二极管(QLED),制备方法基于低成本、有潜力应用于大规模生产的溶液工艺,其综合性能超越了已知的所有溶液工艺的红光器件,将使用亮度条件下的寿命推进到 10 万小时的实用水平。这种新型 QLED 器件有望成为下一代显示和照明技术的有力竞争者。该成果同时获得"2014 年中国十大科学进展"荣誉。

【基地建设取得进展】 2014 年获批新建浙江省三维打印工艺与装备重点实验室、浙江省精神障碍诊疗防治技术重点实验室、低碳烃浙江省工程实验室、移动终端安全浙江省工程实验室、先进结构设计与建造浙江省工程研究中心。启动建设工业控制系统安全技术国家工程实验室。光子学与技术国际联合实验室准备迎接教育部现场认定。2014 年 5 月,加拿大阿尔伯塔大学 Carl Amrhein 常务副校长与浙江大学吴朝晖常务副校长签署协议,共同成立浙江大学—阿尔伯塔大学食品与人类健康联合研究中心,推进医学、药学、农学、化学、生物学及食品学等学科领域的交叉合作。进一步深化与日本富士电机的合作,在"浙大—富士电机系统研发中心"和"浙江大学—富士电机创新中心"两个阶段成功合作的基础上,成立了"浙江大学—富士电机合作中心"。

【附录】

附录 1　2014 年浙江大学科研机构(研究所)

学院(系)	序号	研究所名称	负责人
数学系	1	浙江大学高等数学研究所	方道元
	2	浙江大学信息数学研究所	张振跃
	3	浙江大学科学与工程计算研究所	程晓良
	4	浙江大学统计研究所	苏中根
	5	浙江大学应用数学研究所	葛根年
	6	浙江大学运筹与控制科学研究所	刘康生
物理系	7	浙江大学浙江近代物理中心	李政道
	8	浙江大学凝聚态物理研究所	许祝安
	9	浙江大学光学研究所	陆璇辉
	10	浙江大学电子与无线电物理研究所	吴惠桢

学院(系)	序号	研究所名称	负责人
化学系	11	浙江大学物理化学研究所	许宜铭
	12	浙江大学分子设计与应用研究所	王 琦
	13	浙江大学分析化学与应用化学研究所	林贤福
	14	浙江大学有机化学研究所	包伟良
	15	浙江大学无机与材料化学研究所	黄建国
	16	浙江大学催化研究所	楼 辉
	17	浙江大学化学生物学与药物化学研究所	潘远江
	18	浙江大学微分析系统研究所	方 群
	19	浙江大学电化学与功能材料研究所	王建明
地科系	20	浙江大学地质与地球物理研究所	邹乐君
	21	浙江大学地理信息科学研究所	刘仁义
	22	浙江大学气象信息与预测研究所	曹 龙
	23	浙江大学环境与生物地球化学研究所	孙永革
	24	浙江大学空间信息技术研究所	章孝灿
心理系	25	浙江大学应用心理学研究所	沈模卫
	26	浙江大学认知与发展心理学研究所	许百华
机械学院	27	浙江大学机械电子控制工程研究所	王庆丰
	28	浙江大学机械设计研究所	冯培恩
	29	浙江大学现代制造工程研究所	陈子辰
	30	浙江大学设计与集成工程研究所	谭建荣
材料学院	31	浙江大学半导体材料研究所	杨德仁
	32	浙江大学金属材料研究所	涂江平
	33	浙江大学无机非金属材料研究所	钱国栋
	34	浙江大学材料物理研究所	陈湘明
能源学院	35	浙江大学热能工程研究所	岑可法
	36	浙江大学动力机械与车辆工程研究所	俞小莉
	37	浙江大学制冷与低温研究所	张学军
	38	浙江大学热工与动力系统研究所	俞自涛

学院(系)	序号	研究所名称	负责人
电气学院	39	浙江大学电机及其控制研究所	黄 进
	40	浙江大学电力系统及其自动化研究所	徐 政
	41	浙江大学航天电气及微特电机研究所	沈建新
	42	浙江大学电力经济与信息化研究所	文福拴
	43	浙江大学电气自动化研究所	颜文俊
	44	浙江大学系统科学与控制研究所	许 力
	45	浙江大学电力电子技术研究所	徐德鸿
	46	浙江大学超大规模集成电路设计研究所	何乐年
	47	浙江大学电工电子新技术研究所	杨仕友
建工学院	48	浙江大学建筑设计及其理论研究所	徐 雷
	49	浙江大学建筑技术研究所	葛 坚
	50	浙江大学结构工程研究所	金伟良
	51	浙江大学岩土工程研究所	陈云敏
	52	浙江大学水工结构与水环境研究所	刘国华
	53	浙江大学交通工程研究所	项贻强
	54	浙江大学土木工程管理研究所	阮连法
	55	浙江大学市政工程研究所	张土乔
	56	浙江大学防灾工程研究所	尚岳全
	57	浙江大学空间结构研究中心	董石麟
	58	浙江大学建筑材料研究所	钱晓倩
	59	浙江大学高性能建筑结构与材料研究所	徐世烺
	60	浙江大学滨海和城市岩土工程研究中心	龚晓南
	61	浙江大学城市规划与设计研究所	华 晨
	62	浙江大学城市规划工程与信息技术研究所	陈秋晓
	63	浙江大学水文与水资源工程研究所	冉启华
化工学院	64	浙江大学聚合与聚合物工程研究所	冯连芳
	65	浙江大学化学工程研究所	何潮洪
	66	浙江大学联合化学反应工程研究所	王靖岱
	67	浙江大学生物工程研究所	林东强

浙江大学年鉴

学院(系)	序号	研究所名称	负责人
化工学院	68	浙江大学制药工程研究所	吕秀阳
	69	浙江大学化工机械研究所	郑津洋
	70	浙江大学工业生态与环境研究所	李 伟
海洋学院	71	浙江大学港口海岸与近海工程研究所	孙志林
	72	浙江大学海洋地质与资源研究所	楼章华
	73	浙江大学物理海洋研究所	黄大吉
	74	浙江大学海洋生物研究所	王 岩
	75	浙江大学海洋工程与技术研究所	韩 军
航空航天学院	76	浙江大学流体工程研究所	王灿星
	77	浙江大学应用力学研究所	朱位秋
	78	浙江大学空天信息技术研究所	宋广华
	79	浙江大学航天电子工程研究所	郁发新
	80	浙江大学飞行器设计研究所	郑 耀
	81	浙江大学导航制导与控制研究所	李 平
高分子系	82	浙江大学高分子科学研究所	范志强
	83	浙江大学高分子复合材料研究所	陈红征
	84	浙江大学生物医用大分子研究所	高长有
光电系	85	浙江大学光学工程研究所	冯华君
	86	浙江大学光电子技术研究所	沈永行
	87	浙江大学光电显示技术研究所	刘 旭
	88	浙江大学光电信息及检测技术研究所	章海军
	89	浙江大学光及电磁波研究中心	何赛灵
	90	浙江大学光学惯性技术工程中心	刘 承
	91	浙江大学先进纳米光子学研究所	仇 旻
信电系	92	浙江大学信息与通信工程研究所	张朝阳
	93	浙江大学电子电路与信息系统研究所	沈继忠
	94	浙江大学电子信息技术与系统研究所	李尔平
	95	浙江大学微电子与光电子研究所	骆季奎

浙江大学年鉴

学院(系)	序号	研究所名称	负责人
控制系	96	浙江大学工业控制研究所	孙优贤
	97	浙江大学自动化仪表研究所	黄志尧
	98	浙江大学智能系统与控制研究所	苏宏业
计算机学院	99	浙江大学人工智能研究所	庄越挺
	100	浙江大学系统结构与网络安全研究所	吴朝晖
	101	浙江大学计算机软件研究所	陈 纯
	102	浙江大学现代工业设计研究所	孙守迁
生仪学院	103	浙江大学生物医学工程研究所	李劲松
	104	浙江大学数字技术及仪器研究所	陈耀武
生科学院	105	浙江大学植物科学研究所	郑绍建
	106	浙江大学微生物研究所	冯明光
	107	浙江大学生态研究所	方盛国
	108	浙江大学细胞与发育生物学研究所	杨卫军
	109	浙江大学生物化学研究所	李永泉
	110	浙江大学遗传学研究所	管敏鑫
生工食品学院	111	浙江大学农业生物环境工程研究所	朱松明
	112	浙江大学智能农业装备研究所	应义斌
	113	浙江大学生物系统自动化与信息技术研究所	何 勇
	114	浙江大学食品加工工程研究所	叶兴乾
	115	浙江大学食品生物科学技术研究所	郑晓冬
环资学院	116	浙江大学环境科学研究所	张建英
	117	浙江大学环境污染控制技术研究所	朱利中
	118	浙江大学农业化学研究所	林咸永
	119	浙江大学农业遥感与信息技术应用研究所	史 丹
	120	浙江大学土水资源与环境研究所	徐建明
	121	浙江大学环境保护研究所	施积炎
	122	浙江大学环境工程研究所	吴忠标
	123	浙江大学环境生态工程研究所	郑 平

学院(系)	序号	研究所名称	负责人
农学院	124	浙江大学生物技术研究所	马忠华
	125	浙江大学原子核农业科学研究所	华跃进
	126	浙江大学作物科学研究所	祝水金
	127	浙江大学蔬菜研究所	曹家树
	128	浙江大学果树科学研究所	陈昆松
	129	浙江大学园林研究所	夏宜平
	130	浙江大学昆虫科学研究所	陈学新
	131	浙江大学农药与环境毒理研究所	朱国念
	132	浙江大学茶叶研究所	梁月荣
动科学院	133	浙江大学饲料科学研究所	汪以真
	134	浙江大学动物预防医学研究所	方维焕
	135	浙江大学奶业科学研究所	刘建新
	136	浙江大学蚕蜂研究所	鲁兴萌
	137	浙江大学畜禽养殖与环境工程研究所	陈安国
	138	浙江大学应用生物资源研究所	朱良均
医学院	139	浙江大学传染病研究所	李兰娟
	140	浙江大学血液病研究所	金 洁
	141	浙江大学肿瘤研究所	张苏展
	142	浙江大学儿科研究所	赵正言
	143	浙江大学外科研究所	郑树森
	144	浙江大学心血管病研究所	胡申江
	145	浙江大学脑医学研究所	张建民
	146	浙江大学急救医学研究所	徐少文
	147	浙江大学骨科研究所	严世贵
	148	浙江大学妇产科计划生育研究所	黄荷凤
	149	浙江大学邵逸夫临床医学研究所	姒健敏
	150	浙江大学胃肠病研究所	姒健敏
	151	浙江大学眼科研究所	姚 克
	152	浙江大学核医学与分子影像研究所	张 宏

续表

学院(系)	序号	研究所名称	负责人
医学院	153	浙江大学微创外科研究所	蔡秀军
	154	浙江大学呼吸疾病研究所	沈华浩
	155	浙江大学免疫学研究所	曹雪涛
	156	浙江大学细胞生物学研究所	李继承
	157	浙江大学病理学与法医学研究所	周　韧
	158	浙江大学社会医学与全科医学	李　鲁
	159	浙江大学环境医学研究所	陈　坤
	160	浙江大学营养与食品安全研究所	王福俤
	161	浙江大学神经科学研究所	罗建红
药学院	162	浙江大学药物研究所	蒋惠娣
	163	浙江大学药物制剂研究所	邱利焱
	164	浙江大学药物信息学研究所	瞿海斌
	165	浙江大学现代中药研究所	吴永江
	166	浙江大学药理毒理与生化药学研究所	何俏军
求是高等研究院	167	浙江大学系统神经与认知科学研究所	王　菁

附录2　2014年浙江大学科研机构(独立研究院)

序号	独立研究院名称	批准时间	负责人
1	浙江大学沃森基因组科学研究院	2003 年 3 月	罗建红
2	浙江加州国际纳米技术研究院	2005 年 12 月	杨　辉
3	浙江大学台州研究院	2006 年 3 月	冯培恩　颜文俊
4	浙江大学求是高等研究院	2006 年 10 月	徐立之
5	浙江大学国际创新研究院	2007 年 5 月	朱　敏
6	浙江大学工业技术研究院	2009 年 4 月	赵荣祥
7	浙江大学生命科学研究院	2009 年 10 月	冯新华　管坤良
8	浙江大学水环境研究院	2009 年 12 月	史惠祥
9	浙江大学可持续能源研究院	2010 年 1 月	倪明江　骆仲泱
10	浙江大学集成电路与基础软件研究院	2010 年 4 月	严晓浪
11	浙江大学先进技术研究院	2011 年 1 月	陈子辰　史红兵
12	浙江大学国际设计研究院	2011 年 6 月	刘　波
13	浙江大学转化医学研究院	2012 年 3 月	许正平

序号	实验室名称	批准日期	负责人	学院(系)
	国家重点实验室			
1	硅材料国家重点实验室	1985年8月	杨德仁	材料学院
2	计算机辅助设计与图形学国家重点实验室	1989年2月	周　昆	计算机学院
3	流体动力与机电系统国家重点实验室	1989年6月	杨华勇	机械学院
4	工业控制技术国家重点实验室	1989年6月	苏宏业	控制系
5	现代光学仪器国家重点实验室	1989年6月	刘　旭	光电系
6	能源清洁利用国家重点实验室	2005年3月	骆仲泱	能源学院
7	传染病诊治国家重点实验室	2007年10月	李兰娟	附属第一医院
8	化学工程联合国家重点实验室(联合)	1987年6月	李伯耿	化工学院
9	植物生理学与生物化学国家重点实验室(联合)	2002年1月	郑绍建	生科学院
10	水稻生物学国家重点实验室(联合)	2003年12月	周雪平	农学院
	国家(地方联合)工程实验室			
1	生物饲料安全与污染防控国家工程实验室	2008年7月	刘建新	动科学院
2	海洋工程装备国家地方联合工程实验室(浙江)	2012年10月	冷建兴	海洋学院
3	工业控制系统安全技术国家工程实验室	2013年11月	孙优贤	控制系
4	工业生物催化国家地方联合工程实验室(浙江)	2013年10月	杨立荣	化工学院
	教育部重点实验室			
1	生物医学工程教育部重点实验室	2000年8月	王　平	生仪学院
2	濒危动植物保护生物学教育部重点实验室	2000年8月	方盛国	生科学院
3	动物分子营养学教育部重点实验室	2000年8月	刘建新	动科学院
4	污染环境修复与生态健康教育部重点实验室	2003年11月	杨肖娥	环资学院
5	高分子合成与功能构造教育部重点实验室	2005年12月	郑　强	高分子系
6	软弱土与环境土工教育部重点实验室	2007年2月	陈云敏	建工学院
7	恶性肿瘤预警与干预教育部重点实验室	2007年12月	胡　汛	附属第二医院
8	生殖遗传教育部重点实验室	2010年11月	黄荷凤	附属妇产科医院
9	生物质化工教育部重点实验室	2011年12月	任其龙	化工学院
10	视觉感知教育部-微软重点实验室	2005年2月	庄越挺	计算机学院

序号	实验室名称	批准日期	负责人	学院(系)
农业部、卫生部、食药监局、中医药局重点实验室				
1	农业部核农学重点实验室	1993年1月	华跃进	农学院
2	农业部华东动物营养与饲料重点实验室	1996年11月	汪以真	动科学院
3	农业部设施农业装备与信息化重点实验室	1996年11月	朱松明	生工食品学院
4	农业部园艺作物生长发育重点实验室	2002年11月	喻景权	农学院
5	农业部动物病毒学重点实验室	2008年7月	周继勇	动科学院
6	农业部农业昆虫学重点实验室	2008年7月	陈学新	农学院
7	卫生部多器官联合移植研究重点实验室	2000年12月	郑树森	附属第一医院
8	卫生部医学神经生物学重点实验室	2007年4月	罗建红	基础医学系
9	国家药品监督管理局药品评价中心浙江呼吸药物研究重点实验室	1997年9月	卞如濂	基础医学系
10	国家中医药管理局中药药理实验室(三级)	2009年11月	陈　杭	生仪学院
11	国家中医药管理局计算机辅助中药分析实验室(三级)	2009年11月	程翼宇	药学院
12	国家中医药管理局中药药理与毒理实验室(三级)	2009年11月	楼宜嘉	药学院
13	国家中医药管理局免疫(肾病)实验室(三级)	2009年11月	陈江华	附属第一医院
14	国家中医药管理局中药药理(心血管)实验室(三级)	2009年11月	王建安	附属第二医院
15	国家中医药管理局病理生理(胃肠病)实验室(三级)	2009年11月	姒健敏	附属邵逸夫医院
16	国家中医药管理局中药分析与代谢实验室(三级)	2009年11月	曾　苏	药学院
17	国家中医药管理局中药药理(血液病)实验室(三级)	2009年11月	钱文斌	附属第一医院
浙江省重点实验室				
1	浙江省医学分子生物学重点研究实验室	1991年12月	胡　汛	附属第二医院
2	浙江省应用化学重点研究实验室	1992年3月	楼　辉	化学系
3	浙江省饲料与动物营养重点研究实验室	1992年5月	汪以真	动科学院
4	浙江省资源与环境信息系统重点研究实验室	1993年11月	刘仁义	地科系
5	浙江省农业遥感与信息技术重点研究实验室	1993年11月	黄敬峰	环资学院

序号	实验室名称	批准日期	负责人	学院（系）
6	浙江省细胞与基因工程重点研究实验室	1995 年 9 月	邵健忠	生科学院
7	浙江省核农学重点研究实验室	1995 年 10 月	华跃进	农学院
8	浙江省综合信息网技术重点研究实验室	1997 年 10 月	黄爱苹	信电系
9	浙江省亚热带土壤与植物营养重点研究实验室	1997 年 10 月	徐建明	环资学院
10	浙江省心脑血管检测技术与药效评价重点实验室	1997 年 10 月	陈　杭	生仪学院
11	浙江省生物电磁学重点研究实验室	1997 年 10 月	许正平	公共卫生系
12	浙江省先进制造技术重点研究实验室	1999 年 7 月	陈子辰	机械学院
13	浙江省器官移植重点研究实验室	2000 年 4 月	郑树森	附属第一医院
14	浙江省动物预防医学重点实验室	2004 年 8 月	方维焕	动科学院
15	浙江省女性生殖健康研究重点实验室	2005 年 12 月	谢　幸	附属妇产科医院
16	浙江省传染病重点实验室	2006 年 9 月	李兰娟	附属第一医院
17	浙江省医学分子影像重点实验室	2006 年 10 月	张　宏	附属第二医院
18	浙江省生物治疗重点实验室	2007 年 1 月	何　超	附属邵逸夫医院
19	浙江省水体污染控制与环境安全技术重点实验室	2007 年 12 月	徐向阳	环资学院
20	浙江省新生儿疾病（诊治）重点实验室	2008 年 12 月	赵正言	附属儿童医院
21	浙江省血液肿瘤（诊治）重点实验室	2008 年 12 月	金　洁	附属第一医院
22	浙江省服务机器人重点实验室	2008 年 12 月	陈　纯	计算机学院
23	浙江省微生物生化与代谢工程重点实验室	2009 年 12 月	李永泉	生科学院
24	浙江省心血管诊治高新技术重点实验室	2009 年 12 月	王建安	附属第二医院
25	浙江省疾病蛋白质组学重点实验室	2009 年 12 月	来茂德	基础医学系
26	浙江省有机污染过程与控制重点实验室	2009 年 12 月	朱利中	环资学院
27	浙江省医学神经生物学重点实验室	2010 年 9 月	罗建红	基础医学系
28	浙江省空间结构重点实验室	2010 年 9 月	罗尧治	建工学院
29	浙江省腔镜技术研究重点实验室	2010 年 9 月	蔡秀军	附属邵逸夫医院
30	浙江省光电磁传感技术研究重点实验室	2010 年 9 月	何赛灵	光电系
31	浙江省农业微生物开发利用重点实验室	2010 年 9 月	冯明光	生科学院
32	浙江省重要致盲眼病防治技术研究重点实验室	2011 年 11 月	姚　克	附属第二医院

续表

序号	实验室名称	批准日期	负责人	学院（系）
33	浙江省肾脏疾病防治技术研究重点实验室	2011 年 11 月	陈江华	附属第一医院
34	浙江省网络多媒体技术研究重点实验室	2011 年 11 月	陈耀武	生仪学院
35	浙江省组织工程与再生医学技术重点实验室	2011 年 11 月	欧阳宏伟	基础医学系
36	浙江省作物种质资源重点实验室	2011 年 11 月	祝水金	农学院
37	浙江省储能与节能新材料技术研究重点实验室	2012 年 9 月	涂江平	材料学院
38	浙江省海洋可再生能源电气装备与系统技术研究重点实验室	2012 年 9 月	韦　巍	电气学院
39	浙江省农产品加工技术研究重点实验室	2012 年 9 月	叶兴乾	生工食品学院
40	浙江省抗肿瘤药物临床前研究重点实验室	2013 年 7 月	杨　波	药学院
41	浙江省饮用水安全与输配技术重点实验室	2013 年 7 月	张土乔	建工学院
42	浙江省三维打印工艺与装备重点实验室	2014 年 8 月	傅建中	机械学院
43	浙江省精神障碍诊疗和防治技术重点实验室	2014 年 8 月	许　毅	附属第一医院
44	浙江省移动网应用技术重点实验室（联合）	2010 年 9 月	陈天洲（校内负责人）	计算机学院
45	浙江省新型信息材料技术研究重点实验室（联合）	2011 年 11 月	严　密	材料学院
46	浙江省微量有毒化学物健康风险评估技术研究重点实验室（联合）	2013 年 7 月	朱　岩（校内负责人）	化学系
浙江省工程实验室				
1	海洋装备试验浙江省工程实验室	2010 年 12 月	冷建兴	海洋学院
2	工业生物催化浙江省工程实验室	2011 年 9 月	杨立荣	化工学院
3	园艺产品冷链物流工艺与装备浙江省工程实验室	2011 年 12 月	陈昆松	农学院
4	海洋工程材料浙江省工程实验室	2012 年 6 月	杨　辉	纳米研究院
5	药物制剂浙江省工程实验室	2012 年 6 月	胡富强	药学院
6	食品加工技术与装备浙江省工程实验室	2013 年 11 月	叶兴乾	生工食品学院
7	微生物制药浙江省工程实验室	2013 年 11 月	李永泉	生科学院
8	低碳烃制备技术浙江省工程实验室	2014 年 12 月	阳水荣	化工学院
8	移动终端安全技术浙江省工程实验室	2014 年 12 月	何钦铭	计算机学院
国家工程技术研究中心				
1	工业自动化国家工程研究中心	1992 年 9 月	孙优贤	控制系

浙江大学年鉴

序号	实验室名称	批准日期	负责人	学院（系）
2	电力电子应用技术国家工程研究中心	1996 年 10 月	赵荣祥	电气学院
3	国家光学仪器工程技术研究中心	1994 年 3 月	严惠民	光电系
4	国家电液控制工程技术研究中心	2000 年 6 月	杨华勇	机械学院
5	国家水煤浆工程技术研究中心浙江大学燃烧技术研究所	1992 年 4 月	周俊虎	能源学院
6	国家列车智能化工程技术研究中心	2011 年 6 月	陈　纯	计算机学院
国家国际科技合作基地				
1	浙江国际纳米技术研发中心	2007 年 12 月	杨　辉	纳米研究院
2	先进能源国际联合研究中心	2013 年 1 月	骆仲泱	能源学院
教育部工程研究中心				
1	膜与水处理技术教育部工程研究中心	2001 年 1 月	朱宝库	高分子系
2	嵌入式系统教育部工程研究中心	2006 年 6 月	严晓浪	电气学院
3	计算机辅助产品创新设计教育部工程研究中心	2006 年 6 月	陈　纯	计算机学院
4	表面与结构改性无机功能材料教育部工程研究中心	2007 年 7 月	韩高荣	材料学院
5	数字图书馆教育部工程研究中心	2009 年 1 月	庄越挺	计算机学院
6	高压过程装备与安全教育部工程研究中心	2009 年 12 月	郑津洋	化工学院
7	电子病历与智能专家系统教育部工程研究中心	2013 年 11 月	李兰娟	浙医一院
高等学校学科创新引智基地				
1	农业生物与环境学科创新引智基地	2005 年 10 月	朱　军	农学院
2	信息与控制学科创新引智基地	2006 年 10 月	褚　健	控制系
3	能源清洁利用科学与技术学科创新引智基地	2007 年 10 月	倪明江	能源学院
4	细胞-微环境互作创新引智基地	2012 年 10 月	来茂德	基础医学系
5	作物适应土壤逆境分子生理机制及分子设计育种创新引智基地	2013 年 10 月	彭金荣	生科学院
各部委研究中心				
1	智能科学与技术网上合作研究中心（教育部）	1999 年 12 月	潘云鹤	计算机学院
2	国家濒危野生动植物种质基因保护中心（教育部、国家林业局）	2001 年 10 月	方盛国	生科学院

续表

序号	实验室名称	批准日期	负责人	学院(系)
3	教育部含油气盆地构造研究中心	2006年8月	杨树锋	地科系
4	磁约束核聚变教育部研究中心(联合)	2008年2月	盛正卯	物理系
5	国家环境保护燃煤大气污染控制工程技术中心(环保部)	2010年11月	高　翔	能源学院
浙江省工程技术研究中心				
1	浙江省先进结构设计与制造工程研究中心	2014年12月	罗尧治	建工学院
2	浙江省现代服务业电子服务工程技术研究中心	2012年12月	吴朝晖	计算机学院

附录4　浙江大学2014年新增国家级科技计划项目情况　　(单位:万元)

项目类型	类别	项目数(项)	经费合计
国家科技重大专项	课题	9	17369
国家自然科学基金	面上	400	32031
	青年	249	5894
	重点重大*	50	12241
	重大仪器自由申请	3	1825
	创新群体延续资助	1	600
	杰青	4	1600
	优青	17	1700
国家重点基础研究发展计划(973计划)(含国家重大科学研究计划)	项目	5	9860
	课题	20	100848
国家科技支撑计划	课题	8	4445
国家高技术研究发展计划(863计划)	课题	2	243

注:含重点项目、重大项目课题、重大研究计划重点支持项目、联合基金、重点国际(地区)合作项目、海外及港澳学者合作研究基金。

附录5　浙江大学2014年各学院(系)新增国家自然科学基金项目情况

单位	批准项数	经费(万元)	批准率(%)
物理系	12	1396	60.00
化学系	24	2554	52.17

单位	批准项数	经费(万元)	批准率(%)
生命科学学院	32	2946	48.48
机械工程学院	22	1954	47.83
数学系	10	869	47.62
计算机科学与技术学院	19	1344	44.19
控制科学与工程学系	17	1602	42.50
药学院	25	1712	42.37
地球科学系	13	1128	41.94
高分子科学与工程学系	15	1350	40.54
光电信息工程学系	18	3005	39.13
电气工程学院	16	1598	37.21
管理学院	14	614	36.84
信息与电子工程学系	18	1333	36.73
环境与资源学院	21	2419	35.00
生物系统工程与食品科学学院	14	649	34.15
农业与生物技术学院	30	2087	33.71
化学工程与生物工程学院	34	3138	32.69
建筑工程学院	27	1628	31.76
航空航天学院	13	1299	30.23
海洋学院	14	471	29.79
材料科学与工程学院	16	1086	29.09
医学院	256	15643	28.96
动物科学学院	11	707	28.95
能源工程学院	13	861	28.89
生命科学研究院	9	909	32.14
经济学院	6	211.5	33.33
求是高等研究院	6	707	75.00
生物医学工程与仪器科学学院	4	248	17.39

浙江大学年鉴

续表

单位	批准项数	经费(万元)	批准率(%)
公共管理学院	4	381	25.00
校设研究机构-浙江加州国际纳米技术研究院	1	23	16.67
心理与行为科学系	1	80	25.00
国际设计研究院	1	84	33.33
外国语言文化与国际交流学院	1	20.5	50.00
光华法学院	1	50	100.00
校医院	1	24	100.00

附录6 浙江大学2014年各学院(系)新增国际合作项目情况

学院(系)	项目数(项)	学院(系)	项目数(项)
化学系	1	信电系	4
机械学院	1	控制系	2
心理系	1	计算机学院	20
材料学院	0	生仪学院	2
能源学院	8	生科学院	2
电气学院	8	生工食品学院	1
建工学院	3	环资学院	2
化工学院	2	农学院	4
航空航天学院	1	动科学院	3
高分子系	2	医学院	4
光电系	4	药学院	4
海洋学院	2	公共管理学院	1
浙江加州国际纳米技术研究院	1	求是高等研究院	1

附录 7　浙江大学 2014 年各学院(系)科研经费到款情况　　（单位:万元）

学院(系)	到款经费	学院(系)	到款经费
数学系	1549.25	高分子系	6353.48
物理系	2559.44	光电系	12597.18
化学系	5190.10	信电系	5129.84
地科系	3458.55	控制系	15215.56
心理系	281.84	计算机学院	15208.83
机械学院	24394.42	生仪学院	6264.3
材料学院	7462.09	生科学院	8276.94
能源学院	13409.10	生工食品学院	4718.23
电气学院	13685.59	环资学院	9058.70
建工学院	17958.90	农学院	13922.02
化工学院	13730.38	动科学院	3765.36
海洋学院	2987.85	医学院	34116.70
航空航天学院	7420.35	药学院	5932.96

附录 8　浙江大学 2014 年各学院(系)发表 SCI 学术论文、授权发明专利情况

学院(系)	SCI 四类论文*(篇)	授权发明专利(件)	学院(系)	SCI 四类论文*(篇)	授权发明专利(件)
数学系	149	3	光电系	155	59
物理系	141	2	信电系	137	72
化学系	366	81	控制系	157	53
地科系	41	5	计算机学院	190	79
心理系	7	0	生仪学院	69	16
机械学院	159	144	生科学院	168	21
材料学院	411	110	生工食品学院	168	128
能源学院	223	76	环资学院	275	56
电气学院	152	97	农学院	283	58
建工学院	157	53	动科学院	88	27
化工学院	284	105	医学院	1312	33
海洋学院	42	28	药学院	157	34
航空航天学院	190	24	其他	48	9
高分子系	235	40			

附录9 浙江大学 2014 年各学院（系）获国家、省部级科技奖励情况 （单位:项）

学院(系)	国家自然科学二等奖	国家技术发明二等奖	国家科技进步奖		高等学校科技奖		浙江省科技奖			其他	总计
			一等	二等	一等	二等	一等	二等	三等		
数学系						1					1
化学系								1			1
地科系						1					1
机械学院										1(1)	1(1)
材料学院						1	2				3
能源学院		1		1			1(1)	1(1)	1(1)		5(3)
电气学院								1	3(3)		1
建工学院			1(1)	1			2(1)				4(2)
化工学院			1(1)	1(1)		1		1(1)	1(1)		7(5)
海洋学院							1(1)	1(1)			2(2)
航空航天学院							1		2		3
高分子系											
光电系								1			1
信电系								1(1)			1(1)
控制系					1		1				2
计算机学院		1		1(1)	1(1)	1(1)					4(3)
生仪学院					1(1)			2(2)			3(3)
生科学院							1(1)	1(1)			2(2)
生工食品学院				1		1		1			3
环资学院				1(1)			2(1)				3(2)
农学院	1			1(1)		1		3(2)			6(3)
动科学院				1			3(1)				4(1)
医学院			1(1)		1(1)	1	4	6(2)	7(3)	1	23(9)
药学院			1(1)								2(1)
管理学院								2	1		3
其他								1			1
总计	1	2	3(3)	7(5)	5(2)	9(2)	11(1)	20(7)	21(12)	8(6)	87(38)

注:括号内数字为浙江大学作为非第一单位所获的奖励数。

2014 年度国家自然科学奖(1 项)

二等奖

1.双生病毒种类鉴定、分子变异及致病机理研究

　农业与生物技术学院

　周雪平　谢　旗　陶小荣　崔晓峰　张钟徽

2014 年度国家技术发明奖(2 项)

二等奖

2.汽车电子嵌入式平台技术及应用

　计算机科学与技术学院

　吴朝晖　李　骏　吴成明　潘之杰　杨国青　李丰军　陈文强　李　红

3.深低温回热制冷关键技术及应用

　能源工程学院

　陈国邦　邱利民　甘智华　金　滔　黄永华　朱魁章

2014 年度国家科技进步奖(10 项)

一等奖

4.我国首次对甲型 H1N1 流感大流行有效防控及集成创新性研究

　附属医院

　侯云德　王　宇　王　辰　王永炎　李兰娟　赵　铠　李兴旺　杨维中　刘保延

　舒跃龙　金　奇　高　福　胡孔新　梁晓峰　钟南山

5.中成药二次开发核心技术体系创研及其产业化

　药学院

　张伯礼　程翼宇　瞿海斌　刘　洋　范骁辉　谢雁鸣　高秀梅　张　平　刘　霡

　王　毅　张俊华　康立源　胡利民　任　明　张艳军

6.极端条件下重要压力容器的设计、制造与维护

化学工程与生物工程学院

　陈学东　涂善东　郑津洋　范志超　轩福贞　寿比南　陈永东　谷　文　王　冰

　陈志平　韩　冰　杨国义　崔　军　章小浒　李秀杰

二等奖

7.终末期肾病肾脏替代治疗关键技术创新与推广应用

　附属医院

　陈江华　吴建永　寿张飞　方　红　袁　静　张　萍　黄洪锋　姜　虹　张晓辉

　彭文翰　蒋　华　王仁定　韩　飞　田　炯　朱　琼

8. 污泥搅动型间接热干化和复合循环流化床清洁焚烧集成技术

    能源工程学院

    严建华　池　涌　王　飞　俞保云　金余其　俞敏人　黄群星　何德强　李晓东
    陆胜勇　蒋旭光　马增益　薄　拯　倪明江　岑可法

9. 百万吨级精对苯二甲酸(PTA)装置成套技术开发与应用

    化学工程与生物工程学院

    周华堂　罗文德　姚瑞奎　许贤文　李利军　汪英枝　马海洪　王丽军　肖海峰
    郑宝山

10. 复杂河网多目标水力调控关键技术与应用

    建筑工程学院

    唐洪武　王船海　肖　洋　何华松　郑金海　王玲玲　顾正华　虞邦义　张　蔚
    程绪水

11. 中药材生产立地条件与土壤微生态环境修复技术的研究与应用

    农业与生物技术学院

    郭兰萍　黄璐琦　虞云龙　陈保冬　王文全　崔秀明　刘大会　陈乃富　韩邦兴
    杨　光

12. 下一代网络与业务国家试验床创新技术研究及应用

    计算机科学与技术学院

    汪斌强　刘勤让　伊　鹏　张风雨　于　婧　黄万伟　王　晶　申　涓　陈一骄
    扈红超

13. 农业旱涝灾害遥感监测技术

    环境与资源学院

    唐华俊　黄诗峰　霍治国　黄敬峰　陈仲新　吴文斌　杨　鹏　李召良　刘海启
    李正国

2014 年度高等学校自然科学奖(4 项)

二等奖

14. 现代分析技术与非线性发展方程

    数学系

    方道元　王成波　张　挺　韩　征　薛儒英

15. 纳米复合热电材料的制备与输运性能

    材料科学与工程学院

    赵新兵　朱铁军　吉晓华　杨胜辉　糜建立

16. 稻麦籽粒重金属低积累机理与粮食安全生产原理研究

    农业与生物技术学院

    张国平　邹飞波　程旺大　曾凡荣　曹方彬　裘波音　林　莉　蔡　悦

17.肌腱分化和再生的研究

　　医学院

　　欧阳宏伟　陈　晓　邹晓晖　茵　梓　沈炜亮　齐义营　纪俊峰

2014 年度高等学校技术发明奖（3 项）

一等奖

18.大体积混凝土结构裂缝性能量化测试与控制新技术

　　建筑工程学院

　　徐世烺　周厚贵　李庆华　谭恺炎　黄博滔　陈志远

二等奖

19.Fe-Ga 磁致伸缩材料高效制备技术及应用

　　生物医学工程与仪器科学学院

　　高学绪　李纪恒　唐志峰　吕福在　包小倩　朱　洁

20.用于瞬态工作过程的离心泵及其关键技术与应用

　　化学工程与生物工程学院

　　吴大转　王乐勤　武　鹏　胡征宇　薛宽荣　李作俊

2014 年度高等学校科学技术进步奖（7 项）

一等奖

21.智能化成套专用控制装置及系统的研发与应用

　　控制科学与工程学系

　　王文海　陈积明　黄建民　贾廷纲　程　鹏　孙优贤　史治国　杨　炯　包锦华
　　王庆东　张玉龙　嵇月强　许志正　徐志明　张稳稳　张益南　周　伟

22.植物病虫害信息早期快速检测关键技术研究与仪器开发

　　生物系统工程与食品科学学院

　　何　勇　冯　雷　刘　飞　楼兵干　方　慧　张德荣　徐　宁　张　瑜　蒋璐璐
　　方孝荣　李鉴方　韩瑞珍　李晓丽　邵咏妮　聂鹏程　吴　迪　姚建松　孙雪钢
　　林蔚红

23.膀胱癌发生发展机制研究及诊断治疗新方法创建和临床推广

　　附属医院

　　沈周俊　薄隽杰　金晓东　黄翼然　朱照伟　杨国良　钟　山　刘定益　张敏光
　　陈海戈　何竑超　何　威　张小华　许天源　张连华

24.普适计算关键技术及支撑平台

　　计算机科学与技术学院

　　史元春　潘　纲　陈　渝　吕勇强　李石坚　孙育宁　奉飞飞　段勃勃　史兴国
　　朱珍民　陶　品　董　渊　喻　纯　刘　威　叶　剑　黄　东

二等奖

25. 时空大数据高效能计算平台关键技术及工程应用

地球科学系

杜震洪　王国锋　张　丰　刘仁义　李建成　孟庆岩　何思明　鄢　贞　顾昱骅
骆剑承　黄祥志　李荣亚　白　璐　张蕴灵　欧阳朝军

26. ADMET 成药性评价关键技术和模型研究

药学院

曾　苏　侯廷军　余露山　何俏军　蒋惠娣　杨　波　周　慧　胡海红　徐思云
陈枢青　罗沛华　李　丹

27. 医学影像数据的建模、分析及其临床应用

计算机科学与技术学院

梁荣华　陈　为　屈华民　汤一平　蔡　登　董祖琰　冯远静　吴福理　宋明黎
高家全　蒋　莉　方宝林

2013 年度浙江省科学技术奖（11 项）

一等奖

1. 肝移植后原病复发的预警评估体系研究

附属医院

郑树森　周　琳　徐　骁　吴李鸣　谢海洋　张　峰　蒋国平　张　珉　吴　健
冯晓文　王伟林　沈　岩　成　俊

2. 多发性骨髓瘤危险度分层新模式的建立及应用研究

附属医院

蔡　真　何静松　韩晓雁　易　庆　施继敏　郑高锋　叶绣锦　谢万灼　林茂芳
黄　河　罗　依　孟筱坚　郑伟燕

3. 大面积氧化物薄膜材料的微纳结构可控制备、性能调控技术与应用

材料科学与工程学院

韩高荣　刘　涌　赵高凌　高　倩　刘军波　刘起英　葛言凯　肖模龙　张永杰
宋晨路　杜丕一　沈　鸽　沃银花

4. 皮卫星关键技术及其应用

航空航天学院

金仲和　陈子辰　郑阳明　王跃林　金小军　王　昊　吴昌聚　王慧泉　王春晖
张朝杰　蒙　涛　白　剑　徐月同　李　东　何湘鄂

5. 婴幼儿配方奶粉奶源安全控制及品质提升关键技术

生物系统工程与食品科学学院

刘东红　何光华　叶兴乾　储小军　黄　煮　周建伟　吴　丹　卢　航　关荣发
华家才　刘　臻　莫凌飞

6. 缺血性心脏病发病机制的基础和临床研究

附属医院

王建安　项美香　马　宏　应淑琴　林　艳　金春娜　沈　丽　杨　丹

7. 乒乓球对弈仿人机器人研发及相关技术的产业化应用

控制科学与工程学系

熊　蓉　褚　健　朱秋国　章逸丰　郑洪波　吴　俊　刘　勇　孙逸超　陶熠昆
沈振华

8. 纳米增强碳化硅陶瓷制备技术及其在机械密封中的应用

材料科学与工程学院

杨　辉　郭兴忠　郑　浦　张玲洁　郑志荣　傅培鑫　高黎华　李志强　李海森
朱潇怡　朱　林

9. 供水管网水质安全保障关键技术研究与应用

建筑工程学院

张土乔　俞亭超　张　燕　柳景青　叶苗苗　王靖华　蒋建群　毛欣炜　张仪萍
邵卫云　程伟平　李　聪　周永潮　胡云进　方　磊

10. 30 种新生儿遗传代谢病早期筛查与干预技术的创建与应用

附属医院

赵正言　顾学范　黄新文　叶　军　杨茹莱　韩连书　舒　强　邱文娟　尚世强
童　凡　毛华庆　杨建滨　陈肖肖

11. 杭州庆春路过江隧道建造关键技术研究和工程应用(合作 2)

建筑工程学院

吴世明　徐长节　李宗梁　谢文斌　董天乐　刘冠水　张　迪　林存刚　孙　谋
王立忠　王承山　王　博　何书壮

二等奖(20 项)

12. 节约型校园建筑节能监管体系示范项目及推广应用

后勤管理处

陈　伟　屈利娟　邹　骁　张土乔　徐雨明　胡亚才　王靖华　潘再平　钱　铭
俞浩川　陈彩君　张　东　李连杰

13. 猪肉安全质量控制关键技术研究与示范

动物科学学院

方维焕　许明曙　张晓峰　李肖梁　宋厚辉　王旻子　陈健舜　张明洲　张晓军
帅江冰　李　森　徐海明　程昌勇

14. 细胞-遗传毒性试验在环境医学中的应用研究

公共卫生系

何继亮　楼建林　张美辨　王保红　郑　伟　陈志健　姜　薇　陈志红　陆叶珍
李晓雪　徐世杰　过伟军　黄育文　陈士杰　金力奋

15. 转型时期浙江农业农村改革发展研究与推广
    管理学院
    黄祖辉　胡　豹　顾益康　钱文荣　徐旭初　郭红东　胡剑锋　王丽娟　高钰玲
    陈国胜
16. 不同融合材料行经椎间孔腰椎体间融合术的稳定性及疗效
    附属医院
    李方财　陈其昕　张　峰　韩　斌　梁成振　李　浩　陶轶卿
17. 中国人群生命质量评价技术研究
    医学院及其他
    李　鲁　王红妹　姜敏敏　陈天辉　叶旭军　周旭东　沈　毅　柯雪琴　杜亚平
    顾竹影　王　悦　蔡华波
18. 整合系统指导下的心脏图像分析
    光电信息工程学系
    刘华锋　胡红杰　胡正珲　张贺晔　何宏建　钱玉娥　陈飞燕　胡吉波　任宇婧
    陈晓荣
19. 复杂动态系统的同步性分析和控制
    电气工程学院
    刘妹琴　张森林　林志赟　齐冬莲
20. 生态养殖中华鳖的精深加工关键技术研发与产业化
    动物科学学院
    钱利纯　李肖梁　凌志强　李卫芬　尹兆正　占秀安　蒋有水　王　茵　丁叶华
    张晓旭　沈素芬　夏　伟
21. 浙江省物联网产业技术路线图研究
    管理学院
    刘　渊　王小毅　吴　越　沈　斌　杨　洋　黄　准　孙振曦
22. 受体型酪氨酸激酶 RON 在肿瘤侵袭性生长中的机理及其药靶效应
    医学院及其他
    姚航平　周永庆　王明海
23. 利用农业有机废弃物发酵进行大棚 CO_2 施肥技术
    环境与资源学院
    章永松　林咸永　金崇伟　张　硕　柴如山　牛耀芳　陈一定　张树生　李巧生
    都韶婷　方　萍　卢红霞
24. 复杂基体样品中的离子色谱分析新方法研究
    化学系
    朱　岩　金米聪　何世伟　张培敏　寿　旦　陈晓红　习玲玲　陈梅兰　范云场
    李　晶　申屠超

25. 典型有害固体废物水泥窑协同处置关键技术及应用示范(合作 3)

环境与资源学院

沈东升　冯华军　何　若　王峰涛　郑　慧　汪美贞　龙於洋　钱仕龙　徐仁良
韩建勋　申屠佳丽　张　坤　陈应强

26. 电动汽车技术研发及产业化(合作 3)

能源工程学院

刘慧军　董炜江　吴建中　毛黎明　李道飞　朱琛琦　张　华　孙　玮　朱绍鹏
应振有　潘玉华　陈广照　胡　斌

27. 高性能种猪选育关键技术研发与应用(合作 2)

动物科学学院

胡锦平　徐宁迎　陆建定　徐如海　褚晓红　翁经强　戴丽荷　路伏增　华卫东
冯尚连　蒋涛　郭晓令　赵晓枫

28. 天目山植物多样性与珍稀濒危物种保育关键技术研究(合作 2)

生命科学学院

杨淑贞　傅承新　赵明水　吴家森　邱英雄　马丹丹　朱云峰　赵云鹏　姜维梅
罗　远　丁炳杨　李根有　陈征海　陈　川　蒋德安

29. 细胞骨架及其调控网络在肿瘤发生发展中的作用及其分子机制研究(合作 2)

基础医学系

王　萍　李继承　赵　凯　李　垒　张　澄　江青松　王仁芳　方文军

30. 海底沉积物静水压力驱动取样技术及应用(合作 2)

海洋学院

秦华伟　潘依雯　王建军　叶　葳　朱敬如　陈建桥

31. 脊柱重建术中修复材料和有关外科技术的基础与临床研究(合作 1)

医学院及其他

钱　宇　徐国健　何　伟　赵　兴　梁文清　骆剑敏　吕　佐　胡旭军　平建峰
朱国庆

三等奖(21 项,其中合作 12 项,略)

上海市科学技术奖(1 项)
三等奖(1 项,略)

何梁何利基金科学与技术进步奖(1 项)
1. 科学与技术进步奖

附属医院

李兰娟

(许　健撰稿　夏文莉审稿)

人文社会科学研究

【概况】 2014年,浙江大学人文社会科学研究总体继续保持良好的发展态势。截至2014年底,全校人文社科教学和科研机构主要包括8个学院、1个思想政治理论教学科研部、71个研究所、100个研究中心(包括研究院、平台、实验室等)。全校新成立浙江大学环境与能源政策研究中心、浙江大学质量管理研究中心、浙江大学土地与国家发展研究院、浙江大学汉藏佛教艺术研究中心、浙江大学外语传媒出版质量研究中心(原浙江大学外语教学传媒研究所)、浙江大学"一带一路"合作与发展协同创新中心、浙江大学人文高等研究院、浙江大学陈香梅资料与研究中心8个研究机构和浙江大学跨文化与区域研究所、浙江大学翻译学研究所2个研究所。

2014年,全校人文社科科研经费继续稳步增长,实到账2.154亿元,比2013年增长1.68%。其中,纵向经费为6550.55万元,横向经费达14988.69万元。

全校人文社科科研项目新立项807项,纵向项目281项、横向项目526项。在新立项的纵向项目中,国家社科基金各类项目共51项,其中重大招标项目11项、重点项目11项、一般项目13项、青年项目11项、后期资助项目3项、中华学术外译项目2项;全国教育科学"十二五"规划项目2项;教育部人文社会科学研究各类项目25项,其中重大课题攻关项目2项;浙江省哲学社会科学规划各类项目33项;浙江省科技厅软科学项目7项;浙江省人力资源与保障厅

钱江人才项目社会科学类项目9项;国家体育总局、司法部等部级课题4项;浙江省社会科学学术著作出版资金资助项目1项。

出版各类专著105部、编著和教材73部、工具书和参考书2部、古籍整理11部、译著25部;发表译文6篇、论文1249篇,其中SSCI期刊收录323篇,位居大陆高校第三名,A&HCI期刊收录42篇,位居大陆高校第一名。

2014年,在第十七届浙江省哲学社会科学优秀成果奖评选活动中,我校共有59项成果获奖,获奖数比上一届略有增加。许庆瑞院士等所著的 *To Leverage Innovation Capabilities of Chinese Small & Medium-Sized Enterprises by Total Innovation Management* 一书获中国新闻出版领域的最高奖——第三届中国出版政府奖提名奖。毛丹教授等撰写的《温州市社区组织及其职能设置研究》获民政部2014年民政政策理论研究一等奖。赵骏教授的 *Developed Countries' Cap-and-Trade Border Measures: China's Possible Reactions* 一文获安子介国际贸易研究奖。周玲强教授的专著《东西部比较视野下的乡村旅游发展研究》获国家旅游局优秀旅游学术成果三等奖。

2014年,"浙大东方论坛"举办了23场,邀请到了当代德性伦理学领域极负盛名的专家 Michael Slote 教授,著名经济学家、美国国家科学院、人文科学院院士 Charles R. Plott 教授,故宫博物院故宫研究院副院长余辉等众多学术大师为浙大师生带来了多场精彩的学术盛宴。东方论坛秉具浙江大学"求是启真"的办学宗旨和学术至上的精神追求,已成为浙江大学文化版图的新基地,是大家共同的精神家园。2014年,"清

源学社"与杭州发展研究会合作举办了"聚焦杭州城市空间布局——生态、生产与生活的融合"、"文化创意产业的发展与杭州城市竞争力"、"社会治理与社会组织"三期青年学者沙龙活动,邀请政界、商界和校内青年学者一同参与讨论,观点新颖,方式活泼,受到了师生的欢迎。

【国家社科基金重大招标项目立项数全国第一】 2014年度,浙江大学共获得11项国家社科基金重大招标项目立项,立项数比2013年增加4项,与北京师范大学、武汉大学并列第一。这些项目分别是:李志荣副教授主持的"西藏阿里地区古代石窟寺院壁画数字化保护与研究"、王小潞教授主持的"汉语非字面语言认知的神经心理机制研究"、刘渊教授主持的"信息网络技术对市场决定资源配置的影响与对策研究"、方一新教授主持的"汉语词汇通史"、胡可先教授主持的"考古发现与中古文学研究"、杨大春教授主持的《梅洛-庞蒂著作集》编译与研究"、韩洪云教授主持的"我国环境管理转型路径及政策创新研究"、吴次芳教授主持的"我国耕地资源休养战略和保障机制研究"、陈国权教授主持的"反腐败法治化与科学的权力结构和运行机制研究"、葛洪义教授主持的"法治国家、法治政府、法治社会一体建设进程中的地方实践研究"、朱新力教授主持的"加快建设法治政府的空间与路径研究"。

【教育部重大课题攻关项目继续保持全国前列】 2014年,共获得2项教育部重大课题攻关项目,立项数位居全国第三。2项教育部重大课题攻关项目分别是:黄厚明教授主持的"中国历代绘画大系编纂与研究"和范柏乃教授主持的"完善社会主义市场经济体制条件下加快转变政府职能研究"。

【产生两位文科资深教授】 2014年2月,教育学院田正平、人文学院张涌泉获聘为浙江大学文科资深教授。这是继2012年12月产生首位文科资深教授后,浙大再次发文聘任享受院士待遇的人文社会科学领域的学者。获聘的两位教授都是在各自的研究领域具有重大影响的学者之一,并积极推动了所在学科的发展。

田正平教授长期从事中国教育史和中外教育文化交流史的教学与研究工作,曾先后主持省部级以上重点课题多项;发表论文50余篇,出版数部学术专著,1995年开始享受国务院特殊津贴,1994年被评定为浙江省有突出贡献的中青年科技专家;先后获教育部人文社会科学和全国教育科学优秀成果一等奖、二等奖各两次,获国家图书奖提名奖两次。

张涌泉教授长期致力于敦煌学和近代汉语研究,曾任中国文字学会副会长、浙江省敦煌学会会长;发表论文120余篇,出版著作10余部,曾评获教育部普通高等学校人文社会社会科学研究成果一等奖、二等奖(各一次)、中国社科院青年语言学家奖一等奖(两次)、胡绳青年学术奖、浙江省政府哲学社会科学优秀成果一等奖等多种奖励。

【首届浙江大学学生人文社会科学研究优秀成果奖评选结果揭晓】 4月,学生成果奖共评出一等奖10名,二等奖9名,三等奖14名。作为首届评选,学生成果奖受到了广大学子的热力追捧,一共收到了符合申报条件的169项参评成果,既有人文社科领域的成果,还有相当一部分是交叉学科的研究成果,体现了浙大学子的科研热情和潜力,鼓励更多的学生在学术之路上勇于前行,敢于创新,敢于挑战,敢于另辟蹊径。

【首批浙江大学高水平学术著作出版基金项目揭晓】 为打造人文社科研究的标志性成

果,浙江大学设立了高水平学术著作出版基金,3月24日揭晓首批受资助项目:人文学院应奇教授的《社会科学方法论:跨学科的理论与实践》、物理系唐孝威教授的《神经科学与社会》、人文学院吴秀明教授的《中国当代文学文献史料丛书》和文化遗产研究院缪哲教授的《艺术与考古研究丛书》。这些专著和丛书将由浙江大学教师牵头,同时邀请国内外该领域的顶尖学者共同参与编撰。

【《浙江大学学报(人文社会科学版)》影响力提升】 5月,据南京大学CSSCI发布的《中文社会科学引文索引年度统计报告(2013)》显示,《浙江大学学报(人文社会科学版)》国际他引影响因子继续稳居全国综合性高校期刊第一、全国所有综合性期刊前二,并入选"2014中国国际影响力优秀学术期刊"榜单,成为中国迄今唯一先后入选"中国最具国际影响力学术期刊""中国国际影响力优秀期刊"的综合性人文社科学报。

【成立浙江大学土地与国家发展研究院】该研究院于6月成立。该研究院将成为开展土资源战略研究和人才培养的一个新的合作平台,推进与国土资源部的合作关系,并致力于构建中国土地政策研究、决策咨询的"高级智库"。12月5日,举行了成立大会和第一次指导委员会全体会议,审议通过了研究院的《章程》《发展规划》和2015年度工作计划。

【成立浙江大学人文高等研究院】 该研究院于12月成立。它将致力于具有国际性、跨学科性和创造性的基础性学术研究,将成为推动原始创新、涵育学术思想、汇聚学术大师的交叉性思想研究平台,促进人文学科、社会科学、自然科学之间的跨学科研究。

【成立浙江大学"一带一路"合作与发展协同创新中心】 该中心于12月成立。该中心受到国家发改委的大力支持,是浙江大学应对国家发展战略需求的重要智库平台。它将下设经济、文化、法律三个研究方向,形成以经济为体、文化和法律为两翼的"一体两翼"研究布局。

【附录】

附录1 浙江大学2014年人文社科承担国家社科基金立项项目

序号	项目名称	负责人	所属单位	项目类别
1	西藏阿里地区古代石窟寺院壁画数字化保护与研究	李志荣	文化遗产研究院	重大招标项目
2	汉语非字面语言认知的神经心理机制研究	王小潞	外国语言文化与国际交流学院	重大招标项目
3	信息网络技术对市场决定资源配置的影响与对策研究	刘 渊	管理学院	重大招标项目
4	汉语词汇通史	方一新	人文学院	重大招标项目
5	考古发现与中古文学研究	胡可先	人文学院	重大招标项目
6	《梅洛-庞蒂著作集》编译与研究	杨大春	人文学院	重大招标项目
7	我国环境管理转型路径及政策创新研究	韩洪云	管理学院	重大招标项目

序号	项目名称	负责人	所属单位	项目类别
8	我国耕地资源休养战略和保障机制研究	吴次芳	公共管理学院	重大招标项目
9	反腐败法治化与科学的权力结构和运行机制研究	陈国权	公共管理学院	重大招标项目
10	法治国家、法治政府、法治社会一体建设进程中的地方实践研究	葛洪义	光华法学院	重大招标项目
11	加快建设法治政府的空间与路径研究	朱新力	光华法学院	重大招标项目
12	国际法上的历史性权利及对我国南海权益的法律意涵	邹克渊	光华法学院	重点项目
13	浙江古代现存著述总目	徐永明	人文学院	重点项目
14	新型城镇化背景下城市边界划定与管理对策研究	岳文泽	公共管理学院	重点项目
15	加快要素自由流动的对外贸易战略转型研究	黄先海	经济学院	重点项目
16	中国地方治理与法制发展问题研究	葛洪义	光华法学院	重点项目
17	质量导向的城乡义务教育资源均衡配置的统筹政策研究	周谷平	教育学院	重点项目
18	敦煌残卷缀合研究	张涌泉	人文学院	重点项目
19	福柯与当代法国哲学的当代性之维	杨大春	人文学院	重点项目
20	汉语及其方言情态的句法语义研究	彭利贞	人文学院	重点项目
21	中国特色社会主义司法制度的模式、规律与改革方向	胡　铭	光华法学院	重点项目
22	技术获取型海外并购整合与技术创新研究	陈菲琼	经济学院	重点项目
23	创造型组织空间形成机理的研究	章重远	管理学院	一般项目
24	清代田会:一个互助性农业(土地)投资基金之史料整理及研究	郑备军	经济学院	一般项目
25	网络条件下的企业组织创新行为研究	张　钢	管理学院	一般项目
26	职业教育质量保障研究	吴雪萍	教育学院	一般项目
27	城市中心演变对住宅价格影响的时空效应研究	温海珍	建筑和土木工程学院	一般项目
28	印度瑜伽派哲学研究	王志成	人文学院	一般项目

浙江大学年鉴

序号	项目名称	负责人	所属单位	项目类别
29	跨文化宗教学的理论构建与主题研究	王桂彩	人文学院	一般项目
30	意识的第一人称方法论研究	李恒威	人文学院	一般项目
31	朝鲜半岛汉文史料研究	金健人	人文学院	一般项目
32	中世纪自然逻辑语义学及其现代重建	胡龙彪	人文学院	一般项目
33	吕留良作品整理及其理学思想研究	何善蒙	人文学院	一般项目
34	英国形式主义美学及其文学创作实践研究	高 奋	外国语言文化与国际交流学院	一般项目
35	《孔子家语》研究	崔富章	人文学院	一般项目
36	基于积极情绪扩展建构理论视角的企业员工心理资本形成机制研究	宫 准	公共管理学院	青年项目
37	文化批评视野下当代法国小说中的反讽叙事研究	赵 佳	外国语言文化与国际交流学院	青年项目
38	"新公共外交"视角下的出境文明旅游与国家形象关系研究	吴茂英	管理学院	青年项目
39	语法化中的语法性及相关问题研究	史文磊	人文学院	青年项目
40	高校创业教育的组织模式	梅伟惠	教育学院	青年项目
41	欧洲华裔新生代文化认同研究：以浙江新移民群体为例	刘 悦	外国语言文化与国际交流学院	青年项目
42	老年人群基本医疗保险待遇差距研究	刘晓婷	公共管理学院	青年项目
43	新媒体环境下基于视听障碍用户的媒体可及性研究	李东晓	传媒与国际文化学院	青年项目
44	新型城镇化进程中的地方政府职能转变与体制机制创新	高 翔	公共管理学院	青年项目
45	二战后联邦德国关于纳粹问题的历史研究与历史政策	范丁梁	人文学院	青年项目
46	奥古斯丁《加西齐亚根对话》全集翻译及其宗教文化和谐论探源	陈越骅	人文学院	青年项目
47	索尔仁尼琴思想研究	龙瑜宬	人文学院	后期资助项目
48	上古汉语动词语义内涵研究	王 诚	人文学院	后期资助项目

浙江大学年鉴

序号	项目名称	负责人	所属单位	项目类别
49	句末语气形式在自然会话中的交际功能	张惠芳	外国语言文化与国际交流学院	后期资助项目
50	银翅:中国的社会地方与文化变迁	庄孔韶	社会科学研究院	中华学术外译项目
51	卷轴书法形制源流考述(中文)권축(卷轴)서예 형식의 원류 고찰(外文)	吴晓明	人文学院	中华学术外译项目

附录 2　浙江大学 2014 年人文社科承担省部级重大项目

序号	项目名称	负责人	所属单位	项目来源	项目类别
1	中国近代教育转型中的心态问题研究	陈　胜	教育学院	全国教育科学"十二五"规划项目	国家一般
2	体育锻炼对青少年认知能力和学业成绩的影响机制研究	温　煦	教育学院	全国教育科学"十二五"规划项目	国家青年
3	中国历代绘画大系编纂与研究	黄厚明	人文学院	教育部人文社科研究项目	重大课题攻关项目
4	完善社会主义市场经济体制条件下加快转变政府职能研究	范柏乃	公共管理学院	教育部人文社科研究项目	重大课题攻关项目
5	基于开放与集聚的中国贸易成本及其边界效应研究	马述忠	经济学院	教育部人文社科研究项目	规划基金项目
6	语义关系的双语共享性研究	李德高	外国语言文化与国际交流学院	教育部人文社科研究项目	规划基金项目
7	工作搜寻、社会资本、职业流动与新生代农民工城市融入:机理与实证	韩洪云	管理学院	教育部人文社科研究项目	规划基金项目
8	决策问责制与决策权制约监督研究	陈国权	公共管理学院	教育部人文社科研究项目	规划基金项目
9	专业市场及其生产空间组织对地方产业集群升级影响机理与对策研究	张旭亮	经济学院	教育部人文社科研究项目	青年基金项目
10	人力资本集聚对企业创新强度和效率的影响研究	张海峰	公共管理学院	教育部人文社科研究项目	青年基金项目

序号	项目名称	负责人	所属单位	项目来源	项目类别
11	要素成本倒逼下的中国企业技术创新:产品内分工视角的理论与实证	杨高举	经济学院	教育部人文社科研究项目	青年基金项目
12	苏联解体后俄罗斯小说中的苏联形象研究	薛冉冉	外国语言文化与国际交流学院	教育部人文社科研究项目	青年基金项目
13	用户对产品质量问题的风险认知与危机处置对策:基于认知神经科学和行为学的方法	王小毅	管理学院	教育部人文社科研究项目	青年基金项目
14	"医养"导向下的城市养老模式与发展策略研究	裴 知	建筑和土木工程学院	教育部人文社科研究项目	青年基金项目
15	人口老龄化背景下的经济结构转型与政策研究	茅 锐	管理学院	教育部人文社科研究项目	青年基金项目
16	后物质主义视角下绿色广告对受众环境观念影响的实证研究	刘于思	传媒与国际文化学院	教育部人文社科研究项目	青年基金项目
17	创业型大学的形成机理及其实践路径研究	刘 叶	公共管理学院	教育部人文社科研究项目	青年基金项目
18	促进体育教师专业化发展:基于课例研究的体育教师实践教育改革研究	林 楠	教育学院	教育部人文社科研究项目	青年基金项目
19	土地制度背景下的地方政府合作——基于土地发展权跨区交易的经验分析、判断和检验	李学文	公共管理学院	教育部人文社科研究项目	青年基金项目
20	汉语方言定指量词的语义语用互动研究	李旭平	人文学院	教育部人文社科研究项目	青年基金项目
21	儿童气质对社会性发展的影响及其机制	何 洁	理学部	教育部人文社科研究项目	青年基金项目
22	中美印围绕新丝绸之路的竞争与合作研究	甘均先	思想政治理论教学科研部	教育部人文社科研究项目	青年基金项目
23	中美高校公共音乐教育的比较研究	陈 列	公共体育与艺术部	教育部人文社科研究项目	青年基金项目

浙江大学年鉴

序号	项目名称	负责人	所属单位	项目来源	项目类别
24	国际工程教育发展评估研究	徐小洲	教育学院	教育部人文社科研究项目	工程科技人才培养研究专项
25	大学生思想政治教育与团体辅导耦合研究	沈燎	外国语言文化与国际交流学院	教育部人文社科研究项目	高校思想政治工作专项
26	高校学生党建质量标准研究	包松	公共管理学院	教育部人文社科研究项目	高校思想政治工作专项
27	全面深化改革时代的行业协会商会发展	郁建兴	公共管理学院	教育部人文社科研究项目	后期资助项目

附录3　浙江大学2014年人文社科经费到款情况

单位名称	纵向课题 新立项数(项)	纵向课题 总经费(万元)	横向课题 新立项数(项)	横向课题 总经费(万元)	总计 新立项数(项)	总计 总经费(万元)	总经费比上年增长(%)
人文学院	53	953.10	19	370.14	72	1323.24	−7.04
外国语言文化与国际交流学院	18	204.85	11	77.12	29	281.97	−35.64
传媒与国际文化学院	9	85.80	32	1109.10	41	1194.90	6.99
经济学院	20	208.40	52	844.23	72	1052.63	39.32
光华法学院	24	217.20	19	170.21	43	387.41	26.96
教育学院	11	143.22	24	344.39	35	487.61	−36.79
管理学院	27	473.86	61	1239.26	88	1713.12	−16.56
公共管理学院	43	948.31	106	1873.72	149	2822.03	−15.60
思政部	10	8.50	2	13.00	12	21.50	−61.21
中国西部发展研究院	5	140.67	18	353.22	23	493.89	−36.14
社会科学研究基础平台	1	20.00	3	50.24	4	70.24	226.70
文化遗产研究院	6	167.78	4	241.26	10	409.04	−31.78

续表

项目级别 项目数与经费 单位名称	纵向课题		横向课题		总计		
	新立项数(项)	总经费(万元)	新立项数(项)	总经费(万元)	新立项数(项)	总经费(万元)	总经费比上年增长(%)
理学部	7	216.07	18	527.47	25	743.54	−26.04
建工学院	6	182.52	70	1800.94	76	1983.46	−18.45
环境与资源学院	1	43.00	26	458.00	27	501.00	44.48
生命科学学院	0	0.00	10	577.50	10	577.50	32.05
计算机科学与技术学院	7	229.18	7	428.20	14	657.38	104.49
其他单位	33	2308.09	44	4510.69	77	6818.78	36.87
总计	281	6550.55	526	14988.69	807	21539.24	1.68

附录4　浙江大学2014年人文社科获省部级以上奖项

序号	获奖成果名称	第一作者	奖项等级
	安子介国际贸易研究奖		
1	Developed Countries' Cap-and-Trade Border Measures：China's Possible Reactions	赵骏	三等
	国家旅游局优秀旅游学术成果奖		
2	东西部比较视野下的乡村旅游发展研究	周玲强	三等
	第三届中国出版政府奖		
3	To Leverage Innovation Capabilities of Chinese Small & Medium-Sized Enterprises by Total Innovation Management	许庆瑞	提名奖
	浙江省第十七届哲学社会科学优秀成果奖		
4	清诗考证	朱则杰	一等
5	中国近代大学的现代转型——移植、调适与发展	周谷平	一等
6	地方发展型政府的行为逻辑及制度基础	郁建兴	一等
7	生产性服务业与制造业融合互动发展——以浙江省为例	魏江	一等
8	Does the Digital Divide Matter More? Comparing the Effects of New Media And Old Media Use on the Education-Based Knowledge Gap	韦路	一等

序号	获奖成果名称	第一作者	奖项等级
9	出土文献与唐代诗学研究	胡可先	一等
10	东汉疑伪佛经的语言学考辨研究	方一新	一等
11	罗伯特·瓦尔泽与主体话语批评	范捷平	一等
12	16世纪至19世纪初西人汉语研究	董海樱	一等
13	公众意见在裁判结构中的地位	陈林林	一等
14	行政审批制度"宁波模式"与政府自身改革研究	朱新力	一等
15	人力资本水平:方法与实证	钱雪亚	二等
16	理性的空间:集聚、分割与协调	朱希伟	二等
17	Optimal Control of An Assembly System with Multiple Stages And Multiple Demand Classes	周伟华	二等
18	价值排序与伦理风险	张 彦	二等
19	明代中央文官制度与文学	叶 晔	二等
20	公共合作中的社会困境与社会正义——基于计算机仿真的经济学跨学科研究	叶 航	二等
21	燕行与中朝文化关系	杨雨蕾	二等
22	The Interpretation of Copular Constructions in Chinese: Semantic Underspecification and Pragmatic Enrichment	吴义诚	二等
23	阳明佚文辑考编年	束景南	二等
24	Understanding Contemporary Chinese Political Communication: A Historico-Intercultural Analysis and Assessment of Its Discourse of Human Rights	施 旭	二等
25	学校建筑:教育意蕴与文化价值	邵兴江	二等
26	Quantitative Properties of English Verb Valency	刘海涛	二等
27	居间政治——中国媒体反腐的社会学考察	李东晓	二等
28	政治追求与政治吸纳:浙江先富群体参政议政研究	郎友兴	二等
29	文艺批评话语研究:20世纪40—70年代	黄 擎	二等
30	认知风格影响课堂学习行为机制初探——基于跨文化比较研究的视角	程宏宇	二等

序号	获奖成果名称	第一作者	奖项等级
31	城市增长格局、过程与效应研究	岳文泽	二等
32	产业集群升级、区域经济转型与中小企业成长——基于浙江特色产业集群案例的研究	卫龙宝	二等
33	人民币汇率定价机制研究：波动、失衡与升值	王义中	二等
34	中国产业集群的演化与发展	阮建青	二等
35	法治评估及其中国应用	钱弘道	二等
36	关于加强虚拟社会科学化治理和有效推进网络政民互动的建议	刘 渊	二等
37	网络众包模式下开放式创新机制与激励政策研究	范柏乃	二等
38	风险投资契约条款设置动因及其作用机理研究	姚 铮	三等
39	自然的神性、人性与物性	杨大春	三等
40	浙江大学中文系系史	吴秀明	三等
41	东方文化集成　日本古代史	王海燕	三等
42	唐前辞赋类型化特征与辞赋分体研究	王德华	三等
43	阶段变化模型的现场应用及启示：以体育锻炼行为为例	司 琦	三等
44	工程设计哲学——技术人工物的结构与功能的关系	潘恩荣	三等
45	要素市场扭曲、资源错置与生产率	罗德明	三等
46	Dynamic of Argumentation Systems：A Division-Based Method	廖备水	三等
47	Senior Chinese High School Students' Awareness of Thematic and Taxonomic Relations in L1 and L2	李德高	三等
48	江西道教史	孔令宏	三等
49	Mutual Fund Governance and Performance：A Quantile Regression Analysis of Morningstar's Stewardship Grade	黄 英	三等
50	扩权强镇与权力规制创新研究——以绍兴市为例	胡税根	三等
51	法律现实主义与转型社会刑事司法	胡 铭	三等
52	环境法律观检讨	巩 固	三等
53	华北细石叶工艺的文化适应研究：晋冀地区部分旧石器时代晚期遗址的考古学分析	陈 虹	三等

序号	获奖成果名称	第一作者	奖项等级
54	浙江大学藏战国楚简	曹锦炎	三等
55	中国能源安全中的美国因素	周云亨	三等
56	山村旅游业可持续发展研究	周永广	三等
57	海外研发资本对中国技术进步的知识溢出	肖 文	三等
58	抓住"六个社"、"六个管",实现浙江社会管理集成创新	毛 丹	三等
59	开放型经济转型升级、结构优化与战略选择——一个浙江及其典型案例的分析框架	马述忠	三等
60	国家、组织与妇女:中国妇女解放实践的运作机制研究	揭爱花	三等
61	土地承包经营权流转法律制度研究	丁关良	三等
62	教育扶贫是破解集中连片特殊困难地区主要矛盾的有效途径	陈 健	三等

附录5 2014年浙江大学人文社科研究所

序号	名 称	负责人	所属单位
1	韩国研究所	金健人	人文学院
2	古籍研究所	王云路	人文学院
3	文艺学研究所	徐 岱	人文学院
4	文化遗产与博物馆学研究所	严建强	人文学院
5	中国古代文学与文化研究所	周明初	人文学院
6	中国现当代文学与文化研究所	吴秀明 姚晓雷(常务)	人文学院
7	世界文学与比较文学研究所	吴 笛	人文学院
8	汉语言研究所	方一新	人文学院
9	中国古代史研究所	包伟民	人文学院
10	世界历史研究所	刘国柱	人文学院
11	中国近现代史研究所	陈红民	人文学院
12	科技与社会发展研究所	盛晓明	人文学院
13	科技与文化研究所	黄华新	人文学院
14	中国思想文化研究所	董 平	人文学院

序号	名　称	负责人	所属单位
15	外国哲学研究所	包利民	人文学院
16	中国艺术研究所	陈振濂	人文学院
17	日本文化研究所	王　勇	人文学院
18	德国文化研究所	范捷平	外国语言文化与国际交流学院
19	外国文学研究所	高　奋	外国语言文化与国际交流学院
20	外国语言学及应用语言学研究所	何莲珍	外国语言文化与国际交流学院
21	跨文化与区域研究所	吴宗杰	外国语言文化与国际交流学院
22	社会思想研究所	潘一禾	传媒与国际文化学院
23	传播研究所	邵培仁	传媒与国际文化学院
24	新闻传媒与社会发展研究所	吴　飞	传媒与国际文化学院
25	广播电影电视研究所	范志忠	传媒与国际文化学院
26	美学与批评理论研究所	沈建平	传媒与国际文化学院
27	经济研究所	汪淼军	经济学院
28	产业经济研究所	金祥荣	经济学院
29	国际商务研究所	马述忠	经济学院
30	国际经济研究所	藤田昌久(名誉) 赵　伟	经济学院
31	公共经济与财政研究所	朱柏铭	经济学院
32	证券期货研究所	戴志敏	经济学院
33	金融研究所	王维安	经济学院
34	法与经济学研究所	翁国民	经济学院
35	公法与比较法研究所	余　军	光华法学院
36	经济法研究所	钟瑞庆	光华法学院
37	法理与判例研究所	王凌皞(主持工作)	光华法学院
38	高等教育研究所	顾建民	教育学院
39	教育科学与技术研究所	盛群力	教育学院

浙江大学年鉴

序号	名　称	负责人	所属单位
40	中外教育现代化研究所	田正平	教育学院
41	体育科学与技术研究所	王　健	教育学院
42	管理科学与信息系统研究所	吴晓波	管理学院
43	管理工程研究所	马庆国	管理学院
44	物流与决策优化研究所	刘　南	管理学院
45	财务与会计研究所	姚　铮	管理学院
46	企业组织与战略研究所	魏　江	管理学院
47	营销管理研究所	范晓屏	管理学院
48	人力资源管理研究所	王重鸣	管理学院
49	企业投资研究所	贾生华	管理学院
50	旅游研究所	周玲强	管理学院
51	饭店管理研究所	邹益民	管理学院
52	农业与农村经济发展研究所	钱文荣	管理学院
53	中小企业成长与城镇发展研究所	卫龙宝	管理学院
54	行政管理研究所	陈丽君	公共管理学院
55	风险管理与劳动保障研究所	何文炯	公共管理学院
56	土地科学与不动产研究所	岳文泽	公共管理学院
57	政府与企业研究所	蔡　宁	公共管理学院
58	台湾研究所	王在希	公共管理学院
59	信息资源管理研究所	周　萍	公共管理学院
60	社会学研究所	曹　洋	公共管理学院
61	社会建设研究所	王小章	公共管理学院
62	政治学研究所	张国清	公共管理学院
63	人类学研究所	庄孔韶 阮云星	公共管理学院

续表

序号	名　称	负责人	所属单位
64	马克思主义理论与思想政治教育研究所	万　斌	思想政治理论教学科研部
65	国际政治研究所	吕有志	思想政治理论教学科研部
66	人口与发展研究所	米　红（常务）	中国西部发展研究院
67	宗教学研究所	王志成	人文学院
68	民商法研究所	朱庆育	光华法学院
69	国际法研究所	赵　骏（执行）	光华法学院
70	刑法研究所	高艳东（执行）	光华法学院
71	翻译学研究所	郭国良（主持工作）	外国语言文化与国际交流学院

附录6　2014年浙江大学人文社科研究中心

序号	机构名称	负责人	备　注
1	农业现代化与农村发展研究中心中国农村发展研究院	黄祖辉	教育部人文社科重点研究基地"985工程"哲学社会科学创新基地
2	汉语史研究中心	方一新	教育部人文社科重点研究基地
3	民营经济研究中心	史晋川	教育部人文社科重点研究基地"985工程"哲学社会科学创新基地
4	基督教与跨文化研究中心	王晓朝	"985工程"哲学社会科学创新基地
5	语言与认知研究中心	黄华新	"985工程"哲学社会科学创新基地
6	创新管理与持续竞争力研究中心	吴晓波	"985工程"哲学社会科学创新基地
7	科教发展战略研究中心	邹晓东魏　江（执行）	教育部科技委战略研究基地
8	基础教育课程研究中心	徐小洲	教育部基础教育司研究中心
9	体育现代化发展研究中心	罗卫东	国家体育总局重点研究基地
10	地方政府与社会治理研究中心	陈剩勇毛　丹	浙江省人文社科重点研究基地
11	区域经济开放与发展研究中心	黄先海	浙江省人文社科重点研究基地
12	劳动保障与社会政策研究中心	姚先国	浙江省人文社科重点研究基地

序号	机构名称	负责人	备 注
13	《浙江文献集成》编纂中心	张　曦 张涌泉（执行）	浙江省人文社科重点研究基地
14	宋学研究中心	陶　然	浙江省人文社科重点研究基地
15	传媒与文化产业研究中心	邵培仁	浙江省人文社科扶持研究中心
16	房地产研究中心	贾生华	
17	可持续发展研究中心	罗卫东（兼）	
18	信息资源分析与应用研究中心	马景娣	
19	应用经济研究中心	金雪军	
20	企业成长研究中心	徐金发	
21	经济与文化研究中心	李咏吟	
22	欧洲研究中心	李金珊	
23	中国土地勘测规划院东南土地研究中心	吴次芳	
24	跨学科社会科学研究中心	叶　航	
25	财经文史研究中心	翁礼华	
26	亚洲法律研究中心	林来梵	
27	亚太休闲教育研究中心	庞学铨（兼）	
28	台港澳研究中心	王在希	
29	妇女研究中心	吴　健	
30	江万龄国际经济与金融投资研究中心	金雪军	
31	中国书画文物鉴定研究中心	陈振濂	
32	文物保护和鉴定研究中心	严建强 项隆元（常务）	
33	法治研究中心	胡建淼	
34	区域与城市发展研究中心	刘　亭 陈建军（执行）	
35	中国古代书画研究中心	许洪流（常务）	

序号	机构名称	负责人	备　注
36	全球创业研究中心	王重鸣 William Miller （斯坦福大学）	
37	信息技术与新兴产业研究中心	马庆国	
38	人力资源与战略发展研究中心	王重鸣	
39	创新与发展研究中心	许庆瑞	
40	敦煌学研究中心	张涌泉	
41	公民社会研究中心	郁建兴	
42	人文旅游研究中心	潘立勇 傅建祥（兼）	
43	资本市场与会计研究中心	姚　铮（主持）	
44	儒商与东亚文明研究中心	杜维明（名誉） 周生春（执行）	
45	非传统安全与和平发展研究中心	余潇枫	
46	影视与动漫游戏研究中心	盘　剑	
47	影视制作与传播中心	胡志毅 金利安（常务）	
48	当代中国话语研究中心	施　旭	
49	非物质文化遗产研究中心	赖金良	
50	思高教育研究中心	徐小洲 Carlo Socol	
51	循环经济研究中心	陈子辰 沈满洪（常务）	
52	社会调查研究中心	郎友兴	
53	国际商学研究中心	李志文	
54	干部培训研究中心	阮连法（常务）	
55	产业发展研究中心	林　由	
56	民政研究中心	罗卫东 俞志壮	

序号	机构名称	负责人	备 注
57	律师实务研究中心	吴勇敏	
58	浙江大学—杭州市服务业发展研究中心	魏 江 朱师钧	
59	神经管理学实验室	马庆国	
60	中国社区建设研究中心	朱耀垠、万亚伟 毛 丹（执行）	
61	金融研究院	陈敏尔（名誉） 丁敏哲 汪 炜（执行）	
62	佛教文化研究中心	董 平 张家成（执行）	
63	中国地方政府创新研究中心	俞可平（名誉） 陈国权	
64	工程教育创新中心	邹晓东	
65	中国西部发展研究院	周谷平	
66	社会科学研究基础平台	何文炯 （执行主任）	
67	文化遗产研究院	黄华新 曹锦炎（常务）	
68	全球浙商研究院	张 曦（名誉） 吴晓波 陈 凌（执行）	
69	蒋介石与近代中国研究中心	陈红民	
70	地方历史文书编纂与研究中心	包伟民	
71	中国区域发展咨询与研究中心	庄孔韶 刘胜安 （国务院扶贫办）	
72	不动产投资研究中心	史晋川	

序号	机构名称	负责人	备 注
73	故宫学研究中心	郑欣淼 （北京故宫博物院，名誉） 张 曦（名誉） 余 辉 （北京故宫博物院） 曹锦炎	
74	全球化文明研究中心	卓新平（中国社会科学院）	
75	亚洲研究中心	罗卫东	
76	科斯研究中心	王 宁 （亚利桑那大学）、 罗卫东	
77	气候变化法律研究中心	谢英士（外聘）、 朱新力	
78	廉政研究中心	周谷平	
79	科学技术与产业文化研究中心	盛晓明	
80	中国组织发展与绩效评估研究中心	范柏乃	
81	国际马一浮人文研究中心	杜维明 罗卫东 吴 光（执行）	
82	海洋法律与治理研究中心	朱新力	
83	浙江大学公共政策研究院	姚先国 金雪军（执行）	
84	龙泉司法档案研究中心	包伟民	
85	浙江大学—诺丁汉大学中国与全球经济政策研究中心	赵 伟 Chris Milner （诺丁汉大学）	
86	中华礼学研究中心	王云路	
87	党建研究中心	邹晓东	

浙江大学年鉴

序号	机构名称	负责人	备 注
88	德育与学生发展研究中心	任少波	
89	国际影视发展研究院	范志忠	
90	信息技术与经济社会系统研究中心	刘 渊	
91	中国海洋文化传播研究中心	李 杰	
92	法律与经济研究中心	熊秉元	
93	环境与能源政策研究中心*	托马斯·海贝勒 郭苏建	
94	质量管理研究中心*	熊 伟	
95	土地与国家发展研究院*	吴次芳 叶艳妹（常务）	
96	汉藏佛教艺术研究中心*	谢继胜	
97	外语传媒出版质量研究中心*	陆建平 （主持工作）	
98	"一带一路"合作与发展协同创新中心*	罗卫东 周谷平	
99	人文高等研究院*	罗卫东 赵鼎新 朱天飚（常务）	
100	陈香梅资料与研究中心*	陈红民	

注:标*为2014年新成立的研究中心。

（赵 怡撰稿 袁 清审稿）

社会服务与校办企业

【概况】 2014年,浙江大学科学研究结合了国家区域经济社会发展的需求,构建产学研合作新型伙伴关系,促进横向科技内涵质量提升。全年签订横向科研经费10.70亿元(占34.3%)。围绕国家和地方战略性新兴产业发展,凝练组织实施一批横向千万级项目,主要包括"吸附分离材料"、"抗耐药的EGFR抑制剂抗肿瘤新药候选化合物"等。新设浙江大学滨海、华南和包头工业技术研究院等科技合作平台,成立中国创新设计产业战略联盟,与龙头骨干企业共建10个校企研发机构。获批成立浙江省标准技术综合研究基地,探索建立标准创新和管理体系,向浙江省、杭州市技术质量监督局推荐技术标准奖励项目。

在人文社会科学研究方面,浙江大学分别与浙江省档案局、陕西省文物局、云冈石窟研究院等多家单位签订合作协议,共同探索建立保存和传承历史文化记忆的高端研究平台,开展文化遗产资源的科学研究、学术教育推广、人才培养等方面的战略合作,共建文物数字化研究中心等;与黑龙江克山县签订合作协议,开展现代农业发展、人才培训等多方面的合作;与阿里巴巴电子商务有限公司签订战略合作协议,开展人才培养、科学研究、服务共享等方面的合作。2014年,浙大人文社会科学向各级政府、企事业单位提交研究咨询报告228份,被采纳96份,其中被中央采纳的报告2份,被省部采纳的报告30份。

深化区域合作。持续深化与杭州市名城名校的和谐杭州示范区建设,与未来科技城签订"梦想小镇"合作备忘录;增强与湖州市、衢州市、舟山市、丽水市、嘉兴市等地级市及其所属县市的战略合作关系;结合浙江省"机器换人"战略新建浙江省海洋产业计量测试中心、杭州市工业机器人公共服务平台。与贵州省达成人才合作意向;与成都经济技术开发区签署《国家级成都经济技术开发区与浙江大学人才合作协议》及《浙江大学天府汽车英才奖学金协议》;与江苏省扬州市建立全面合作关系,并与溧阳市签署人才合作协议;启动与新疆生产建设兵团第七师的合作,签署共建浙江大学现代农业研究院(新疆)的框架协议等。

深入推进对口支援和结对帮扶工作。进一步加大对贵州大学和塔里木大学的支持力度,同时在两校建立浙大馥莉食品研究院贵州大学分院和南疆分院,捐赠设立120万元教育基金;着力推进塔里木大学、西澳大学"三兄弟合作",浙江大学和塔里木大学联合申报的"豆科植物作为多样化研究的中心及其对地中海农业气候变化的适应性"项目,获得28000英镑的资助。与云南省普洱市人民政府签署合作协议,支持滇西应用技术大学普洱茶学院建设;有效推进浙江大学对景东彝族自治县的定点扶贫工作和对武义县的结对帮扶工作。浙江大学获"2013—2014省级扶贫结对帮扶工作先进单位"、"第十批省科技特派员工作先进单位"称号。

推动校地合作平台及重大项目建设并取得成效。浙江大学安吉农业生态园区温室内小景观初步建成;浙江大学义乌创业育成中心已完成五年运行期,累计孵化企业43家,注册5000多万元;浙江大学常熟合作研究院揭牌运行,并投入运行新药及健康产品公共服务平台,常熟经济技术开发区年度考核名列大学研究院第一名;良渚创业育成中心提供资金及场所条件,建成大学生创业基地,首批20余个大学生创业团队申请入驻创业。

浙江大学国家大学科技园(以下简称浙大科技园)新注册入园企业106家,其中科技孵化企业92家,大学生创业企业69家,毕业企业25家;创办青蓝计划企业31家,获得杭州市政府资助的"青蓝计划"企业19家;2014年园内孵化企业被认定为市级以上的高新技术企业18家,其中国家重点扶持的高新技术企业1家、杭州市高新技术企业17家;被认定为浙江省级的科技型中小企业52家、软件企业6家。

浙大科技园继续深化创新创业服务体系建设,为科技成果转化与产业化、高新技术企业孵化、创新创业人才的培养提供各类服务。共组织企业申报各类科技计划,获得立项项目79项,累计获得资助总额2817万元;继续开展与杭州市人力资源与社会保障局合作建立的"杭州大学生创业学院"的创新创业人才培养工作,举办了"创业雏鹰班"2期、"创业强鹰班"1期,培训大学生创业者150多人;组织举办"2014年浙大科技园入园企业专场招聘会",解决就业岗位约700多个;举办浙大科技园创业沙龙34期,服务创业者1000多人;开展银企合作,为园内中小科技企业开展多种形式的投资融资服务;进一步实施企业联络员制度,逐步完善和深化园区服务。11月7日"西湖—浙大科技园海归创业俱乐部"揭牌成立,促进了海外高层次人才的创新创业。2014年,浙大科技园被共青团中央授予"全国青年创业示范园区"称号。

浙江大学圆正控股集团有限公司(下称圆正控股集团)由以浙江大学创新技术研究院有限公司(下称创新院公司)、浙江大学科技创业投资有限公司(下称创业投资公司)、浙江大学科技园发展有限公司(下称科技园公司)、后勤集团、新宇集团、圆正旅业集团、浙江大学城乡规划设计研究院有限公司(下称城乡规划院公司)为核心的企业组成。圆正控股集团正常经营的参、控股企业总数为218家,其中全资、控股企业68家。2014年,圆正控股集团注册资本为58419万元,总资产为32.65亿元,所有者权益为20.59亿元;2014年度经营收入总额20.71亿元,净利润总额为1.91亿元。

【多篇决策咨询报告获省部级领导批示】
由徐小洲教授等撰写的《优化大学生创业环境,保障大学生创业活力》专题咨询报告获得了全国人大常委会副委员长、民盟中央主席张宝文的重要批示:"该调研报告对我国大学生创业的现状,问题的分析和提出的政策建议都很有针对性,具有一定的参考价值。"陆建平副教授的研究成果《中国期刊"走出去"中的国家安全问题及建议》被全国哲学社会科学规划办公室《成果要报》刊发并获中央领导批示。《关于浙江在21世纪海上丝绸之路建设中的战略定位与合作建议》《银发经济和银色产业:助推浙江经济可持续发展的新动力》2份咨询报告获得浙江省省长李强的批示,报告分别由史晋川、朱李鸣、黄先海、董雪兵和杨柳勇等教授组成的课题组和范柏乃教授、金洁博士完成。

【与普洱市签署合作框架协议】 2014年12月12日,浙江大学与普洱市人民政府在浙江大学紫金港校区签署合作框架协议,支持普洱市筹建滇西应用技术大学普洱茶学院。作为对口西部帮扶城市,浙大将每年选派若干名学科带头人和专业骨干教师到普洱茶学院兼职或挂职,从事教学、科研和管理工作。

【"浙大科技园—溢思得瑞国际创业苗圃共建协议"签约】 11月8日APEC会议期间,在加拿大总理哈珀的见证下,浙江大学国家大学科技园、加拿大溢思得瑞国际创新创业集团和温哥华经济委员会三方在北京国贸大酒店共同签署了该协议(简称"国际创业苗圃")。"国际创业苗圃"将采取投资＋孵化的新模式,打造完善的创业苗圃＋孵化器＋加速器的科技创业服务产业链,为创业项目和团队定制投资基金,并提供种子期预孵化服务,待项目成熟以后注册公司、入驻浙大科技园进行孵化和加速发展。

(许　健　赵　怡　胡　淳　於　晓　赵文宇撰稿)
(夏文莉　袁　清　彭玉生　邵明国　郑爱平审稿)

规划与重点建设

"985 工程"建设

【概况】 推进"985 工程"过渡期建设工作。浙江大学"985 工程"2014 年到位经费共计 3.47 亿元，包括"985 工程"（2010—2013 年）浮动绩效奖励 1.58 亿元和 2014 年教育部统筹支持一流大学和一流学科建设经费 1.89 亿元。按照《教育部财政部关于印发〈"985 工程"建设管理办法〉的通知》（教重〔2013〕1 号）、《浙江大学关于印发〈浙江大学"985 工程"建设项目管理办法〉的通知》（浙大发规划〔2011〕2 号）等文件的要求，2014 年 4 月 24 日，浙江大学党委常委会议研究决定将经费主要用于人才队伍、科技创新平台、人才培养、国际交流与合作、信息化等项目的建设。

根据教育部、财政部对中央专项经费的管理和使用要求，结合《浙江大学"985 工程"总体规划（2010—2020 年）》和改革方案，依照《"985 工程"专项资金管理办法》（财教〔2010〕596 号）、《浙江大学关于印发

《浙江大学"985 工程"专项资金管理办法》的通知》（浙大发计〔2011〕4 号）等规定，进一步加强专项资金的管理和规范使用，加快推进资金执行进度，确保实现教育部规定的资金执行进度的要求。截至 12 月 31 日，中央专项经费全部执行完毕。

（严晓莹撰稿 刘继荣审稿）

启动实施学科与人才队伍建设专项计划

【概况】 学科与人才队伍建设是学校发展的基础性、战略性工作。为深入实施"六高强校"战略，提升学科和学术队伍水平，提高人才培养质量，增强整体办学实力，浙江大学筹集 25.57 亿元资金用于实施学科与人才队伍建设专项计划。专项计划实施时间为 2014 年至 2017 年底。

2014 年 6 月 11 日，浙江大学召开学科与人才队伍建设动员大会，正式启动专项计划。学科与人才队伍建设专项计划以突出人才战略地位，增强学科发展实力；深入实

施综合改革,激发基层组织活力;推进学科调整与融合,促进前沿与交叉学科发展为基本思路,通过加强高层次人才队伍建设、优秀青年人才队伍建设、院系学科与人才队伍建设、交叉学科和公共平台建设,力争在教育部学位中心组织的下一轮学科评估中获得优异表现。

经过全校上下共同努力,学科与人才队伍建设专项计划工作有序推进,进展顺利。2014年6月中旬,各院系组织制定了院系学科与人才队伍建设方案。7月上旬,在学科建设领导小组办公室成员单位的参与下,各学部组织召开了院系学科与人才队伍建设方案审议会,完成了对各院系学科与人才队伍建设方案及经费安排计划的审议。2014年10月16日,浙江大学党委常委会议审议通过了《浙江大学进一步加强学科与人才队伍建设的实施方案》和《浙江大学学科与人才队伍建设专项资金管理办法》,并决定将一部分专项资金直接配置到院系,先行划拨50%的经费,中期考核后根据考核情况再划拨第二阶段经费。

(严晓莹撰稿　刘继荣审稿)

开展综合改革试点工作

【概况】 浙江大学于2014年4月份成立了由校领导牵头的综合改革方案起草工作小组,与各职能部门三上三下,就相关改革内容逐一研议,并广泛征求意见,集思广益;党委常委会先后4次制定专题讨论方案,九易其稿,形成了《浙江大学加快建设世界一流大学综合改革方案》,并上报教育部备案。2014年12月31日国家教育体制改革领导小组办公室批复同意《浙江大学综合改革方案》备案(教改办函〔2014〕36号),并要求学校认真组织实施。

《浙江大学综合改革方案》围绕建设世界一流大学和服务国家区域战略目标,全面深化三方面的改革:一是改革内部管理体制机制,推进内涵发展,提高教育质量;二是构建原始创新、技术研发和成果产业化为一体的科技服务体系;三是办学系统进一步完善,更好地服务浙江发展,探索一流大学建设的新模式。综合改革方案从人才培养、学科建设、师资队伍、科技服务、内部治理、资源配置、体系布局和党的建设8个方面确定了学校深化改革的52项任务以及相应改革举措,为进一步提升学校核心竞争力和可持续发展能力打下坚实基础。

(童金皓撰稿　李铭霞审稿)

学科与师资队伍建设

学科建设

【概况】 浙江大学是目前国内学科门类最齐全的综合性大学之一,可在哲学、经济学、法学、教育学、文学、历史学、理学、工学、农学、医学、管理学和艺术学等 12 个学科门类授予学术性学位。截至 2014 年 12 月 31 日,浙江大学拥有博士学位授权二级学科 268 个(含自主增设 39 个),涉及一级学科 63 个,其中博士学位授权一级学科 58 个;硕士学位授权二级学科 331 个(含自主增设 40 个),涉及一级学科 79 个,其中硕士学位授权一级学科 72 个;专业学位类别 28 种(涵盖 96 个专业学位领域),其中临床医学、口腔医学、教育博士、工程博士可授予相应博士专业学位。全校拥有 14 个一级学科国家重点学科、21 个二级学科国家重点学科和 10 个国家重点(培育)学科,7 个农业部重点学科,70 个浙江省重点学科。

2014 年,浙江大学持续做好基础学科、重点学科的资助工作。继续实施《浙江大学一流基础学科建设计划》,为基础学科打好基础;继续资助浙江省重点学科,根据《浙江省财政厅、浙江省教育厅关于印发浙江省高校重点学科建设经费使用管理办法的通知》(浙财教〔2012〕244 号),做好 2013 年度省高校重点学科建设经费的预算编制、执行及管理服务工作。浙江省财政拨付浙江大学 2013 年度省高校重点学科建设经费共计 1400 万元,学校配套 98 万元。

升级导师管理信息系统,与研究生院管理系统实现融合对接,教师申请研究生招生资格更加便捷,学部、学院秘书审核操作更加简便。截至 2014 年 12 月 31 日,各学科共有 2082 名教师具有博士研究生招生资格,其中具有学术学位博士生招生资格的教师人数为 2044 人,具有专业学位博士生招生资格的教师人数为 198 人;各学科共有 3622 名教师具有硕士研究生招生资格(含具有博士研究生招生资格的教师),其中具有学术学位硕士生招生资格的教师人数为 3430 人,具有专业学位硕士生招生资格的教师人数为 2055 人。

【统筹推进学科与人才队伍建设】 根据学校常委会的工作部署,在校学科建设领导小组的指导下，组织开展学科调研活动，学科建设处与发展规划处等职能部门共同做好经费测算等各项工作，制订了《学科与人才队伍建设计划总体方案》；共同组织各学部于 10 月 8 日召开了理工农医学科发展规划专题调研会，于 10 月 16 日召开了人文社科学科发展规划专题调研会。调研会围绕各学科发展目标、重点方向、重点研究问题、学科交叉研究和公共平台建设等议题进行，完成了《加强学科交叉会聚，铸就一流学科体系》系列调研报告，为学校进一步推动学科交叉会聚提供决策依据。

【完善质量保障与监控体系】 根据国务院学位委员会、教育部有关文件精神，结合浙江大学实际情况，经多轮调研和征求意见，制订了《浙江大学学位授权点自我评估工作方案》（讨论稿），为学校开展自我评估工作打好基础，并将之作为近期和下一阶段学科建设的主要任务和重要抓手，行使学科动态调整自主权，优化学科布局，推动学科国际评估，建立学位授权点工作年度报告制度，构建完整的学位授权点建设质量保障与监控体系。

【27 人当选国务院学位委员会第七届学科评议组成员】 根据国务院学位委员会办公室《关于进行国务院学位委员会学科评议组换届和选聘第七届学科评议组成员工作的通知》，认真做好第七届学科评议组成员推荐工作。11 月，经国务院学位委员会全体会议审议，浙江大学共有 27 名教师成功当选第七届学科评议组成员，入选数从上届的 21 人增加到 27 人，学科数则从 20 个增加到 27 个（详见表 1）。

表 1　浙江大学入选国务院学位委员会第七届学科评议组成员

学科代码	学科名称	姓名	备注
0402	心理学	张智君	
0701	数学	包　刚	
0703	化学	林建华	当选成员 新增学科
0709	地质学	陈汉林	
0713	生态学	方盛国	新增学科
0802	机械工程	谭建荣	
0803	光学工程	刘　旭	
0805	材料科学与工程	钱国栋	
0807	动力工程与工程热物理	严建华	
0808	电气工程	宋永华	
0811	控制科学与工程	张宏建	
0812	计算机科学与技术	庄越挺	

学科代码	学科名称	姓名	备注
0814	土木工程	王立忠	
0817	化学工程与技术	任其龙	
0828	农业工程	应义斌	
0831	生物医学工程	李劲松	
0835	软件工程	陈 纯	新增学科
0902	园艺学	王岳飞	
0903	农业资源与环境	徐建明	新增学科
0904	植物保护	陈学新	
0905	畜牧学	汪以真	新增学科
1001	基础医学	段树民	新增学科
1002	临床医学	蔡秀军	
1201	管理科学与工程	吴晓波	
1202	工商管理	魏 江	
1203	农林经济管理	钱文荣	新增学科
1305	设计学	孙守迁	新增学科

【自主设置二级学科】 根据国务院学位委员会办公室《关于做好二级学科自主设置有关问题的通知》及《关于做好授予博士、硕士学位和培养研究生的二级学科自主设置工作的通知》文件精神，经学科自主申请，校外专家组评议，教育部学位中心网站公示及校学位委员会全体会议审议，中国法 SJD（0301Z1）、新能源科学与工程（0807Z2）设置为目录外二级学科博士、硕士学位授权点，列入 2015 年招生目录。

【增列 2 个专业学位类别】 为适应国家经济社会发展的需要，进一步优化学术学位、专业学位授权点结构布局，根据国务院学位委员会的《关于开展增列硕士专业学位授权点审核工作的通知》（学位〔2013〕37 号）文件，浙江大学组织开展了增列硕士专业学位授权类别（领域点）的申报、论证工作。根据国务院学位委员会《关于下达 2014 年审核增列的硕士专业学位授权点及撤销的硕士学位授权点名单的通知》（学位〔2014〕14 号）文件，国务院学位委员会批准浙江大学新设工程管理、社会工作 2 个硕士专业学位授权类别。

2014 年浙江大学各类重点学科分布情况

所在院系	一级学科 国家重点学科	二级学科 国家重点学科	国家重点 (培育)学科	浙江省 重点学科	农业部 重点学科
经济学院			政治经济学	政治经济学	
				西方经济学	
				金融学	
				国际贸易学	
				劳动经济学	
光华法学院		宪法学与 行政法学		民商法学	
教育学院		教育史		比较教育学	
				体育人文社会学	
思政部				马克思主义理论 (一级学科)	
人文学院		中国古典文献学	外国哲学	外国哲学	
				科学技术哲学	
				文艺学	
				汉语言文字学	
				中国古代文学	
				中国现当代文学	
				考古学(一级学科)	
				中国史(一级学科)	
				世界史(一级学科)	
外语学院				英语语言文学	
				外国语言学 及应用语言学	
数学系	数学				
化学系	化学				
物理系		理论物理		等离子体物理	
		凝聚态物理		光学	
心理系		应用心理学			

所在院系	一级学科 国家重点学科	二级学科 国家重点学科	国家重点 (培育)学科	浙江省 重点学科	农业部 重点学科
地科系				构造地质学	
				地球探测与信息技术	
生科学院		植物学		微生物学	生态学
		生态学		遗传学	
机械学院	机械工程				
能源学院	动力工程及 工程热物理				
材料学院	材料科学 与工程				
化工学院		化学工程	生物化工	生物化工	
				应用化学	
				工业催化	
电气学院	电气工程			系统分析与集成	
光电系	光学工程			测试计量技术及仪器	
				电路与系统	
信电系		通信与信息系统		物理电子学	
				微电子学与固体电子学	
				信号与信息处理	
控制系	控制科学 与工程				
建工学院	土木工程			建筑设计及其理论	
生工食品学院		农业机械化工程		食品科学	农业机械 化工程
					食品科学
环资学院	农业资源 与环境	环境工程		环境科学	土壤学
生仪学院	生物医学工程				
农学院	园艺学	作物遗传与育种			农业昆虫 与害虫防治
	植物保护				植物病理学
		生物物理学		作物栽培与耕作学	

学科与师资队伍建设

浙江大学年鉴

所在院系	一级学科 国家重点学科	二级学科 国家重点学科	国家重点 (培育)学科	浙江省 重点学科	农业部 重点学科
动科学院		特种经济 动物饲养	动物营养与 饲料科学	动物营养与 饲料科学	动物营养与 饲料科学
				预防兽医学	
				动物遗传育种与繁殖	
药学院			药物分析学	药物分析学	
				药理学	
医学院		儿科学	病理学与 病理生理学	人体解剖与 组织胚胎学	
		传染病学	妇产科学	妇产科学	
		外科学(普外)	眼科学	眼科学	
		肿瘤学		免疫学	
				生理学	
				病理学与 病理生理学	
				影像医学与核医学	
				药理学	
				劳动卫生与 环境卫生学	
				麻醉学	
				口腔临床医学	
管理学院	管理科学 与工程		农业经济 管理	企业管理	
				农业经济管理	
公共管理学院				土地资源管理	
				社会医学与 卫生事业管理	
				教育经济与管理	
计算机学院		计算机应用技术	计算机软件 与理论	软件工程(一级学科)	
				计算机系统结构	
				设计学(一级学科)	

所在院系	一级学科 国家重点学科	二级学科 国家重点学科	国家重点 (培育)学科	浙江省 重点学科	农业部 重点学科
传媒学院				新闻学	
				传播学	
航空航天学院		固体力学		流体力学	
				工程力学	
				飞行器设计	
海洋学院				港口、海岸及 近海工程	
				船舶与海洋工程 (一级学科)	

(许斯佳撰稿　吕淼华审稿)

师资队伍建设

【概况】 截至 2014 年底,全校教职工总数为 8293 人(不包括附属医院职工),其中女教职工 2821 人,占 34%。具体为:(1)校本部教职工数 5675 人(专任教师 3437 人、教辅人员 773 人、行政人员 1322 人、工勤人员 143 人);(2)科研机构人员数 1165 人;(3)校办工厂职工数 319 人;(4)附设机构人员数 1134 人。

现有院士 28 人(1 人为两院院士),其中中国科学院院士 12 人、中国工程院院士 17 人;国家"千人计划"学者 69 人,"万人计划"领军人才 12 人,"长江学者"特聘(讲座)教授 112 人。

全校共有正高级专业技术职务人员 1664 人,其中教授 1454 人,教学类教授 3 人,编审 9 人,农业推广教授 8 人,教授级高

工 1 人,思政教授 2 人,图书研究馆员 8 人,高教研究员 33 人,工程研究员 23 人,国防技术研究员 5 人,技术研发及知识转化研究员 12 人,农业推广研究员 8 人,社会服务与技术推广、团队科研研究员 9 人,实验研究员 21 人,应用推广研究员 5 人,自然科学研究员 25 人,一级美术师 1 人,主任医师 36 人,主任技师 1 人;副高级专业技术职务人员 2614 人,其中副教授 1653 人,副编审 26 人,农业推广副教授 3 人,档案副研究馆员 2 人,图书副研究馆员 46 人,高教副研究员 213 人,国防技术副研究员 9 人,技术研发及知识转化副研究员 45 人,农业推广副研究员 2 人,社会服务与技术推广、团队科研副研究员 7 人,社会科学副研究员 7 人,应用推广副研究员 3 人,专职科研副研究员 7 人,自然科学副研究员 68 人,副译审 1 人,副主任医师 47 人,副主任护师 2 人,副主任药师 6 人,副主任技师 1 人,高级工程师 244 人,国防技术高级工程师 1 人,技术研发及知识转化高级工程师 7 人,社会服务与技术

推广、团队科研高级工程师 1 人，实验技术高级工程师 7 人，应用推广高级工程师 1 人，高级会计师 57 人，高校高级讲师 14 人，高级教练 1 人，中学高级教师 12 人，高级农艺师 1 人，高级审计师 1 人，高级实验师 65 人，思政副教授 53 人，幼教小中高教师 2 人。中级专业技术职务人员 1957 人，初职人员 200 人。

全校专任教师总数为 3437 人，其中：女教师 865 人，占 25.2%；正高级 1474 人，占 42.9%；副高级 1408 人，占 41%。专任教师的学科分布、年龄分布及学历情况如下。

表 1　专任教师学科分布情况　　　　　（单位：人）

专业项目	专任教师总数	正高级	副高级	中级及以下
总　计	3437	1474	1408	555
总计中：女	865	203	422	240
哲　学	50	24	17	9
经济学	112	37	52	23
法　学	128	45	49	34
教育学	162	40	75	47
文　学	270	75	93	102
历史学	49	17	20	12
理　学	555	268	221	66
工　学	1379	589	627	163
农　学	210	110	77	23
医　学	310	186	88	36
管理学	176	79	75	22

表 2　专任教师年龄分布情况　　　　　（单位：人）

年龄段	总数	正高级人数	副高级人数
35 岁以下	665	46	333
36～45 岁	1213	386	645
46～60 岁	1490	973	430
61 岁以上	69	69	

表 3　专任教师学历情况　　　　　　　　　　（单位：人）

专任教师学历	人数
博士研究生学历	2820
硕士研究生学历	392
本科学历	206
专科及以下	19

2014 年,全年正常晋升教授 58 人,其中人文社科类教授 13 人,理工农医类教授 45 人;正常晋升副教授 73 人,其中人文社科类副教授 13 人,理工农医类副教授 60 人。

全年绿色通道和特别评审通过教授 32 人,副教授 17 人。

晋升卫生技术正高级职务 76 人,其中主任医师 64 人、主任技师 2 人、主任护师 6 人、主任药师 4 人;评聘卫生技术副高级职务 172 人,其中副主任医师 129 人、副主任药师 7 人、副主任技师 15 人、副主任护师 20 人、副主任中药师 1 人。

晋升研究员等专业技术正高级职务共 16 人,其中高教管理研究员 3 人、实验技术系列研究员 2 人、工程技术研究员 3 人、技术研发与知识转化研究员 4 人、研究馆员 1 人、农业推广研究员 1 人、国防技术研究员 2 人;副研究员等专业技术副高级职务 41 人,其中高教管理副研究员 3 人、高级工程师(高级实验师)11 人、技术研发及知识转化副研究员(高级工程师)16 人、学生思想政治教育副教授 2 人、图书出版系列副研究馆员(副编审)2 人、国防技术副研究员 4 人、高级讲师 3 人;晋升会计系列高级会计师 3 人(推荐)。

进一步优化评审机制,扩大对申报人员述职进行民主测评的范围,提升评审工作的公平、公开和规范化。2014 年申报职员职级晋级人员共有 308 人,评审和审定通过五级职员 12 人、六级职员 41 人、七级职员 43 人、八级职员 64 人、九级职员 24 人;推荐评聘四级职员 2 人。

2014 年,新增事业性质教职工 360 人,其中教师 156 人;教职工退休共 255 人。

【实施定编定岗】　为进一步强化院系(单位)在人才评价中的主体地位,建立健全符合学科特点的分类评价体系,充分发挥其在师资队伍建设中的积极性和创造性,学校出台了《浙江大学关于师资队伍定编定岗的实施意见(试行)》。根据意见精神,以学科发展为导向,以人才培养需求为基础,结合教师岗位分类管理实际和专职研究队伍建设的需要,完成全校 37 个院系及体艺部、农推中心等单位 2020 年师资队伍规划,并制定了 2014—2017 年的年度人才引进计划和教师专业技术职务晋升计划。

【实施"百人计划"】　结合各院系(单位)教师定编定岗,借鉴国际高水平大学教师聘任的学术标准和程序,采用国际通用的人才引进和评估办法,试行教师长聘制(Tenure-Track)和国际化评估,出台了《浙江大学百人计划试行办法》。加大力度引进国际高水平大学助理教授或副教授相当水平的优秀青年人才,着力打造一支今后十年能担当学科发展重任的高水平教师队伍,加快提升教学科研人才队伍的整体水平和层次。实施校"百人计划"以来,已批准 14 位"百人计划"入选者,申报国家"青年千人计划"的人选从 2013 年的 40 多人增加到 2014 年的 133 人,位居全国高校首位。结合"百人计划",专项推出《浙江大学百人计划(文科)试行办法》,用于引进优秀的青年文科人才,2014 年度人文学院引进首位百人计划(文科)入选者何欢欢。

【启动附属医院编制员额核定与实名入库工作】 为进一步加强和规范附属医院机构编制管理,更好地保障工作人员的合法权益,积极推动附属医院医院编制人员聘用工作与事业单位养老保险制度改革有序接轨,并按国家和学校的有关政策规定抓紧做好附属医院聘用人员的岗位设置工作,根据《浙江省省属医院机构编制标准指导意见》(浙编办发〔2013〕36 号)文件规定及省编办有关事业编制员额核定与实名制人员入库工作的意见精神,经学校校务会议研究同意,决定开展附属医院人员医院编制员额核定与实名制人员入库工作。

【附录】

附录 1　浙江大学 2014 年博士后流动站

序号	博士后流动站	序号	博士后流动站
1	哲学	18	生态学
2	理论经济学	19	机械工程
3	应用经济学	20	动力工程及工程热物理
4	法学	21	力学
5	马克思主义理论	22	化学工程与技术
6	教育学	23	材料科学与工程
7	中国语言文学	24	电气工程
8	外国语言文学	25	控制科学与工程
9	中国史	26	光学工程
10	世界史	27	电子科学与技术
11	考古学	28	信息与通信工程
12	数学	29	土木工程
13	物理学	30	农业工程
14	化学	31	食品科学与工程
15	心理学	32	环境科学与工程
16	地质学	33	生物医学工程
17	生物学	34	仪器科学与技术

浙江大学年鉴

续表

序号	博士后流动站	序号	博士后流动站
35	计算机科学与技术	45	临床医学
36	水利工程	46	基础医学
37	生物工程	47	口腔医学
38	软件工程	48	药学
39	农业资源与环境	49	预防医学与公共卫生
40	植物保护	50	管理科学与工程
41	作物学	51	农林经济管理
42	园艺学	52	工商管理
43	畜牧学	53	公共管理学
44	兽医学	54	新闻传播学

附录2 浙江大学2014年评聘正高级专业技术人员

具有教授职务任职资格人员(58人)

人文学院	王海燕 冯国栋
外国语言文化与国际交流学院	刘慧梅
传媒与国际文化学院	何扬鸣
经济学院	朱希伟
光华法学院	赵 骏 周 翠
教育学院	肖龙海
管理学院	寿涌毅 邬爱其
公共管理学院	苗 青 汪 晖
思想政治理论教学科研部	张 彦
数学系	阮火军
物理学系	宁凡龙 王 凯 王立刚
化学系	史炳锋
心理系	陈树林 高在峰
机械工程学院	冯毅雄 纪杨建
材料科学与工程学院	杨杭生 张 辉
能源工程学院	黄群星 肖 刚 余春江
电气工程学院	石健将 辛焕海
建筑工程学院	边学成 龚顺风 许月萍 杨仲轩 韩昊英
化学工程与生物工程学院	邢华斌
航空航天学院	钱 劲 宋广华

高分子科学与工程学系	安全福
光电信息工程学系	马云贵
信息与电子工程学系	史治国
控制科学与工程学系	赵春晖　杨再跃
计算机科学与技术学院	宋明黎
生命科学学院	毛传澡
生物系统工程与食品科学学院	徐惠荣
环境与资源学院	李廷强　胡宝兰
农业与生物技术学院	李正和　余小林　徐建红　章初龙
动物科学学院	杨明英　胡彩虹
基础医学系	虞燕琴　邱　爽　王　迪
药学院	崔孙良
医学院附属第一医院	朱海红

由主任医师兼评具有教授职务任职资格人员(2人)

医学院附属第二医院	陈其昕
医学院附属邵逸夫医院	潘宏铭

具有高教管理研究员任职资格人员(3人)

党委宣传部	彭凤仪
科学技术研究院	夏文莉
医学院附属第二医院	陈正英

具有实验技术研究员职务任职资格人员(2人)

农业与生物技术学院	肖建富
药学院	应晓英

具有工程技术研究员职务任职资格人员(3人)

建筑设计研究院	胡慧峰　吴　杰
新宇集团	徐　瀛

具有技术研发及知识转化研究员职务任职资格人员(4人)

材料科学与工程学院	罗　伟
能源工程学院	金余其
计算机科学与技术学院	周　波
医学院附属第一医院	邹晓晖

具有国防技术研究员职务任职资格人员(2人)

先进技术研究院	蒋君侠　杨建华

具有农业推广研究员职务任职资格人员(1人)

农业技术推广中心	李肖梁

具有研究馆员职务任职资格人员(1人)

图书与信息中心 赵美娣

具有主任医师职务任职资格人员(64人)

医学院附属第一医院	郭晓纲	王兴祥	何静松	王仁定	吴仲文
	何剑琴	梁 辉	徐明智	林 进	王春林
	潘剑威	伍峻松	徐三中	谢小军	刘 犇
	方丹波	汪晓宇	徐盈盈		
医学院附属第二医院	许 璟	李立斌	别晓东	张召才	李伟栩
	沈肖曹	林 铮	谢小洁	王 凯	陈芝清
	王利权	王良静	罗 巍	黄 曼	李 星
	崔 巍	周 峰	高 峰		
医学院附属邵逸夫医院	吴加国	吕芳芳	郑伟良	陈丽英	徐 妙
	潘孔寒	朱洪波	胡孙宏	陈文军	陈定伟
	梁 霄	汪 勇	楼海舟	方 勇	吴 皓
	吴晓虹	李 华			
医学院附属妇产科医院	柴 芸	丁志明	胡燕军	王军梅	
医学院附属儿童医院	徐卫群	陈 安	俞建根		
医学院附属口腔医院	何 虹				
医学院附属第四医院	陈毅力	徐建红	傅云峰		

具有主任技师职务任职资格人员(2人)

医学院附属第二医院 朱永良 张 嵘

具有主任护师职务任职资格人员(6人)

医学院附属第二医院	兰美娟		
医学院附属邵逸夫医院	潘红英	徐玉兰	冯金娥
医学院附属妇产科医院	邢兰凤		
医学院附属儿童医院	诸纪华		

具有主任药师职务任职资格人员(4人)

医学院附属第一医院	申屠建中	黄明珠
医学院附属第二医院	戴海斌	
医学院附属妇产科医院	陈凤英	

(刘偲偲撰稿 金达胜审稿)

对外交流与合作

外事与国际学术交流

【概况】 2014 年，全校师生因公临时出国（境）共计 6651 人次，其中访问考察 127 人次，合作研究及学术交流 2000 人次，参加国际会议 2463 人次，技术培训及进修学习 1379 人次，讲学 24 人次，参展参赛 114 人次，其他任务 215 人次。出国出境总人数稳中有升，学术交流明显增加。行政考察出访显著下降，全年行政性出访团组数量下降至 53 个，出访人员下降至 127 人次，降幅分别高达 61％及 62％。

全年，共派出校级代表团 12 批次；接待海外（含港澳台）访问团组共计 207 批 1768 人次。2014 年共新签、续签校际合作协议 17 个，学生交流协议 7 个，校际联合研究中心合作备忘录 2 个。新缔约合作伙伴主要包括美国哥伦比亚大学、佐治亚理工大学、德国慕尼黑大学、法国中央理工大学校集团等世界一流大学。

聘请外国文教专家 589 人，其中长期专家 152 人、短期专家 437 人。包括"与大师对话——诺贝尔奖获得者中国校园行"项目 3 项 3 人，国家"111"引智计划 5 项 151 人，"高端外国专家项目"以及"东欧独联体项目"15 项 15 人，外专"千人计划项目"新增 1 项 1 人，国家"引进海外高层次文教专家重点支持计划"3 项 3 人，重点外专引智项目"海洋学科重点引智平台"29 人，教育部"海外名师项目"5 项 5 人，教育部"学校特色项目"3 项 31 人，学校"海外院士专项"15 人，"海外名师大讲堂"项目 20 人，富布莱特项目专家 1 人，学校各类冠名讲座教授 70 多人。此外，全校共聘请名誉、客座教授 38 人，各学部、院、系自主聘请短期专家近 800 人次。2014 年，浙大两位外国专家阿尔方斯·乔治·比安肯斯（比利时）、苏珊·米勒·布里格斯（美国）因在教书育人、科研合作方面的杰出贡献，获得浙江省外国专家"西湖友谊奖"。与农业与生物技术学院合作交流多年、并于 2013 年同时受颁中国政府友谊奖和浙江省西湖友谊奖的新西兰基础产业部首席科学家伊恩·布里克曼·弗格森博士在 11 月 19 日至 21 日国家主席习近平对新西兰进行的国事访问中参与了会见和座谈。

举办国际会议 76 项,列居全国高校第 3 位,其中科技类会议 37 项、人文社科类会议 39 项、重大国际学术年会 1 项、诺贝尔奖得主出席会议 2 项、国际学会年会 10 项、国际学科年会 3 项、双边会议 8 项、浙江大学组织的学科年会 12 项、外单位委托承办会议 1 项。出席会议总代表 10276 人次,其中外方代表 2292 人次。录用会议论文 3203 篇,其中外方论文 1023 篇、出版会议论文集(含摘要集)34 册。科技类会议中,理科 10 项、工科 11 项、海洋 2 项、农生环 2 项、信息 4 项、医药 8 项,700 人以上会议 3 项;人文社科类会议中,人文类 8 项、社科类 31 项,300 人以上会议 3 项。

策划和实施"海外名师大讲堂"系列讲座,本年度共举办讲座 20 场,邀请海外杰出学者、文化名人、大学校长、政府和国际(大学)组织高官等到浙大演讲,其中包括诺贝尔奖、普利策奖、图灵奖得主 7 人、知名大学校长 6 人,5000 余名师生到场聆听讲座。

国际校区建设取得实质性进展。3 月,学校正式成立国际联合学院(海宁国际校区)(筹),相关审批工作已经完成,进入全面施工阶段,首批新生计划于 2016 年 9 月入驻。与帝国理工学院共建"应用数据科学联合实验室"签约并正式揭牌成立,全国政协副主席、科技部部长万钢出席了签约仪式。浙大—帝国理工学院联合培养研究生项目被国家留学基金委确定为首批创新型人才国际合作培养资助项目,浙大 12 名联合培养研究生、3 名教师已派往帝国理工学院学习或参与合作研究;浙江大学—伊利诺伊大学厄巴纳香槟校区联合学院、浙江大学—爱丁堡大学联合学院建设进入申报实施阶段;浙江大学中国学中心正式成立,

2014 年招收留学生 59 名。

【出席中日大学论坛】 3 月 19 日,校长林建华应日本科学技术振兴机构的邀请,出席了在北京举行的"中日大学论坛"。该论坛以"以产学研合作推动国际创新"为主题,汇聚中日政府部门领导、著名高校校长、研究机构、知名企业高管等,围绕中日双方的产学研合作政策、现状、未来等议题开展了 4 场研讨会。林建华主持了以"通过产学研合作实现创新以及国际产学研合作"为主题的讨论会,并介绍了浙江大学产学研合作理念、模式、实例,特别介绍了浙江大学与日本滨松光子学株式会社、富士电机等企业开展的合作项目。

【出席 APRU 校长年会】 6 月 23—25 日,校长林建华应邀赴澳大利亚首都堪培拉出席第 18 届环太平洋大学联盟(Association of Pacific Rim Universities,简称 APRU)校长年会。本次年会由澳大利亚国立大学承办,汇聚了来自 11 个国家和地区的成员大学校长及国际事务高管近百人,共商 APRU 合作平台建设,以共同探讨和解决包括人口老龄化、气候变暖、可持续发展等人类面临的重大问题。在"校长论坛"环节,林建华以中国高等教育发展与需求的矛盾、浙江省经济增长与高等教育发展为背景,介绍了浙江大学筹建海宁国际校区(国际联合学院)的目的、愿景和规划。

【举办英国帝国理工日】 7 月 18—19 日,英国帝国理工学院校长 Sir Keith O'Nions 率团来浙大参加"浙江大学帝国理工日(ZJU-Imperial Day)"活动。浙大党委书记金德水、校长林建华、常务副校长宋永华、英国驻沪总领馆教育领事 Matt Burney 等人出席活动。金德水与帝国理工学院校长 Keith O'Nions 共同为两校共建的"应用数

据科学联合实验室"揭牌。来自两校的 20 多位专家学者以"大数据：医疗保健，智慧城市"为主题举行学术研讨会，围绕如何利用大数据打造智慧城市、健康居民的问题在研讨会上作专题演讲。英国帝国理工学院校长 Sir Keith O'Nions 为启真海外名师大讲堂做了"全球化与 21 世纪的大学"的主题演讲。

【举办德国柏林工大日】 3 月 17 日，浙江大学与德国柏林工业大学举办了两校建立校际合作关系三十周年的庆典活动。活动期间，两校续签了校际合作协议，柏林工大校长 Steinbach 应邀做客启真海外名师大讲堂，介绍并分析了德国高等教育现状。1983年，浙江大学与德国柏林工业大学建立了浙江大学第一个国际校际合作关系。30 年来，两校在光学与激光技术、机械制造、热流体动力学、德语语言学等研究领域建立了广泛的合作，合作形式包括联合申请科研项目、联合培养学生、共同举办国际会议，以及师资交换、学者互访等。

【附录】

附录 1　2014 年浙江大学各学院对外合作交流情况

学院名称	出国交流人次（人次）	聘请国外专家人数（人）	举办国际学术会议次数（次）
人文学院	70	20(短期)＋7(长期)	4
外国语言文化与国际交流学院	111	12(短期)＋25(长期)	2
传媒与国际文化学院	36	4(短期)	3
经济学院	78	10(短期)＋2(长期)	4
光华法学院	97	7(短期)＋3(长期)	5
教育学院	97	4(短期)＋1(长期)	5
管理学院	189	11(短期)＋3(长期)	4
公共管理学院	125	13(短期)＋9(长期)	9
思想政治理论教学科研部	8	2(短期)	/
数学系	113	7(短期)＋2(长期)	2
物理学系	145	11(短期)＋6(长期)	/
化学系	101	22(短期)＋1(长期)	1
地球科学系	49	10(短期)＋3(长期)	/
心理与行为科学系	44	/	1
机械工程学院	124	2(短期)＋1(长期)	2
材料科学与工程学院	169	9(短期)＋4(长期)	1
能源工程学院	179	15(短期)＋1(长期)	1

学院名称	出国交流人次（人次）	聘请国外专家人数（人）	举办国际学术会议次数（次）
电气工程学院	236	15（短期）＋3（长期）	2
建筑工程学院	267	6（短期）＋3（长期）	3
化学工程与生物工程学院	150	15（短期）＋8（长期）	1
航天航空学院	59	3（短期）＋3（长期）	1
高分子科学与工程学系	96	21（短期）＋2（长期）	1
海洋学院	76	14（短期）＋4（长期）	1
光电信息工程学系	114	23（短期）＋5（长期）	/
信息与电子工程学系	148	10（短期）＋5（长期）	/
控制科学与工程学系	200	5（短期）	/
计算机科学与技术学院（软件学院）	285	11（短期）＋2（长期）	3
生物医学工程与仪器科学学院	102	3（短期）＋3（长期）	/
医学院	1111	15（短期）＋10（长期）	7
药学院	84	1（短期）＋1（长期）	1
生命科学学院	163	20（短期）＋4（长期）	1
生物系统工程与食品科学学院	123	20（短期）＋5（长期）	1
环境与资源学院	108	14（短期）＋2（长期）	/
农业与生物技术学院	162	42（短期）＋15（长期）	/
动物科学学院	104	12（短期）＋2（长期）	/
其他	1328	28（短期）＋7（长期）	10
合计	6651	437（短期）＋152（长期）	76

附录2　2014年浙江大学接待国外主要来访人员情况

日期	来访团组名称	主要活动内容
1.15	英国伦敦大学亚非学院（SOAS）副校长	推动浙大与伦敦大学亚非学院（SOAS）的全面合作
3.10	澳大利亚西澳大学副校长代表团	访问海洋学院、生命科学学院、附属第一医院

日期	来访团组名称	主要活动内容
3.13	诺贝尔基金会主席 Carl-Henrik Heldin	为生命科学研究院师生做"杰出学者系列讲座"学术讲座,并为"启真海外名师大讲堂"做题为"诺贝尔的历史、使命和愿景"的首场公众演讲
3.16	德国柏林工业大学校长代表团	庆祝两校建立校际合作关系 30 周年
3.19	美国博懋大学教务长	与人文学部等洽谈中国学项目合作
3.30	加拿大多伦多大学协理副校长	跟进落实两校在创新和技术转化领域的合作
4.1	加拿大多伦多大学代表团	进一步探讨和推进两校合作,尤其在技术创新转移领域
4.11	美国圣母大学协理副教务长	商讨两校联合办学事宜
4.14	英国保守党议会代表团	了解浙大在医学和创新创意等领域的科研和学科的情况
4.14	英国曼彻斯特大学代表团	探讨双方在人文和艺术等学科领域的开展合作可能性
4.25	加拿大滑铁卢大学校长	探讨两校合作,特别是创新/创业领域
4.30	德国马堡大学代表团	商谈两校 DAAD 战略合作伙伴项目的后续开展事宜
5.5	英国南安普顿大学校长代表团	进一步探寻双方在公共卫生、工学等领域合作的可能性
5.7	英国杜伦大学代表团	探讨在中国学、外语、孔子学院以及国际校区等方面开展合作的可能性
5.7	法国巴黎高科代表团	访问院系及召开"50 名工程师项目"宣讲会
5.8	美国耶鲁大学前校长、Coursera 新任 CEO Richard Levin 代表团	与浙江大学校长林建华会面,探讨学校与 Coursera 合作的可能性
5.12	美国加州大学圣塔芭芭拉分校协理科研副校长	建立全面合作关系,实质性推动信电学科以及其他浙大相关学科合作
5.26	英国巴斯大学校长代表团	深入了解浙大工学部、理学部、信息、农生、医学等学部和国际海宁校区的情况,探讨开展实质性合作的可行性

日期	来访团组名称	主要活动内容
6.19	荷兰埃因霍温工业大学副校长代表团	商谈与浙大开展 3+2 项目
6.27	新加坡驻华大使代表团	了解浙大与新加坡合作情况
7.8	英国利兹大学副校长代表团	商谈两校间战略协同合作的可能性。
7.17	英国帝国理工学院代表团	加深双边学者的沟通和交流,并为下一步的合作计划奠定基础
7.31	英国伦敦大学学院副校长代表团	商谈两校在管理学、药学、医学等领域的合作可能性
10.07	英国布鲁内尔大学校长代表团	商谈两校在工学、教育学、对外汉语等领域合作事宜
10.20	英国利兹大学副校长代表团	推动双方在农学、环境资源、能源、管理等学科的合作
10.22	英国阿伯丁大学代表团	推进双方在海洋工程与技术、海洋考古等领域的合作
10.24	瑞典隆德大学副校长代表团	与建工学院、管理学院、外语学院等院系教授座谈并联合举办"卓越论坛"项目
10.28	英国巴斯大学代表团	了解浙大国际合作与交流概况,尤其是国际校区建设情况,并访问相关院系
10.31	法国国立路桥大学(ENPC)代表团	商谈在建筑工程领域双学位项目合作
11.4	英国阿伯丁大学代表团	访问医学院,探讨在应用健康学领域的合作可能性
11.6	东盟国家大学科研来华考察团	参观大学科技园,学习产学研相结合的经验
11.20	英国利兹大学代表团	商谈两校合作事宜,尤其是在学生培养等方面
11.20	科摩罗驻华大使	了解浙大基本情况尤其是国际交流合作情况和留学生情况,并介绍科摩罗能源、渔业、农业发展状况,寻求合作机会
11.21	美国加州大学圣芭芭拉分校协理副校长代表团	就信电等相关学科的研究生联合培养项目进行深入探讨

日期	来访团组名称	主要活动内容
11.25	英国南安普顿大学代表团	探讨双方在社会学、人口统计学、全球健康学等领域的合作可能性
12.3	美国威斯康星大学文理学院副院长代表团	就拓展学生交流、开展联合培养、推动教师交流、联合举办国际学术会议、开展合作研究方面进行深入探讨
12.14	美国北卡州立大学副教务长 Dr. LiBailian	商谈双方学生互派交流、学者合作的科研和教学项目事宜

（潘孟秋撰稿 张明方审稿）

港澳台工作

【概况】 2014年，浙江大学与港澳台地区的教育合作与交流主要致力于落实师生交流项目，引导多层次、多学科交叉发展，强化青年师生的交流与互动，共同推进学科教育和研究平台的建设和完善。

全年与港澳台地区4所高校新签及续签合作协议。续签与香港科技大学的学术合作协议，与台湾艺术大学建立校际合作关系，与台湾"中国文化大学"续签校际协议，与香港大学签署高级管理人员工商管理硕士学位教育合作项目协议。

接待来自港澳台的参访团队计95批1192人次（其中香港计44批745人次，澳门计2批11人次，台湾计49批436人次），党委书记金德水、校长林建华、常务副校长宋永华先后率团访问香港、澳门和台湾，深入推进与港澳台地区高校架构更合理、重点更突出的交流与合作。

聘请港澳台地区高校4位学者担任浙大名誉或客座教授，邀请港澳台地区高校16位学者来浙大专题讲座或短期授课，邀请港澳台地区代表参加两岸会议7项、国际会议3项。

执行学生交换学习、机器人技术工作坊、创业交流营、社会经济文化发展交流营、企业研发网络分散性与创新绩效关系研究、水稻若干重要农艺与品质性状的关联定位研究、"浙理心、青春梦"西部山区支教公益文化活动、护理专业学生暑期联合实习等12个"2014年香港与内地高等学校师生交流计划项目"，邀请166名香港师生到浙大交流，建立了浙江大学与香港中文大学崇基书院学生互访计划、浙江大学与香港科技大学机器人技术工作坊等品牌项目。开展各类对台学生交流项目14项，邀请91位台湾同学到浙大交流，持续开展吴大猷暑期学者交流计划、浙江大学—成功大学研究生互访计划、浙江大学—台湾"清华大学"（新竹）志工服务计划等品牌项目。

做好在校港澳台师生的归口管理和服务工作，并指导浙江大学港澳台学生交流协会开展Buddy Plan等活动，帮助和丰富学生的学习生活。

【香港城市大学校长郭位及佛光山开山星云大师做客海外名师大讲堂】 5月19日及9月18日,郭位和星云大师分别做客海外名师大讲堂,作"大学教研之道"与"禅是一朵花"的演讲,与全校1000多名师生分享了大学教研相长之道和为人处事心得。

【第八届海峡两岸发展论坛】 10月11日—13日,由浙江大学主办的第八届海峡两岸发展论坛在杭州举行,两岸近百位知名学者参会,研讨台湾民意与两岸关系发展的相互影响。

【首届海峡两岸大学校务管理研讨会】 10月30日—31日,首届海峡两岸大学校务管理研讨会在浙大举行,来自海峡两岸30余所大学和教育机构的60余位校务管理工作者和从事校务研究的专家学者与会,共同探讨交流现代大学的校务管理之道。

【附录】

附录1　浙江大学2014年接待港澳台地区主要来访团组(人员)

日期	来访团组名称	主要活动内容
4.11	香港理工大学阮曾袁琪副校长一行	进一步推进两校的交流与合作
4.25	东华三院中学校长华东访问团	参观基础医学系,深入了解该专业在港招生情况
5.19	香港城市大学校长郭位一行	进一步推动教育、科研、学科合作,就两地大学未来发展方向交换意见
6.9	蒋经国国际学术交流基金会执行长朱云汉一行	推动双方在专业领域合作及研究项目支持等方面的合作,并提议两岸共同合作搭建中华文化研究基础文献数据库
10.15	香港大学立之学院院长杨伟国一行	双方就联合开展学生社会服务项目以及教育部香港与内地高等学校师生交流计划项目合作申报情况进行交流
10.30	台湾大学副校长陈良基一行	在双方合力推进"教授双聘"、"短期互访"等项目方面达成共识
10.30	台湾政治大学校长林碧炤一行	就推动教育、科研、学科合作以及两岸大学未来发展方向交换意见
11.14	台湾高雄大学校长黄肇瑞一行	探讨进一步开展两校交流与合作
11.24	台湾成功大学师生代表团	两岸师生围绕"海洋经济"主题开展为期一周的学术交流
12.8	香港大学校长马斐森一行	就世界一流大学评价指标体系、产学研合作、协同创新等议题交换意见,在发挥综合性研究型大学的优势、携手推进两地合作发展方面达成共识

浙江大学年鉴

附录2 浙江大学2014年聘请港澳台地区专家情况

序号	姓名	类别	聘请部门	来源
1	星云大师	名誉教授	人文学院	台湾佛光山寺
2	李顺诚	客座教授	环境与资源学院	香港理工大学
3	万钧	客座教授	医学院	香港大学李嘉诚学院
4	梁国龄	客座教授	医学院	香港仁安医院

（潘孟秋撰稿　张明方审稿）

校友工作

【概况】 2014年,浙江大学校友总会围绕年初制订的工作计划,重点围绕加强组织建设,全面推进地方校友会和院系分会的指导和服务,广泛凝聚校友力量,服务校友和学校各项事业发展。召开校友总会2014年常务理事会会议,重点讨论了2015年校友总会理事会换届以及120周年校庆筹备工作。召开校友工作研讨会,促进校友工作规范化、专业化发展。

2014年,新成立瑞士校友会、泉州校友会、东莞校友会等。英国、日本以及香港地区、上海、江西、江苏、安徽、温州、丽水、台州等地方校友会进行了换届。成立欧洲校友会联谊,华东地区校友会联谊会进行了换届工作,东南西北四大片区地方校友会联谊会年会如期举行,联谊会交流平台作用日趋突显。

学院(系)校友分会积极融入地方校友会,开展各类院系校友联谊活动,增强了地方校友会的活力。外语学院上海校友联谊会、电气学院杭州校友联谊会和北京、西北、西南公共管理研究会相继成立。自4月份起,携手各学院、有关部门,积极推动值年校友返校计划。2014年,返校登记在册的校友有5300余人次,其中发放毕业(入学)50周年荣誉证书3400本,深受校友欢迎。

浙大校友网注册人数已超五万,新增用户一万多,新浪官方微博粉丝数已超2.3万。办好办精《浙大校友》,其发行量已扩大到2万册。

加强校友总会微信公众平台的建设,努力做到信息每日推送。截至2014年年底,关注人数已超8000人。同时,建立了各地校友会会长微信工作群,加强了与地方校友会的日常信息沟通,及时传递工作信息和有效掌握各地校友会近况。

作为中国高教学会校友工作研究分会会长单位,新发展27家高校校友工作单位入会,会员总数达310家;完善研究分会信息和交流平台建设,共编辑10期高校校友工作电子信息简报,有效推动了高校之间信息和工作的交流;承办了全国高校校友工作第21次研讨会。

继续办好"缘定浙大"校友集体婚礼、"大学之声"新年音乐会、返校迎接新校友、浙大学子走访校友行、"我爱浙大——校友年度捐赠"、班级联络员聘任、"求是寻根"、

"迎新送新"等特色品牌活动 10 余项,邀请忻皓、徐亚男等校友回校举行 2 期"浙江大学校友讲堂",组织或参加各类重要活动 30 余项(详见附录)。

【上海籍院士校友建言母校发展】 10 月 15 日上午,在浙江大学上海籍院士校友座谈会上,陈吉余、陈宜张、戴立信、干福熹、袁运开等校友,与专程来沪看望沪籍老学长的浙大校长林建华、发展委员会主席张浚生、副校长罗卫东等座谈交流,为母校人才培养、师资队伍建设和学科发展等建言献策。本次活动由上海浙大校友会主办,20 余位来自上海各界的校友代表与会,其中有 10 位平均年龄 88 岁的院士老学长。虽然离开母校数十年,老学长们仍通过电视、报纸、网络等渠道,或是工作联系,时刻关注和支持着母校的发展。座谈会上,校领导还为今年刚届 90 高龄的戴立信、张友尚、池志强三位院士校友系上红丝带,为他们祝寿;并祝每一位校友健康长寿。

【纪念刘奎斗校友 100 周年诞辰座谈会举行】 6 月 20 日,浙江大学纪念刘奎斗校友 100 周年诞辰座谈会在玉泉校区举行。浙江大学发展委员会主席张浚生,校长助理、校友总会副会长张美凤,校友代表以及校档案馆、港澳台办、发展联络办、刘奎斗校友母院

电气学院的师生代表近 30 人出席了座谈会。

刘奎斗,1942 年毕业于浙江大学电机系,抗日战争期间英勇参军作战,后移居台湾,任森美工程公司董事长。刘奎斗先生对竺可桢校长无比崇敬,热爱母校,几次出任台湾浙江大学校友会理事长。1997 年浙江大学百年校庆时,刘奎斗先生卖掉自己 1200 平方米土地,将卖地所得 200 万美元以匿名方式全部捐赠母校建造竺可桢国际教育学院大楼暨竺可桢纪念馆。后在得知建设费用不足的情况下,义无反顾拿出了自己全部积蓄,追加捐款 60 万美元。

【组织承办全国高校校友工作第 21 次研讨会】 该研讨会 12 月 18 日在浙江大学召开。中国高等教育学会校友工作研究分会会长、浙江大学校长林建华出席会议。大会宣读了 26 家新入会高校名单,并通报了 2014 年财务收支情况。大会邀请浙江大学公共管理学院常务副院长郁建兴教授作《社会组织大发展时代的高校校友会》专题报告,北京大学、上海交通大学、同济大学、中山大学、中南大学、四川大学、浙江大学等高校代表作了专题交流报告。

本届研讨会由中国高等教育学会校友工作研究分会主办、浙江大学校友总会承办。

【附录】

2014 年浙江大学校友工作重要活动

序号	时间	活动主题	主要人员	地点
1	1 月 1 日	2014"大学之声"第七届浙江大学新年音乐会	中共浙江省委书记夏宝龙等省领导及浙大校领导以及师生校友等各界人士千余人	杭州剧院
2	4 月 26 日	北京校友会返校迎接新校友活动	北京校友会常务副会长沈炳熙等在京校友	浙江大学玉泉校区

序号	时间	活动主题	主要人员	地点
3	5月17日	"缘定浙大"2014校友集体婚礼	来自全国16个省市、自治区以及美国、新加坡等地200对浙大校友新人、新人家属、在校师生和地方校友会校友代表3000余人	浙江大学紫金港校区
4	5月31日	第二届浙江大学校友桥牌邀请赛	来自北京、上海、深圳、江苏、贵州、杭州、宁波、温州、绍兴、嘉兴等地区的32支校友代表队以及校内师生12支代表队近300人	浙江大学紫金港校区
5	6月6日	2014浙大学子"走访校友行"活动启动仪式	2014浙大学子"走访校友行"学生及相关单位负责人	浙江大学紫金港校区
6	6月12日	2014届校友班级联络员聘任仪式	来自各院系的300多名2014届校友班级联络员代表参加活动	浙江大学紫金港校区
7	6月20日	纪念刘奎斗校友100周年诞辰座谈会	校发展委员会主席张浚生、校长助理张美凤、校友代表陈征以及校档案馆、港澳台办等相关单位师生代表	浙江大学玉泉校区
8	6月28日	第二届浙江大学校友创业大赛	浙江大学党委副书记、校友总会副会长任少波,浙江省科技厅厅长周国辉,杭州浙江大学校友会会长吕建明等近1000名浙江大学创业校友	浙江大学玉泉校区
9	7月26日	北部地区地方校友会联谊会2014年年会暨内蒙古校友会二届二次大会	来自北部地区校友会、校友总会以及国内外校友会的90余名校友代表	内蒙古自治区
11	9月27日	北美校友会38届年会	常务副校长、校友总会副会长宋永华等学校代表以及曾经历过西迁、90高龄的胡荫华校友等80余位北美校友代表	美国底特律
12	10月15日	上海籍院士校友座谈会	陈吉余、陈宜张、戴立信、干福熹、袁运开等上海籍院士校友,校长林建华、发展委员会主席张浚生、副校长罗卫东等相关人员	上海

序号	时间	活动主题	主要人员	地点
13	10月18日	华东地区校友会联谊会第十次年会	发展委员会主席张浚生、副主席陈子辰以及华东地区六省一市校友会代表约100余人	福建厦门
14	10月19日	欧洲浙江大学校友会联谊会成立大会	校党委副书记、校友总会副会长任少波,校长助理、校友总会副会长张美凤等学校代表以及欧洲各国近百位校友代表	比利时布鲁塞尔
15	10月25日	西部地区校友会联谊会年会暨浙江大学西北、西南公共管理研究会成立仪式	校发展委员会副主席郑造桓以及来自西部地区十二省、市(自治区)校友会的150余位校友代表	陕西西安
16	10月26日	瑞士校友会成立	校党委副书记、校友总会副会长任少波,校长助理、校友总会副会长张美凤等学校代表以及在瑞士工作学习的60余位校友代表	瑞士苏黎世
17	11月29日	浙江大学校友总会2014年常务理事会会议	校党委书记金德水、校长林建华等校领导以及来自海外13个国家和国内23个省(市、自治区、特别行政区)的50余名常务理事及代表	浙江大学玉泉校区灵峰山庄
18	12月13日	泉州校友会成立	党委副书记、校友总会副会长周谷平,学校发展委员会副主席黄书孟,发展联络办公室主任等学校代表以及泉州校友200余人	福建泉州
19	12月18日	全国高校校友工作第21次研讨会	来自全国264所高校的360余位代表	浙江大学紫金港校区

(周陈伟撰稿　吴晨审稿)

院系基本情况

人文学院

【概况】 人文学院现设中国语言文学系、历史学系、哲学系、艺术学系、文物与博物馆学系共5个系,古籍研究所、韩国研究所等18个研究所及20个校级研究中心。其中,汉语史研究中心为教育部人文社科重点研究基地,语言与认知研究中心、基督教与跨文化研究中心为"985工程"国家哲学社会科学创新基地,浙江文献集成编纂中心、宋学研究中心为浙江省哲学社会科学重点研究基地。

拥有中国语言文学、哲学、考古学、世界史、中国史、美术学、设计学、科学技术史等8个一级学科,其中中国语言文学、哲学、考古、世界史为一级学科博士点;有中文、历史等2个教育部基础学科科学研究和人才培养基地,中国古典文献学1个二级学科国家重点学科,外国哲学1个国家重点培育学科,中国古代文学、汉语言文字学、中国古典文献学、中国史、外国哲学、中国现当代文学、文艺学、考古学、世界史、科学技术哲学等10个浙江省重点学科。

建有中国语言文学、哲学、中国史、世界史、考古学等5个博士后流动站,拥有中国古典文献学、中国古代文学、中国古代史、外国哲学等18个博士学位授权点和中国古代文学、美术学、中国史、世界史、外国哲学等24个硕士学位授权点,设汉语言文学(含影视与动漫编导方向)、古典文献学、编辑出版学、历史学、哲学、视觉传达设计、环境设计、美术学、文物与博物馆学等9个本科专业。

现有在职教职工201人,其中正高78人(2014年新增2人)、副高66人(新增5人),有博士生指导教师100人(新增7人)、硕士生指导教师150人(新增5人)。2014年,新增教育部"长江学者"1人;引进和选留教职工8人,其中"领军人才"2人、博士后留校4人、引进海外优秀博士1人。在站博士后工作人员55人,其中3人获得中国博士后科学基金特等资助、4人获得中国博士后科学基金面上一等资助、9人获得中国博士后科学基金面上二等资助。

2014年,招收博士研究生82人(含外国留学生5人)、硕士研究生140人(含外国

附表　2014年度人文学院基本情况

项　目	数量		项　目	数量
教职工总数(人)	201		在校本科生数(人)**	716
教授数(人)	78		在读硕士研究生数(人)	249
副教授数(人)	66		其中:专业学位研究生数(人)	24
具有博士学位的教师比例(%)	81		在读博士研究生数(人)	361
两院院士(人)	0		在校外国留学生攻读学位生数(人)	76
浙江大学文科资深教授(人)	1	学生规模	应届本科毕业生数(人)	208
国家"千人计划"入选数(人)	0		应届硕士研究生毕业生数(人)	118
其中:创新人才项目(人)	0		其中:专业学位研究生数(人)	6
外专千人计划(人)	0		应届博士研究生毕业生数(人)	56
青年千人计划(人)	0		其中:专业学位研究生数(人)	0
"国家特支计划"入选数(人)	0		应届外国留学生毕业生数(人)	26
其中:科技创新领军人才(人)	0		其中:研究生数(人)	17
百千万工程领军人才(人)	0		应届本科毕业生一次就业率(%)	96.31
哲学社会科学领军人才(人)	0		应届本科毕业生考研录取(出国)率(%)	46.08
青年拔尖人才(人)	0			
973计划首席科学家数*(人)	0		应届毕业研究生一次就业率(%)	95.54
省部级高校教学名师奖获得者(人)	4	科学研究成果	科研总经费(万元)	1634.09
国家"百千万人才工程"入选数(人)	1		其中:国家自然基金比重(%)	19.1
"长江学者"数(人)	1		国家社科基金比重(%)	33.5
国家杰出青年基金获得者(人)	0		纵向经费比重(%)	68
教育部新(跨)世纪优秀人才培养计划入选数(人)	9		获国家级科技奖项目数(项)	0
浙江省特级专家(人)	3		获国家级教学成果奖数(项)	1
浙江省千人计划入选者(人)	0		授权发明专利数(项)	1
一级学科国家重点学科数(个)	0		SCI入选论文数(篇)	7
二级学科国家重点学科数(个)	1		EI入选论文数(篇)	0
国家重点(专业)实验室(个)	0		SSCI入选论文数(篇)	5
国家工程(技术)研究中心(个)	0		A&HCI入选论文数(篇)	7
教育部人文社会科学研究基地数(个)	1		权威刊物论文数(篇)	13
国家人才培养基地(含教学、教育基地)(个)	2		MEDLINE入选论文数(篇)	0
国家精品资源共享课(门)	1		出版专著(部)	25
国家精品视频公开课(门)	5	国际交流	教师出国交流(人次)	59
中国大学MOOC(门)	2		学生出国交流(人次)	77
社会捐赠经费总额(万元)	450		举办国际学术会议数(次)	9

注:* 含重大科学研究计划、ITER计划、青年科学家专题等。

** 不包含主修专业未确认的2014级分类招生进校的学生。

浙江大学年鉴

留学生 22 人),本科生 275 人(专业培养 42 人,大类培养 233 人)。2013 级本科生确认人文学院主修专业 262 人(含留学生 21 人)。毕业博士研究生 56 人、硕士研究生 118 人、本科生 218 人。2014 届毕业研究生一次就业率为 95.54%,本科毕业生一次就业率为 96.31%,本科生考研录取(出国)率为 46.08%。

到位科研总经费 1634.09 万元,与上年持平。其中,人文社科类研究经费 1321.64 万元,自然科学类研究经费 312.45 万元。2014 年,获批人文社科类科研项目 74 项,其中国家社科基金 20 项(其中重大项目 3 项、重点项目 4 项),教育部规划项目立项数 4 项(其中重大项目 1 项)。获浙江省第十七届哲学社会科学优秀成果奖 18 项,其中一等奖 2 项;获浙江大学首届学生人文社会科学优秀成果奖 9 项,占获奖总数的四分之一。

全年接待海外专家学者约 150 人次;与台湾佛光大学签署学术交流合作协议,与万科南都房地产有限公司合作共建浙江大学人文学院——万科良渚文化村生活艺术中心和浙江大学人文学院学生实践基地,与浙江温岭农村合作银行共建浙江大学人文学院研究生实践基地。积极开展发展联络和校友工作,进一步争取和整合社会资源;致力于文化普及,与浙江卫视合作推出大型综艺节目"中华好故事",受到各界高度评价。

【新增教育部"长江学者"】 2014 年 11 月,教育部人事司公布 2013、2014 年度长江学者特聘教授讲座教授名单。王云路教授入选教育部"长江学者"特聘教授,岗位名称为汉语言文字学(汉语史)。王云路,国家二级教授,浙江大学求是特聘教授,浙江省有突出贡献的中青年专家,研究方向为中古汉语和训诂学。主持国家社科基金、教育部重大课题和高校古委会课题十余项;出版专著十余部,发表论文百余篇,其中专著《中古汉语词例释》(与方一新合作)获北京大学王力语言学奖,《汉魏六朝诗歌语言论稿》、《中古汉语词汇史》分获教育部中国高校人文社科成果二、三等奖和浙江省政府哲学社会科学优秀成果一等奖,《汉语词汇核心义》入选国家社科成果文库。获浙江省政府哲学社会科学优秀成果二、三等奖多次。曾获浙江省三八红旗手称号。

【获 4 项国家级重大项目】 2014 年,学院获得 3 项国家社科基金重大项目,分别是杨大春教授任首席专家的"《梅洛—庞蒂著作集》编译与研究"、胡可先教授任首席专家的"考古发现与中古文学研究"、方一新教授任首席专家的"汉语词汇通史"。黄厚明教授任首席专家的"中国历代绘画大系编纂与研究"获得教育部重大攻关项目立项。截至2014 年年底,学院共有在研国家社科基金重大项目 10 项、教育部重大攻关项目 5 项、教育部基地重大项目十余项。

【获国家级教学成果奖】 2014 年 9 月,教育部发文公布 2014 年国家级教学成果奖获奖项目,盛晓明等教授完成的"文史哲通识课程建设的精品化与公开化"项目获第七届高等教育国家级教学成果奖二等奖。该项目以精品化为核心,围绕人文经典来凝练"少而精"的课程体系,利用公开、移动学习平台打破教学在时间和空间上的限制,实现课程资源的社会共享。通过建立 2+2+2 的课程模式和 1+2+4 的教学团队,采用主体间性的研讨型教学方式,在通识课程改革上取得了显著成效。

(王国英撰稿 楼含松审稿)

外国语言文化与国际交流学院

【概况】 外国语言文化与国际交流学院(简称外语学院)由英文系、语言与翻译系、亚欧语系3个学系组成,设有外国文学研究所、外国语言学及应用语言学研究所(更名)、德国文化研究所、翻译学研究所(新增)、跨文化与区域研究所(新增)5个校级研究所和德国学研究所、俄语语言文化研究所(更名)、法语语言文化研究所(更名)、日语语言文化研究所(更名)等4个院级研究所以及浙江大学当代中国话语研究中心、浙江大学外语传媒出版质量研究中心(新增)、外语学院沈弘工作室、外语学院现代主义研究中心、外语学院语言行为模式研究中心、外语学院美国文学研究中心、外语学院法律话语与翻译中心和外语学院青年教师创新平台等8个科研平台。

英语语言文学、外国语言学及应用语言学为浙江省重点学科。

学院拥有外国语言文学一级学科博士学位授予权,涵盖4个二级学科博士学位授予权;拥有外国语言文学一级学科硕士学位授予权,涵盖6个二级学科硕士学位授予权;拥有英语笔译、教育(学科教学·英语)等2个硕士专业学位授权点以及英语、日语、德语、俄语、法语、翻译等6个本科专业。

现有教职工192人。其中教授30人(新增1人)、副教授51人(新增4人)、高级讲师4人、副译审1人,博士研究生导师26人、硕士研究生导师68人(新增3人)。教师中有76人具有博士学位,占教师总数的45.78%。此外,学院有博士后工作人员共7人(其中5人委培),外聘教师3人(其中外籍1人)。

2014年,招收本科生205人(其中专业培养136人、大类培养69人)、硕士研究生62人、博士研究生17人,2013级本科生确认外语学院主修专业188人(含留学生40人),毕业本科生134人、硕士研究生61人、博士研究生9人。2014届本科毕业生一次就业率为97.01%,毕业研究生一次就业率为97.3%。

科研总经费332.3万元,其中2014年新增项目的到款经费228.1万元;在研科研项目124项,其中2014年新增项目29项,新增项目中有国家哲学社会科学基金项目5项(其中重大1项)、国家自然科学基金项目1项、教育部立项2项、浙江省规划项目1项;入选SSCI论文13篇、SCI论文6篇,发表权威期刊论文5篇、一级刊物论文17篇;出版学术专著、译著17部,编著教材28部;获各类科研奖项9项,其中省部级奖项4项。邀请国内外著名学者做学术报告44场,主办国际学术会议4次、全国学术会议2次。

学院与英国、美国、德国、法国、日本、俄罗斯、加拿大、丹麦等国家和中国香港地区的高校有着广泛的交流与合作。2014年与英国曼彻斯特大学艺术、语言与文化学院在继续本科生培养的"2+2"项目基础上,签订了"3+1"的本硕合作项目。与丹麦奥胡斯大学、英国阿伯丁大学、英国南安普敦大学、西澳大利亚大学、墨尔本大学等达成初步合作意向。2014年,全院教师出国交流共35人次,本科生、研究生出国交流共91人次。学院进一步扩大留学生规模,不断提高留学生培养质量,2014年学院在校攻读学位的本

附表　2014 年度外语学院基本情况

项　目	数量		项　目	数量
教职工总数(人)	192		在校本科生数(人)**	589
教授数(人)	30		在读硕士研究生数(人)	176
副教授数(人)	51		其中:专业学位研究生数(人)	23
具有博士学位的教师比例(%)	45.78		在读博士研究生数(人)	81
两院院士(人)	0		其中:专业学位研究生数(人)	0
浙江大学文科资深教授(人)	0		在校外国留学生攻读学位生数(人)	145
国家"千人计划"入选数(人)	0	学生规模	应届本科毕业生数(人)	134
其中:创新人才项目(人)	0		应届硕士研究生毕业生数(人)	61
外专千人计划(人)	0		其中:专业学位研究生数(人)	9
青年千人计划(人)	0		应届博士研究生毕业生数(人)	9
"国家特支计划"入选数(人)	0		其中:专业学位研究生数(人)	0
其中:科技创新领军人才(人)	0		应届外国留学生毕业生数(人)	15
百千万工程领军人才(人)	0		其中:研究生数(人)	0
哲学社会科学领军人才(人)	0		应届本科毕业生一次就业率(%)	97.01
青年拔尖人才(人)	0		应届本科毕业生考研录取(出国)率(%)	61.19
973 计划首席科学家数*(人)	1		应届毕业研究生一次就业率(%)	97.3
省部级高校教学名师奖获得者(人)	1		科研总经费(万元)	332.3
国家"百千万人才工程"入选数(人)	0		其中:国家自然基金比重(%)	3.7
"长江学者"数(人)	3		国家社科基金比重(%)	41.29
国家杰出青年基金获得者(人)	0		纵向经费比重(%)	64.61
教育部新(跨)世纪优秀人才培养计划入选数(人)	0		获国家级科技奖项目数(项)	0
浙江省特级专家(人)	0		获国家级教学成果奖数(项)	0
浙江省千人计划入选者(人)	0	科学研究成果	教育部第七届高等学校科学研究优秀成果奖(人文社会科学)(项)	0
一级学科国家重点学科数(个)	0		授权发明专利数(项)	0
二级学科国家重点学科数(个)	0		SCI 入选论文数(篇)	6
国家重点(专业)实验室(个)	0		EI 入选论文数(篇)	0
国家工程(技术)研究中心(个)	0		SSCI 入选论文数(篇)	13
教育部人文社会科学研究基地数(个)			A&HCI 入选论文数(篇)	15
国家人才培养基地(含教学、教育基地)(个)	0		权威刊物论文数(篇)	5
			MEDLINE 入选论文数(篇)	0
国家精品资源共享课(门)	1		出版专著(部)	17
国家精品视频公开课(门)	0	国际交流	教师出国交流(人次)	35
			学生出国交流(人次)	91
社会捐赠经费总额(万元)	2.5		举办国际学术会议数(次)	4

注:* 含重大科学研究计划、ITER 计划、青年科学家专题等。

** 不包含主修专业未确认的 2014 级分类招生进校的学生。

科、硕士、博士留学生总数达到 145 人。

【系所机构调整到位】 2014 年 10 月，历时五个月的学院系所机构调整工作正式到位。本次调整以"系所并存，分工不同，系管教学、所管科研"为基本原则，恢复并调整设立英文系、语言与翻译系、亚欧语系等 3 个学系，进一步加强本科生专业认同感；调整及新设外国文学研究所、外国语言学及应用语言学研究所、德国文化研究所、翻译学研究所、跨文化与区域研究所等 5 个校级研究所；制定系所负责人任职条件、工作职责、系所常务会议制度等，实行研究所所长任期目标责任制，并完成系所负责人换届工作。

【刘海涛教授团队发表高水平长篇评论】
11 月 12 日，刘海涛教授团队在 *Physics of Life Reviews*（简称 PLREV）发表有关语言复杂网络的长篇评论 *Approaching human language with complex networks*。PLREV 是由国际著名学术出版社 Elsevier 出版的国际知名自然语言科学期刊，SCI 影响因子为 9.478。刘海涛教授团队的文章不仅是该刊创刊 11 年来第二篇来自中国大陆的长篇评论，而且是全球首篇刊登于高水平学术期刊的有关语言复杂网络的长篇评论。刘海涛教授团队能受邀为 PLREV 撰写有关语言复杂网络的评论，主要得益于多年来他们已在该领域取得了多项国际领先的研究成果，是外语学院多年来坚持采用跨学科研究方法研究语言的结果，是外语学院在该研究领域处于国际领先实力的体现。

【外语学院上海校友联谊会成立大会】 外语学院上海校友联谊会于 5 月 24 日在上海召开，123 位外语学院在沪校友参加大会。会议通过了外语学院上海校友联谊会章程、理事会机构名单，推选杨旭明校友为联谊会

会长，文选、郭可、孙旭东校友为副会长，李德照、张定真、杨国兴、周根良、左言升、严肃、金音琦、胡炜萍、黎景宜、张弦、周絮芳、张余校友为理事。此外，本届上海校友联谊会聘请 1951 届张德中校友为顾问，聘请原外语学院校友分会第一届会长何刚强校友为名誉会长。

（高晓洁撰稿　姚娅萍审稿）

传媒与国际文化学院

【概况】 传媒与国际文化学院（以下简称传媒学院）由新闻传播学系、国际文化学系、影视艺术与新媒体学系（筹）组成，设有传播、新闻传媒与社会发展、广播影视、美学与批评理论、社会思想研究等 5 个研究所，建有浙江省传媒与文化产业研究中心、浙江省娱乐与创意产业研究中心等 2 个研究中心及浙江大学影视制作与传播中心、浙江大学中国海洋文化传播研究中心、浙江大学数字未来与媒介社会研究平台。

　　新闻学、传播学是浙江省重点建设学科，传媒实验教学中心是浙江省重点实验室、浙江省示范实验教学中心，广播电视、新闻与传播专业学位实验基地是浙江大学扶持的示范实验基地，"浙江大学—浙广集团新闻传播学类文科实践教育基地"是教育部部属高校国家大学生校外实践教育基地。

　　学院拥有新闻传播学一级学科博士学位授予权，美学二级学科博士学位授予权，新闻传播学一级学科硕士学位授予权，戏剧与影视学一级学科硕士学位授予权，美学、新闻学、传播学、二级学科硕士学位授予权；

附表　2014 年度传媒学院基本情况

项　目	数量		项　目	数量
教职工总数(人)	65		在校本科生数(人)**	446
教授数(人)	15		在读硕士研究生数(人)	159
副教授数(人)	25		其中:专业学位研究生数(人)	136
具有博士学位的教师比例(%)	71.7		在读博士研究生数(人)	80
两院院士(人)	0		其中:专业学位研究生数(人)	0
浙江大学文科资深教授(人)	0		在校外国留学生攻读学位生数(人)	159
国家"千人计划"入选数(人)	0	学生规模	应届本科毕业生数(人)	130
其中:创新人才项目(人)	0		应届硕士研究生毕业生数(人)	80
外专千人计划(人)	0		其中:专业学位研究生数(人)	0
青年千人计划(人)	0		应届博士研究生毕业生数(人)	14
"国家特支计划"入选数(人)	0		其中:专业学位研究生数(人)	0
其中:科技创新领军人才(人)	0		应届外国留学生毕业生数(人)	36
百千万工程领军人才(人)	0		其中:研究生数(人)	20
哲学社会科学领军人才(人)	0		应届本科毕业生一次就业率(%)	93.75
青年拔尖人才(人)	0		应届本科毕业生考研录取(出国)率(%)	33.39
973 计划首席科学家数*(人)	0		应届毕业研究生一次就业率(%)	98.77
省部级高校教学名师奖获得者(人)	0		科研总经费(万元)	1194.9
国家"百千万人才工程"入选数(人)	0		其中:国家自然基金比重(%)	
"长江学者"数(人)	1		国家社科基金比重(%)	1.00
国家杰出青年基金获得者(人)	0		纵向经费比重(%)	7.00
教育部新(跨)世纪优秀人才培养计划入选数(人)	0		获国家级科技奖项目数(项)	0
浙江省特级专家(人)	0		获国家级教学成果奖数(项)	0
浙江省千人计划入选者(人)	0	科学研究成果	教育部第七届高等学校科学研究优秀成果奖(人文社会科学)(项)	0
一级学科国家重点学科数(个)	0		授权发明专利数(项)	0
二级学科国家重点学科数(个)	0		SCI 入选论文数(篇)	0
国家重点(专业)实验室(个)	0		EI 入选论文数(篇)	0
国家工程(技术)研究中心(个)	0		SSCI 入选论文数(篇)	1
教育部人文社会科学研究基地数(个)	0		A&HCI 入选论文数(篇)	0
国家人才培养基地(含教学、教育基地)(个)	0		权威刊物论文数(篇)	6
国家精品资源共享课(门)	0		MEDLINE 入选论文数(篇)	0
国家精品视频公开课(门)	0		出版专著(部)	7
社会捐赠经费总额(万元)	450	国际交流	教师出国交流(人次)	15
			学生出国交流(人次)	46
			举办国际学术会议数(次)	4

注:* 含重大科学研究计划、ITER 计划、青年科学家专题等。

** 不包含主修专业未确认的 2014 级分类招生进校的学生。

广播电视、新闻与传播、汉语国际教育 3 个专业学位硕士授权点以及汉语国际教学、新闻学、广告学、广播电视学 4 个本科专业和各类继续教育,已形成了博士、硕士、本科和继续教育的完整教学体系。

现有教职工 65 人(2014 年新增 1 人),其中教授 15 人(2014 年新增 1 人)、副教授 25 人,博士研究生导师 9 人(2014 年新增 1 人)、硕士研究生导师 36 人(2014 年新增 2 人),专业硕士校外兼职导师 5 人(2014 年新增 1 人),博士后 5 人。

2014 年,招收博士研究生 21 人、硕士研究 69 人,2013 级本科生 138 人确认主修专业进入传媒学院学习,毕业本科生 130 人、硕士研究生 80 人、博士研究生 14 人。2014 届本科毕业生一次就业率为 93.75%,毕业研究生一次就业率为 98.77%。

2014 年科研总经费为 1194.9 万元,较上年增长 7%。研项目 138 项,较上年增长 0.2%;2014 年新立项科研项目 42 项,较上年增长-19%;出版专著 7 部,发表权威及一级刊物论文 30 篇、其他论文 40 篇,被 SSCI 收录论文 1 篇。

2014 年,与中国传媒大学等机构合作承办第九届华文戏剧节,主办第五届数字未来与媒介社会国际学术会议,举办第六届浙江大学"国际前沿传播理论与研究方法"高级研修班,承办了 2014"海洋文化与海洋文化产业"国际学术会议。英国曼彻斯特大学、威斯康星大学等海外名校来学院访问。

【全媒体平台正式上线】 该平台于 2014 年 4 月 26 日上线。它由采编部、出版部、品牌推广部、新媒体部和创意工作室 5 个部门组成,囊括了网站、APP、微信、微博以及实体杂志等五种媒介产品。该平台为全院学生的实践平台,在培养学生传统采、编、写等能力的同时,注重各种新媒体形式的运用和实际操作能力的培养,全力打造"全媒体"传播环境下的"全能型"人才。至 2014 年年底,该平台已吸收各年级各专业学生 100 余人。

【校部共建传媒与国际文化学院】 2014 年 7 月 11 日,中共浙江省委宣传部与浙江大学在浙大紫金港校区举行仪式,签约共建浙江大学传媒与国际文化学院。根据协议,除了常规的人才培养、科学研究、社会服务、人才队伍建设、学科规划、基地建设等工作之外,传媒与国际文化学院还将实施马克思主义新闻观"五个一工程"项目,整合各界师资力量开设马克思主义新闻观课程,举办了马克思主义新闻观的讲座,并对一线新闻从业人员展开了马克思主义新闻观的培训。

(刘　烨撰稿　王玲玲审稿)

经济学院

【概况】 经济学院由经济学系、金融学系、国际经济与贸易学系、财政学系等 4 个系组成,设有经济研究所、产业经济研究所、金融研究所、证券期货研究所、国际经济研究所、国际商务研究所、公共经济与财政研究所、法与经济研究所等 8 个研究所,建有教育部人文社科重点研究基地和国家哲学社会科学创新研究基地(A 类)"浙江大学民营经济研究中心"、国家哲学社会科学创新研究基地(B 类)"浙江大学跨学科研究中心"、浙江省社会科学重点研究基地"浙江大学区域经济开放与发展研究中心"、浙江大学金融研究院、浙江大学江万龄国际经济与金融投资研究中心、浙江大学儒商与东亚文明研究中心、浙江大学不动产投资研究中心、浙江大学—诺丁汉大学中国与全球经济政策研究中心、浙江大学法律经济研究中心等多个研究机构。学院教学辅助设施齐全，建有实验经济学、电子商务、金融等实验室以及万得数据库、中国企业工业数据库、BVD数据库、经济合作发展组织数据库、世界银行在线图书馆数据库、国际货币基金组织数据库等多个专业性数据库等。

学院拥有政治经济学国家重点（培育）学科，建有理论经济学、应用经济学2个博士后流动站，拥有理论经济学、应用经济学2个一级学科博士学位授权点和政治经济学、西方经济学等10个二级学科博士学位授权点；拥有理论经济学和应用经济学2个一级学科硕士学位授权点，金融、国际商务、税务3个专业学位硕士学位授权点；经济学、金融学、国际经济与贸易、财政学等4个本科专业及1个金融学试验班。

现有教职工126人，包括专任教师102人。其中，教授33人（2014年新增1人）、副教授44人（2014年新增2人）；博士研究生导师44人（2014年新增4人，其中外院9人，外校兼职6人）、硕士研究生导师108人（2014年新增3人，其中外院33人）。2014年，学院新增国家"千人计划"1人、"长江学者"特聘教授1人、浙江大学文科资深教授1人、"百千万人才工程"国家级人选1人。

招收本科生326人（含留学生42人），硕士研究生148人（含留学生9人），博士研究生36人（含留学生1人）。学院团委抓住"青年大学生发展的本质需求"这一核心，搭建平台，开展了"经世济民"文化节、"开讲"系列论坛、论文报告会、诺贝尔经济学奖得主竞猜活动、对外交流成果展、经济学创新

沙龙、新生辩论赛，"经世纵横"大型学术月等一系列学院品牌特色活动，形成学院文化，培养学生的研究创新能力，进一步提高了学生的综合素质。

全院科研经费1279.48万元，其中纵向经费473.05万元、横向经费806.43万元；2014年获批国家社科基金项目3项、国家自科基金6项；出版了专著编著9部；发表权威刊物11篇、一级刊物论文16篇，被SSCI收录论文20篇、SCI收录2篇、ISSHP收录1篇、EI收录1篇；共召开了21次有影响力的国际、国内学术会议。

学院积极推动师生对外进行学术交流。全年教师出访31批共45人次，学生出国交流159人次；接待来访专家61批共118人次；与法国图卢兹大学经济学院、台湾大学社会科学院、法律学院等国际、境外院校签订了合作协议。

【引进国家"千人计划"创新人才】 2014年5月4日，新引进国家"千人计划"创新人才、美国科罗拉多大学教授陈勇民。陈勇民多年来对产业组织的理论与应用做出了重要贡献，现担任 *International Journal of Industrial Organization*（《国际产业组织学杂志》）主编。他在国际上最早提出了知识产权保护力度与经济发展的U形关系理论，对发展中国家知识产权的法律保护有重要政策意义。近年来他进一步在营销创新、市场结构与创新、合同关系与企业创新、专利保护与持续创新、知识产权保护与竞争政策等方面，做出了新的理论贡献与政策分析。

【新增"长江学者"特聘教授】 12月24日，经济学院教授黄先海被评为教育部"长江学者"奖励计划特聘教授，同时被评为"百千万人才工程"国家级人选。黄先海创新性地构建了包括"资本积累—效率增进—技术创新"

附表　2014 年度经济学院基本情况

项　目	数量		项　目	数量
教职工总数（人）	126		在校本科生数（人）**	1096
教授数（人）	33		在读硕士研究生数（人）	267
副教授数（人）	44		其中:专业学位研究生数（人）	142
具有博士学位的教师比例（%）	62.75		在读博士研究生数（人）	214
两院院士（人）	0		其中:专业学位研究生数（人）	0
浙江大学文科资深教授（人）	1		在校外国留学生攻读学位生数（人）	199
国家"千人计划"入选数（人）	2	学生规模	应届本科毕业生数（人）	330
其中:创新人才项目（人）	2		应届硕士研究生毕业生数（人）	124
外专千人计划（人）	0		其中:专业学位研究生数（人）	63
青年千人计划（人）	0		应届博士研究生毕业生数（人）	22
"国家特支计划"入选数（人）	0		其中:专业学位研究生数（人）	0
其中:科技创新领军人才（人）	0		应届外国留学生毕业生数（人）	18
百千万工程领军人才（人）	0		其中:研究生数（人）	2
哲学社会科学领军人才（人）	0		应届本科毕业生一次就业率（%）	97.2
青年拔尖人才（人）	0		应届本科毕业生考研录取（出国）率（%）	36.75
973 计划首席科学家数*（人）	0		应届毕业研究生一次就业率（%）	100
省部级高校教学名师奖获得者（人）	1		科研总经费（万元）	1279.48
国家"百千万人才工程"入选数（人）	2		其中:国家自然基金比重（%）	9.68
			国家社科基金比重（%）	7.55
"长江学者"数（人）	4		纵向经费比重（%）	36.97
国家杰出青年基金获得者（人）	0		获国家级科技奖项目数（项）	0
教育部新（跨）世纪优秀人才培养计划入选数（人）	6		获国家级教学成果奖数（项）	0
浙江省特级专家（人）	0		教育部第七届高等学校科学研究优秀成果奖（人文社会科学）（项）	0
浙江省千人计划入选者（人）	3		授权发明专利数（项）	0
一级学科国家重点学科数（个）	0	科学研究成果	SCI 入选论文数（篇）	2
二级学科国家重点学科数（个）	0		EI 入选论文数（篇）	1
国家重点（专业）实验室（个）	0		SSCI 入选论文数（篇）	20
国家工程（技术）研究中心（个）	1		A&HCI 入选论文数（篇）	0
教育部人文社会科学研究基地数（个）	1		权威刊物论文数（篇）	11
国家人才培养基地（含教学、教育基地）（个）	0		MEDLINE 入选论文数（篇）	0
			出版专著（部）	9
国家精品资源共享课（门）	1	国际交流	教师出国交流（人次）	45
国家精品视频公开课（门）	0		学生出国交流（人次）	159
社会捐赠经费总额（万元）	378		举办国际学术会议数（次）	8

注: * 含重大科学研究计划、ITER 计划、青年科学家专题等。

** 不包含主修专业未确认的 2014 级分类招生进校的学生。

三要素的蛙跳型经济增长的理论分析框架；构建了劳动收入比重增长率的分解公式，有效阐释了中国劳动收入比重下降的机理；揭示了中国国际分工地位升级的内在机理与决定因素，提出中国产业升级的关键是要挖掘和培育内部动力，而非依赖于 FDI 的溢出效应。其理论观点有重要的学术影响力。

【专业学科建设取得重大突破】 9月25日，金融学专业成功申报了浙江省"十二五"普通本科高校新兴特色专业建设项目和教育部"本科教学工程"一专业综合改革试点建设项目；本着学校专业战略的考虑及金融学专业发展规划和社会需求，金融专业学位硕士点新增设了"互联网金融"方向。这些突破，进一步完善了学院的学科体系，优化了学科结构。

（宗　晔撰稿　黄先海审核）

光华法学院

【概况】　光华法学院地处国家级西湖风景名胜区，属于国家重点文物保护单位。学院占地 670 亩，历史人文底蕴深厚，是国内第一家拥有独立校区办学的法学院。

学院现有法理与判例研究所、公法与比较法研究所、民商法研究所、国际法研究所、经济法研究所、刑法研究所、诉讼法研究中心等"6＋1"校级研究所。另有浙江大学亚洲法律研究中心、浙江大学律师实务研究中心、浙江省法制研究所、浙江大学法治研究中心、浙江大学司法鉴定中心、浙江大学海洋法律与治理研究中心、浙江大学中国地方治理与法治发展研究中心（2014 年新增）、

浙江大学光华法学院环境资源能源法律研究中心（2014 年新增）等研究机构；拥有应用型、复合型法律职业人才教育培养基地和涉外法律人才教育培养基地 2 个国家级首批"卓越法律人才教育培养"基地。

学院拥有法学一级学科博士点，下设 7 个二级研究方向，即宪法学与行政法学、法理学、民商法学、经济法学、诉讼法学、国际法学、刑法学；设有法学一级学科硕士点，下设法学理论、宪法学与行政法学、法律史学、经济法学、民商法学、国际法学、刑法学、诉讼法学、环境与资源保护法学 9 个二级方向。另有法律硕士（JM）专业学位授权点、自主设置目录外二级学科海洋法学硕博士授权点、专门招收国际学生的中国法硕博授权点（LL. M. 和 S. J. D.）。2014 年，中国法博士授权点（S. J. D.）获批并开始招生。宪法学与行政法学是国家和浙江省重点学科，民商法学是浙江省重点学科。学院有 2 门国家级精品课程和 2 门国家精品视频公开课程。

现有教职工 76 人，其中专任教师 63 人、教授 27 人（2014 年新增 5 人）、副教授（副研究员）21 人。2014 年，学院新增国家千人计划 1 人、教育部跨世纪人才 1 人、全国高校青年教师教学竞赛人文组一等奖获得者 1 人、光华法学特聘教授 1 人等。

本科生教育实行基础宽厚与口径专精相结合的"宽、专、交"人才培养模式。研究生教育以培养复合型、职业型、创新型的人才为目标。学生培养质量不断提升：2014 年度有 1 人获得第九届中国法学家论坛主题征文一等奖；1 人获全国博士生论坛（法学）一等奖；1 人获得"启真杯"浙江大学 2014 年学生十大科研学术新成果奖；2 人获得第

附表 2014 年度光华法学院基本情况

项 目	数量		项 目	数量
教职工总数（人）	76		在校本科生数（人）**	439
教授数（人）	27		在读硕士研究生数（人）	674
副教授数（人）	21		其中：专业学位研究生数（人）	578
具有博士学位的教师比例（%）	77.8		在读博士研究生数（人）	99
两院院士（人）	0		其中：专业学位研究生数（人）	0
浙江大学文科资深教授（人）	0		在校外国留学生攻读学位生数（人）	25
国家"千人计划"入选数（人）	2	学生规模	应届本科毕业生数（人）	141
其中：创新人才项目（人）	0		应届硕士研究生毕业生数（人）	257
外专千人计划（人）	0		其中：专业学位研究生数（人）	186
青年千人计划（人）	1		应届博士研究生毕业生数（人）	12
"国家特支计划"入选数（人）	0		其中：专业学位研究生数（人）	0
其中：科技创新领军人才（人）	0		应届外国留学生毕业生数（人）	0
百千万工程领军人才（人）	0		其中：研究生数（人）	0
哲学社会科学领军人才（人）	1		应届本科毕业生一次就业率（%）	95.07
青年拔尖人才（人）	0		应届本科毕业生考研录取（出国）率（%）	21.2 (11.3)
973 计划首席科学家数*（人）	0		应届毕业研究生一次就业率（%）	97.76
省部级高校教学名师奖获得者（人）	0		科研总经费（万元）	442.4
国家"百千万人才工程"入选数（人）	0		其中：国家自然基金比重（%）	11.3
"长江学者"数（人）	0		国家社科基金比重（%）	23.7
国家杰出青年基金获得者（人）	5		纵向经费比重（%）	41.3
教育部新（跨）世纪优秀人才培养计划入选数（人）	5		获国家级科技奖项目数（项）	0
浙江省特级专家（人）	0		获国家级教学成果奖数（项）	0
浙江省千人计划入选者（人）	0	科学研究成果	教育部第七届高等学校科学研究优秀成果奖（人文社会科学）（项）	0
一级学科国家重点学科数（个）	0		授权发明专利数（项）	0
二级学科国家重点学科数（个）	1		SCI 入选论文数（篇）	1
国家重点（专业）实验室（个）	0		EI 入选论文数（篇）	0
国家工程（技术）研究中心（个）	0		SSCI 入选论文数（篇）	4
教育部人文社会科学研究基地数（个）	0		A&HCI 入选论文数（篇）	0
国家人才培养基地（含教学、教育基地）（个）	2		权威刊物论文数（篇）	9
国家精品资源共享课（门）	2		MEDLINE 入选论文数（篇）	0
国家精品视频公开课（门）	2		出版专著（部）	10
社会捐赠经费总额（万元）	240	国际交流	教师出国交流（人次）	48
			学生出国交流（人次）	90
			举办国际学术会议数（次）	5

注：* 含重大科学研究计划、ITER 计划、青年科学家专题等。

** 不包含主修专业未确认的 2014 级分类招生进校的学生。

十五届江平民商法学奖学金等。

2014年,学院获省部级奖6项。共申报各类项目50项,其中基金项目新立项18项,包括国家社会科学规划基金重点项目3项,省部级重大项目1项,省部级一般项目14项。

深入推进海外一流学科伙伴计划,推动与世界一流法学院校建立长期稳定的战略合作伙伴关系。全年师生出国出境交流共计138人次,接待国外访问团组19批次;举办国际会议5场;与美国康奈尔大学法学院、英国牛津大学、马歇尔大学法学院、德国马堡大学法学院、西澳大学法学院等10余所境外高校建立或进一步深化了合作。

【引进法理学领军人才】 2014年12月引进了中国法学会副会长张文显教授担任学院名誉院长,同年6月引进华南理工大学法学院前院长葛洪义教授。张文显教授系法理学泰斗、中国现代法理学体系的奠基人之一,葛洪义教授是中国法理学研究会副会长、著名法理学专家。通过引进两位法理学领域的领军人物,发挥"传、帮、带"作用,从而培育一流的法理学团队,使法理学学科迅速成为国内的高地、高峰。

【与浙江阿里巴巴电子商务有限公司签订战略协议】 2014年7月5日,与阿里巴巴电子商务有限公司在之江校区签订了战略合作协议。根据协议,双方将开展互联网金融法律培训和分享,共同培养互联网法律领域的卓越人才和推进浙江大学互联网金融法律领域的学科建设、课程教学和教研活动,开展互联网金融法教材编写合作,合作举办具有影响力的论坛和学术会议和组织互联网金融前沿问题、立法建议的课题研究。

【与滨江法院共同建立法官助理培养机制】

2014年11月,与滨江区法院共同建立法官助理培养机制,此次合作是对人才培养机制的一次全新探索。本年度光华法学院派出了15名学生担任法官助理,任期半年至1年。法官助理主要辅助法官的日常工作,比如可以代表法官主持庭前调解,达成调解协议的,则须经法官审核确认;还可以在法官的指导下,草拟法律文书。

(林俐撰稿 朱新力审稿)

教育学院

【概况】 教育学院现有教育学系、教育领导与政策研究所、课程与教学研究所、体育学系、现代教育技术中心和军事教研室6个下属实体机构,建有中外教育现代化、高等教育、教育科学与技术、体育科学与技术等6个研究所,拥有教育部浙江大学基础教育课程研究中心、国家体育总局体育现代化发展研究中心、浙江大学体能测评与训导基地、亚洲教育研究中心、民办教育研究中心、蒙台梭利研究中心、职业与成人教育研究中心,设有联合国教科文组织亚太地区"教育革新为发展服务"(APEID)浙江大学联系中心和全球大学创新联盟亚太中心(GUNI-AP)秘书处、联合国教科文组织浙江大学创业教育教席、联合国教科文组织创业教育网络中国国家网络中心、中国创业教育联盟主席单位(2014年新增)。

教育史是国家重点学科,教育史、比较教育学、体育人文社会学是浙江省重点学科,教育学为教育部高等学校本科特色专业。

学院设有教育学一级学科博士后流动站；拥有教育学、体育学 2 个一级学科博士学位授予权；教育学、体育学一级学科硕士学位授予权，涵盖教育史、比较教育学、高等教育学、教育学原理、课程与教学论、教育技术学、体育人文社会学、体育教育训练学等 8 个二级学科博士学位授予权和 11 个硕士学位授予权，设有教育学、公共事业管理、运动训练、武术与民族传统体育、体育经济与管理 5 个本科专业。学院为教育博士、教育硕士和体育硕士专业学位培养单位，形成完整人才培养体系。

2014 年，学院招收本科生 80 人、硕士研究生 38 人、专业学位硕士研究生 20 人、在职专业学位硕士生 149 人、博士研究生 22 人、专业学位教育博士研究生 13 人。2013 级本科生 22 人确认主修教育学院专业；毕业本科生 55 人、硕士研究生 50 人、博士研究生 11 人。2014 届本科毕业生一次就业率为 98.18％，毕业研究生一次性就业率为 98.46％。

现有教职工 134 人。其中，正高级职称人员 30 人（2014 年新增 4 人）、副高级职称人员 45 人（2014 年新增 1 人）、博士研究生指导教师 33 人（2014 年新增 5 人）、硕士研究生指导教师 55 人（2014 年新增 1 人）。2014 年，入选浙江省 151 人才工程 3 人。聘有国内外兼职和客座教授 36 人（其中浙江大学求是讲座教授 1 人、永谦讲座教授 1 人）。

科研经费到款 500 万元。2014 年，新增省部级以上项目 11 项，其中国家社会科学基金项目 5 项；获浙江省第十七届哲学社会科学优秀成果奖一等奖 1 项、二等奖 2 项、三等奖 1 项；出版学术专著 16 部、译著 2 部、编著 1 部；国内外公开发表学术论文 100 篇，其中权威刊物论文 13 篇，一级刊物论文 30 篇，被 SSCI 收录论文 3 篇。

重点搭建国际教科研合作平台，积极拓展学生海外探索性学习。推动联合国教科文组织中国创业教育联盟落户浙江大学。举办国际学术会议 5 次，新签或续签合作协议 1 项，聘请全职外籍教师 1 人，短期外国专家 4 人。师生赴境外交流 171 人次，境外 25 个国家与地区来访 91 人次。

【联合国教科文组织中国创业教育联盟落户浙大】 该联盟于 11 月 26 日在杭州成立并落户浙江大学，由联合国教科文组织亚太地区教育局根据"联合国教科文组织创业教育联盟"章程规定设立，旨在加强与国际组织、国内外学校、文化机构、企业的交流与合作，共同打造中国创业教育合作平台，大力推动中国创业教育、创业群体可持续发展，服务创业型社会建设。浙江大学为联盟主席单位，负责联盟的组织与筹建、对分支机构的领导和协调等工作。联盟主席为教育学院院长徐小洲教授。

【获仁川亚运会两枚金牌】 第 17 届亚洲运动会于 2014 年 9 月 19 日至 10 月 4 日在韩国仁川举行。教育学院运动训练专业 2012 级本科生谢震业参加男子 4×100 米接力决赛，以 37 秒 99 的成绩夺冠并打破亚洲纪录，也使中国队成为第一支成功跑进 38 秒的亚洲队伍；教育学院武术与民族传统体育专业 2012 级本科生王地代表中国武术队出赛，以总成绩 19.55 分摘得男子南拳南棍全能金牌。

【获 2014 年国家级教学成果奖】 2014 年 9 月 4 日，由课程与教学研究所教授盛群力主持申报，张文军、屠莉娅、刘力、刘正伟、刘徽等主要参与的"推进中小学课程与教学改革的多维模式研究：基于大学课程与教学专业团队的探索"项目，获 2014 年国家级教学成

附表　2014 年度教育学院基本情况

项　目	数量		项　目	数量
教职工总数(人)	134		在校本科生数(人)**	405
教授数(人)	29		在读硕士研究生数(人)	721
副教授数(人)	36		其中:专业学位研究生数(人)	640
具有博士学位的教师比例(%)	64.36		在读博士研究生数(人)	158
两院院士(人)	0		其中:专业学位研究生数(人)	47
浙江大学文科资深教授(人)	1		在校外国留学生攻读学位生数(人)	7
国家"千人计划"入选数(人)	0	学生规模	应届本科毕业生数(人)	55
其中:创新人才项目(人)	0		应届硕士研究生毕业生数(人)	50
外专千人计划(人)	0		其中:专业学位研究生数(人)	6
青年千人计划(人)	0		应届博士研究生毕业生数(人)	11
"国家特支计划"入选数(人)	0		其中:专业学位研究生数(人)	1
其中:科技创新领军人才(人)	0		应届外国留学生毕业生数(人)	1
百千万工程领军人才(人)	0		其中:研究生数(人)	1
哲学社会科学领军人才(人)	0		应届本科毕业生一次就业率(%)	98.18
青年拔尖人才(人)	0		应届本科毕业生考研录取(出国)率(%)	36.36
973 计划首席科学家数*(人)	0		应届毕业研究生一次就业率(%)	98.46
省部级高校教学名师奖获得者(人)	2		科研总经费(万元)	500
国家"百千万人才工程"入选数(人)	2		其中:国家自然基金比重(%)	0
"长江学者"数(人)	0		国家社科基金比重(%)	13.6
国家杰出青年基金获得者(人)	0		纵向经费比重(%)	31
教育部新(跨)世纪优秀人才培养计划入选数(人)	5		获国家级科技奖项目数(项)	0
浙江省特级专家(人)	1	科学研究成果	获国家级教学成果奖数(项)	0
浙江省千人计划入选者(人)	0		授权发明专利数(项)	2
一级学科国家重点学科数(个)	0		SCI 入选论文数(篇)	0
二级学科国家重点学科数(个)	1		EI 入选论文数(篇)	1
国家重点(专业)实验室(个)	0		SSCI 入选论文数(篇)	3
国家工程(技术)研究中心(个)	0		A&HCI 入选论文数(篇)	0
教育部人文社会科学研究基地数(个)	0		权威刊物论文数(篇)	13
国家人才培养基地(含教学、教育基地)(个)	0		MEDLINE 入选论文数(篇)	0
国家精品资源共享课(门)	0		出版专著(部)	16
国家精品视频公开课(门)	1	国际交流	教师出国交流(人次)	40
社会捐赠经费总额(万元)	0		学生出国交流(人次)	131
			举办国际学术会议数(次)	5

注:* 含重大科学研究计划、ITER 计划、青年科学家专题等。

** 不包含主修专业未确认的 2014 级分类招生进校的学生。

果奖基础教育类二等奖。该项目主要总结并提炼了六种不同的大学专业研究团队推动中小学课程与教学改革工作范式,形成了较为稳定和规范的大学专业团队支持中小学实质性变革的工作机制,提炼出理论与实践有效整合的新方式,在聚力推进中小学课程与教学革新的同时,提高了大学课程与教学专业研究团队的理论与实践能力,以及培养教育专业领域人才的优势。

(巫微涟撰稿 徐小洲审稿)

管理学院

【概况】 管理学院下设管理科学与工程学、企业管理、会计与财务管理、旅游管理、农业经济与管理5个系。学院拥有中国农村发展研究国家哲学社会科学创新基地、创新管理与持续竞争力研究国家哲学社会科学创新基地等2个"985工程"三期建设项目,浙江大学农业现代化与农村发展研究中心(简称"卡特")1个教育部人文社科重点研究基地,浙江大学中国农村发展研究院、浙江大学全球浙商研究院等2个校级研究院,浙江大学神经管理学实验室1个校级实验室,浙江大学—杭州市服务业发展研究中心、信息技术与新兴产业研究中心等10个校级交叉学科研究中心,管理科学与信息系统研究所等12个校级研究所。此外,学院成立了国际经营研究所、行为会计研究所等11个院级研究所。

管理科学与工程为国家重点学科,农业经济管理为国家重点(培育)学科,管理科学与工程、企业管理、农业经济管理3个浙江省重点学科。

学院设有管理科学与工程、工商管理、农林经济管理3个博士后流动站,拥有管理科学与工程、工商管理、农林经济管理3个一级学科博士授予权和创业管理、技术与创新管理、工程管理3个二级学科博士授予权,管理科学与工程、企业管理等7个硕士授予权以及工商管理硕士(MBA)、高级管理人员工商管理硕士(EMBA)等6个专业学位授权点,并设置信息管理与信息系统、工商管理等9个本科专业。

现有教职员工174人(2014年新增6人),其中教授46人(2014年新增4人),具有博士生招生资格的教师53人(2014年新增5人),副教授61人(2014年新增2人)。浙江大学文科领军人才1人,浙江大学光彪讲座教授6人,浙江大学求是特聘教授4人,其他讲座教授10人,浙江省"151人才"工程23人。教师中具有博士学位的比例为74%。学院现有浙江省创新团队1个,浙江省杰出青年5人。

2014年,招收博士研究生59人,招收硕士研究生526人(其中:MBA/EMBA 471人、工程硕士30人、农业推广硕士5人、会计专业硕士20人);2013级本科生191人确认主修管理学院的专业。

到款科研经费2636万元,其中纵向经费1330万元,占全年实到经费的50.4%;在研的国家级项目总数为62项。2014年,新立项的国家级科研项目19项,其中国家自然科学基金14项,国家社科基金项目5项(重大项目2项);出版专著8部,译著、编著及教材5部;被SSCI、SCI、EI期刊三大检索系统收录论文59篇。

2014年,学院共计接待来访240人次,

附表　2014 年度管理学院基本情况

项　目	数量	项　目	数量
教职工总数(人)	174	在校本科生数(人)**	639
教授数(人)	46	在读硕士研究生数(人)	2542
副教授数(人)	61	其中:专业学位研究生数(人)	2413
具有博士学位的教师比例(%)	74	在读博士研究生数(人)	258
两院院士(人)	1	其中:专业学位研究生数(人)	0
浙江大学文科资深教授(人)	1	在校外国留学生攻读学位生数(人)	154
国家"千人计划"入选数(人)	0	应届本科毕业生数(人)	214
其中:创新人才项目(人)	0	应届硕士研究生毕业生数(人)	581
外专千人计划(人)	0	其中:专业学位研究生数(人)	446
青年千人计划(人)	0	应届博士研究生毕业生数(人)	52
"国家特支计划"入选数(人)	0	其中:专业学位研究生数(人)	0
其中:科技创新领军人才(人)	0	应届外国留学生毕业生数(人)	16
百千万工程领军人才(人)	0	其中:研究生数(人)	9
哲学社会科学领军人才(人)	0	应届本科毕业生一次就业率(%)	95.5
青年拔尖人才(人)	0	应届本科毕业生考研录取(出国)率(%)	42.8 (23.9)
973 计划首席科学家数*(人)	1	应届毕业研究生一次就业率(%)	96.1
省部级高校教学名师奖获得者(人)	0	科研总经费(万元)	2636
国家"百千万人才工程"入选数(人)	1	其中:国家自然基金比重(%)	22.7
"长江学者"数(人)	3	国家社科基金比重(%)	8.9
国家杰出青年基金获得者(人)	1	纵向经费比重(%)	50.4
教育部新(跨)世纪优秀人才培养计划入选数(人)	11	获国家级科技奖项目数(项)	0
浙江省特级专家(人)	1	获国家级教学成果奖数(项)	0
浙江省千人计划入选者(人)	2	教育部第七届高等学校科学研究优秀成果奖(人文社会科学)(项)	0
一级学科国家重点学科数(个)	1	授权发明专利数(项)	0
二级学科国家重点学科数(个)	0	SCI 入选论文数(篇)	23
国家重点(专业)实验室(个)	0	EI 入选论文数(篇)	36
国家工程(技术)研究中心(个)	0	SSCI 入选论文数(篇)	0
教育部人文社会科学研究基地数(个)	1	A&HCI 入选论文数(篇)	0
国家人才培养基地(含教学、教育基地)(个)	0	权威刊物论文数(篇)	1
国家精品资源共享课(门)	0	MEDLINE 入选论文数(篇)	0
国家精品视频公开课(门)	0	出版专著(部)	8
社会捐赠经费总额(万元)	2035.4	教师出国交流(人次)	133
		学生出国交流(人次)	185
		举办国际学术会议数(次)	3

注:* 含重大科学研究计划、ITER 计划、青年科学家专题等。

** 不包含主修专业未确认的 2014 级分类招生进校的学生。

教师出访 133 人次,学生出国交流 185 人次;建立并维护与 QTEM(经济管理领域定量分析技术网络)、GBSN(全球商学院网络)等组织及各合作伙伴的联系;举办了学院第三届国际夏令营,共有 20 位来自亚欧国家和地区合作伙伴院校的学生参加;获批浙大"海外一流学科伙伴计划项目"和外国短期专家项目;主办第十届创业与家族企业国际研讨会、2014 年战略人力资源与创业管理国际研讨会等 3 个国际学术会议。

【发布《2014 中国企业健康指数报告》】 2014 年 6 月 9 日,管理学院在紫金港校区举行"2014 中国企业健康指数报告"新闻发布会,首次发布《2014 中国企业健康指数报告》。院长吴晓波为来宾详细解读 2014 健康指数报告的核心发现,揭晓新一年国企、民企、外企最全面、最完整、最真实的健康发展状况,指出民企、国企、外企分别在市场竞争中暴露出的问题,分析了不同区域企业家、企业行为和商业环境的健康状况。该发布会大大提升了管理学院的品牌影响力,对引领中国企业健康、持续发展必将产生深远影响。

"中国企业健康指数"是第一个由中国商学院发起的第三方研究与监测平台,已经成为判断中国经济发展健康水平、指导政府和企业行为的重要决策依据。

【成立管理学院国际顾问委员会】 该委员会于 2014 年 10 月 12 日成立,旨在整合国际资源,为制定和规划管理学院整体发展战略和各项事务发展提供咨询、建议,以提升学院在国内外的地位。该委员会第一次会议于 2014 年 10 月 12 日在杭州举行。中国教育国际交流协会会长章新胜出席并主持会议,校长林建华为国际顾问委员会委员颁发聘书。本届国际顾问委员会名誉主席由潘云鹤院士担任,主席由章新胜担任。国际顾问委员会由 22 位委员组成,全来自中外政商学界领袖,其中既有在学术界享有广泛声誉的优秀学者,又有在实业界取得卓越成就的企业家;既有来自英国、美国等发达国家的代表,也有来自日本、韩国等亚洲国家的代表,还有来自中国香港和台湾地区的委员。

【成立浙江大学管理学院企业家学院】 该学院于 2014 年 11 月 10 日揭牌。在揭牌仪式上,宁波方太集团名誉董事长茅理翔先生向浙江大学教育基金会捐赠 2000 万元,用于支持"浙江大学管理学院企业家学院"建设和发展。浙江大学管理学院企业家学院将致力于为广大民营企业家提供有针对性的教育培养咨询服务,并将企业家创新创业教育与家族企业传承教育等纳入培养体系。浙江大学管理学院成为率先在全国知名高校中建立专门针对民营企业企业家培养和传承教育的学院。

(张国芳撰稿　阮俊华审稿)

公共管理学院

【概况】 公共管理学院下设政府管理系、土地管理系、城市发展与管理系、社会保障与风险管理系、信息资源管理系、政治学系、社会学系等 7 个系,设有浙江大学行政管理研究所等 10 个校级研究所。拥有教育部战略研究基地——浙江大学科教发展战略研究中心和民政部战略研究基地——全国民政政策理论研究基地以及浙江大学劳动保障与社会政策研究中心和浙江大学地方政府与社会治理研究中心2个浙江省哲学社会科学重点研究基地。有浙江省公共政策研究院和浙江省人才发展研究院2个省校合作机构，浙江大学公共政策研究院和浙江大学土地与国家发展研究院2个校级研究院，浙江大学中国土地勘测规划院东南土地研究中心、浙江大学公民社会研究中心、浙江大学非传统安全与和平发展研究中心等12个校级交叉学科研究中心，浙江大学公共管理学院国有资产监督与管理研究中心等3个院级研究中心和1个院级研究所。还设有浙江大学管理培训中心，为工商企业和政府管理部门提供培训和咨询服务。

土地资源管理、教育经济与管理、行政管理、劳动经济学为省重点学科。

学院拥有公共管理一级学科博士学位授予权，涵盖7个二级学科博士学位授予权；拥有政治学理论、人口学2个二级学科博士学位授予权；拥有劳动经济学、企业管理2个共建学科博士学位授予权；拥有公共管理一级学科硕士学位授予权，涵盖6个二级学科硕士学位授予权；拥有图书馆、情报学、档案学一级学科硕士点，涵盖2个二级学科硕士学位授予权；拥有劳动经济学、社会学、人口学、政治学理论、中外政治制度、国际关系、中共党史7个二级学科硕士学位授予权；拥有公共管理、社会工作2个硕士专业学位授予权以及行政管理、土地资源管理、城市与房地产管理、社会保障、风险管理、信息资源管理、政治学与行政学、国际政治和社会学9个本科专业方向。

2014年，招收博士研究生49人（含4名留学生）、硕士研究生356人（其中：科学硕士136人、全日制MPA72人、单证MPA148人），2013级有188名本科生确认主修学院专业；授予博士学位33人，硕士学位122人（含3名同等学力硕士生，8名留学生），专业学位硕士166人（其中全日制MPA26人），毕业本科生236人。目前，学院有在校本科生629人、研究生1360人，其中博士研究生268人（含留学生17人），科学学位硕士研究生276人（含留学生59人），专业学位硕士研究生816人（含全日制MPA208人）。2014届毕业研究生一次就业率为99.24%，本科毕业生一次就业率为97.02%、本科升学及出国率为39.15%。

学院现有教职工138人，其中教授（研究员）42人（2014年新晋升2人），副教授（副研究员）50人（2014年新晋升2人），在站各类博士后32人；博士生导师48人，硕士生导师79人。

2014年，到款科研经费3488.53万元，纵向经费占总经费比率为45.82%。获批国家级重大项目4项，国家基金项目9项，其中国家社科基金项目6项，国家自然科学基金3项；2014年获得省部级以上科研成果奖励10项，SSCI收录论文55篇，SCI收录论文2篇，CPCI-SSH收录4篇，A&HCI收录2篇，权威刊物论文15篇，发表一级刊物论文55篇；出版专著19部，编著及教材9部。

2014年，学院短期外专项目学校立项6项，聘请客座教授2人。与境外专家学者的学术交流与合作频繁。学院教师出国交流65人次，接待来自美国、英国、荷兰、新加坡、韩国、瑞典、丹麦、日本等国的专家69批（共247人次）。全年，共举办了9次国际性学术会议，2次海峡两岸学术会议。

附表　2014 年度公共管理学院基本情况

项　目	数量	项　目	数量
教职工总数（人）	138	在校本科生数（人）**	629
教授数（人）	42	在读硕士研究生数（人）	1360
副教授数（人）	50	其中：专业学位研究生数（人）	816
具有博士学位的教师比例（%）	89	在读博士研究生数（人）	268
两院院士（人）	0	其中：专业学位研究生数（人）	0
浙江大学文科资深教授（人）	1	在校外国留学生攻读学位生数（人）	96
国家"千人计划"入选数（人）	2	应届本科毕业生数（人）	236
其中：创新人才项目（人）	2	应届硕士研究生毕业生数（人）	288
外专千人计划（人）	0	其中：专业学位研究生数（人）	0
青年千人计划（人）	0	应届博士研究生毕业生数（人）	33
"国家特支计划"入选数（人）	0	其中：专业学位研究生数（人）	0
其中：科技创新领军人才（人）	0	应届外国留学生毕业生数（人）	12
百千万工程领军人才（人）	0	其中：研究生数（人）	8
哲学社会科学领军人才（人）	0	应届本科毕业生一次就业率（%）	97.02
青年拔尖人才（人）	0	应届本科毕业生考研录取（出国）率（%）	39.15
973 计划首席科学家数*（人）	0	应届毕业研究生一次就业率（%）	99.24
省部级高校教学名师奖获得者（人）	1	科研总经费（万元）	3488.53
国家"百千万人才工程"入选数（人）	1	其中：国家自然基金比重（%）	5.29
"长江学者"数（人）	1	国家社科基金比重（%）	8.13
国家杰出青年基金获得者（人）	0	纵向经费比重（%）	45.82
教育部新（跨）世纪优秀人才培养计划入选数（人）	4	获国家级科技奖项目数（项）	0
浙江省特级专家（人）	0	获国家级教学成果奖数（项）	1
浙江省千人计划入选者（人）	2	教育部第七届高等学校科学研究优秀成果奖（人文社会科学）（项）	0
一级学科国家重点学科数（个）	0	授权发明专利数（项）	0
二级学科国家重点学科数（个）	0	SCI 入选论文数（篇）	2
国家重点（专业）实验室（个）	0	EI 入选论文数（篇）	2
国家工程（技术）研究中心（个）	0	SSCI 入选论文数（篇）	55
教育部人文社会科学研究基地数（个）	0	A&HCI 入选论文数（篇）	2
国家人才培养基地（含教学、教育基地）（个）	0	权威刊物论文数（篇）	15
		MEDLINE 入选论文数（篇）	0
国家精品资源共享课（门）	0	出版专著（部）	19
国家精品视频公开课（门）	0	教师出国交流（人次）	65
社会捐赠经费总额（万元）	60	学生出国交流（人次）	52
		举办国际学术会议数（次）	5

注：* 含重大科学研究计划、ITER 计划、青年科学家专题等。

　　** 不包含主修专业未确认的 2014 级分类招生进校的学生。

【成立北京和西部浙江大学公共管理研究会】 4月20日,浙江大学北京公共管理研究会在北京成立;10月25日,浙江大学西南、西北公共管理研究会在西安成立。研究会成立后,将成为学院与北京和西部浙大校友之间沟通、联系、合作的桥梁,成为开展学术交流研讨、切磋公共管理研究心得的平台。

【推出"公共管理蓝皮书系列"】 为促进科学研究更倾向于对现实性问题的关注,积极响应学校学科与人才队伍建设的有关要求,公共管理学院推出了"公共管理蓝皮书系列"。12月28日,公共管理蓝皮书系列举行首发仪式,发布了首本蓝皮书——《公立医院改制:理论与政策》。

【亚洲未来领袖项目】 2月28日,在"亚洲未来领袖奖学金计划"的支持下,公共管理学院启动"亚洲未来领袖公共管理硕士"项目,对15名亚洲国家、地区的留学生和15名国内知名高校的优秀本科毕业生进行混合编班、为期两年的公共管理专业研究生学习。旨在培养既充分了解当代中国、日本等亚洲主要国家政府体制特征和经济社会发展现状,又具备参与、倡导公共事务治理实务技能的公共部门领袖人才。

(王雅秋撰稿　沈文华审稿)

思想政治理论教学科研部

【概况】 思想政治理论教学科研部(以下简称思政教研部)设有马克思主义基本原理概论教研中心、毛泽东思想和中国特色社会主义理论体系概论教研中心、中国近现代史纲要教研中心、思想道德修养与法律基础教研中心、研究生公共政治理论课教研中心(2014年新增)等5个教研中心,承担全校从本科生到硕士、博士研究生的公共思想政治理论课程的教学和研究工作。

思政教研部建有马克思主义理论与思想政治教育研究所、国际政治研究所2个校级研究所,宗教与和谐社会建设研究所、马克思主义社会理论研究所、中国特色社会主义研究所、中国近现代史基本问题研究所、公民教育与法治建设研究所等5个部级研究所和领导科学研究中心,拥有教育部高校辅导员培训和研修基地(浙江大学)、浙江省教育厅高校心理健康教育培训基地、浙江大学德育与学生发展研究中心。

马克思主义理论为"十二五"浙江省高校重点学科。

思政教研部建有马克思主义理论博士后流动站,拥有马克思主义理论一级学科博士学位授予权,马克思主义理论一级学科硕士学位授予权和国际政治二级学科硕士学位授予权,是高校教师在职攻读硕士专业学位的培养单位。

现有教职工56人(2014年新增1人)。其中,教授8人(2014年新增1人)、副教授23人(2014年新增2人)、博士研究生导师7人、硕士研究生导师23人(2014年新增1人)、浙江省高等学校教学名师1人、浙江大学求是特聘学者(教学岗)1人。

2014年,招收博士研究生9人、硕士研究生22人;毕业博士研究生7人、毕业硕士研究生24人;2014届毕业生就业率100%。

科研总经费21.5万元。2014年,共出版专著教材6部,发表各级各类期刊论文29

附表　2014 年度思政教研部基本情况

项　目	数量	项　目		数量
教职工总数(人)	56		在校本科生数(人)**	0
教授数(人)	8		在读硕士研究生数(人)	45
副教授数(人)	23		其中:专业学位研究生数(人)	0
具有博士学位的教师比例(%)	55.3		在读博士研究生数(人)	51
两院院士(人)	0		其中:专业学位研究生数(人)	0
浙江大学文科资深教授(人)	0		在校外国留学生攻读学位生数(人)	0
国家"千人计划"入选数(人)	0	学生规模	应届本科毕业生数(人)	0
其中:创新人才项目(人)	0		应届硕士研究生毕业生数(人)	24
外专千人计划(人)	0		其中:专业学位研究生数(人)	0
青年千人计划(人)	0		应届博士研究生毕业生数(人)	7
"国家特支计划"入选数(人)	0		其中:专业学位研究生数(人)	0
其中:科技创新领军人才(人)	0		应届外国留学生毕业生数(人)	0
百千万工程领军人才(人)	0		其中:研究生数(人)	0
哲学社会科学领军人才(人)	0		应届本科毕业生一次就业率(%)	0
青年拔尖人才(人)	0		应届本科毕业生考研录取(出国)率(%)	0
973 计划首席科学家数*(人)	0			
省部级高校教学名师奖获得者(人)	1		应届毕业研究生一次就业率(%)	100
国家"百千万人才工程"入选数(人)	0	科学研究成果	科研总经费(万元)	21.5
			其中:国家自然基金比重(%)	0
"长江学者"数(人)	0		国家社科基金比重(%)	0
国家杰出青年基金获得者(人)	0		纵向经费比重(%)	39.53
教育部新(跨)世纪优秀人才培养计划入选数(人)	0		获国家级科技奖项目数(项)	0
			获国家级教学成果奖数(项)	0
浙江省特级专家(人)	0		教育部第七届高等学校科学研究优秀成果奖(人文社会科学)(项)	0
浙江省千人计划入选者(人)	0			
一级学科国家重点学科数(个)	0		授权发明专利数(项)	0
二级学科国家重点学科数(个)	0		SCI 入选论文数(篇)	0
国家重点(专业)实验室(个)	0		EI 入选论文数(篇)	2
国家工程(技术)研究中心(个)	0		SSCI 入选论文数(篇)	0
教育部人文社会科学研究基地数(个)	0		A&HCI 入选论文数(篇)	0
			权威刊物论文数(篇)	3
国家人才培养基地(含教学、教育基地)(个)	0		MEDLINE 入选论文数(篇)	0
			出版专著(部)	6
国家精品资源共享课(门)	1	国际交流	教师出国交流(人次)	2
国家精品视频公开课(门)	0		学生出国交流(人次)	2
社会捐赠经费总额(万元)	0		举办国际学术会议数(次)	1

注:* 含重大科学研究计划、ITER 计划、青年科学家专题等。

** 不包含主修专业未确认的 2014 级分类招生进校的学生。

篇,其中权威刊物论文 3 篇、一级刊物论文 9 篇。另外,被 EI、CPCI-SSH 收录论文共 9 篇。全年共获浙江省社科联第八届青年社会科学优秀成果奖基础理论研究类一等奖 1 项、三等奖 1 项,全国高校思想政治教育研究会"纪念思想政治教育学科设立三十周年优秀成果"著作类二等奖 1 项。

积极开展国际交流与合作,国际学术交流互访频繁。2014 年,教师出国进修 2 人次、出国出境参加学术会议和交流共计 4 人次;共接待外国专家 1 人次,举办学术讲座 2 场;在德国与齐根大学联合举办国际会议 1 次。

【思想政治理论课教学改革出成果】 2014 年 1 月,《"马克思主义基本原理概论"课情境式教学模式创新探索》入选教育部 2013 年度高校思想政治理论课教学方法改革项目择优推广计划。"思想道德修养与法律基础"和"中国近现代史纲要"2 门课程获得"浙江大学在线课程培育项目"立项。中国近现代史纲要 MOOC 课程和"思想道德修养与法律基础"国家精品资源共享课已在爱课程网中国大学 MOOC 平台上线。

【思政理论课教师获教育部表彰】 2014 年 1 月,在教育部社科司、教育部高校思政理论课教学指导委员会和《思想理论教育导刊》杂志社联合举办的全国首届"高校思想政治理论课教师年度影响力人物"评选中,马建青教授获高校思想政治理论课教师 2013 年度影响力十大标兵之一。12 月,张彦教授获批教育部思政司"思想政治教育中青年杰出人才支持计划"培育对象。

【多项思政理论研究标志性成果获奖】 2014 年,王东莉教授的《思想政治教育人文关怀的内容体系建构》论文入选"思想政治教育学科 30 年 30 篇标志性论文",所著《德育人文关怀论》一书获全国高校思想政治教育研究会"纪念思想政治教育学科设立三十周年优秀成果"著作类二等奖;吕有志教授的论文"近年来世界深刻变化的基本特点和主要原因"入选"《思想理论教育导刊》文萃",并获得 2009 年第 1 期—2013 年第 6 期《思想理论教育导刊》优秀论文评选二等奖。

(徐晓霞撰稿　吕有志审稿)

数学系

【概况】 数学系拥有数学学科和统计学学科 2 个一级学科博士授予点,5 个研究所,是我国"九五"、"十五"、"十一五"、"十二五"国家"211 工程"重点建设学科,拥有国家"985"科技创新平台,也是浙江大学 CAD&CG 国家重点实验室的创办单位和主要依托学科。数学一级学科是教育部确认的首批一级学科国家重点学科,涵盖了基础数学、应用数学、计算数学、概率论与数理统计、运筹学与控制论 5 个二级学科。其中,应用数学是首批国家重点学科,基础数学、应用数学是国家重点学科。数学一级学科下设数学与应用数学、信息与计算科学、统计学 3 个本科生专业,拥有博士后流动站。统计学一级学科包含数理统计与概率论、生物医学统计、金融统计等专业。6 个研究所分别为数学研究所、应用数学研究所、信息数学研究所、科学与工程计算研究所、统计学研究所、运筹与控制科学研究所。此外,数学系建有数学国家理科基础研究和教学人才培养基地,并设有 1 个数学基础课程教学研究中心。

现有教职工 120 人，其中正高级职称人员 39 人（2014 年新增 2 人），副高级职称人员 38 人（2015 年新增 1 人），博士研究生导师 51 人（含兼职 6 人，2014 年新增 3 人），硕士研究生导师 24 人。另有在站博士后工作人员 14 人（2014 年新增 3 人）。2014 年新增青年千人计划 1 人。

2014 年，新增《概率论与数理统计》、《数值计算方法》2 部“教育部十二五规划教材”；教育部十二五规划教材《概率论》获首届“浙江十大教材奖”，并出版了新一版修订本；“数学传奇”入选教育部国家精品视频公开课；获得美国大学生数学建模竞赛一等奖 6 项、特等奖和 SIAM 奖 1 项，全国大学生数学建模竞赛一等奖 3 项；数名本科生在 *SIAM J. Appl. Math.*、*J. Number Theory* 等重要数学期刊上发表了学术论文。

到款科研经费为 1388.75 万元，在研国家级科研项目 107 项，经费 3847.66 万元。2014 年，获批国家自然科学基金项目 9 项（其中国际合作项目 1 项），批准总经费为 769 万元；获得国家自然科学基金优秀青年基金等多项国家级基金，获得浙江省基金青年基金项目 1 项；获教育部高校科研优秀成果奖自然科学二等奖 1 项；在国际顶尖数学刊物 *Journal of American Mathematical Society* 发表论文 1 篇。

全年师生出国出境交流共计 152 人次，举办国际会议 1 场，聘请客座教授 1 人。与美国密西根州立大学、纽约大学进一步继续开展“一流伙伴计划”，与美国普林斯顿大学初步建立一流伙伴合作意向。

【一般波动方程的速度场反演问题理论研究取得突破性成果】 数学系包刚教授课题组对一般波动方程的速度场反演问题理论研究取得突破性成果。该成果形成论文 *Sensitivity analysis of an inverse problem for the wave equation with caustics* 于 2014 年 10 月发表在国际顶尖数学刊物 *Journal of American Mathematical Society*。

由边界观测数据反演波动方程内部速度场是偏微分方程反问题最核心、最困难的问题之一，也是无损探测及地球物理反问题的重要课题。已有的理论结果均需假设考虑的流形不具有焦散线，也即由边界入射点及出射点仅有一条最短走时路线。而在包刚教授最新的研究工作中，大大削弱了这个假设，首次提出通过的 Dynamic Dirichlet to Neumann（DDtN）映射，并对焦散线进行分类，得到了波动方程在若干类型焦散线下速度场反演的敏感性结果。该结果也是首个具有焦散线的情况下的速度场理论研究成果。敏感性的研究结果表明，若两个速度场所引导的 DDtN 在一定范数意义下小于给定的界，那么这两个速度场一定是相同的，即具有唯一性。

JAMS 由美国数学会 1988 年创刊，目前是国际数学领域中顶级的期刊之一，每年仅发表文章 20 余篇。JAMS 与《数学年刊》（*Annals of Mathematics*）、《数学发明》（*Inventiones Mathematicae*）、《数学学报》（*Acta Mathematica*）并称为数学界国际四大杂志。

【2 位特聘研究员分别入选“青年千人计划”和国家自然科学基金优秀青年基金】 2014 年 1 月 27 日，数学系特聘研究员徐翔入选中组部第五批“青年千人计划”。徐翔在谱方法、数学物理反问题的理论与计算研究中取得了重要成果，共发表 SCI 论文 15 篇，引用超过 200 次。曾被邀请为 2010 年在香港城市大学召开的国际反问题会议大会报告人。在分数阶反源问题的研究成果被英国

项　目	数量		项　目	数量
教职工总数(人)	120		在校本科生数(人)**	575
教授数(人)	39		在读硕士研究生数(人)	143
副教授数(人)	36		其中:专业学位研究生数(人)	0
具有博士学位的教师比例(%)	78.8		在读博士研究生数(人)	167
两院院士(人)	0		其中:专业学位研究生数(人)	0
浙江大学文科资深教授(人)	0		在校外国留学生攻读学位生数(人)	5
国家"千人计划"入选数(人)	4	学生规模	应届本科毕业生数(人)	205
其中:创新人才项目(人)	3		应届硕士研究生毕业生数(人)	51
外专千人计划(人)	0		其中:专业学位研究生数(人)	0
青年千人计划(人)	1		应届博士研究生毕业生数(人)	32
"国家特支计划"入选数(人)			其中:专业学位研究生数(人)	0
其中:科技创新领军人才(人)	0		应届外国留学生毕业生数(人)	1
百千万工程领军人才(人)	0		其中:研究生数(人)	1
哲学社会科学领军人才(人)	0		应届本科毕业生一次就业率(%)	95.4
青年拔尖人才(人)	1		应届本科毕业生考研录取(出国)率(%)	78.9
973 计划首席科学家数*(人)	0			
省部级高校教学名师奖获得者(人)	1		应届毕业研究生一次就业率(%)	90.8
国家"百千万人才工程"入选数(人)	0	科学研究成果	科研总经费(万元)	1388.75
			其中:国家自然基金比重(%)	29.2
"长江学者"数(人)	1		国家社科基金比重(%)	0
国家杰出青年基金获得者(人)	3		纵向经费比重(%)	59.0
教育部新(跨)世纪优秀人才培养计划入选数(人)	5		获国家级科技奖项目数(项)	0
			获国家级教学成果奖数(项)	0
浙江省特级专家(人)	2		教育部第七届高等学校科学研究优秀成果奖(人文社会科学)(项)	0
浙江省千人计划入选者(人)	0			
一级学科国家重点学科数(个)	1		授权发明专利数(项)	0
二级学科国家重点学科数(个)	1		SCI 入选论文数(篇)	133
国家重点(专业)实验室(个)	0		EI 入选论文数(篇)	0
国家工程(技术)研究中心(个)	0		SSCI 入选论文数(篇)	0
教育部人文社会科学研究基地数(个)	0		A&HCI 入选论文数(篇)	0
			权威刊物论文数(篇)	0
国家人才培养基地(含教学、教育基地)(个)	1		MEDLINE 入选论文数(篇)	0
			出版专著(部)	5
国家精品资源共享课(门)	1	国际交流	教师出国交流(人次)	59
国家精品视频公开课(门)	1		学生出国交流(人次)	93
社会捐赠经费总额(万元)	0		举办国际学术会议数(次)	1

（左侧竖栏标注：学科与人才队伍）

注:* 含重大科学研究计划、ITER 计划、青年科学家专题等。

** 不包含主修专业未确认的 2014 级分类招生进校的学生。

（页面左侧竖排：浙江大学年鉴）

物理学会反问题杂志（*IOP Inverse Problems*）选为"亮点收录"（Highlights），2013年获得曙光青年学术奖，并入选为第九届中国计算数学会理事。

2014年8月15日，数学系特聘研究员冯涛获得国家自然科学基金优秀青年基金。冯涛在组合设计、代数编码的研究中取得了重要成果，共发表SCI论文二十余篇，2014年入选为中国组合数学和图论学会理事。冯涛2008年毕业于北京大学数学科学学院，先后在新加坡南洋理工大学、美国特拉华大学做博士后，2011年8月到浙大工作。现为浙大"百人计划"研究员。

【苏德矿教授获浙江省第一届"最美教师"称号】 数学系苏德矿教授获浙江省第一届"最美教师"。为庆祝教师节创立三十周年，弘扬广大教师爱岗敬业、无私奉献的崇高品质，营造尊师重教的浓厚氛围，浙江省教育工会、浙江省高等学校思想政治教育研究会和浙江电视台教育科技频道于2014年在全省开展第一届浙江省"最美教师"评选活动。通过基层推荐、组委会初评、网络投票、专家投票、网络公示等环节，在9月22日经省评选活动组委会审定，数学系苏德矿教授被授予第一届浙江省"最美教师"。

苏德矿教授从教30余载，凝练出"懂、透、精、趣、情、德"教学六字经，在全国几十所高校做教学经验介绍。他是2014年浙江大学第三届"心平杰出教学贡献奖"获得者。他的教学事迹被多家媒体报道和采访。2014年9月10日，中央电视台《新闻1+1》用21分钟专题报道了"百万名师矿爷"。

（姚　晨撰稿　卢兴江审稿）

物理学系

【概况】 物理学系（以下简称物理系），设有浙江近代物理中心、凝聚态物理研究所、光学研究所、聚变理论与模拟中心、电子与无线电研究所5个研究所以及大学物理教研室和物理实验教学中心。

物理系拥有理论物理、凝聚态物理2个国家重点学科，光学1个浙江省重点学科。物理学专业为国家级二级学科，方向涵盖理论物理、粒子物理与核物理、凝聚态物理、光学、电子与无线电物理、原子分子物理、等离子体物理。

物理系拥有物理学1个博士后流动站，物理学1个一级学科博士学位授予权，1个一级学科硕士学位授予权；6个专业具有博士学位授予权，7个专业具有科学硕士学位授予权。

物理系现有教职工119人。其中，中国科学院院士1人，正高级职称人员51人（比上年新增3人），副高级职称人员35人（比上年新增1人），博士研究生指导教师57人（比上年新增2人），硕士研究生指导教师71人（比上年新增3人）。

2014年，物理系新承担教育部物理教学指导委员会2014年高等学校教学研究项目1项，校级教改项目3项，正式发表教学研究论文7篇，专利3项，教材建设1本。全年本科生共发表论文14篇，"国家级大学生创新训练项目"完成1项、申请2项；"浙江省大学生科技创新活动项目"完成4项，申请2项；第十六期校级SRTP项目结题16项、

附表　2014 年度物理学系基本情况

项目	数量		项目	数量
教职工总数（人）	119		在校本科生数（人）**	351
教授数（人）	51		在读硕士研究生数（人）	125
副教授数（人）	34		其中：专业学位研究生数（人）	15
具有博士学位的教师比例（%）	61.3		在读博士研究生数（人）	171
两院院士（人）	1		其中：专业学位研究生数（人）	0
浙江大学文科资深教授（人）	0		在校外国留学生攻读学位生数（人）	3
国家"千人计划"入选数（人）	6	学生规模	应届本科毕业生数（人）	90
其中：创新人才项目（人）	2		应届硕士研究生毕业生数（人）	37
外专千人计划（人）	0		其中：专业学位研究生数（人）	4
青年千人计划（人）	4		应届博士研究生毕业生数（人）	28
"国家特支计划"入选数（人）	2		其中：专业学位研究生数（人）	0
其中：科技创新领军人才（人）	0		应届外国留学生毕业生数（人）	0
百千万工程领军人才（人）	1		其中：研究生数（人）	0
哲学社会科学领军人才（人）	0		应届本科毕业生一次就业率（%）	95.74
青年拔尖人才（人）	1		应届本科毕业生考研录取（出国）率（%）	72.76
973 计划首席科学家数*（人）	1			
省部级高校教学名师奖获得者（人）	0		应届毕业研究生一次就业率（%）	95
国家"百千万人才工程"入选数（人）	2		科研总经费（万元）	2072.64
			其中：国家自然基金比重（%）	71.30
"长江学者"数（人）	6		国家社科基金比重（%）	0
国家杰出青年基金获得者（人）	6		纵向经费比重（%）	98.70
教育部新（跨）世纪优秀人才培养计划入选数（人）	10	科学研究成果	获国家级科技奖项目数（项）	0
			获国家级教学成果奖数（项）	0
浙江省特级专家（人）	1		教育部第七届高等学校科学研究优秀成果奖（人文社会科学）（项）	0
浙江省千人计划入选者（人）	5		授权发明专利数（项）	4
一级学科国家重点学科数（个）	0		SCI 入选论文数（篇）	151
二级学科国家重点学科数（个）	2		EI 入选论文数（篇）	41
国家重点（专业）实验室（个）	0		SSCI 入选论文数（篇）	2
国家工程（技术）研究中心（个）	0		A&HCI 入选论文数（篇）	0
教育部人文社会科学研究基地数（个）	0		权威刊物论文数（篇）	1
国家人才培养基地（含教学、教育基地）（个）	1		MEDLINE 入选论文数（篇）	0
			出版专著（部）	0
国家精品资源共享课（门）	1	国际交流	教师出国交流（人次）	30
国家精品视频公开课（门）	1		学生出国交流（人次）	79
社会捐赠经费总额（万元）	0		举办国际学术会议数（次）	1

注：* 含重大科学研究计划、ITER 计划、青年科学家专题等。

　　** 不包含主修专业未确认的 2014 级分类招生进校的学生。

院级 SRTP 项目结题 13 项。申报第十七期 SRTP 立项 36 项;求是班科研训练项目立项 15 项。

2014 年,物理系共获得批准各类科研项目 27 项,总经费 2072.64 万元。其中获得批准国家国家自然基金 12 项,总经费 1396 万元;优秀青年基金支持 1 项,重点支持 1 项,面上项目 10 项;科技部"973"项目获得批准 1 项,总经费 253 万;国防军工项目获得批准 6 项,总经费 218 万;浙江省自然科学基金获得批准 2 项,总经费 17.5 万;省院士基金 1 项,横向项目 6 项。全年,物理系共举办 61 场学术报告,其中境外专家的 Colloquium 或 Seminar 共 34 场,为师生了解前沿学科发展近况提供极大便利。

全年,师生出国出境交流共 109 人次,接待港澳台及国外来访开展学术报告 61 人次,短期外国专家 10 人,举办国际会议 1 场。一流伙伴计划取得具有显示度的标志性成果,凝聚态专业与 RICE 大学合作在国际著名的 Nature 子刊上发表论文 1 篇。

【第八届西湖国际激光等离子体相互作用研讨会】 此次会议于 2014 年 4 月 21 日—25 日在杭州召开,由浙江大学聚变理论与模拟中心主办,武慧春教授担任学术负责人。会议代表 88 人,其中境外代表 19 人。来自中国、美国、法国、英国、俄国、德国、葡萄牙、日本的高校和科研机构代表参加了此次学术会议,其中包括美国马里兰大学、罗彻斯特大学、法国巴黎综合理工大学、英国贝尔达斯特女王大学、德国马普所、北京大学、清华大学、上海光机所、上海交通大学、中科院物理所、北京应用物理和计算数学研究所等 25 家单位。大会围绕新辐射源、粒子加速、激光驱动核聚变和辐射反作用效应等四个

方面展开,会议代表阐述了当前的研究现状、存在的问题、可能的解决的方法以及下一步的研究侧重点。此次会议共收到摘要 60 篇,口头报告 37 场,张贴海报 22 张。

【新增国家优秀青年基金获得者】 8 月 18 日,王凯教授获得 2014 年国家自然科学基金委优秀青年科学基金。王凯研究方向为粒子物理唯象理论,主持过国家自然科学面上基金和主任基金项目以及日本学术振兴会的青年基金项目。共发表论文近 30 篇,总被引用超过 1200 次,其中单篇过 100 次被引用的论文有 4 篇,被引用 50～100 次间的论文 3 篇。主要的研究方向为希格斯物理,顶夸克物理和中微子物理特别是大型强子对撞机相关的唯象学。

【首届物理求是科学班学生毕业】 物理求是科学班以"培养基础学科领域领军人物"为宗旨,实施科学思想、科学能力训练等方面本科全程培养的卓越教育计划。2014 年 7 月,首届物理求是科学班 16 名学生毕业,其中 8 人境外读研、7 人国内读研、1 人就业。

(马玉婷撰稿　阮晓声审稿)

化学系

【概况】 化学系下设 9 个研究所、1 个实验中心和 1 个分析测试平台,9 个研究所分别是化学生物学与药物化学研究所、无机与材料化学研究所、分子设计与应用研究所、分析化学与应用化学研究所、有机化学研究所、微分析系统研究所、电化学与功能材料研究所、催化研究所、物理化学研究所。

拥有化学一级学科国家重点学科和一

级学科博士点、博士后流动站。化学系还是国家理科基础科学研究和教学人才培养基地和国家工科基础课程教学基地,拥有国家级实验教学示范中心、浙江省应用化学重点实验室等教学和科研平台。

化学系现有教职员工 177 人,其中中国科学院院士 2 人,正高级职称人员 57 人(2014 年新增 1 人),副高级职称人员 74 人(2014 年新增 1 人)。

在本科教学方面,2014 年特别邀请到了 9 位国内外知名化学家为本科生开设课程或做专题报告,拓宽了化学专业本科生的学术视野。本科生申请赴境外学习交流达 42 人次,其中 20 人首次参加香港大学暑期班;在第九届全国大学生化学实验邀请赛、第八届上海大学生化学实验竞赛和第六届浙江省大学生化学学科竞赛中分别取得了不俗的成绩。2 部教材入选教育部第二批"十二五"普通高等教育本科国家级规划教材,分别是《化学与人类文明》(第二版,浙大出版社)和《普通化学》(第六版,高等教育出版社)。

2014 年,化学系科研到款总经费 5146.1 万元(比上年增长 12.59%),其中横向经费到款 1748.26 万元(比上年增长 9.64%),纵向经费到款 3397.85 万元(比上年增长 14.11%)。获国家自然科学基金资助 20 项,总经费 2089 万元,其中重点项目 2 项,优秀青年科学基金项目 2 项;获省基金资助 7 项,其中省杰青项目 1 项。发表 SCI 文章总数 365 余篇,其中高影响因子(大于 10)论文 21 篇,授权专利 89 项。

化学系十分重视国际学术交流与合作,组织召开第二届青年化学家论坛,邀请了国际上目前在化学领域做出优秀贡献的 13 名青年化学家参加,为化学领域的专家、学者之间的学术交流及日后合作提供了良好的平台,同时为人才引进指出了明确的方向,进一步推动了化学领域的科研发展和科研合作。另外,共邀请了 55 位境外专家来系交流并作学术报告,在系里营造出浓厚的学术氛围,拓宽了全系师生的国际化视野。

【化学专业获得 2015 年国家级"本科教学工程"专业综合改革试点项目】 2014 年 10 月申请的国家级"本科教学工程"专业综合改革项目获得批准。该项目以化学学科强势发展为支撑,以学校"试点院系"综合发展改革为契机,通过"专业综合改革试点"项目,全面推进浙江大学化学专业在师资队伍建设、课程体系建设、实习实践环节、教学方式创新、教学管理模式等方面的综合改革,促进化学专业人才培养水平的整体、显著提升。力争通过项目期的建设,形成系列建设成果,特别是在人才培养模式改革、实践类课程体系建设和相关教学管理制度及机制建设方面在全国化学专业中起到引领示范作用。

【列入首批学校院系综合改革发展试点单位】 2014 年 5 月,学校同意化学系综合改革发展试点方案。该方案以建设世界一流化学系为目标,按照"提高质量、内涵发展、办出特色、争创一流"的要求,将改革试点工作与人才培养、师资队伍建设等重点工作紧密结合起来,在改革过程中积极探索新型研究生助教制度改革,建立健全改革试点的工作机制,建立完善党政联席会议制度、学术委员会制度、教代会制度等基础制度,不断完善学院的决策机制、监督机制和科学评价机制。

【高新材料化学中心在量子点发光二极管领域取得重要研究进展】 彭笑刚、金一政课题组设计出一种新型高性能量子点发光二

项　目	数量		项　目	数量
教职工总数(人)	177		在校本科生数(人)**	342
教授数(人)	49		在读硕士研究生数(人)	238
副教授数(人)	54		其中:专业学位研究生数(人)	0
具有博士学位的教师比例(%)	88.7		在读博士研究生数(人)	291
两院院士(人)	2		其中:专业学位研究生数(人)	0
浙江大学文科资深教授(人)	0		在校外国留学生攻读学位生数(人)	4
国家"千人计划"入选数(人)	1	学生规模	应届本科毕业生数(人)	80
其中:创新人才项目(人)	0		应届硕士研究生毕业生数(人)	67
外专千人计划(人)	0		其中:专业学位研究生数(人)	0
青年千人计划(人)	2		应届博士研究生毕业生数(人)	64
"国家特支计划"入选数(人)	0		其中:专业学位研究生数(人)	0
其中:科技创新领军人才(人)	0		应届外国留学生毕业生数(人)	0
百千万工程领军人才(人)	0		其中:研究生数(人)	0
哲学社会科学领军人才(人)	0		应届本科毕业生一次就业率(%)	90.8
青年拔尖人才(人)	0		应届本科毕业生考研录取(出国)率(%)	67.82
973 计划首席科学家数*(人)	0		应届毕业研究生一次就业率(%)	96.35
省部级高校教学名师奖获得者(人)	1		科研总经费(万元)	5146.1
国家"百千万人才工程"入选数(人)	1		其中:国家自然基金比重(%)	40.59
"长江学者"数(人)	2		国家社科基金比重(%)	0
国家杰出青年基金获得者(人)	6		纵向经费比重(%)	66.02
教育部新(跨)世纪优秀人才培养计划入选数(人)	9		获国家级科技奖项目数(项)	0
浙江省特级专家(人)	14		获国家级教学成果奖数(项)	0
浙江省千人计划入选者(人)	4	科学研究成果	教育部第七届高等学校科学研究优秀成果奖(人文社会科学)(项)	0
一级学科国家重点学科数(个)	1		授权发明专利数(项)	89
二级学科国家重点学科数(个)	0		SCI 入选论文数(篇)	365
国家重点(专业)实验室(个)	0		EI 入选论文数(篇)	71
国家工程(技术)研究中心(个)	0		SSCI 入选论文数(篇)	0
教育部人文社会科学研究基地数(个)	0		A&HCI 入选论文数(篇)	0
国家人才培养基地(含教学、教育基地)(个)	2		权威刊物论文数(篇)	20
国家精品资源共享课(门)	0		MEDLINE 入选论文数(篇)	0
国家精品视频公开课(门)	0		出版专著(部)	0
社会捐赠经费总额(万元)	44	国际交流	教师出国交流(人次)	25
			学生出国交流(人次)	60
			举办国际学术会议数(次)	2

注:* 含重大科学研究计划、ITER 计划、青年科学家专题等。

** 不包含主修专业未确认的 2014 级分类招生进校的学生。

浙江大学年鉴

极管(QLED),并将使用亮度条件下的寿命推进到 10 万小时的实用水平,这意味着这种新型器件有望成为下一代显示和照明技术的有力竞争者。其研究成果发表在《自然》杂志第 515 卷,2014 年第 6 期上。

（梁　楠撰稿　盛亚东审稿）

地球科学系

【概况】　地球科学系设有地质与地球物理研究所、空间信息技术研究所、环境生物地球化学研究所、区域与城市发展研究所、气象灾害预测研究所、地球信息科学研究所 6 个研究所和教育部含油气盆地构造研究中心、浙江省资源与环境系统重点实验室。

拥有地质学和地质资源与地质工程 2 个浙江省重点学科。

建有地质学博士后流动站,拥有地质学和地质资源与地质工程两个一级学科博士学位授予点,构造地质学、矿物岩石矿床学、地球化学、第四纪地质学、地球探测与信息技术和地图学与地理信息系统 6 个二级学科博士学位授予权及其 11 个硕士学位授予权,设有地球信息科学与技术、地理信息科学、人文地理与城乡规划、大气科学 4 个本科专业。

现有教职工 74 人,其中正高级职称人员 24 人,副高级职称人员 32 人(2014 年新增 1 人),博士研究生导师 22 人,硕士研究生导师 32 人(2014 年新增 1 人)。另有在站博士后工作人员 11 人。2014 年,新增浙江省千人计划 1 人、国家优秀青年基金获得者 1 人。

2014 年,招收硕士研究生 42 人、博士研究生 27 人,2013 级本科生 76 人确认地球科学系主修专业,毕业本科生 76 人、硕士研究生 66 人、博士研究生 17 人。2014 届本科毕业生一次就业率为 97.22%,毕业研究生一次就业率为 98.83%。

到位科研总经费为 3348.501 万元,比上年增长 47.32%;在研国家级科研项目 17 项,经费 1265.79 万元。2014 年,获批国家自然科学基金项目 13 项,其中优秀青年科学基金项目 1 项、面上项目 11 项、青年基金项目 1 项,总经费 1128 万元;2014 年度获教育部科技进步二等奖 1 项,2014 年度授权发明专利 3 项,被 SCI 收录论文 43 篇。

全年接待了英国皇家霍洛威大学 Martin Menzies 教授、普林斯顿大学 John Suppe 教授、德国马普研究所 Klaus Fraedrich 教授等 22 人次来访,参加出国交流的教师 46 人次、研究生 26 人、本科生 12 人。与美国夏威夷大学初步达成合作意向。

【凤凰卫视《我的中国心》"陈桥驿人物纪录片"节目制作播出】　《我的中国心》是凤凰卫视的一档大型人物纪录片栏目,以独特的视角梳理为经济腾飞、政治自由、社会进步、民族复兴做出重要贡献的团体及个人,记录大师辉煌成就,抒写赤子爱国热忱。节目摄制组于 2014 年 11 月初进行了为期一周《我的中国心》"陈桥驿人物纪录片"的节目制作工作。在杭州采访了主题人物 93 岁高龄的浙江大学终身教授陈桥驿先生。在杭州、绍兴两地取景拍摄,也采访了部分嘉宾和亲属代表。纪录片于 2014 年 12 月 27 日上午 10:05 首播。

【科学研究成果屡获大奖】　地理信息科学研究所团队青年教师杜震洪博士的"时空大

附表　2014 年度地球科学系基本情况

	项　目	数量		项　目	数量
学科与人才队伍	教职工总数(人)	74	学生规模	在校本科生数(人)**	266
	教授数(人)	23		在读硕士研究生数(人)	188
	副教授数(人)	31		其中:专业学位研究生数(人)	63
	具有博士学位的教师比例(%)	85.7		在读博士研究生数(人)	106
	两院院士(人)	0		其中:专业学位研究生数(人)	1
	浙江大学文科资深教授(人)	0		在校外国留学生攻读学位生数(人)	2
	国家"千人计划"入选数(人)	2		应届本科毕业生数(人)	76
	其中:创新人才项目(人)	1		应届硕士研究生毕业生数(人)	66
	外专千人计划(人)	0		其中:专业学位研究生数(人)	32
	青年千人计划(人)	1		应届博士研究生毕业生数(人)	17
	"国家特支计划"入选数(人)	0		其中:专业学位研究生数(人)	0
	其中:科技创新领军人才(人)	0		应届外国留学生毕业生数(人)	0
	百千万工程领军人才(人)	0		其中:研究生数(人)	0
	哲学社会科学领军人才(人)	0		应届本科毕业生一次就业率(%)	97.22
	青年拔尖人才(人)	0		应届本科毕业生考研录取(出国)率(%)	22.22
	973 计划首席科学家数*(人)	0		应届毕业研究生一次就业率(%)	98.83
	省部级高校教学名师奖获得者(人)	0	科学研究成果	科研总经费(万元)	3348.50
	国家"百千万人才工程"入选数(人)	0		其中:国家自然基金比重(%)	17.28
	"长江学者"数(人)	0		国家社科基金比重(%)	0
	国家杰出青年基金获得者(人)	0		纵向经费比重(%)	54.44
	教育部新(跨)世纪优秀人才培养计划入选数(人)	1		获国家级科技奖项目数(项)	0
	浙江省特级专家(人)	0		获国家级教学成果奖数(项)	0
	浙江省千人计划入选者(人)	2		教育部第七届高等学校科学研究优秀成果奖(人文社会科学)(项)	0
	一级学科国家重点学科数(个)	0		授权发明专利数(项)	3
	二级学科国家重点学科数(个)	0		SCI 入选论文数(篇)	43
	国家重点(专业)实验室(个)	0		EI 入选论文数(篇)	12
	国家工程(技术)研究中心(个)	0		SSCI 入选论文数(篇)	1
	教育部人文社会科学研究基地数(个)	0		A&HCI 入选论文数(篇)	0
	国家人才培养基地(含教学、教育基地)(个)	0		权威刊物论文数(篇)	2
				MEDLINE 入选论文数(篇)	0
	国家精品资源共享课(门)	0		出版专著(部)	0
	国家精品视频公开课(门)	0	国际交流	教师出国交流(人次)	46
	社会捐赠经费总额(万元)	0		学生出国交流(人次)	38
				举办国际学术会议数(次)	0

注:* 含重大科学研究计划、ITER 计划、青年科学家专题等。

** 不包含主修专业未确认的 2014 级分类招生进校的学生。

浙江大学年鉴

数据高效能计算平台关键技术及工程应用"成果获 2014 年教育部高等学校优秀成果（科技进步）二等奖。青年教师张丰博士的"超高复杂度海岛（礁）全空间区域信息获取及多维多域海洋地理环境高性能服务平台关键技术"成果获国家测绘科学技术二等奖，张丰的"浙江省海岛（礁）环境数据建模与可视化"成果获 2014 年度海洋工程科学技术二等奖。

【新增国家优秀青年基金获得者】 气象信息与预测研究所"青年计划学者"曹龙教授研究项目"气候变化与碳循环"获得 2014 年国家优秀青年基金资助。温室气体、特别是二氧化碳的排放，对全球气候变化有着重要的影响。本项目利用计算机模拟，结合观测和统计数据，对二氧化碳排放对全球环境和气候系统的影响进行系统评估，对碳循环和气候系统的相互作用机理进行分析，为综合分析温室气体排放对全球环境和气候的影响，制定合理的减排政策提供科学依据。

（方幼君撰稿　闻继威审稿）

心理与行为科学系

【概况】 心理与行为科学系（以下简称心理系）以国家重要社会问题和心理学与高新技术的交叉应用为导向，追踪国际前沿领域的研究热点，并充分利用浙江大学多学科综合优势，逐步形成了"认知心理学"、"认知工效学"、"管理心理与人力资源开发"、"心理发展与教育"和"心理健康与心理咨询"等各具特色的研究方向。心理系下设应用心理学、认知与发展心理学 2 个研究所。

心理系建有国内心理学领域第一个国家级实验室——工业心理学国家专业实验室以及心理学浙江省实验教学示范中心和心理学国家理科人才培养基地。

应用心理学为二级学科国家重点学科。

心理系建有心理学博士后流动站；拥有心理学一级学科博士学位授予权，涵盖基础心理学、发展与教育心理学、应用心理学 3 个二级博士学位授予权；心理学一级学科硕士学位授予权，涵盖基础心理学、发展与教育心理学、应用心理学 3 个二级硕士学位授予权，另有应用心理学专业硕士学位授权点。

现有教职工 37 人，其中正高级职称人员 8 人（比上年新增 2 人）、副高级职称人员 11 人，博士研究生指导教师 10 人、硕士研究生指导教师 19 人。

2014 年，招收硕士研究生 43 人（含专业学位硕士 10 人）、博士研究生 15 人，2013 级本科生 65 人确认主修心理学专业。继续教育举办心理咨询师培训班及同等学力申请硕士学位课程学习班。

2014 年，心理系科研经费到款 467.21 万元；新增项目 17 项，资助总经费 556.45 万元，其中获批国家自然科学基金项目 2 项，获批浙江省哲学社会科学规划"重点"课题 1 项；在研项目 63 项，在研项目总经费达 1935.14 万元。2014 年在权威及以上刊物发表论文 27 篇，其中被 SSCI、SCI 收录论文 23 篇，在 ZJU-100 期刊上以第一或通讯作者发表论文 2 篇，SSCI 影响因子大于 3.0 的论文 2 篇。

2014 年，教师交流出访 12 人次，研究生出国出境交流 13 人次，本科生出国出境交流 19 人次。召开国际会议"大学生自杀预防与干预中美双边研讨会"，中外参会人员 200 余人。

项　目	数量		项　目	数量
教职工总数（人）	37		在校本科生数（人）**	189
教授数（人）	8		在读硕士研究生数（人）	115
副教授数（人）	9		其中：专业学位研究生数（人）	20
具有博士学位的教师比例（%）	95.65		在读博士研究生数（人）	80
两院院士（人）	0		其中：专业学位研究生数（人）	0
浙江大学文科资深教授（人）	0		在校外国留学生攻读学位生数（人）	10
国家"千人计划"入选数（人）	0	学生规模	应届本科毕业生数（人）	57
其中：创新人才项目（人）	0		应届硕士研究生毕业生数（人）	44
外专千人计划（人）	0		其中：专业学位研究生数（人）	10
青年千人计划（人）	0		应届博士研究生毕业生数（人）	8
"国家特支计划"入选数（人）	0		其中：专业学位研究生数（人）	0
其中：科技创新领军人才（人）	0		应届外国留学生毕业生数（人）	1
百千万工程领军人才（人）	0		其中：研究生数（人）	0
哲学社会科学领军人才（人）	0		应届本科毕业生一次就业率（%）	97.78
青年拔尖人才（人）	0		应届本科毕业生考研录取（出国）率（%）	73.33
973 计划首席科学家数*（人）	0		应届毕业研究生一次就业率（%）	100
省部级高校教学名师奖获得者（人）	1		科研总经费（万元）	467.21
国家"百千万人才工程"入选数（人）	0		其中：国家自然基金比重（%）	19.6
"长江学者"数（人）	1		国家社科基金比重（%）	0
国家杰出青年基金获得者（人）	0		纵向经费比重（%）	67.0
教育部新（跨）世纪优秀人才培养计划入选数（人）	1	科学研究成果	获国家级科技奖项目数（项）	0
浙江省特级专家（人）	0		获国家级教学成果奖数（项）	0
浙江省千人计划入选者（人）	0		教育部第七届高等学校科学研究优秀成果奖（人文社会科学）（项）	0
一级学科国家重点学科数（个）	0		授权发明专利数（项）	0
二级学科国家重点学科数（个）	1		SCI 入选论文数（篇）	5
国家重点（专业）实验室（个）	0		EI 入选论文数（篇）	0
国家工程（技术）研究中心（个）	0		SSCI 入选论文数（篇）	18
教育部人文社会科学研究基地数（个）	0		A&HCI 入选论文数（篇）	0
国家人才培养基地（含教学、教育基地）（个）	1		权威刊物论文数（篇）	4
国家精品资源共享课（门）	0		MEDLINE 入选论文数（篇）	0
国家精品视频公开课（门）	0		出版专著（部）	2
社会捐赠经费总额（万元）	0	国际交流	教师出国交流（人次）	12
			学生出国交流（人次）	32
			举办国际学术会议数（次）	1

注：* 含重大科学研究计划、ITER 计划、青年科学家专题等。

** 不包含主修专业未确认的 2014 级分类招生进校的学生。

浙江大学年鉴

【陈立心理科学前沿讲坛】 该讲坛于12月25日启动。讲坛以中国工业心理学创始人、原杭州大学校长陈立教授的名字命名,邀请国内外心理学领域专家作心理学领域前沿报告,与师生分享科学研究经验,旨在搭建提升学术素养和促进学术交流的开放平台,传递对于心理学科的前沿思考。讲坛首期由中国心理学会理事长、长江学者特聘教授、心理系主任沈模卫教授作"视觉工作记忆动态加工机制"报告。

【教师教学成绩突出】 2014年2月,心理系成立教学指导委员会制定《心理系基层教学组织建设与管理办法》,着力调动教师教学积极性,推动基层教学组织建设。同时作为文理相交的学科门类,积极探索为人文社会科学提供认识论和方法学基础。多位教师教学工作取得突出成绩,青年教师张萌获浙江省高校第八届青年教师教学技能竞赛特等奖,吴明证副教授获浙江大学2014年优质教学奖二等奖,青年教师蔡永春获浙江大学2014年青年教师教学竞赛三等奖。

【国际科研合作与跨文化互动训练项目】 该项目是浙大心理系与印度尼西亚泗水大学心理系、印度尼西亚国立伊斯兰大学心理系在科研合作框架下的学生互访活动,旨在加强学生的科研合作意识、提高跨文化互动能力。项目采用"一项核心,两周活动"的设计:"一项核心"即以科研任务为核心,由中印两国学生以小组形式共同完成课题研究,实践国际环境下人才科研合作的新模式;"两周活动"即分别在中国和印尼有十余天的交流活动,通过学术讲座、调研访问、文化交流等形式,促进中印科研、文化的理解和交流。项目始于2012年,至今已举办两届。

2014年浙大心理系选拔6名研究生和10名本科生与印尼的师生组成研究团队共同完成17个研究课题,6项研究成果被第一届"健康、教育、社会、组织心理学"国际大会接收并作小组报告,其中3组特别优秀的研究成果向第14届欧洲心理学大会投稿,并被录用为口头报告。

(秦艳燕撰稿 沈模卫审稿)

机械工程学院

【概况】 机械工程学院源起于1911年浙江中等工业学堂(浙江大学工学院前身)设立的机械科,是中国最早从事机械科学研究和人才培养的单位之一。1932年,正式设立为机械工程学系。1999年,机械系、能源系和力学系组建机械工程与能源工程学院。2009年,机械工程学系在一级学科的基础上再次实体独立运转。2014年7月30日,机械工程学系更名为机械工程学院,现任院长为中国工程院院士谭建荣。

学院设有机械电子控制工程、现代制造工程、机械设计、工程及计算机图形学等4个研究所和1个工程训练(金工)中心,拥有机械国家"211"重点学科群和机电院统及装备"985"二期科技创新平台。

学院设有国家工科基础课程工程制图教学基地,流体动力及机电系统、计算机辅助设计与图形学(共建)2个国家重点实验室和先进制造技术、三维打印工艺与装备2个浙江省重点实验室,电液控制工程技术国家工程技术研究中心以及机械工程、工程训练、机电类专业(共建)3个国家级实验教学示范中心和4个专业实验室,建有国家工科基础课程工程制图教学基地和机械电子工程、机械工程及自动化2个国家级特色专业及国家级机械工程人才培养模式创新实验区。

机械电子工程为国家重点建设学科;机械电子工程、机械制造及其自动化、机械设计及理论等3个学科为浙江省高校重点建设学科。

学院建有机械工程博士后科研流动站,拥有机械工程一级学科博士学位授予权和硕士学位授予权及其所属5个二级学科博士授予权及7个硕士授予权,设有机械工程、机械电子工程、工业工程等3个本科专业。

现有教职工186人(含博后41人)。其中,正高级职称人员52人(比上年新增3人)、副高级职称人员67人(比上年新增6人);博士研究生指导教师58人,硕士研究生指导教师108人。教师中有院士3人,其中两院院士1人、中国工程院院士2人;"973计划"项目首席科学家2人;国家杰出青年基金获得者3人(比上年新增1人);国家"青年千人计划"3人;国家有突出贡献中青年专家1人;"万人计划"科技创新领军人才1人;海外青年基金1人;全国优秀科技工作者1人;获中国青年科技奖1人。

2014年,招收博士生72人、硕士生227人和工程硕士39人,2013级本科生217人主修专业确认到机械工程学院。共获国家、省、校各类科研训练和科技创新项目63项。5人次获得国家级学科竞赛奖,62人次获得省校级学科竞赛奖。

2014年科研到款总额2.45亿元,其中纵向经费占77.19%;获批国家自然科学基金资助21项;获高等学校技术发明奖二等

奖和中国机械工业科学技术奖(技术发明奖)一等奖各一项;被SCI收录论文148篇、EI收录论文292篇;授权发明专利129项,实用新型专利100项。

与国外高校、专家交流互访频繁。全年,全院师生前往美国、德国、日本等国家和中国港台地区的一流大学和研究机构参加学术会议、开展合作研究或学习深造共100人次;接待来自11所境外高校的知名专家学者和专家11人,代表团3批次;执行2014年短期外国专家项目3项,获批短期外国专家项目申请9项;举办了第13届国际生产工程科学院计算机辅助公差设计会议、第一届复合材料制造基础研究国际研讨会等4个国际会议。

【获2014年度国家杰出青年科学基金资助】
2014年8月4日,国家自然科学基金委公布了2014年度国家杰出青年科学基金建议资助名单,居冰峰教授列入其中。居冰峰教授的主要研究方向为微纳测量、精密机电系统以及超精密加工技术等。他曾以第一获奖人获得中国机械工业科学技术奖一等奖1项、教育部技术发明奖二等奖1项,是2003年德国洪堡奖学金和日本学术振兴会奖学金的获得者,2011年入选教育部"新世纪优秀人才"支持计划。

【浙江省三维打印工艺与装备重点实验室成立】该实验室于2014年8月1日立项建设,依托机械工程学院建设,是浙江省首个聚焦于三维打印技术研究的省级重点实验室,主要从事三维打印工艺及装备中的科学问题及关键技术展开基础研究及攻关,主要研究方向为3D打印精密控制和检测、3D打印金属成形制造、生物医学3D打印、软物质3D打印等。该实验室共有固定人员30人,其中国家千人计划入选者1人、杰出青

附表　2014年度机械学院基本情况

	项　目	数量		项　目	数量
学科与人才队伍	教职工总数（人）	186	学生规模	在校本科生数（人）**	629
	教授数（人）	51		在读硕士研究生数（人）	972
	副教授数（人）	55		其中：专业学位研究生数（人）	315
	具有博士学位的教师比例（%）	91.53		在读博士研究生数（人）	410
	两院院士（人）	3		其中：专业学位研究生数（人）	0
	浙江大学文科资深教授（人）	0		在校外国留学生攻读学位数（人）	1
	国家"千人计划"入选数（人）	3		应届本科毕业生数（人）	192
	其中：创新人才项目（人）	0		应届硕士研究生毕业生数（人）	206
	外专千人计划（人）	0		其中：专业学位研究生数（人）	52
	青年千人计划（人）	3		应届博士研究生毕业生数（人）	57
	"国家特支计划"入选数（人）	1		其中：专业学位研究生数（人）	0
	其中：科技创新领军人才（人）	1		应届外国留学生毕业生数（人）	0
	百千万工程领军人才（人）	0		其中：研究生数（人）	0
	哲学社会科学领军人才（人）	0		应届本科毕业生一次就业率（%）	97.92
	青年拔尖人才（人）	0		应届本科毕业生考研录取（出国）率（%）	59.9
	973计划首席科学家数*（人）	2		应届毕业研究生一次就业率（%）	98.45
	省部级高校教学名师奖获得者（人）	3	科学研究成果	科研总经费（万元）	24517.12
	国家"百千万人才工程"入选数（人）	3		其中：国家自然基金比重（%）	5.38
				国家社科基金比重（%）	0
	"长江学者"数（人）	1		纵向经费比重（%）	77.19
	国家杰出青年基金获得者（人）	3		获国家级科技奖项目数（项）	0
	教育部新（跨）世纪优秀人才培养计划入选数（人）	11		获国家级教学成果奖数（项）	0
	浙江省特级专家（人）	2		教育部第七届高等学校科学研究优秀成果奖（人文社会科学）（项）	0
	浙江省千人计划入选者（人）	3		授权发明专利数（项）	129
	一级学科国家重点学科数（个）	1		SCI入选论文数（篇）	148
	二级学科国家重点学科数（个）	1		EI入选论文数（篇）	129
	国家重点（专业）实验室（个）	2		SSCI入选论文数（篇）	0
	国家工程（技术）研究中心（个）	1		A&HCI入选论文数（篇）	0
	教育部人文社会科学研究基地数（个）	0		权威刊物论文数（篇）	0
	国家人才培养基地（含教学、教育基地）（个）	1		MEDLINE入选论文数（篇）	0
				出版专著（部）	0
	国家精品资源共享课（门）	3	国际交流	教师出国交流（人次）	44
	国家精品视频公开课（门）	0		学生出国交流（人次）	56
	社会捐赠经费总额（万元）	43		举办国际学术会议数（次）	4

注：* 含重大科学研究计划、ITER计划、青年科学家专题等。

** 不包含主修专业未确认的2014级分类招生进校的学生。

年基金获得者 1 人、国家青年千人计划入选者 1 人、优秀青年基金获得者 1 人、教授 7 人(博士生导师 9 人)、副高级职称人员 12 人。实验室主任为机械工程学院傅建中教授。

【科研开发硕果累累】 科研开发历来是机械工程学院的优势,科研经费总量及人均经费自 2011 年以来始终保持全校第一。学院瞄准国家重大战略目标和学科发展前沿,开展科学研究和科技服务工作,承担并完成了一大批国家级项目和企事业单位委托科技开发项目,取得了丰硕的成果。2014 年,居冰峰领衔的"微纳加工过程的超精密检测技术、设备及其应用"获高等学校技术发明奖二等奖,"面向微纳制造过程的关键检测技术、设备及其应用"获中国机械工业科学技术奖(技术发明奖)一等奖并推荐申报国家技术发明奖;杨灿军研究团队的"海底技术系统一期布放系统"和李伟研究团队的"海底洋流发电"2 项科技项目在摘箬山海洋科技示范岛取得阶段性成果;浙江大学包头工业技术研究院(校内由机械工程学院牵头)揭牌成立,首批已经确立 18 个研发中心和一个技术服务平台;"蜂窝加工固持新技术及装备"、"水平轴半直驱海流发电技术及装备"以及"大举力密度高效率叉车关键技术研究及应用"3 个项目通过了中国机械工业联合会组织的科技成果鉴定。

(王芳官撰稿 王晓莹审稿)

材料科学与工程学院

【概况】 材料科学与工程学院(以下简称材料学院)设有材料物理、金属材料、无机非金属材料、半导体材料等 4 个研究所和浙江大学电子显微镜中心,拥有硅材料国家重点实验室、表面与结构改性无机功能材料教育部工程研究中心以及 2 个教育部创新研究团队,并建有浙江省电池新材料与应用技术研究重点实验室和浙江省新型信息材料技术研究重点实验室。

材料学院拥有材料科学与工程国家重点一级学科,以材料科学与工程一级学科招收本科生,设有材料学、材料物理与化学、材料加工工程等 3 个博士学位授权点和硕士学位授权点,并建有材料科学与工程博士后流动站。

现有教职工 131 人。其中,中国科学院院士 1 人,正高级职称人员 49 人(新增 6 人)、副高级职称人员 58 人(新增 3 人),博士研究生指导教师 79 人(比上年新增 15 人)、硕士研究生指导教师 95 人(比上年新增 9 人)。教师中具有博士学位的占 93.5%。在站博士后工作人员 50 人。2014 年,新增国家"千人计划"学者 2 人,"青年千人计划"学者 1 人,"长江学者"1 人,全国优秀教师 1 人,国家百千万人才工程入选者 1 人,浙江大学求是特聘教授 1 人,优秀青年科学基金获得者 1 人,浙江省"海鸥计划"学者 1 人,浙江大学讲座教授 2 人,浙江大学兼职教授 3 人,浙江大学"三育人"标兵 1 人,浙江大学求是青年学者 8 人。

2014 年,招收硕士研究生 105 人,博士研究生 60 人。继续加强教育教学工作。叶志镇教授获 2014 年度浙江省高等学校教学成果一等奖,应窕获 2014 年浙江省高校实验室工作先进个人称号,赵新兵教授团队获浙江大学第四届研究生"五好"导学团队,钱

附表　2014 年度材料学院基本情况

项　目	数量		项　目	数量
教职工总数(人)	131		在校本科生数(人)**	316
教授数(人)	42		在读硕士研究生数(人)	331
副教授数(人)	39		其中:专业学位研究生数(人)	117
具有博士学位的教师比例(%)	93.5		在读博士研究生数(人)	268
两院院士(人)	1		其中:专业学位研究生数(人)	1
浙江大学文科资深教授(人)	0		在校外国留学生攻读学位生数(人)	10
国家"千人计划"入选数(人)	8	学生规模	应届本科毕业生数(人)	110
其中:创新人才项目(人)	5		应届硕士研究生毕业生数(人)	107
外专千人计划(人)	0		其中:专业学位研究生数(人)	29
青年千人计划(人)	3		应届博士研究生毕业生数(人)	49
"国家特支计划"入选数(人)	1		其中:专业学位研究生数(人)	0
其中:科技创新领军人才(人)	1		应届外国留学生毕业生数(人)	2
百千万工程领军人才(人)	0		其中:研究生数(人)	2
哲学社会科学领军人才(人)	0		应届本科毕业生一次就业率(%)	99
青年拔尖人才(人)	0		应届本科毕业生考研录取(出国)率(%)	69.8
973 计划首席科学家数*(人)	3			
省部级高校教学名师奖获得者(人)	0		应届毕业研究生一次就业率(%)	99.4
国家"百千万人才工程"入选数(人)	3		科研总经费(万元)	7715
			其中:国家自然基金比重(%)	41.7
			国家社科基金比重(%)	0
"长江学者"数(人)	5		纵向经费比重(%)	82.4
国家杰出青年基金获得者(人)	6		获国家级科技奖项目数(项)	0
教育部新(跨)世纪优秀人才培养计划入选数(人)	9		获国家级教学成果奖数(项)	0
浙江省特级专家(人)	3	科学研究成果	教育部第七届高等学校科学研究优秀成果奖(人文社会科学)(项)	0
浙江省千人计划入选者(人)	6		授权发明专利数(项)	111
一级学科国家重点学科数(个)	1		SCI 入选论文数(篇)	401
二级学科国家重点学科数(个)	2		EI 入选论文数(篇)	104
国家重点(专业)实验室(个)	1		SSCI 入选论文数(篇)	0
国家工程(技术)研究中心(个)	0		A&HCI 入选论文数(篇)	0
教育部人文社会科学研究基地数(个)	0		权威刊物论文数(篇)	0
			MEDLINE 入选论文数(篇)	0
国家人才培养基地(含教学、教育基地)(个)	0		出版专著(部)	0
国家精品资源共享课(门)	0	国际交流	教师出国交流(人次)	129
国家精品视频公开课(门)	1		学生出国交流(人次)	77
社会捐赠经费总额(万元)	654		举办国际学术会议数(次)	0

注:* 含重大科学研究计划、ITER 计划、青年科学家专题等。

** 不包含主修专业未确认的 2014 级分类招生进校的学生。

国栋教授获 2014 年度校级优质教学奖二等奖,吴进明获 2014 年浙江大学青年教师教学竞赛二等奖。举办了 13 期"求是材料科学论坛"和第五届"浙江省高校暨浙江大学材料微结构探索大赛"。博士生刘双宇、硕士生梁骁勇,本科生杜竞杉、黄力梁获 2014 年浙江大学竺可桢奖学金;博士生姜颖、硕士生黄虎彪获"启真杯"浙江大学 2014 年学生十大学术新成果。博士生戴兴良以第一作者在 Nature 杂志上发表论文。

2014 年科研到款总经费 7715 万元,其中:横向项目经费 1358 万元,占总经费的 17.6%;纵向项目经费 6357 万元,占总经费的 82.4%。获批国家自然科学基金项目 15 项,批准率为 34%,总经费为 1014 万元。其中优秀青年基金项目 1 项,面上基金 10 项,青年基金 4 项。发表 SCI 收录论文 401 篇(其中影响因子大于 10 的论文 21 篇,影响因子大于 5 的论文 59 篇),EI 收录论文 104 篇;授权发明专利 111 项。获 2014 年度浙江省科学技术奖一等奖 2 项,浙江大学电镜中心获 2014 年省高校实验室工作先进集体。

2014 年,材料学院国际学术交流活动活跃,教师出访 129 人次,学生出国交流 77 人次;继续保持与英国剑桥大学、英国伦敦大学学院、牛津大学等高校合作交流,同时与英国帝国理工学院签订了本科生联合培养协议,与新加坡国立大学签订了学生实习协议;邀请了美国加州大学伯克利分校 Robert Ritchie 教授等专家来浙大做学术报告 30 余场次。院长韩高荣率队赴美国,在美国材料研究学会(MRS)上举办了人才招聘会,为材料学院与国际著名院校开展深入交流与合作打下基础,也为吸引更多的优秀人才迈出了坚实的一步。

【博士生在 Nature 杂志上发表论文】 11 月 6 日,2012 级博士生戴兴良(导师:金一政)在量子点发光二极管研究领域取得突破性进展,以第一作者在 Nature(《自然》)(515,96,2014)上发表论文。论文以 "*Solution-processed high-performance light-emitting diodes based on quantum-dots*"(基于溶液工艺的高性能量子点 LED)为题报道了一种新型的、以量子点为电致发光材料的 LED 器件,其性能大大超过了文献中已知的所有 QLED(量子点发光二极管)。

【人才队伍建设成绩喜人】 2014 年度,材料学院人才队伍建设成绩喜人。引进了国家"千人计划"学者 2 人(彭华新、谷月峰)、"青年千人计划"学者 1 人(余倩);张绳百教授入选浙江省"海鸥计划"学者。同时,潘洪革教授入选教育部"长江学者",叶志镇教授入选全国优秀教师,蒋建中教授入选国家"百千万人才工程",严密教授入选浙江大学求是特聘教授。

【电镜中心获 2014 年浙江省高校实验室工作先进集体】 2014 年,实验室工作取得突出成绩。经浙江省高校实验室工作研究会评选,浙江大学电镜中心获 2014 年省高校实验室工作先进集体。此外,1 人获 2014 年浙江省高校实验室工作先进个人称号。

(倪孟良撰稿 王 东审稿)

能源工程学院

【概况】 能源工程学院前身是热物理工程学系,成立于 1978 年 5 月,是中国高校最早成立的热物理工程学系,也是中国首批工程

浙江大学年鉴

热物理博士点单位之一。1987 年工程热物理学科被批准为国家重点学科,2007 年动力工程及工程热物理被评为一级国家重点学科。1989 年 9 月,热物理工程学系更名为能源工程学系。1999 年 9 月能源工程学系与机械工程学系、工程力学系组成了机械与能源工程学院。2009 年 1 月,能源工程学系在一级学科基础上再次实体独立运转。2014 年更名为能源工程学院。现任院长为长江奖励计划特聘教授、"973 计划"首席科学家、浙江省特级专家、国家杰出青年基金获得者骆仲泱教授。

学院下设热能工程、动力机械及车辆工程、制冷与低温和热工与动力系统等 4 个研究所,拥有一级学科国家重点学科 1 个、一级学科博士点 1 个、一级学科博士后流动站 1 个、国家重点实验室 1 个、国家工程研究(技术)中心 2 个、国家级研发(实验)中心 1 个、国家级实验教学示范中心 1 个。

学院拥有工程热物理、热能工程、制冷与低温工程、动力机械及工程、流体机械及工程、能源与环境工程、车辆工程和供热、供燃气、通风及空调工程等 8 个博士、硕士授权点,设有能源与环境系统工程(含能源与环境工程及自动化和制冷与人工环境及自动化方向)、新能源科学与工程、机械设计制造及其自动化(汽车工程方向)3 个本科专业。

2014 年,招收硕士研究生 127 人、博士研究生 76 人,本科生有 245 人确认主修专业进入能源学院。学院创新教育教学理念,其中"强化节能减排意识,提升创新实践能力,创建与推进全国大学生节能减排竞赛"获 2014 年度国家级教学成果二等奖。

现有教职工 116 人。其中,正高级职称人员 48 人,副高级职称人员 50 人,博士研究生导师 48 人、硕士研究生导师 72 人。教师中拥有中国工程院院士 1 人、国家 973 计划首席科学家 3 人、"长江学者"6 人、国家杰出青年基金获得者 5 人、国家"百千万人才工程"7 人、教育部跨(新)世纪人才 12 人、浙江省特级专家 4 人、浙江大学求是特聘教授 1 人。

科研经费到款总额 15488 万元,其中纵向经费占 57%。2014 年,获批国家自然科学基金项目 13 项;获得国家技术发明二等奖、国家科技进步二等奖各 1 项;被 SCI 收录论文 160 篇、EI 收录 100 篇;授权发明专利 72 项,实新型专利 59 项。

继续与美国、瑞典、法国、澳大利亚、日本、韩国等国家和中国港澳台地区著名大学、研究机构和工业界的专家、学者开展了广泛而深入的学术交流与科研合作。2014 年度,全院师生出国或赴中国港澳台地区访问考察、合作研究、出席国际学术会议等共 150 余人次,邀请和接待 60 余位国内外、港澳台知名学者专家及交流生来校讲学、访问和联合培养,获批外国专家项目 6 项。先后举办了第十一届国际天然制冷剂大会、中美清洁能源中心洁净煤技术联盟 2014 年联席会议等一系列国际会议。

【"煤炭分级转化清洁发电协同创新中心"入选 2011 计划】 10 月 21 日,教育部、财政部公布了 2014 年度"2011 协同创新中心"名单,浙江大学领衔的"煤炭分级转化清洁发电协同创新中心"通过认定。"煤炭分级转化清洁发电协同创新中心"由浙江大学牵头,以清华大学、华东理工大学以及中国华能集团公司、中国国电集团公司、神华集团公司和中国东方电气集团公司等中央大型骨干企业为核心,共同构成"三校四企"协同体。中心主要针对煤炭利用造成的环境污染问题,尤其是近年来中国广大区域相继陷

	项 目	数量		项 目	数量
学科与人才队伍	教职工总数(人)	116	学生规模	在校本科生数(人)**	714
	教授数(人)	44		在读硕士研究生数(人)	384
	副教授数(人)	35		其中:专业学位研究生数(人)	156
	具有博士学位的教师比例(%)	95.8		在读博士研究生数(人)	334
	两院院士(人)	1		其中:专业学位研究生数(人)	5
	浙江大学文科资深教授(人)	0		在校外国留学生攻读学位数(人)	5
	国家"千人计划"入选数(人)	1		应届本科毕业生数(人)	241
	其中:创新人才项目(人)	1		应届硕士研究生毕业生数(人)	124
	外专千人计划(人)	0		其中:专业学位研究生数(人)	2
	青年千人计划(人)	0		应届博士研究生毕业生数(人)	44
	"国家特支计划"入选数(人)	3		其中:专业学位研究生数(人)	0
	其中:科技创新领军人才(人)	2		应届外国留学生毕业生数(人)	1
	百千万工程领军人才(人)	0		其中:研究生数(人)	1
	哲学社会科学领军人才(人)	0		应届本科毕业生一次就业率(%)	100
	青年拔尖人才(人)	1		应届本科毕业生考研录取(出国)率(%)	60
	973 计划首席科学家数*(人)	3		应届毕业研究生一次就业率(%)	100
	省部级高校教学名师奖获得者(人)	0	科学研究成果	科研总经费(万元)	15488
	国家"百千万人才工程"入选数(人)	7		其中:国家自然基金比重(%)	7
	"长江学者"数(人)	6		国家社科基金比重(%)	0
	国家杰出青年基金获得者(人)	5		纵向经费比重(%)	57
	教育部新(跨)世纪优秀人才培养计划入选数(人)	12		获国家级科技奖项目数(项)	2
	浙江省特级专家(人)	4		获国家级教学成果奖数(项)	1
	浙江省千人计划入选者(人)	1		教育部第七届高等学校科学研究优秀成果奖(人文社会科学)(项)	0
	一级学科国家重点学科数(个)	1		授权发明专利数(项)	72
	二级学科国家重点学科数(个)	0		SCI 入选论文数(篇)	160
	国家重点(专业)实验室(个)	1		EI 入选论文数(篇)	100
	国家工程(技术)研究中心(个)	1		SSCI 入选论文数(篇)	0
	教育部人文社会科学研究基地数(个)	0		A&HCI 入选论文数(篇)	0
	国家人才培养基地(含教学、教育基地)(个)	2		权威刊物论文数(篇)	0
	国家精品资源共享课(门)	2		MEDLINE 入选论文数(篇)	0
	国家精品视频公开课(门)	0		出版专著(部)	0
	社会捐赠经费总额(万元)	16	国际交流	教师出国交流(人次)	44
				学生出国交流(人次)	121
				举办国际学术会议数(次)	8

注:* 含重大科学研究计划、ITER 计划、青年科学家专题等。

** 不包含主修专业未确认的 2014 级分类招生进校的学生。

浙江大学年鉴

入严重并持续的雾霾和污染天气的现状,致力于煤炭资源的"分级转化"和"清洁发电"两个核心内容的研究,实现中国煤炭的清洁高效发电、大幅度节约资源、节能减排,构建循环经济和保障国家能源安全。

【科研开发高歌猛进】 科研开发历来是能源工程学院的优势,学院面向学科国际前沿和国家重大需求,凝练研究方向,目前承担了"973"计划首席项目、"863"计划项目、国家自然科学重点项目、国家攻关及支撑计划项目、国际合作研究项目等 100 余项,年均科研经费 1.5 亿元,在煤的高效清洁综合利用、燃烧污染物控制、废弃物资源化、可再生能源与新能源、深低温制冷研究等方面,掌握了自主知识产权核心技术,为国家和区域的能源安全、产业发展提供强大支撑,取得了一系列具有国际先进水平的标志性成果。2014 年,学院获国家级科技奖励 2 项(全校共 5 项),其中陈国邦教授负责的"深低温回热制冷关键技术及应用"项目获国家技术发明二等奖,严建华教授负责的"污泥搅动型间接热干化和复合循环流化床清洁焚烧集成技术"项目获国家科技进步二等奖。

【人才培养成效显著】 能源工程学院长期秉承"求是、团结、创新"的办学理念,依托强大的科研优势,努力探索培养高水平人才的途径,在人才培养方面彰显特色,成效显著。实施"团队导师制",建设了包括长江特聘教授、国家杰出青年基金获得者、全国模范教师等在内的一流的师资队伍;提出了"国际团队引进"的创新思路,指导国际学术交流,组织建立了 13 个国际联合研究中心;拓展多层次创新实践基地建设新思路,指导学科交叉和创新方向的探索、设立及发展,培养了包含全国优秀博士学位论文奖及提名奖

获得者在内的一大批学科前沿和社会急需的高水平人才。2014 年由岑可法院士负责的"强化节能减排意识,提升创新实践能力,创建与推进全国大学生节能减排竞赛"项目获国家教学成果二等奖、浙江省教学成果一等奖;"面向能源学科前沿与国家重大需求,团队式国际化培养创新人才的实践"获中国研究生教育成果一等奖。

(封亚先撰稿 骆仲泱审稿)

电气工程学院

【概况】 电气工程学院(简称电气学院)由电机工程学系、系统科学与工程学系、应用电子学系和电工电子基础教学中心组成。学院设有电机及其控制、航天电气及微特电机、电力系统自动化、电力经济及信息化、电气自动化等 9 个研究所。学院拥有国内唯一的电力电子技术国家专业实验室,并已建成电力电子应用技术国家工程研究中心,设有国家集成电路人才培养基地、国家级电工电子实验教学示范中心、国家级机电类专业实验教学示范中心、浙江省海洋可再生能源电气装备与系统技术研究重点实验室、电气工程拔尖人才——"爱迪生班"国家级人才培养模式创新实验区以及国家大学生校外实践教育基地、首批 5 个国家级工程实践教育中心,同时拥有联合成立的国家列车智能化工程技术研究中心和参与共建的国家精密微特电机工程技术研究中心。

电气工程为首批国家重点一级学科。电力系统及其自动化、电力电子与电力传动、控制理论与控制工程(与控制科学与工

程学系共享）、电机与电器 4 个学科为国家重点二级学科。系统分析与集成为浙江省重点建设学科。

学院形成了本科、硕士、博士和继续教育的完整教学体系，设有电气工程、控制科学与工程（与控制科学与工程学系共享）、电子科学与技术（与信息与电子工程学系共享）等 3 个学科博士后科研流动站；具有电气工程一级学科博士学位授予权，拥有 8 个二级学科，其中 7 个博士授权点、8 个硕士授权点；设有电气工程及其自动化、自动化、电子信息工程 3 个本科专业，均为国家特色专业。

现有教职工 197 人。其中，正高级职称人员 52 人（2014 年新增 3 人）、副高级职称人员 79 人（2014 年新增 2 人）、博士研究生导师 56 人（2014 年新增 4 人）、硕士研究生导师 63 人（2014 年新增 2 人）。博士学位人员占教学科研岗位人员比例为 84.38%（2013 年为 82.8%）。另有在站博士后 35 人。2014 年，学院新增国家青年千人计划入选者 1 人，浙江大学求是讲座教授（短期）1 人。

2014 年，学院深化教学改革，凝练成果，获国家级教学成果二等奖 2 项，入选教育部"十二五"普通高等教育本科国家级规划教材书目 4 本，本科 2 个参赛队伍获全国大学生"飞思卡尔"杯智能汽车竞赛总决赛一等奖。

科研到款总额 13658 万（纵向经费 7054 万、横向经费 6604 万），其中纵向经费占 51.6%。2014 年获得国家自然科学基金重大项目 1 项、863 项目 2 项、国家自然科学基金 15 项（其中重点项目 1 项、面上项目 10 项、青年项目 4 项）、浙江省自然科学基金 7 项（其中重点项目 3 项、面上项目 4 项）、浙

江省科技厅公益技术项目 3 项、浙江省教育厅项目 1 项。

学院以学校国际化发展趋势为契机，2014 年成功申请短期外国专家项目 7 项，聘请海外客座教授 4 位，承办国际会议 2 次，接待德国柏林工大、英国能源中心、英国巴斯大学等代表团 5 批。学院和荷兰埃因霍温工业大学电机系签订了本科生"3＋2"联合培养项目。师生出国交流呈稳步上升态势。

【何湘宁获国家自然科学基金重大项目资助】 何湘宁教授与清华大学、海军工程大学联合申报成功 2014 年度国家自然科学基金重大项目，该项目是中国电力电子技术学科首次、也是学院首次获得国家自然科学基金重大项目。何湘宁教授负责该项目的"多时间尺度下大容量电力电子混杂系统运行匹配规律研究"，重点研究大容量电力电子装置换流回路杂散参数的多层互动关系的定量化建模、瞬态换流拓扑的构建理论与演化规律、多时间尺度下的动力学模态与约束边界、电磁场—温度场和应力场的多场域传导及耦合机制等核心内容，为智能电网、现代工业和国防事业的可持续发展提供理论与技术支撑。

【两篇论文入选"2014 年中国百篇最具影响优秀国内学术论文"】 徐政教授团队长期从事直流输电方向的研究，是国内高校中最早开展柔性直流输电研究的团队。根据国家科技部中国科学技术信息研究所发布的"2014 年中国百篇最具影响优秀国内学术论文"的新闻，徐政教授团队的《模块化多电平换流器型直流输电内部环流机理分析》和《模块化多电平换流器型直流输电的调制策略》成为浙江大学 2014 年唯一入选该榜单的 2 篇论文。

附表　2014 年度电气学院基本情况

	项　目	数量
学科与人才队伍	教职工总数(人)	197
	教授数(人)	50
	副教授数(人)	64
	具有博士学位的教师比例(%)	84.38
	两院院士(人)	2
	浙江大学文科资深教授(人)	0
	国家"千人计划"入选数(人)	3
	其中:创新人才项目(人)	1
	外专千人计划(人)	0
	青年千人计划(人)	2
	"国家特支计划"入选数(人)	1
	其中:科技创新领军人才(人)	1
	百千万工程领军人才(人)	0
	哲学社会科学领军人才(人)	0
	青年拔尖人才(人)	0
	973 计划首席科学家数*(人)	1
	省部级高校教学名师奖获得者(人)	2
	国家"百千万人才工程"入选数(人)	2
	"长江学者"数(人)	1
	国家杰出青年基金获得者(人)	2
	教育部新(跨)世纪优秀人才培养计划入选数(人)	7
	浙江省特级专家(人)	0
	浙江省千人计划入选者(人)	2
	一级学科国家重点学科数(个)	1
	二级学科国家重点学科数(个)	4
	国家重点(专业)实验室(个)	1
	国家工程(技术)研究中心(个)	1
	教育部人文社会科学研究基地数(个)	0
	国家人才培养基地(含教学、教育基地)(个)	1
	国家精品资源共享课(门)	4
	国家精品视频公开课(门)	0
	社会捐赠经费总额(万元)	150

	项　目	数量
学生规模	在校本科生数(人)**	1060
	在读硕士研究生数(人)	1556
	其中:专业学位研究生数(人)	1182
	在读博士研究生数(人)	360
	其中:专业学位研究生数(人)	9
	在校外国留学生攻读学位生数(人)	7
	应届本科毕业生数(人)	342
	应届硕士研究生毕业生数(人)	310
	其中:专业学位研究生数(人)	57
	应届博士研究生毕业生数(人)	50
	其中:专业学位研究生数(人)	0
	应届外国留学生毕业生数(人)	2
	其中:研究生数(人)	0
	应届本科毕业生一次就业率(%)	95.32
	应届本科毕业生考研录取(出国)率(%)	65.84
	应届毕业研究生一次就业率(%)	100
科学研究成果	科研总经费(万元)	13658
	其中:国家自然基金比重(%)	6
	国家社科基金比重(%)	0
	纵向经费比重(%)	51.6
	获国家级科技奖项目数(项)	0
	获国家级教学成果奖数(项)	2
	教育部第七届高等学校科学研究优秀成果奖(人文社会科学)(项)	0
	授权发明专利数(项)	69
	SCI 入选论文数(篇)	38
	EI 入选论文数(篇)	105
	SSCI 入选论文数(篇)	0
	A&HCI 入选论文数(篇)	0
	权威刊物论文数(篇)	0
	MEDLINE 入选论文数(篇)	0
	出版专著(部)	6
国际交流	教师出国交流(人次)	90
	学生出国交流(人次)	201
	举办国际学术会议数(次)	2

注:* 含重大科学研究计划、ITER 计划、青年科学家专题等。

** 不包含主修专业未确认的 2014 级分类招生进校的学生。

【获两项国家级教学成果奖】 韦巍教授负责,姚缨英、马皓、杨敏虹、范承志、齐冬莲、姚维、杨莉、阮秉涛等众多老师参与的"五位一体电气工程创新人才培养方式的研究与实践"本科教学改革项目,经过多年的实践探索和总结凝练,获 2014 年国家级教学成果奖二等奖、浙江省教学成果奖一等奖。严晓浪、杨冬晓、何乐年等 20 位老师,9 所高校联合申报的"面向国家急需,建设我国集成电路紧缺人才培养体系的十年探索与实践"研究生教学改革项目,获 2014 年国家级教学成果奖二等奖、浙江省教学成果奖一等奖。

(徐　欢撰稿　贾爱民审稿)

建筑工程学院

【概况】 建筑工程学院(简称建工学院)由土木工程学系、建筑学系、区域与城市规划系和水利工程学系组成,设有结构工程、空间结构、高性能建筑结构与材料、岩土工程、市政工程、防灾工程、建筑材料、交通工程、土木工程管理、滨海和城市岩土工程、建筑设计及其理论(含建筑历史)、建筑技术、城市规划与设计、城市规划工程与信息技术、水工结构与水环境、水文与水资源工程 16 个研究所(中心)。学院设有软弱土与环境土工教育部重点实验室、浙江省空间结构重点实验室、浙江省饮用水安全与输配技术研究重点实验室、住房和城乡建设部村镇饮用水安全保障技术研究中心。

土木工程为国家重点一级学科。设有土木工程、水利工程 2 个博士后流动站,建筑学、城乡规划学、土木工程、水利工程 4 个一级学科博士学位授权点,交通运输工程 1 个一级学科硕士学位授权点,工程管理 1 个二级学科硕士学位授权点,建筑与土木工程、建筑学、城市规划、水利工程、交通运输工程、工程管理 6 个专业硕士学位授权点,土木工程、建筑学、城乡规划、水利水电工程、交通工程 5 个本科专业。

现有教职工 301 名,其中中国工程院院士 2 人;正高级职称 73 人,其中教授 67 人(2014 年晋升 5 人);副高级职称 140 人,其中副教授 112 人(2014 年晋升 8 人)。教授占教师的比例为 26.7%,教师的博士比例为 74.5%。2014 年招收博士后 20 人;2014 年引进人才 8 人,其中浙大求是特聘教授 1 人,研究员 1 人,其他优秀博士 6 人,其中具有海外知名高校学习工作经历的占三分之二以上。2014 年新增浙江省特级专家 2 人,求是讲座教授 1 人。

2014 年招收全日制硕士生和博士生分别为 208 人和 73 人,共有 272 名 2013 级本科生确认到主修专业建工学院。2014 年建筑学获批成为国家级"本科教学工程—专业综合改革试点"项目,"面向重大工程建设需求的土木工程卓越人才培养体系与实践"获得浙江省第七届教学改革成果一等奖。

2014 年科研经费 19852.64 万元。全年在研项目约 1900 项,新上项目 786 项。其中,新上纵向科研项目 66 项,协议经费 2907 万,比上年分别下降 22% 和 21%。社会服务成效明显。到 2014 年年底,与各类企事业单位共建校级合作中心 6 个,院级合作中心 5 个。各合作中心 2014 年合计到款 181 万元。2014 年获批浙江省重点科技创新团队1项;获国家科技进步二等奖1项

附表　2014 年度建工学院基本情况

项　目	数量	项　目	数量
学科与人才队伍		**学生规模**	
教职工总数(人)	301	在校本科生数(人)**	748
教授数(人)	67	在读硕士研究生数(人)	828
副教授数(人)	112	其中:专业学位研究生数(人)	321
具有博士学位的教师比例(%)	74.5	在读博士研究生数(人)	358
两院院士(人)	2	其中:专业学位研究生数(人)	1
浙江大学文科资深教授(人)	0	在校外国留学生攻读学位生数(人)	22
国家"千人计划"入选数(人)	2	应届本科毕业生数(人)	310
其中:创新人才项目(人)	1	应届硕士研究生毕业生数(人)	201
外专千人计划(人)	0	其中:专业学位研究生数(人)	54
青年千人计划(人)	1	应届博士研究生毕业生数(人)	68
"国家特支计划"入选数(人)	1	其中:专业学位研究生数(人)	1
其中:科技创新领军人才(人)	0	应届外国留学生毕业生数(人)	0
百千万工程领军人才(人)	0	其中:研究生数(人)	0
哲学社会科学领军人才(人)	0	应届本科毕业生一次就业率(%)	95.05
青年拔尖人才(人)	1	应届本科毕业生考研录取(出国)率(%)	49.17
973 计划首席科学家数*(人)	1	应届毕业研究生一次就业率(%)	98.90
省部级高校教学名师奖获得者(人)	0	**科学研究成果** 科研总经费(万元)	19852.64
国家"百千万人才工程"入选数(人)	1	其中:国家自然基金比重(%)	7.30
"长江学者"数(人)	2	国家社科基金比重(%)	1.00
国家杰出青年基金获得者(人)	4	纵向经费比重(%)	30.00
教育部新(跨)世纪优秀人才培养计划入选数(人)	4	获国家级科技奖项目数(项)	1
浙江省特级专家(人)	31	获国家级教学成果奖(项)	0
浙江省千人计划入选者(人)	1	教育部第七届高等学校科学研究优秀成果奖(人文社会科学)(项)	0
一级学科国家重点学科数(个)	1	授权发明专利数(项)	37
二级学科国家重点学科数(个)	0	SCI 入选论文数(篇)	152
国家重点(专业)实验室(个)	0	EI 入选论文数(篇)	200
国家工程(技术)研究中心(个)	0	SSCI 入选论文数(篇)	8
教育部人文社会科学研究基地数(个)	0	A&HCI 入选论文数(篇)	1
国家人才培养基地(含教学、教育基地)(个)	0	权威刊物论文数(篇)	28
国家精品资源共享课(门)	0	MEDLINE 入选论文数(篇)	0
国家精品视频公开课(门)	0	出版专著(部)	0
社会捐赠经费总额(万元)	209.292	**国际交流** 教师出国交流(人次)	116
		学生出国交流(人次)	152
		举办国际学术会议数(次)	2

注:* 含重大科学研究计划、ITER 计划、青年科学家专题等。

** 不包含主修专业未确认的 2014 级分类招生进校的学生。

（合作）、教育部技术发明奖一等奖 1 项、中国产学研合作创新成果奖 1 项及浙江省科技进步奖一等奖 2 项。获授权发明专利 37 项。

与美国伊利诺伊大学香槟分校等单位就院际学术交流与合作进行了深入的沟通，取得了进一步合作的意向与成效。全年邀请 47 人次国（境）外专家来访，聘请短期文教专家 2 人、名誉教授 2 人、兼任教授 3 人；派出教师 116 人次、研究生 50 人次、本科生 102 人次出国（境）交流学习；5 位博士研究生获得资助赴国外著名大学联合培养，2 位硕士研究生获资助赴国外著名大学攻读博士学位。

【获第 42 届瑞士日内瓦国际发明展览会银奖】 2014 年 4 月 2 日至 6 日，第 42 届瑞士日内瓦国际发明展览会在日内瓦 Palexpo 展览馆举行。徐松杰、高铁、王云飞等本科生团队的"应变梁式动态土压力无线实时监测系统"项目获银奖。该项目由王奎华教授和王立忠教授指导。本届发明展共吸引了来自全球 45 个国家和地区 790 个参展单位的 1000 多项发明，在为期五天的展期内进行展示交流与评奖活动。该优秀项目的参展，在世界上展示了建工学子的科研创新能力，进一步扩大了学院在国际上的影响力。

【浙江大学国际海洋土木工程研究中心成立】 该中心于 2014 年 9 月 23 日成立。中心将着力在海洋与近海结构工程、岩土工程、工程材料、信息技术等领域开展研究与技术创新，推动海洋资源的可持续利用，服务于国家沿海和海洋工程产业。中心将联合帝国理工大学、美国伊利诺伊香槟分校、挪威土所、西澳大学等世界海洋工程方面领先的高校和研究机构，凝聚国际上该领域的著名学者和专家，研究并解决人类面临近海和海岸工程、海洋资源的可持续利用、海上新能源、海上油气、海上基础设施等领域的共同问题与挑战，努力推动相关领域的专业人士培养以及技术创新、知识共享等。2015 年 1 月 21 日，该中心获批为第二批浙江省国际科技合作基地。

【新增浙江省特级专家】 2014 年，张土乔教授被聘为浙江省特级专家、浙江大学求是特聘教授。张土乔在市政给排水工程的优化设计与安全运行、饮用水安全保障等领域有深入的研究，兼任环保部"水体污染控制与治理"科技重大专项咨询组专家、住建部给水与排水工程专业指导委员会副主任委员。他曾获科技部"十一五"国家科技计划执行突出贡献奖，浙江省科学技术一等奖 1 项、二等奖 7 项，国家级教学成果一、二等奖各 1 项，发明专利 8 项，发表论文 200 余篇；任"饮用水安全保障与城市水环境治理"浙江省重点科技创新团队带头人，浙江省"五水共治"技术服务团团长。

（黄　乐撰稿　黄任群审稿）

化学工程与生物工程学院

【概况】 化学工程与生物工程学院（以下简称化工学院）下设化学工程、联合化学反应工程、聚合与聚合物工程、生物工程、制药工程、化工机械、工业生态与环境等 7 个研究所，建有化学工程联合国家重点实验室、二次资源化工国家专业实验室、高压过程装备与安全教育部工程研究中心、生物质化工教育部重点实验室、工业生物催化浙江省工程实验室、工业生物催化国家地方联合工程实验室，与高分子系合建有教育部膜与水处理技术工程研究中心。

化学工程、化工过程机械二级学科为国家重点学科，生物化工为国家重点（培育）学科，生物化工、应用化学和工业催化为浙江省重点学科。

化工学院拥有化学工程与技术、生物工程2个一级学科博士后流动站，共建动力工程及工程热物理博士后流动站；拥有化学工程与技术一级学科博士学位授予权，化工过程机械二级学科博士学位授权点。

现有教职工160人。其中，正高级职称人员63人（2014年新增2人）、副高级职称人员70人（2014年新增2人）、博士研究生导师76人、硕士研究生导师123人。在站博士后研究人员54人。

2014年，招收硕士研究生160人、博士研究生71人，2013级本科生138人确认化工学院主修专业；毕业博士研究生62人、硕士研究生160人、本科生181人。

科研经费到款13653.45万元；被SCI收录论文198篇、EI收录论文96篇；2014年授权专利共129件，其中发明专利106件，实用新型专利23件。

2014年教师出国交流84人次，学生出国交流29人次。2014年5月至6月，举办了化工学院第五届国际交流月，期间来自美国、英国、德国、比利时、法国、加拿大等地的知名学者，开展了学术讲座、授课、合作办学洽谈等系列活动。同年11月，化工学院代表团赴美国参加了化工界最具影响的AIChE（美国化学工程师协会）年会，并再次举办了"浙江大学交流会"；代表团还分别访问了美国德克萨斯大学奥斯汀分校和佐治亚理工学院，与两校化工系教授就科研和教学进行了深入的交流，达成了合作意向。

【扩大院系自主权改革试点】 2014年5月，经校党委研究，同意化工学院作为扩大院系自主权改革试点单位，并同意化工学院的改革方案。为进一步提高学科竞争力、全面提升整体办学水平，化工学院将按照学校的整体部署，积极探索管理体制、人才建设、教学管理、科研管理等方面的改革、优化。力争通过几年的努力，在下一轮的学科评估中，化学工程与技术一级学科进入全国前四名，为浙江大学创建世界一流大学做出应有的贡献。

【引进与培养高端人才】 2014年，化工学院人才成果丰硕。聘请了中国工程院欧阳晓平院士、美国伊利诺伊大学香槟分校赵惠民教授为浙江大学求是讲座教授；引进了"青年千人计划学者"林展教授；申有青教授被聘为教育部"长江学者"特聘教授；李伯耿教授当选2014年浙江省优秀教师，并获2014年浙江大学唐立新优秀学者奖；杨立荣教授当选浙江省特级专家；潘鹏举副教授获2014年度国家优秀青年科学基金资助。

【开拓国际合作办学模式】 2014年，化工学院依托学校"海外一流伙伴提升计划"，开展了与美国威斯康辛大学麦迪逊分校（UWM）、耶鲁大学的合作与交流。主要有"暑期实验课程"、"学术交流"、"学生暑期科研交流"、"学生3＋X学位"等系列活动。特别是"暑期实验课程"，UWM首批5名学生于2014年7月来到化工学院，在化工学院5名教师与UWM的John Yin教授共同指导下，完成了化工原理实验课程中的传热、吸收、精馏、复杂精馏、阻力、离心泵、萃取、干燥等8个实验，实验效果很好，UWM校方承认这门课程的学分并缴付给浙大相

	项 目	数量		项 目	数量
	教职工总数（人）	160	学生规模	在校本科生数（人）**	442
	教授数（人）	59		在读硕士研究生数（人）	814
	副教授数（人）	55		其中：专业学位研究生数（人）	228
	具有博士学位的教师比例（%）	92.2		在读博士研究生数（人）	325
	两院院士（人）	0		其中：专业学位研究生数（人）	2
	浙江大学文科资深教授（人）	0		在校外国留学生攻读学位生数（人）	15
	国家"千人计划"入选数（人）	3		应届本科毕业生数（人）	181
	其中：创新人才项目（人）	2		应届硕士研究生毕业生数（人）	160
	外专千人计划（人）	0		其中：专业学位研究生数（人）	27
	青年千人计划（人）	1		应届博士研究生毕业生数（人）	62
	"国家特支计划"入选数（人）	0		其中：专业学位研究生数（人）	0
	其中：科技创新领军人才（人）	0		应届外国留学生毕业生数（人）	2
	百千万工程领军人才（人）	0		其中：研究生数（人）	2
	哲学社会科学领军人才（人）	0		应届本科毕业生一次就业率（%）	100
	青年拔尖人才（人）	0		应届本科毕业生考研录取（出国）率（%）	46
学科与人才队伍	973 计划首席科学家数*（人）	3		应届毕业研究生一次就业率（%）	98
	省部级高校教学名师奖获得者（人）	0	科学研究成果	科研总经费（万元）	13653.45
	国家"百千万人才工程"入选数（人）	1		其中：国家自然基金比重（%）	25.8
				国家社科基金比重（%）	0
	"长江学者"数（人）	3		纵向经费比重（%）	51.6
	国家杰出青年基金获得者（人）	3		获国家级科技奖项目数（项）	1
	教育部新（跨）世纪优秀人才培养计划入选数（人）	9		获国家级教学成果奖数（项）	0
	浙江省特级专家（人）	1		教育部第七届高等学校科学研究优秀成果奖（人文社会科学）（项）	0
	浙江省千人计划入选者（人）	5		授权发明专利数（项）	106
	一级学科国家重点学科数（个）	1		SCI 入选论文数（篇）	198
	二级学科国家重点学科数（个）	2		EI 入选论文数（篇）	96
	国家重点（专业）实验室（个）	2		SSCI 入选论文数（篇）	0
	国家工程（技术）研究中心（个）	0		A&HCI 入选论文数（篇）	0
	教育部人文社会科学研究基地数（个）	0		权威刊物论文数（篇）	294
	国家人才培养基地（含教学、教育基地）（个）	0		MEDLINE 入选论文数（篇）	0
				出版专著（部）	0
	国家精品资源共享课（门）	2	国际交流	教师出国交流（人次）	84
	国家精品视频公开课（门）	1		学生出国交流（人次）	29
	社会捐赠经费总额（万元）	131.1		举办国际学术会议数（次）	1

注：* 含重大科学研究计划、ITER 计划、青年科学家专题等。

** 不包含主修专业未确认的 2014 级分类招生进校的学生。

应的学费。这是化工学院首次与国外著名大学试行暑期实验班并获得成功,表明化工学院师资力量与实验装置已获国际著名大学认可,这在全国高校范围属首例。

(朱耕宇撰稿　任其龙审稿)

海洋学院

【概况】 海洋学院下设海洋科学系和海洋工程学系,建有海洋地质与资源、海洋生物、物理海洋、海洋工程与技术、港口海岸与近海工程等5个研究所,筹建海洋化学与环境、海岛海岸、船舶与海洋结构、海洋信息科学与工程等4个研究所,在建有海洋工程装备国家地方联合工程实验室、海洋装备试验浙江省工程实验室,并建设浙江大学海洋实试基地与科技示范岛(摘箬山岛)。同时,海洋学院在舟山设有市校共管共建的浙江大学舟山海洋研究中心。

海洋学院拥有船舶与海洋工程,港口海岸及近海工程2个浙江省重点学科。拥有港口海岸及近海工程、海洋资源与环境、海洋信息科学与工程、船舶与海洋工程装备、海洋药物学等5个二级学科博士学位授予权,拥有海洋科学、船舶与海洋工程2个一级硕士学位授予权,拥有海洋工程与技术、海洋科学、船舶与海洋工程、港口航道与海岸工程等4个本科专业。

现有教职工135人。其中,正高级职称人员21人(比上年新增2人)、副高级职称人员30人(比上年新增7人)、博士研究生指导教师30人(比上年新增7人)、硕士研究生指导教师60人(比上年新增9人)。在站博士后工作人员共16人。2014年,学院新引进国家杰出青年基金获得者宋金宝教授、国家"千人计划"外专千人项目入选者George Christakos教授等21位新教师。专任教师中海外博士学位占44%,具有超过2年以上的海外工作经历的教师占56%。浙江大学舟山海洋研究中心拥有科研及管理人员42人。同时,还有国家海洋局第二海洋研究所兼任教师31人。

2014年,学院招收硕士研究生108人,博士研究生28人,2013级本科生111人确认海洋学院主修专业,毕业硕士研究生19人,博士研究生4人,本科生43人。2014年学院共开设研究生课程62门,其中专业学位课30门,本科生专业课程59门。教学秩序良好。

2014年,学院在研各类科研项目180项(2014年获批立项科研项目89项),合同总金额11669.36万元,2014年科研经费3066.006万元(较2013年增长25%),其中国家科技计划项目、省部科技重大(重点)项目、国际合作研究项目、重大横向项目在研57项;国家自然科学基金申请获批14项(面上项目2项,青年科学基金项目12项),获批总金额471万元,获准率29.79%(2013年获准率22.58%),发表SCI收录论文88篇,授权发明专利13项,申请发明专利16项。

2014年,学院重点开展科研能力与平台建设。成立海洋试验站,摘箬山海洋科技示范岛、教学实习船、学院专用码头三位一体的综合实试基地建设取得阶段性成果;成立海洋研究院,搭建海洋科技创新的重要平台;成立海洋实验教学中心,进一步规范本科教学实验的建设与管理工作;海洋工程装

附表　2014 年度海洋学院基本情况

	项　目	数量
学科与人才队伍	教职工总数(人)	135
	教授数(人)	19
	副教授数(人)	27
	具有博士学位的教师比例(%)	99
	两院院士(人)	2
	浙江大学文科资深教授(人)	0
	国家"千人计划"入选数(人)	5
	其中:创新人才项目(人)	3
	外专千人计划(人)	1
	青年千人计划(人)	1
	"国家特支计划"入选数(人)	0
	其中:科技创新领军人才(人)	0
	百千万工程领军人才(人)	0
	哲学社会科学领军人才(人)	0
	青年拔尖人才(人)	0
	973 计划首席科学家*(人)	0
	省部级高校教学名师奖获得者(人)	0
	国家"百千万人才工程"入选数(人)	1
	"长江学者"数(人)	0
	国家杰出青年基金获得者(人)	1
	教育部新(跨)世纪优秀人才培养计划入选数(人)	1
	浙江省特级专家(人)	1
	浙江省千人计划入选者(人)	1
	一级学科国家重点学科数(个)	0
	二级学科国家重点学科数(个)	0
	国家重点(专业)实验室(个)	0
	国家工程(技术)研究中心(个)	1
	教育部人文社会科学研究基地数(个)	0
	国家人才培养基地(含教学、教育基地)(个)	0
	国家精品资源共享课(门)	0
	国家精品视频公开课(门)	0
	社会捐赠经费总额(万元)	10.506

	项　目	数量
学生规模	在校本科生数(人)**	373
	在读硕士研究生数(人)	195
	其中:专业学位研究生数(人)	40
	在读博士研究生数(人)	62
	其中:专业学位研究生数(人)	4
	在校外国留学生攻读学位生数(人)	17
	应届本科毕业生数(人)	43
	应届硕士研究生毕业生数(人)	19
	其中:专业学位研究生数(人)	0
	应届博士研究生毕业生数(人)	4
	其中:专业学位研究生数(人)	0
	应届外国留学生毕业生数(人)	0
	其中:研究生数(人)	0
	应届本科毕业生一次就业率(%)	94
	应届本科毕业生考研录取(出国)率(%)	33
	应届毕业研究生一次就业率(%)	100
科学研究成果	科研总经费(万元)	3066.006
	其中:国家自然基金比重(%)	13.1
	国家社科基金比重(%)	0
	纵向经费比重(%)	44
	获国家级科技奖项目数(项)	0
	获国家级教学成果奖数(项)	0
	教育部第七届高等学校科学研究优秀成果奖(人文社会科学)(项)	0
	授权发明专利数(项)	13
	SCI 入选论文数(篇)	88
	EI 入选论文数(篇)	60
	SSCI 入选论文数(篇)	0
	A&HCI 入选论文数(篇)	0
	权威刊物论文数(篇)	0
	MEDLINE 入选论文数(篇)	0
	出版专著(部)	0
国际交流	教师出国交流(人次)	89
	学生出国交流(人次)	20
	举办国际学术会议数(次)	2

注:* 含重大科学研究计划、ITER 计划、青年科学家专题等。

** 不包含主修专业未确认的 2014 级分类招生进校的学生。

备国家地方联合工程实验室、海洋装备试验浙江省工程实验室、大洋深海生物学2011协同创新中心和中澳海洋联合研究中心等的建设工作稳步推进；协同校内相关院系，浙江省海洋观测与成像试验区重点实验室、浙江省海洋岩土工程技术与材料重点实验室已获省重点实验室（培育）立项建设；积极推进与科技部、教育部、国家海洋局、浙江省科技厅及相关科技主管单位的交流合作，拓展科研渠道。

2014年，学院与英国斯特莱斯克莱德大学、德国基尔大学、英国阿伯丁大学、中国台湾大学签订了合作协议，内容涉及学生联合培养、科研合作、师生交流和培训合作等领域，其中与英国阿伯丁大学的本科"1.5＋2.5"项目、博士双学位项目已选派学生。学院与瑞典哥德堡大学、香港理工大学签署了合作会谈备忘录；向科技部、教育部、国家海洋局提出了建立中澳海洋联合研究中心的申请；积极建立海外一流学科合作伙伴关系，大力促进学科专业建设。同时，学院扩大了面向南海、太平洋和印度洋周边国家和地区及非洲发展中国家的优秀青年来华攻读海洋及相关专业的硕士或博士学位的招生数量；与印尼万隆技术学院、印尼国家海洋勘查技术中心、泰国东方大学开展交流，洽谈了人才培养和科研合作意向。

【浙江大学海洋研究院成立】　为贯彻落实国家海洋强国战略，服务和支撑浙江海洋经济发展示范区和舟山群岛新区建设，拓展学科布局、推进世界一流大学建设步伐，2014年5月7日，浙江大学海洋研究院正式获批成立。中国北极考察首席科学家、国家海洋局第二海洋研究所张海生研究员担任首任院长。该研究院将围绕海洋科技发展的重大问题，开展前瞻性、战略性、基础性和创新性研究，促进海洋科技发展；围绕海洋资源开发和环境保护、海洋权益保障和安全维护，着力开展海洋高新技术研发，满足国家海洋事业发展的重大需求，更好地服务浙江海洋经济示范区和舟山群岛新区的建设；围绕学科发展，通过高水平的国际合作，以技术进步促进学术创新，提升"海洋工程科学"发展水平；围绕海洋科技创新活动，着力构建人才高地，为海洋高科技人才的集聚和培养提供重要保障。努力通过10年的建设将海洋研究院建设成为在海洋技术领域具有创新性和优势性的海洋科研机构和国家海洋科技创新的技术平台。

【摘箬山岛海洋实试基地建设取得阶段性成果】　学院着力打造摘箬山海洋科技示范岛、教学实习船、学院专用码头三位一体的综合实试基地。截至2014年年底，一期上岛项目进展顺利，已完成综合保障（教学实习船、科技展示厅等）、海洋信息（海洋遥感观测示范系统、海底技术试验系统等）、海洋能源（风光储流海岛微电网系统）、海洋工程（海洋浮式科学试验平台、海洋浮式科学试验平台）、海洋资源（海洋生物资源平台、海水综合利用平台）等5个领域16个上岛项目的建设，多个项目已投入运行。浙江大学首艘船舶——"紫金港"号教学实习船于2014年12月18日下水，标志着船体建造已初步完成，计划于2015年年初正式交付。位于舟山惠民桥附近的原盐业公司加碘码头经建设，由浙江大学海洋学院使用，作为舟山校区码头。码头总占地面积1000多平方米。并改造高桩泊位1个，泊位已具靠泊能力。三位一体的综合实施基地的基本建成将为海洋学院的学科内涵建设及开放平台建设提供良好的条件支撑。

【舟山校区一期工程进入收官阶段】 经过2014年的工程攻坚，该校区初显雄姿，截至2014年年底，累计完成投资额约15.22亿元，16幢单体建筑均已按照工程进度要求完成中间结构验收和屋面瓦施工，并已完成外墙面砖铺贴工作，各安装工程也已进入施工扫尾阶段；各单体内部装修工作及配套工程稳步推进。同时，浙江大学舟山校区"求是苑"教师住宅项目一期工程按桩基先行原则于2014年4月开工。截至2014年年底，包括2幢高层公寓、6幢高层住宅、4幢多层住宅、5幢低层住宅及1幢单身公寓在内的一期工程房屋基础及地下室结构已完成建设，正进行上部结构施工。

（梁　立撰稿　陈　鹰审稿）

航空航天学院

【概况】 航空航天学院（以下简称航院）由航空航天系和工程力学系组成，设有应用力学研究所、流体工程研究所、飞行器设计研究所、导航制导与控制研究所、空天信息技术研究所、航天电子工程研究所和微小卫星研究中心等7个研究所（中心），拥有国家工科基础课程力学教学基地和国家级力学实验教学示范中心、航空航天数值模拟与验证教育部重点实验室、教育部新型飞行器联合研究中心、浙江大学工程与科学计算研究中心和浙江大学软物质科学研究中心。

航院拥有固体力学1个二级学科国家重点学科，流体力学、工程力学和飞行器设计3个浙江省重点学科。拥有力学一级学科博士点和博士后流动站，拥有或与兄弟学

院共有11个二级学科博（硕）士学位授予权，另外具有航天工程领域和电子与通信工程领域专业硕士学位授予权；设有工程力学和飞行器设计与工程2个本科专业。

现有教职工119人。其中，中国科学院院士2人、中国工程院院士1人，具有正高级职称人员29人（2014年新增2人）、副高级职称人员49人（2014年新增4人），博士研究生指导教师38人（2014年新增4人）、硕士研究生指导教师71人（含博士研究生导师）（2014年新增4人）。新增浙江大学求是特聘教授1人、浙江省新世纪"151人才工程"第一层次1人、浙江大学求是青年学者5人。在站博士后20人。

2014年，招收博士研究生26人、硕士研究生64人，2013级本科生19人确认主修航院专业。新增"十二五"规划教材——《材料力学》（Ⅰ、Ⅱ），举办了5期教与学系列教学论坛，修订《航空航天学院教学奖励暂行办法》，签订实践教学基地共建协议1份，新成立工程力学、飞行器设计与工程专业基层教学组织，着手建设专业核心课程4门和大类核心课程1门，获批2014校级教材建设项目3项，建设本科生海外教师原味课程建设项目1项，实施探究性实验项目1项，受益学生超过300人。叶敏教授作为第三完成人获浙江省教学成果一等奖，陈伟球教授获校2014优质教学二等奖。

科研经费到款7370.34万元。2014年，获批国家自然科学基金项目13项，获准率33.3%，资助经费共计1299万元，其中朱位秋院士和郑耀教授获重点项目资助，这是航院首次同获两个重点项目资助；获批浙江省自然科学基金4项；本年度新争取到百万级项目9项，千万级项目1项。"航空航天数值模拟与验证"教育部重点实验室顺利通过验收。

附表　2014 年度航院基本情况

	项　目	数量
学科与人才队伍	教职工总数(人)	119
	教授数(人)	26
	副教授数(人)	41
	具有博士学位的教师比例(%)	96.3
	两院院士(人)	3
	浙江大学文科资深教授(人)	0
	国家“千人计划”入选数(人)	4
	其中:创新人才项目(人)	1
	外专千人计划(人)	0
	青年千人计划(人)	3
	“国家特支计划”入选数(人)	1
	其中:科技创新领军人才(人)	0
	百千万工程领军人才(人)	0
	哲学社会科学领军人才(人)	0
	青年拔尖人才(人)	1
	973 计划首席科学家数*(人)	0
	省部级高校教学名师奖获得者(人)	0
	国家“百千万人才工程”入选数(人)	2
	“长江学者”数(人)	1
	国家杰出青年基金获得者(人)	5
	教育部新(跨)世纪优秀人才培养计划入选数(人)	8
	浙江省特级专家(人)	1
	浙江省千人计划入选者(人)	2
	一级学科国家重点学科数(个)	0
	二级学科国家重点学科数(个)	1
	国家重点(专业)实验室(个)	0
	国家工程(技术)研究中心(个)	0
	教育部人文社会科学研究基地数(个)	0
	国家人才培养基地(含教学、教育基地)(个)	1
	国家精品资源共享课(门)	0
	国家精品视频公开课(门)	0
	社会捐赠经费总额(万元)	31.9

	项　目	数量
学生规模	在校本科生数(人)**	65
	在读硕士研究生数(人)	148
	其中:专业学位研究生数(人)	34
	在读博士研究生数(人)	98
	其中:专业学位研究生数(人)	0
	在校外国留学生攻读学位生数(人)	0
	应届本科毕业生数(人)	30
	应届硕士研究生毕业生数(人)	51
	其中:专业学位研究生数(人)	12
	应届博士研究生毕业生数(人)	9
	其中:专业学位研究生数(人)	0
	应届外国留学生毕业生数(人)	0
	其中:研究生数(人)	0
	应届本科毕业生一次就业率(%)	90
	应届本科毕业生考研录取(出国)率(%)	60
	应届毕业研究生一次就业率(%)	100
科学研究成果	科研总经费(万元)	7370.34
	其中:国家自然基金比重(%)	14.5
	国家社科基金比重(%)	0
	纵向经费比重(%)	89.6
	获国家级科技奖项目数(项)	0
	获国家级教学成果奖数(项)	0
	教育部第七届高等学校科学研究优秀成果奖(人文社会科学)(项)	0
	授权发明专利数(项)	13
	SCI 入选论文数(篇)	168
	EI 入选论文数(篇)	51
	SSCI 入选论文数(篇)	0
	A&HCI 入选论文数(篇)	0
	权威刊物论文数(篇)	118
	MEDLINE 入选论文数(篇)	0
	出版专著(部)	0
国际交流	教师出国交流(人次)	59
	学生出国交流(人次)	8
	举办国际学术会议数(次)	1

注:* 含重大科学研究计划、ITER 计划、青年科学家专题等。

** 不包含主修专业未确认的 2014 级分类招生进校的学生。

2014年,航院师生67人次出访17个国家和地区参加学术会议或交流合作;接待了来自美国西北大学、布朗大学、加州大学伯克利分校、MIT、英国西英格兰大学、哥伦比亚大学、瑞士空间中心、香港科技大学等海内外高校知名学者来校交流、讲学和考察访问共22人次;承办了"2014年西安交通大学—兰州大学—浙江大学国家自然科学基金委员会力学学科创新研究群体学术研讨会"、"空泡研讨会"、"软材料与结构力学国际学术研讨会"等。

【获2014年度浙江省科学技术奖一等奖】
4月29日,浙江省科学技术奖励大会在省人民大会堂举行。"皮卫星关键技术及其应用"项目获浙江省科学技术奖一等奖,完成人为金仲和、陈子辰、郑阳明等,该成果开创了中国公斤级卫星研究领域,为后续发展和应用奠定了技术和工程基础;探索了一条以工业级器件为主研制航天器的技术途径。整体研究成果具有国际先进水平,其中星载USB应答机的体积功耗、皮卫星快速自主三轴稳定等方面达到国际领先水平。

【首次同获国家自然科学基金委两个重点项目资助】 朱位秋院士负责的"智能结构的非线性随机动力学与最优控制"项目获国家自然科学基金委重点项目资助,资助金额380万元,该项目将智能结构看作是一个由主结构—智能传感器—智能执行机构—控制器组成的完整的受控的耦合的强非线性动力学系统,拟研究力—电—磁等多场耦合的智能结构的非线性随机动力学与最优控制问题。郑耀教授负责的"面向复杂流动和几何的各向异性混合网格的并行及自适应生成方法"项目获重点项目资助330万元,拟研究突破复杂外形边界层网格生成、自适应各向异性网格生成以及大规模网格并行处理等关键科学问题,最终形成自主知识产权的并行自适应CFD求解系统,为丰富中国飞行器气动设计计算手段,提高气动设计效率和能力提供新的方法和软件支撑。这是航院在国家自然科学基金委数理学部首次同年获得两个重点项目资助。

【教育部重点实验室顺利通过验收】 9月10日,教育部科技司在浙江大学组织召开了航空航天数值模拟与验证教育部重点实验室(B类)的建设项目验收会,与会专家一致同意以"优秀"通过验收。该教育部重点实验室于2008年5月获批成立。在过去五年的建设期内,以国家航空航天等领域的重大数值模拟与验证需求为牵引,承担了多个国家重大科研项目,在空气动力学、结构力学、燃烧与推进、数值模拟支撑技术等四个科学研究方向上取得了长足进展,发表SCI/EI检索论文近160篇,形成了高端数字样机系统(HEDP)软件及其应用等多个标志性成果,研究成果在国内多个科研院所得到了应用验证。

(周利霞撰稿 吴丹青审稿)

高分子科学与工程学系

【概况】 高分子科学与工程学系(以下简称高分子系)由高分子科学、高分子复合材料、生物医用大分子3个研究所组成,建有高分子合成与功能构造教育部重点实验室、膜与水处理技术教育部工程研究中心以及中国—葡萄牙先进材料联合创新中心。

高分子系拥有高分子化学与物理二级

学科国家重点学科和高分子材料二级学科。各学科均设有博士后流动站,博士学位和硕士学位授予权同时单独设立以及高分子材料科学与工程本科专业。

全系现有教职工 62 人。其中中科院院士 2 人;具有正高级职称人员 26 人(2014 年新增 1 人)、副高级职称人员 22 人(2014 年新增 1 人)、博士研究生导师 40 人(2014 年新增 2 人)、硕士研究生导师 47 人。教师中有浙江大学求是特聘教授 6 人。2014 年,学系新增科技部创新领军人才 2 人。

根据新的招生制度和学校要求,制定了 2014 级本科生培养方案,并改革了实验课程的内容与实施方式。组织专业课程教学研讨活动,以促进本科教学工作发展,获得浙江省第八届青年教师教学技能大赛特等奖 1 项和浙江大学青年教师教学竞赛二等奖 1 项。此外,建成 1996 届至今的本科毕业生校友墙。

2014 年,新启动科研项目 55 个,合同总经费达 8608 万元,创历史新高。其中纵向项目 37 项,合同经费 2889 万元,占 33.56%;横向科研项目 19 项,合同经费 5719 万元,占 66.44%。获准国家自然科学基金项目 16 项,获准率 48.5%,包括 1 项国家基金重点项目、2 项外国青年学者基金项目、1 项国家自然科学基金委员会与香港研究资助局联合科研资助基金项目,批准总经费为 1440 万元。获浙江省自然科学一等奖 1 项。2014 年,高分子系还与中天科技集团签订战略协议。

2014 年,全系被 SCI 收录论文 222 篇,平均影响因子达 3.969,其中 2 篇论文入选 2013 年度百篇最具影响的国际学术论文。新申请发明专利 32 项,获国家授权发明专利 40 项;同时,有 8 项已申请专利实现专利实施许可打包转让,转让费高达 3000 万元。

全年,师生出国出境交流共 65 人次,接待港澳台来访学者开展学术报告 5 人次,国外来访 23 人次,举办国际会议 2 场。聘请客座教授 1 人,短期外国专家 12 人。与台湾大学高分子科学与工程学研究所新签合作协议,与德国拜罗伊特大学初步达成合作意向。

【2 篇论文入选 2013 年度百篇最具影响的国际学术论文】 9 月 26 日,徐明生教授课题组完成的 "Graphene-Like Two-Dimensional Materials" 和高超教授课题组完成的 "Multifunctional, Ultra-Flyweight, Synergistically Assembled Carbon Aerogels" 论文均入选 2013 年度百篇最具影响的国际学术论文,占学校入选论文(共 6 篇)的三分之一。其中,徐明生教授课题组的论文受到 2010 年诺贝尔物理学奖获得者 Andre Konstantin Geim 教授的关注和推荐。

【获得 2013 年教育部科技进步二等奖】 9 月 16 日,膜材料与技术研究室完成的"两亲高分子分离膜及其规模化制备与应用"项目获颁 2013 年度浙江大学工学杰出科技成就奖。该项目历时近十年完成,阐明了两亲高分子共混膜微结构形成的规律及稳定化机理,揭示了不同空间序列结构两亲高分子在膜表面的富集机制,建立了两亲高分子分离膜结构设计与控制的系统理论与方法,建立了一步法制备具有组成与孔径双重梯度分布的超滤/微滤膜材料的共性关键技术,开发出一系列超亲水、高通量、抗污染的高性能超滤/微滤膜材料产品,低成本地实现了传统高分子膜材料的高性能化。相关研究成果发表于 SCI,收录论文 80 余篇(被引用 1000 余次),获得专利 44 项,相关产品在海南立升等企业已规模生产和应用。

(王高合撰稿 楼仁功审稿)

附表　2014 年度高分子系基本情况

项　目	数量		项　目	数量
教职工总数(人)	62		在校本科生数(人)**	286
教授数(人)	25		在读硕士研究生数(人)	152
副教授数(人)	22		其中:专业学位研究生数(人)	0
具有博士学位的教师比例(%)	76.6		在读博士研究生数(人)	168
两院院士(人)	2		其中:专业学位研究生数(人)	1
浙江大学文科资深教授(人)	0		在校外国留学生攻读学位数(人)	8
国家"千人计划"入选数(人)	1	学生规模	应届本科毕业生数(人)	84
其中:创新人才项目(人)	0		应届硕士研究生毕业生数(人)	44
外专千人计划(人)	0		其中:专业学位研究生数(人)	1
青年千人计划(人)	1		应届博士研究生毕业生数(人)	31
"国家特支计划"入选数(人)	2		其中:专业学位研究生数(人)	0
其中:科技创新领军人才(人)	2		应届外国留学生毕业生数(人)	1
百千万工程领军人才(人)	0		其中:研究生数(人)	1
哲学社会科学领军人才(人)	0		应届本科毕业生一次就业率(%)	100
青年拔尖人才(人)	0		应届本科毕业生考研录取(出国)率(%)	75
973 计划首席科学家数*(人)	0			
省部级高校教学名师奖获得者(人)	0		应届毕业研究生一次就业率(%)	100
国家"百千万人才工程"入选数(人)	1	科学研究成果	科研总经费(万元)	5346.48
			其中:国家自然基金比重(%)	20.33
"长江学者"数(人)	2		国家社科基金比重(%)	0
国家杰出青年基金获得者(人)	6		纵向经费比重(%)	40.93
教育部新(跨)世纪优秀人才培养计划入选数(人)	7		获国家级科技奖项目数(项)	0
			获国家级教学成果奖数(项)	0
浙江省特级专家(人)	0		教育部第七届高等学校科学研究优秀成果奖(人文社会科学)(项)	0
浙江省千人计划入选者(人)	1			
一级学科国家重点学科数(个)	0		授权发明专利数(项)	40
二级学科国家重点学科数(个)	1		SCI 入选论文数(篇)	222
国家重点(专业)实验室(个)	1		EI 入选论文数(篇)	60
国家工程(技术)研究中心(个)	0		SSCI 入选论文数(篇)	0
教育部人文社会科学研究基地数(个)	0		A&HCI 入选论文数(篇)	0
			权威刊物论文数(篇)	0
国家人才培养基地(含教学、教育基地)(个)	0		MEDLINE 入选论文数(篇)	0
			出版专著(部)	0
国家精品资源共享课(门)	1	国际交流	教师出国交流(人次)	33
国家精品视频公开课(门)	1		学生出国交流(人次)	32
社会捐赠经费总额(万元)	40		举办国际学术会议数(次)	2

注:* 含重大科学研究计划、ITER 计划、青年科学家专题等。

** 不包含主修专业未确认的 2014 级分类招生进校的学生。

光电信息工程学系

【概况】 光电信息工程学系(以下简称光电系)设有光学工程研究所、光电信息及检测技术研究所、光电子技术研究所、光电显示技术研究所、先进纳米光子学研究所等5个研究所和光及电磁波研究中心、光学惯性技术工程中心等2个研究中心以及光电信息工程教学实验中心。

光电系建有现代光学仪器国家重点实验室、国家光学仪器工程技术研究中心、国防重点学科实验室等3个国家级研究基地以及光电磁传感技术浙江省重点实验室1个。

光学工程学科为国家一级重点学科,测试计量技术及仪器学科为浙江省重点学科。

光电系设有光学工程、仪器科学与技术2个博士后流动站,光学工程、测试计量技术及仪器等2个博士硕士学位授权点以及光电信息科学与工程1个本科专业,已形成本、硕、博完整的人才培养体系。

现有教职工156人。其中,正高级职称人员39人(2014年新增1人),副高级职称人员49人,博士生指导教师47人,硕士生指导教师32人。2014年新增国家"千人计划"引进教授、国家"青年千人计划"引进教授、国家杰出青年基金获得者各1人。全系教学科研并重岗教师共有67人,其中具有博士学位的教师共65人,具有海外留学经历的教师共46人。

2014年,招收硕士生106人(含专业学位硕士35人)、博士生50人。完善2014级本科生培养方案,特色专业建设项目结题;新增了大一学生的暑期专业教育和认知实习以及大三学生异地深度实习,提升了学生实践能力;探索和实践高等院校与科研院所联合培养人才的新模式;建设专业教育教学网络平台,实现教学资源数字化。多举措联动以提高研究生招生质量,并于2014年博士研究生公开招考招生中试行"申请—审核—面试"遴选机制;加强学术交流平台建设,提升研究生综合素养,举办2014年浙江大学博士生学术论坛——光电子学技术;获浙江省教学成果奖一等奖、二等奖各1项。

科研到款总经费为12620.18万元。2014年,新获批973项目1项,获批国家自然科学基金项目17项,包括重大仪器专项课题、杰出青年基金项目、优秀青年基金项目、重点项目各1项,国家自然科学基金委自由探索仪器项目2项,共计获批经费3560万。获得浙江省自然科学一等奖1项;被SCI收录论文154篇(TOP期刊79篇,ZJU100论文18篇),其中影响因子10以上论文7篇;获授权发明专利61项,实用新型专利和软件著作登记共22项。

2014年,全系教师参加国际学术会议、出访等各类交流项目共62人次,学生参加各类境外交流项目共38人次,国外(境外)学者来光电系做学术报告、交流和合作共47人次。10月30日,第一届西湖国际光电子论坛在光电系举行,在论坛开幕式上由美国罗切斯特大学光学学院、瑞典皇家工学院先进光子学研究中心和浙江大学现代光学仪器国家重点实验室共同组建的"光子学与技术国际联合实验室"揭牌。

【基础研究项目喜获丰收】 2014年,刘旭作为首席科学家获得973项目"纳米分辨快

项 目	数量		项 目	数量
教职工总数(人)	156		在校本科生数(人)**	414
教授数(人)	39		在读硕士研究生数(人)	322
副教授数(人)	49		其中:专业学位研究生数(人)	111
具有博士学位的教师比例(%)	97		在读博士研究生数(人)	230
两院院士(人)	0		在校外国留学生攻读学位生数(人)	4
浙江大学文科资深教授(人)	0	学生规模	应届本科毕业生数(人)	123
国家"千人计划"入选数(人)	6		应届硕士研究生毕业生数(人)	89
其中:创新人才项目(人)	4		其中:专业学位研究生数(人)	17
外专千人计划(人)	1		应届博士研究生毕业生数(人)	23
青年千人计划(人)	1		其中:专业学位研究生数(人)	0
"国家特支计划"入选数(人)	1		应届外国留学生毕业生数(人)	0
其中:科技创新领军人才(人)	0		其中:研究生数(人)	0
百千万工程领军人才(人)	0		应届本科毕业生一次就业率(%)	98.23
哲学社会科学领军人才(人)	0		应届本科毕业生考研录取(出国)率(%)	80.53
青年拔尖人才(人)	1		
973 计划首席科学家数*(人)	2		应届毕业研究生一次就业率(%)	100
省部级高校教学名师奖获得者(人)	1		科研总经费(万元)	12620.18
国家"百千万人才工程"入选数(人)	0		其中:国家自然基金比重(%)	14.11
"长江学者"数(人)	4		国家社科基金比重(%)	0
国家杰出青年基金获得者(人)	4		纵向经费比重(%)	69.48
教育部新(跨)世纪优秀人才培养计划入选数(人)	3	科学研究成果	获国家级科技奖项目数(项)	0
浙江省特级专家(人)	1		获国家级教学成果奖数(项)	0
浙江省千人计划入选者(人)	1		教育部第七届高等学校科学研究优秀成果奖(人文社会科学)(项)	0
一级学科国家重点学科数(个)	1		授权发明专利数(项)	61
二级学科国家重点学科数(个)	0		SCI 入选论文数(篇)	154
国家重点(专业)实验室(个)	1		EI 入选论文数(篇)	225
国家工程(技术)研究中心(个)	1		SSCI 入选论文数(篇)	0
教育部人文社会科学研究基地数(个)	0		A&HCI 入选论文数(篇)	0
			权威刊物论文数(篇)	79
国家人才培养基地(含教学、教育基地)(个)	0		MEDLINE 入选论文数(篇)	0
			出版专著(部)	0
国家精品资源共享课(门)	2	国际交流	教师出国交流(人次)	62
国家精品视频公开课(门)	0		学生出国交流(人次)	38
社会捐赠经费总额(万元)	10		举办国际学术会议数(次)	2

注:* 含重大科学研究计划、ITER 计划、青年科学家专题等。

** 不包含主修专业未确认的 2014 级分类招生进校的学生。

速光学成像机理与技术的基础研究"1项。刘旭长期致力于光学薄膜与技术、光电显示技术以及成像与检测技术等方面的研究。该项目针对纳米分辨光学信息快速获取技术开展原创性基础研究,建立和发展具有自主创新和自主知识产权的光学纳米分辨光学成像方法、关键技术、器件与仪器,引领中国高端光学成像仪器技术的发展,为中国纳米技术与生物技术的长期规划和发展提供支撑,为解决远场纳米分辨光学信息快速获取的关键科学问题提供理论依据。

2014年12月,童利民课题组的研究成果"微纳光纤光子学及其应用基础研究"获得浙江省自然科学一等奖。该成果提出了微纳光纤近场耦合新方法、有源微纳光纤制备新技术,成功研制微纳光纤激光器、传感器等新型微纳光子器件,对国际上微纳光纤研究方向的发展起到了重要的推进和引领作用。

【师资队伍建设取得突出成绩】 2014年,光电系人才队伍建设取得突出成绩。仇旻教授荣获国家杰出青年科学基金;戴道锌教授荣获国家优秀青年基金;何建军教授入选国家"千人计划";新引进"青年千人计划"斯科教授;童利民教授入选科技部中青年科技创新领军人才并当选2015年度美国光学学会(OSA)FELLOW;胡慧珠入选青年拔尖人才。

【探索教学新模式】 2014年,教学成果"'三结合协同、四平台支撑'的光电专业综合实践能力培养探索与实践"获得浙江省教学成果一等奖。同时,光电系继续探索和实践高等院校与科研院所联合培养人才的新模式,充分利用中科院科研院所的科技资源和工程师资资源,促进高等学校与科研机构

的双向交流和合作育人,与中国科学院长春光学精密机械与物理研究所合作,签署"联合培养本科生计划"协议,创办"王大珩菁英班",第一期招生共47人,已开展两次班级活动。

(姚达撰稿　刘玉玲审稿)

信息与电子工程学系

【概况】 信息与电子工程学系(以下简称信电系)设有信息与通信工程研究所、电子信息技术与系统研究所、微电子与光电子研究所、电子电路与信息系统研究所等4个研究所以及浙江省综合信息网技术重点实验室、数据科学与工程研究中心、先进射频与纳米系统研究中心等研究机构和首批国家集成电路人才培养基地。信息与电子工程实验教学中心和浙江大学工程电子设计基地为国家实验教学示范中心"浙江大学工程训练中心"的组成部分。

信电系建有电子科学与技术、信息与通信工程2个博士后流动站,拥有电子科学与技术、信息与通信工程2个一级学科博士学位授予权,覆盖物理电子学、电路与系统、微电子学与固体电子学、电磁场与微波技术、通信与信息系统、信号与信息处理6个二级学科,其中通信与信息系统为国家重点学科,信号与信息处理、物理电子学、电路与系统、微电子学与固体电子学为浙江省重点学科。

全系现有教职工179人。其中,正高级职称人员39人(2014年新增1人)、副高级职称人员59人(2014年新增3人)、博士研

附表　2014 年度信电系基本情况

	项　目	数量
学科与人才队伍	教职工总数(人)	179
	教授数(人)	39
	副教授数(人)	59
	具有博士学位的教师比例(%)	97.5
	两院院士(人)	1
	浙江大学文科资深教授(人)	0
	国家“千人计划”入选数(人)	9
	其中:创新人才项目(人)	0
	外专千人计划(人)	0
	青年千人计划(人)	2
	“国家特支计划”入选数(人)	0
	其中:科技创新领军人才(人)	0
	百千万工程领军人才(人)	0
	哲学社会科学领军人才(人)	0
	青年拔尖人才(人)	2
	973 计划首席科学家数*(人)	0
	省部级高校教学名师奖获得者(人)	1
	国家“百千万人才工程”入选数(人)	0
	“长江学者”数(人)	0
	国家杰出青年基金获得者(人)	0
	教育部新(跨)世纪优秀人才培养计划入选数(人)	8
	浙江省特级专家(人)	0
	浙江省千人计划入选者(人)	2
	一级学科国家重点学科数(个)	0
	二级学科国家重点学科数(个)	1
	国家重点(专业)实验室(个)	0
	国家工程(技术)研究中心(个)	0
	教育部人文社会科学研究基地数(个)	0
	国家人才培养基地(含教学、教育基地)(个)	5
	国家精品资源共享课(门)	0
	国家精品视频公开课(门)	0
	社会捐赠经费总额(万元)	155.8

	项　目	数量
学生规模	在校本科生数(人)**	916
	在读硕士研究生数(人)	423
	其中:专业学位研究生数(人)	158
	在读博士研究生数(人)	216
	其中:专业学位研究生数(人)	0
	在校外国留学生攻读学位生数(人)	8
	应届本科毕业生数(人)	267
	应届硕士研究生毕业生数(人)	126
	其中:专业学位研究生数(人)	23
	应届博士研究生毕业生数(人)	30
	其中:专业学位研究生数(人)	0
	应届外国留学生毕业生数(人)	0
	其中:研究生数(人)	2
	应届本科毕业生一次就业率(%)	98.05
	应届本科毕业生考研录取(出国)率(%)	63.81
	应届毕业研究生一次就业率(%)	98.71
科学研究成果	科研总经费(万元)	6257.4
	其中:国家自然基金比重(%)	14.8
	国家社科基金比重(%)	0
	纵向经费比重(%)	61.25
	获国家级科技奖项目数(项)	0
	获国家级教学成果奖数(项)	1
	教育部第七届高等学校科学研究优秀成果奖(人文社会科学)(项)	0
	授权发明专利数(项)	75
	SCI 入选论文数(篇)	121
	EI 入选论文数(篇)	25
	SSCI 入选论文数(篇)	0
	A&HCI 入选论文数(篇)	0
	权威刊物论文数(篇)	59
	MEDLINE 入选论文数(篇)	0
	出版专著(部)	2
国际交流	教师出国交流(人次)	71
	学生出国交流(人次)	116
	举办国际学术会议数(次)	1

注:* 含重大科学研究计划、ITER 计划、青年科学家专题等。

** 不包含主修专业未确认的 2014 级分类招生进校的学生。

究生导师 53 人（2014 年新增 5 人）、硕士研究生导师 36 人（2014 年新增 1 人）。教师中有中国工程院院士 1 人、教育部"长江学者"讲座教授 3 人、国家"千人计划"入选者 9 人（其中千人短期计划 3 人、青年千人计划 2 人）、国家青年拔尖人才入选者 2 人，浙江大学求是特聘教授 3 人。

2014 年，信电系招收硕士研究生 137 人、博士研究生 46 人，2013 级本科生 294 人确认主修专业进入信电系学习，毕业本科生 267 人、硕士研究生 126 人、博士研究生 30 人。

到校科研总经费 6257.4 万元；在研的各类基金项目 82 项（包括国家自然科学基金、浙江省自然科学基金等），863 课题等重大科研项目 33 项、国际合作项目 4 项、其他纵向科研项目 57 项；获得国家级教学成果奖 1 项；被 SCI、EI 等国际三大检索系统收录的论文 121 篇；出版著作及教材 2 部。

信电系紧紧围绕人才培养、学术交流和科研合作，与美国、日本、新加坡、英国、德国等国家及中国香港、台湾地区的一流大学和科研机构建立了联合培养、科研合作及学者互访的关系。全年共有 187 人次的师生出访参加学术会议、合作研究和交流学习等。

【获第七届国家级教学成果二等奖】 由信电系和电气学院以及清华大学等 8 所高校联合参与的"面向国家急需，建设我国集成电路紧缺人才培养体系的十年探索与实践"获第七届国家级教学成果二等奖。该成果主动设计并建设中国集成电路人才培养体系，落实国际合作集中培训教师和建设教材的途径，实施教科结合和校企协同培养人才的模式，走出了一条为产业成规模培养国家急需人才的路子。

【"基于机器视觉的月面巡视器环境感知与导航"项目】 该项目于 2014 年 5 月 5 日入选 2013 年度浙江大学十大学术进展。该项目由刘济林教授团队研究完成，成果已于 2013 年年底通过了专家技术鉴定，总体技术水平达到了国际一流。其中月面环境双目视觉里程计的研究成果达到了国际领先水平。项目研究成果已经成功应用于探月工程"嫦娥三号""玉兔号"月面巡视器的遥操作，也为中国未来火星探测工程中火星车的环境感知与导航提供了重要的技术积累。

（王震撰稿　徐国良审稿）

控制科学与工程学系

【概况】 控制科学与工程学系（以下简称控制系）下设工业控制、智能系统与控制、自动化仪表 3 个研究所以及分析仪器研究中心和自动化实验教学中心，拥有目前国内唯一的工业控制技术国家重点实验室和工业自动化国家工程研究中心，是国家 985 创新平台和教育部"111"引智平台的依托单位。

控制科学与工程学科是一级学科国家重点学科，是"211 工程"、"985 工程"重点建设学科，覆盖了控制理论与控制工程、模式识别与智能系统、系统工程、检测技术与自动化装置、导航制导与控制 5 个二级学科。控制系建有控制科学与工程博士后流动站，拥有控制科学与工程一级学科（涵盖 5 个二级学科）博士和硕士学位授予权、全日制和非全日制控制工程专业硕士学位授予权以及自动化本科专业，形成了完整的博士、硕士和本科教育培养体系。控制系现有教职工 123 人。其中：工程院院士 1 人，正高级职称人员 36 人（2014 年新晋升 2 人）、副高级职称人员 39 人；拥有博士研究生指导教师 50 人、硕士研究生指导教师 36 人。

2014 年，控制系招收博士研究生 39 人、硕士研究生 124 人（其中专业学位 53 人）、非全日制工程硕士 45 人，2013 级本科生 144 人确认学系主修专业。2014 年本科生教育完成了新一轮培养计划的制定，本科生教育质量考核继续名列学校前茅。2014 年获浙江省第七届高等教育教学成果奖一等奖 1 项，二等奖 1 项。"自动控制理论课程考核方式与成绩评定方法改革的研究与实践"被列为自动化类教指委教学研究与改革项目。以学科竞赛和科研训练为翼，强调科研训练的真正目的，强化过程管理，学生课外科研训练和竞赛水平继续保持良好上升趋势，充分显示了学生优秀的综合素质和较强的动手开发能力。贺诗波的博士论文获 2014 年 CAA（中国自动化学会）优秀博士学位论文奖。

2014 年，控制系科研总经费到款 15048.21 万元，创下历史新高。其中纵向项目到款经费 13618.3 万元，横向项目到款经费 1429.91 万元。获批国家基金 16 项，总经费 1401.15 万元，批准率达到 42.5%，其中赵春晖教授获国家优秀青年基金资助，国家"青年千人计划"项目入选者陈剑教授获 1 项国家基金重点项目，吴争光题为《马尔科夫跳变时滞神经网络的采样随机同步》（*Stochastic synchronization of Markovian jump neural networks with time-varying delay using sampled-data*）的论文入选中国百篇最具影响国际学术论文，以王文海、陈积明、程鹏等为首的研究团队，与上海电气集团股份有限公司、杭州优稳自动化系统有限公司联合开发的"智能化成套专用控制装置及系统的研发与应用"项目获教育部"高等学校科技进步一等奖"。

本年度出版学术专著 4 部，其中外文专著 2 部、中文编著 2 部，获授权发明专利 65 项，发表 SCI 论文 212 篇。2014 年举办国际性学术会议 4 次，教师出国进修、访问、参加会议 66 人次，受邀在国内外各类学术会议作特邀报告 11 人次，共有 61 位境外专家来访开展学术交流，有本科生 31 人次、研究生 42 人次参加了各类境外交流项目，建立了良好的国际交流氛围和合作关系。

【获浙江省高等教育教学成果一等奖 1 项】"以机器人为教学载体的工程人才综合能力培养模式的研究与实践"获浙江省高等教育教学成果一等奖。该成果面向国家优秀工程人才需求，以机器人为教学载体，充分利用机器人集数理、机电、传感、控制和计算机等多学科领域于一体，融理论与实践、软件与硬件于一身的特点，创建了以机器人技术为主线的多层次课程群和以机器人系统为载体的多层次工程实践及学科竞赛的教学实践支撑平台，提出并建立了理论和实践深度结合、学科交叉和专业精深双重驱动、递进式和多目标纵（深度）横（受众面）兼顾的以学生为主体的工程人才综合能力培养模式，开展以多学科交叉融合为基础的工程人才综合能力培养模式的研究与实践，并取得优异的成绩，在国内外产生了较大的社会影响。

【与德国菲尼克斯电气集团合作举办 2014 年 EduNet 亚洲年会】该会议于 2014 年 10 月 29 日至 30 日在浙江大学举行，来自 Belgian university、Düsseldorf University of Applied Sciences、同济大学、东南大学、四川大学、华东理工大学、浙江大学等多所知名

浙江大学年鉴

附表　2014 年度控制系基本情况

项　　目	数量	项　　目	数量
教职工总数(人)	123	在校本科生数(人)**	271
教授数(人)	31	在读硕士研究生数(人)	396
副教授数(人)	30	其中:专业学位研究生数(人)	143
具有博士学位的教师比例(%)	80	在读博士研究生数(人)	198
两院院士(人)	1	其中:专业学位研究生数(人)	0
浙江大学文科资深教授(人)	0	在校外国留学生攻读学位数(人)	3
国家"千人计划"入选数(人)	5	应届本科毕业生数(人)	130
其中:创新人才项目(人)	3	应届硕士研究生毕业生数(人)	118
外专千人计划(人)	0	其中:专业学位研究生数(人)	17
青年千人计划(人)	2	应届博士研究生毕业生数(人)	35
"国家特支计划"入选数(人)	1	其中:专业学位研究生数(人)	0
其中:科技创新领军人才(人)	0	应届外国留学生毕业生数(人)	0
百千万工程领军人才(人)	0	其中:研究生数(人)	0
哲学社会科学领军人才(人)	0	应届本科毕业生一次就业率(%)	98.26
青年拔尖人才(人)	1	应届本科毕业生考研录取(出国)率(%)	73.91
973 计划首席科学家数*(人)	0	应届毕业研究生一次就业率(%)	99.31
省部级高校教学名师奖获得者(人)	0	科研总经费(万元)	15048.21
国家"百千万人才工程"入选数(人)	3	其中:国家自然基金比重(%)	9.31
"长江学者"数(人)	2	国家社科基金比重(%)	0
国家杰出青年基金获得者(人)	2	纵向经费比重(%)	90.48
教育部新(跨)世纪优秀人才培养计划入选数(人)	6	获国家级科技奖项目数(项)	0
浙江省特级专家(人)	2	获国家级教学成果奖数(项)	0
浙江省千人计划入选者(人)	1	教育部第七届高等学校科学研究优秀成果奖(人文社会科学)(项)	0
一级学科国家重点学科数(个)	1	授权发明专利数(项)	65
二级学科国家重点学科数(个)	0	SCI 入选论文数(篇)	212
国家重点(专业)实验室(个)	1	EI 入选论文数(篇)	0
国家工程(技术)研究中心(个)	1	SSCI 入选论文数(篇)	0
教育部人文社会科学研究基地数(个)	0	A&HCI 入选论文数(篇)	0
国家人才培养基地(含教学、教育基地)(个)	0	权威刊物论文数(篇)	0
国家精品资源共享课(门)	0	MEDLINE 入选论文数(篇)	0
国家精品视频公开课(门)	0	出版专著(部)	4
社会捐赠经费总额(万元)	30	教师出国交流(人次)	66
		学生出国交流(人次)	73
		举办国际学术会议数(次)	4

注:* 含重大科学研究计划、ITER 计划、青年科学家专题等。

　** 不包含主修专业未确认的 2014 级分类招生进校的学生。

高校的 50 余位专家学者共同就教学案例、自动化技术发展趋势及学生能力提升等方面进行了交流,并对 EduNet 发展及产学研结合等方面提出了宝贵的建议。会上举行了浙江大学控制系菲尼克斯奖学金签约仪式和首届奖学金颁奖仪式。会议充分体现了中德双方友好的学术交流气氛,以及未来更多的合作机会与可能。

【大学生课外科研竞赛再创佳绩】 2014 年 7 月,以控制系熊蓉教授团队为主要指导的浙江大学机器人团队在 2014 年机器人世界杯足球赛(RoboCup)中以 2:0 击败美国卡内基梅隆大学(CMU),成功卫冕小型足球机器人组冠军。2014 年 8 月,由周春琳老师指导的学生代表队代表浙江大学应邀赴台湾参加了"2014 东元科技创意竞赛",其团队作品从众多决赛作品中脱颖而出,捧回大赛冠军奖杯。2014 年 8 月,在第八届全国大学生"西门子杯"工业自动化挑战赛总决赛中,由黄平捷、谢磊老师指导的学生代表队参加了高校设计开发组和工程应用组的比赛,其中设计开发组荣获全国总决赛一等奖。充分展示出了浙江大学控制学子扎实的基础知识、较强的动手能力和优秀的综合素质。

(范菊芬撰稿　丁立仲审稿)

计算机科学与技术学院

【概况】 计算机科学与技术学院(简称计算机学院)由计算机科学与工程学系、数字媒体与网络技术系、工业设计系、软件工程系(与软件学院共建)4 个系组成,设有人工智能、计算机软件、计算机系统结构与网络安全、现代工业设计 4 个研究所以及计算机基础教学和继续教育、计算机应用工程 2 个中心,拥有计算机辅助设计与图形学(CAD&CG)国家重点实验室、国家列车智能化工程技术研究中心 2 个国家重点实验室(工程技术研究中心)以及视觉感知教育部—微软重点实验室、计算机辅助产品创新设计教育部工程研究中心等 6 个省部级重点实验室(工程技术研究中心)。

拥有计算机科学与技术、软件工程、设计学 3 个国家一级学科。计算机应用技术二级学科是国家重点学科,计算机软件与理论二级学科是国家重点(培育)学科,计算机系统结构、设计学是浙江省重点学科。

计算机科学与技术、软件工程一级学科具有博士学位授予权和博士后流动站,设计学一级学科具有硕士学位授予权。

2014 年,学院招收博士生 80 人、硕士生 305 人,主修专业确认到学院的 2013 级本科生 418 人。

现有教职工 223 人。其中,具有正高级职称人员 55 人,副高级职称人员 91 人,博士生指导教师 74 人(2014 年新增 7 人)、硕士生指导教师 129 人(2014 年新增 2 人)。另有在站博士后研究人员 24 人。2014 年,学院引进国家"千人计划"入选专家 2 人、浙江省"海鸥计划"入选专家 2 人,新增浙江省特级专家 1 人、国家优秀青年基金获得者 1 人。

科研到款经费达到 15211.27 万元,其中横向经费 5899.21 万元、纵向科研经费 9312.06 万元。2014 年,新增国家科技支撑计划项目 1 项;973 计划课题项目 3 项;国家自然科学基金项目 19 项,其中包括国家基金优秀青年科学基金项目 1 项、国家基金面上项目 14 项和青年科学基金项目 4 项。吴朝晖教授领衔的"汽车电子嵌入式平台"项目、"复杂电子服务系统关键技术研究与应用"项目分别获得国家技术发明二等奖、浙江省科技进步一等奖;获授权发明专利 90 项;高水平论文质量提升明显,影响因子在 2.0 以上且浙大是第一作者的高水平论文达 53 篇,高水平会议论文 16 篇。根据《美国新闻与世界报道》杂志统计的全球大学计算机学科专业排名,浙江大学计算机学科位列全国第 2 名,世界第 38 名。

2014 年,主办了第四十届国际超大数据库会议;与卡内基—梅隆大学及阿里巴巴的合作被列为国际校区重点工作之一,计算机学科进入浙大——伊利诺伊联合学院(筹)学科范畴。DDP 本科双学位项目获得浙江省"十二五"普通本科高校新兴特色专业建设项目立项;GDDP 博士双学位项目第一个博士生于 2014 年年底获得浙江大学和加拿大西蒙菲莎大学的博士学位。聘请了包括美国科学院院士 IEEE Fellow 在内的外教 12 人次来院授课,开设了 11 门全英文专业课程。

【召开第四十届国际超大数据库(VLDB)会议】 该会议由浙江大学主办,超大数据库委员会协办,于 2014 年 9 月 1 日至 6 日在杭州召开。VLDB 会议每年举办一次,今年是其第二次来到中国,也是首次在中国大陆城市举办。本次会议由中国工程院潘云鹤院士、浙江大学计算机学院陈纯教授与加利福尼亚大学的 Sharad Mehrotra 教授共同担任大会主席,并邀请了来自美国、德国、英国、加拿大、新加坡等国家以及中国台湾、香港等地区的众多知名学者参会。与会代表总数约 800 人,其中国外代表约 650 人,中方(含港澳台)代表约 150 人。本次会议围绕索引、云数据库、图数据、时空数据库、查询处理等议题进行了报告和研讨,会议为各国的研究人员、技术人员提供了交流的平台,有效地促进了世界大数据领域最前沿研究的探讨和发展,并为今后超大数据库领域的发展树立了标杆,明确了方向。

【获国家教学成果二等奖 1 项】 2014 年 9 月,陈越、何钦铭教授领衔的"课内外融合的程序设计能力培养方法的研究与实践"获 2014 年国家教学成果二等奖。程序设计能力是计算机类专业学生基础和核心的能力,涉及算法设计、程序实现、软件开发等方面的能力。为了提升计算机类专业学生整体程序设计能力培养水平,本成果以系列课程和课外实践建设为重点,基于"循序渐进式的编程入门、面向算法设计的能力提升、基于项目模拟的工程方法培养、结合专业方向的应用编程"的培养路径,探索实践了以"递进式精品课程群、分层次实践训练链、过程化考核支撑网"为特征的程序设计能力培养方法,在教学实践中产生了很好的效果。

【获国家技术发明奖二等奖 1 项】 2014 年 12 月 12 日,吴朝晖教授负责的"汽车电子嵌入式平台技术及应用"项目获得国家技术发明二等奖。该项目面对汽车电子领域"强实时、高效率、低排放"的挑战,项目团队首创了调度优化、混合模型设计和变压补偿控制三大核心技术,攻克了实时响应、数据融合和精确喷射三个国际难点,研制成功汽车电子嵌入式平台并实现产业化。整体技术达到国际先进水平,在任务切换、工具集成和排放控制等方面处于国际领先。项目成果广泛应用于卡车、轿车电控系统开发,近三年新增产值 14.98 亿元,间接经济效益 500 余亿元。

(叶 艇撰稿 冯 雁审稿)

项　目	数量		项　目	数量
教职工总数(人)	223		在校本科生数(人)[**]	1243
教授数(人)	51		在读硕士研究生数(人)	905
副教授数(人)	75		其中:专业学位研究生数(人)	336
具有博士学位的教师比例(%)	73.3		在读博士研究生数(人)	463
两院院士(人)	1		其中:专业学位研究生数(人)	3
浙江大学文科资深教授(人)	0		在校外国留学生攻读学位生数(人)	61
国家"千人计划"入选数(人)	3	学生规模	应届本科毕业生数(人)	371
其中:创新人才项目(人)	2		应届硕士研究生毕业生数(人)	277
外专千人计划(人)	0		其中:专业学位研究生数(人)	35
青年千人计划(人)	1		应届博士研究生毕业生数(人)	60
"国家特支计划"入选数(人)	4		其中:专业学位研究生数(人)	0
其中:科技创新领军人才(人)	2		应届外国留学生毕业生数(人)	16
百千万工程领军人才(人)	0		其中:研究生数(人)	2
哲学社会科学领军人才(人)	0		应届本科毕业生一次就业率(%)	98.82
青年拔尖人才(人)	2		应届本科毕业生考研录取(出国)率(%)	52.26
973计划首席科学家数[*](人)	3		应届毕业研究生一次就业率(%)	100
省部级高校教学名师奖获得者(人)	0		科研总经费(万元)	15211.27
国家"百千万人才工程"入选数(人)	3		其中:国家自然基金比重(%)	9
"长江学者"数(人)	4		国家社科基金比重(%)	0
国家杰出青年基金获得者(人)	5		纵向经费比重(%)	61
教育部新(跨)世纪优秀人才培养计划入选数(人)	13		获国家级科技奖项目数(项)	1
浙江省特级专家(人)	3		获国家级教学成果奖数(项)	1
浙江省千人计划入选者(人)	4	科学研究成果	教育部第七届高等学校科学研究优秀成果奖(人文社会科学)(项)	0
一级学科国家重点学科数(个)	0		授权发明专利数(项)	90
二级学科国家重点学科数(个)	1		SCI入选论文数(篇)	175
国家重点(专业)实验室(个)	1		EI入选论文数(篇)	71
国家工程(技术)研究中心(个)	1		SSCI入选论文数(篇)	2
教育部人文社会科学研究基地数(个)	0		A&HCI入选论文数(篇)	0
国家人才培养基地(含教学、教育基地)(个)	2		权威刊物论文数(篇)	310
国家精品资源共享课(门)	6		MEDLINE入选论文数(篇)	0
国家精品视频公开课(门)	0		出版专著(部)	2
社会捐赠经费总额(万元)	73.9	国际交流	教师出国交流(人次)	114
			学生出国交流(人次)	169
			举办国际学术会议数(次)	4

注:[*] 含重大科学研究计划、ITER计划、青年科学家专题等。

[**] 不包含主修专业未确认的2014级分类招生进校的学生。

浙江大学年鉴

生物医学工程与仪器科学学院

【概况】 生物医学工程与仪器科学学院（简称生仪学院）由生物医学工程学系和仪器科学与工程学系组成，设有生物医学工程研究所与数字技术及仪器研究所；拥有浙江大学生物传感器技术国家专业实验室、浙江大学生物医学工程教育部重点实验室、浙江省心脑血管检测技术与药效评价重点实验室、浙江大学浙江省网络多媒体技术研究重点实验室；建有浙江大学嵌入式系统教育部工程研究中心、浙江大学生物医学工程技术评估研究中心、浙江大学临床医学工程研究中心；同时拥有联合建立的浙江大学泰克公司高速系统测试联合实验室、浙江大学美国TILERA公司高性能嵌入式计算联合研发中心、浙江大学华为3COM网络多媒体系统联合实验室、浙江大学 ANALOG DEVICES公司DSP联合实验室、浙江大学美国德州仪器模拟器件应用研究中心。

生仪学院设有生物医学工程一级学科国家重点学科和仪器科学与技术一级学科，建有生物医学工程博士后流动站和仪器科学与技术博士后流动站，设有生物医学工程一级学科博士学位授权点和硕士学位授权点、仪器科学与技术一级学科博士学位授权点和电子信息技术及仪器二级学科硕士学位授权点。

2014年，学院招收博士研究生36人、硕士研究生93人，2013级本科生确认生仪学院主修专业142人，博士研究生毕业26人、硕士研究生毕业75、本科生毕业165人。2014届本科毕业生一次就业率为93.06%，毕业研究生一次就业率为97.87%。

现有教职工77人。其中，教授20人、副教授23人，博士研究生指导教师24人、硕士研究生指导教师23人。生物医学工程博士后流动站博士后在站人员4人（其中委培1人、企业博士后1人）、仪器科学与技术博士后流动站在站人员14人（其中委培1人、企业博士后1人）。

2014年，科研总经费6254.30万元，在研的各类基金项目5项（包括国家自然科学基金、国家社科基金、省自然科学基金等），其他纵向科研项目8项、军工项目21项、863项目4（含军工）项。新增500万元以上项目2项，1000万元以上项目1项；被SCI、EI等国际三大检索系统收录的论文64篇；授权各类专利30项；出版译著1部。

生仪学院重视国际交流与合作，2014年教师短期出国出境学术交流42人次，学生出国交流56人次，外国专家来访21人次，外专来院做主题报告7次，聘请客座教授1人。2月至4月间，国家千人计划专家潘杰教授与西澳大学联合开设的国际视频同步教学课程"动力、振动和声"正式开课；6月间，国家千人计划专家杜一平教授在意大利米兰召开的海外华人医学磁共振学会年会上就任学会新任主席。5月至7月，浙江大学—新加坡国立大学暑期交流项目如期举行，该项目新开设面向双方本科生的全英文课程"生物医学工程导论"正式开课。

【发表高 IF 学术论文】 王平教授带领的科研团队从事细胞传感器领域的研究近20年，发展了多种仿生细胞传感器。鉴于王平教授在细胞传感器研究领域做出了突出贡献，

项　目	数量		项　目	数量
教职工总数(人)	77		在校本科生数(人)**	456
教授数(人)	20		在读硕士研究生数(人)	280
副教授数(人)	23		其中:专业学位研究生数(人)	91
具有博士学位的教师比例(%)	95.35		在读博士研究生数(人)	172
两院院士(人)	0		其中:专业学位研究生数(人)	0
浙江大学文科资深教授(人)	0		在校外国留学生攻读学位生数(人)	5
国家"千人计划"入选数(人)	3	学生规模	应届本科毕业生数(人)	165
其中:创新人才项目(人)	3		应届硕士研究生毕业生数(人)	75
外专千人计划(人)	0		其中:专业学位研究生数(人)	22
青年千人计划(人)	0		应届博士研究生毕业生数(人)	26
"国家特支计划"入选数(人)	0		其中:专业学位研究生数(人)	0
其中:科技创新领军人才(人)	0		应届外国留学生毕业生数(人)	0
百千万工程领军人才(人)	0		其中:研究生数(人)	0
哲学社会科学领军人才(人)	0		应届本科毕业生一次就业率(%)	93.06
青年拔尖人才(人)	0		应届本科毕业生考研录取(出国)率(%)	31.21
973 计划首席科学家数*(人)	0		应届毕业研究生一次就业率(%)	97.87
省部级高校教学名师奖获得者(人)	0		科研总经费(万元)	6254.30
国家"百千万人才工程"入选数(人)	0		其中:国家自然基金比重(%)	3.8
"长江学者"数(人)	0		国家社科基金比重(%)	0
国家杰出青年基金获得者(人)	1		纵向经费比重(%)	67.5
教育部新(跨)世纪优秀人才培养计划入选数(人)	2		获国家级科技奖项目数(项)	0
浙江省特级专家(人)	1		获国家级教学成果奖数(项)	0
浙江省千人计划入选者(人)	0		教育部第七届高等学校科学研究优秀成果奖(人文社会科学)(项)	0
一级学科国家重点学科数(个)	1	科学研究成果	授权发明专利数(项)	16
二级学科国家重点学科数(个)	0		SCI 入选论文数(篇)	51
国家重点(专业)实验室(个)	1		EI 入选论文数(篇)	13
国家工程(技术)研究中心(个)	0		SSCI 入选论文数(篇)	2
教育部人文社会科学研究基地数(个)	0		A&HCI 入选论文数(篇)	0
			权威刊物论文数(篇)	0
国家人才培养基地(含教学、教育基地)(个)	0		MEDLINE 入选论文数(篇)	0
			出版专著(部)	0
国家精品资源共享课(门)	0	国际交流	教师出国交流(人次)	42
国家精品视频公开课(门)	0		学生出国交流(人次)	56
社会捐赠经费总额(万元)	0		举办国际学术会议数(次)	0

注:* 含重大科学研究计划、ITER 计划、青年科学家专题等。

** 不包含主修专业未确认的 2014 级分类招生进校的学生。

美国化学协会在 2011 年特邀王平在国际化学评论的顶级期刊 *Chemical Reviews*（影响因子 45.661）上发表有关细胞传感器及其在生物医学中应用的综述性论文 "*Cell-based Biosensors and Their Application in Biomedicine*"，对题组近 20 年在细胞传感器领域内的研究成果进行回顾，并对国际上细胞传感器现阶段的研究热点进行评述，对该技术的未来发展方向进行预测和展望。课题组经过两年多的努力最终完成该论文并通过严格的评审，于 2014 年 6 月在 *Chemical Reviews* 刊物上正式发表。

【新增省特级专家】 陈耀武教授入选浙江省特级专家。陈耀武教授多年来在嵌入式系统、网络多媒体系统和电子仪器系统设计等领域从事科学研究工作，是浙江省数字多媒体技术重点创新团队的负责人，陈耀武教授带领所在团队紧跟数字多媒体领域国际前沿，开展了研究领域共性关键技术和重大瓶颈问题的研究，承担了包括国家 863 软件重大专项、国家 863 海洋技术重大专项、浙江省重大科技攻关等一批科研项目，取得了包括国家科学技术进步奖二等奖、浙江省科学技术进步奖一等奖在内的标志性成果。

【承办中国生物医学工程联合学术年会】 第三十一届全国生物医学工程联合学术年会（中国生物医学工程高层论坛，CBME2014）于 2014 年 10 月 18 日至 19 日在杭州召开。会议由中国电子学会生物医学电子学分会、中国生物医学工程学会生物医学测量分会、中国生物医学工程学会生物医学传感技术分会、中国生物医学工程学会生物医学信息与控制分会、中国生物医学工程学会医学神经工程分会、中国图像图形学学会医学影像专业委员会、中国光学学会生物医学光子学专业委员会、中国电子学会生命电子学分会、中国仪器仪表学会医疗仪器分会、中国生物医学工程学会数字医疗及医疗信息化分会等 10 个分会/专业委员会联合主办，由浙江大学生仪学院承办，参会代表共计 200 余人，会议邀请了包括 4 位院士在内的近 20 位中国生物医学工程学科领域著名学者专家做大会报告，会议对中国生物医学工程学科新进展做了回顾、对未来的发展进行了展望。

（钱鸣奇撰稿　曾　超审稿）

软件学院

【概况】 浙江大学软件学院软件工程硕士专业下设软件开发技术、软件项目管理、嵌入式软件、金融信息技术、金融数据分析技术、软件与服务工程、信息产品设计、移动互联网与游戏开发技术、现代物流信息技术等专业方向。2014 年招收软件工程专业学位研究生 227 人，其中：双证 202 人、单证 25 人。2014 年毕业研究生 502 人，其中双证 182 人、单证 78 人列入就业计划，单、双证就业率为 97%，进入世界 500 强和重点企业的比例达 75%，赴新加坡、加拿大、日本、丹麦、中国台湾、香港地区等境外深造及就业 6 人，3 名同学入选美国思科总部进行为期一年的实习。在校研究生规模为 1210 人。

学院积极引导学生创新创业，加强就业创业教育，做好创业孵化工作，积极扶持条件成熟的创业团队创立公司。2014 年，与宁波创客联盟展开合作，共举办两期创业沙龙活动,走访校友企业 5 家,开展创业类讲座、交流类活动 2 场,布置及开放学生创业活动室。2014 年,学生新申请创业类新苗计划 2 项,孵化学生创业公司 2 家,并进驻省创业园企业 1 家,1 人当选为浙江大学研究生创业之星之一。

继续承担宁波市智慧产业人才基地建设任务,持续推进宁波市智慧产业人才基地产学研战略联盟活动,为宁波智慧城市建设提供人才保障。通过与宁波市教育局及宁波市兄弟院校合作,在物流信息服务、金融创新服务、信息产品设计服务、电子商务平台服务、高端外包服务、产品软件服务、行业信息化服务和物联网及应用服务等 8 大方面向宁波的人才培养领域开展课程建设,牵头制订的核心引导课程 81 门,开展人才培养规范标准的制定,在电子商务、信息安全、服务外包、IT 运维与服务管理、物联网、智慧城市系列讲座等 6 个方面开展宁波市师资培训,充分发挥宁波市智慧产业人才基地优势,服务地方经济社会发展。

【与上海市信息投资股份有限公司签署战略框架协议】 2014 年 6 月 18 日,上海市信息投资股份有限公司与浙江大学软件学院在上海浦东签署了合作设立大数据研究院战略框架协议,共建上海信投—浙大大数据研究院,进一步深化双方合作,2014 年双方完成大数据研究院的业务规划、技术规划和上海国际航运中心平台项目前期的调研咨询工作。

【入选全国首批工程专业学位研究生联合培养基地】 在 2014 年 9 月 16 日至 17 日第九届全国工程专业学位研究生教育工作研讨会上,学院与浙江网新恒天软件有限公司联合建立的软件工程硕士研究生联合培养实践基地获得第一届"全国示范性工程专业学位研究生联合培养基地"的荣誉称号,成为首批 28 个全国示范性工程专业学位研究生联合培养基地之一,该基地是全国唯一入选的计算机相关学科工程专业学位研究生联合培养基地,也是浙江大学唯一入选的联合培养基地。本次全国工程专业学位研究生教育指导委员会的评选活动在全国 340 多家有申报资格的单位中评选出 28 个已经取得优秀成果并有一定典型代表性的联合培养基地作为首批示范性基地,旨在引导各培养单位促进校企合作,实现院校、企业、导师、学生的多方共赢,推动中国全日制工程硕士专业学位研究生联合培养实践基地建设,提高工程专业学位研究生培养质量。

(方红光编撰　杨小虎审稿)

医学院

【概况】 医学院下设基础医学系、公共卫生系、临床医学一系、临床医学二系、临床医学三系、口腔医学系、护理学系 7 个系和附属第一医院、第二医院、邵逸夫医院、妇产科医院、儿童医院、口腔医院、第四医院 7 家附属医院。浙江大学医学中心(筹)列入浙江大学直属单位序列,浙江大学转化医学研究院为浙江大学独立研究机构,均归属医学院管理。

学院是中国医学科学院浙江分院所在地,拥有教育部 985 工程三期"医学技术与疾病防控"科技创新平台;设有传染病研究所、血液病研究所、肿瘤研究所、儿科研究所、外科研究所、胃肠病研究所等 23 个校级研究所;建有感染性疾病诊治协同创新中心(2014 年通过认定),传染病诊治国家重点

浙江大学年鉴

实验室,拥有卫生部多器官联合移植研究重点实验室、卫生部医学神经生物学重点实验室、恶性肿瘤预警与干预教育部重点实验室、生殖遗传教育部重点实验室、国家药品监督管理局药品评价中心浙江呼吸药物研究重点实验室等以及浙江省医学分子生物学重点实验室、浙江省生物电磁学重点实验室、浙江省器官移植重点实验室、浙江省女性生殖健康研究重点实验室、浙江省传染病学重点实验室、浙江省医学分子影像学重点实验室、浙江省生物治疗重点实验室、浙江省新生儿疾病(诊治)重点实验室、浙江省血液肿瘤(诊治)重点实验室、浙江省心血管诊治高新技术重点实验室、浙江省疾病蛋白质组学重点实验室、浙江省医学神经生物学重点实验室、浙江省腔镜技术研究重点实验室、浙江省重要致盲眼病防治技术研究重点实验室、浙江省肾脏疾病防治技术研究重点实验室、浙江省组织工程与再生医学技术重点实验室、浙江省精神障碍诊疗和防治技术重点实验室(2014年新增)等17家省级重点实验室。

内科学(传染病)、外科学(普外)、肿瘤学、儿科学为国家重点学科,病理学与病理生理学、眼科学、妇产科学为国家重点培育学科。生理学、劳动卫生与环境卫生、妇产科学、口腔临床医学、眼科学、病理学与病理生理学、免疫学、药理学、社会医学与全科医学、人体解剖学与组织胚胎学、影像医学与核医学、麻醉学为浙江省重点学科,器官移植、代谢病诊治研究、生殖医学、医学神经生物学、腔镜外科、新生儿与围产医学为浙江省医学重点学科群。

学院建有基础医学、临床医学、口腔医学、公共卫生与预防医学等4个博士后流动站;拥有基础医学、临床医学、口腔医学、公共卫生与预防医学、护理学等5个一级学科博士学位授予权,同时和生命科学学院、药学院、公共管理学院共建生物学、药学、公共管理3个一级学科博士点;建有人体解剖与组织胚胎学、内科学、口腔基础医学、流行病与卫生统计学等45个二级学科博士点。

学院设有临床医学专业(8年制、5年制及6年制留学生)、口腔医学专业(7年制)、基础医学专业(生物医学3+1)、预防医学专业(5年制)。2014年,招收本科生451人,其中医学试验班临床医学八年制(巴德年班)70人、医学试验班类五年制(临床+预防)325人、基础医学(生物医学专业3+1)19人、口腔医学七年制37人;招收留学生临床医学本科全英文教学项目(MBBS)98人;2013级本科生确认医学院专业358人;录取研究生540人,其中博士研究生260人、硕士研究生280人。现有生理学、传染病学、医学心理学、外科学、生理科学实验、病理学、妇产科学、基础医学整合课程等8门国家级精品课程,外科学、妇产科学、传染病学、生理科学实验等4门课程入选国家级精品资源共享课,拥有25家教学医院。

现有教职工618人(不含附属医院员工14010人)。其中,中国科学院院士1人,工程院院士3人,教授176人(2014年新晋升4人)、副教授96人(2014年新晋升4人),博士研究生导师349人(2014年新增64人)、硕士研究生导师466人(2014年新增37人)。2014年新增"长江学者"特聘教授3人、国家"青年千人计划"5人、浙江省特级专家2人。

2014年,到位科研总经费为3.5494亿元,在研国家级科研项目658项,经费3.1868亿元。获批国家自然科学基金项目

257项(其中重点项目2项、国际合作项目2项、重大研究计划项目重点类项目2项、重大项目1项、创新研究群体获连续资助1项、杰出青年科学基金项目1项),批准总经费1.5667亿元,批准项目数和经费数继续保持全校第一。获批国家重大科学研究计划项目1项,国家重大科学研究计划(青年科学家专题)项目1项,国家重大科技专项项目3项,863青年科学家项目1项,国家科技支撑计划项目2项;获批浙江省重大科技专项17项,浙江省自然科学基金各类项目130项。获国家科技进步二等奖1项、何梁何利科学与技术进步奖1项、教育部高等学校科学研究优秀成果二等奖1项、浙江省科学技术一等奖3项。2013年度,授权发明专利47项,被SCI收录论文1208篇。

全年师生出国出境交流共1109人次,接待国外访问团组435批747人次(含附属医院);聘请客座教授9人;聘请短期外国专家12人;举办国际会议9场。学院继续与美国加州大学洛杉矶分校、布朗大学、罗彻斯特大学等国外知名医学院校保持合作交流。2014年,学院拓展了与以色列希伯来大学、泰国玛希隆大学、韩国东亚大学开展学生交流项目;与台湾高雄医学大学签订了合作交流协议;加入了中俄医科大学联盟。学院代表团访问了美国哥伦比亚大学、华盛顿大学、加州大学圣地亚哥分校、加州大学洛杉矶分校、洛杉矶西达塞纳医学中心、加拿大不列颠属哥伦比亚大学,就研究生联合培养、学生交流、学术合作等事宜初步达成合作意向。

4月10日,附属儿童医院滨江院区正式启用。10月31日,附属第四医院正式开诊营业。

七家附属医院共有开放床位9456张,

2014年门急诊人数达1329.32万人次,住院治疗人数43.42万人次,医院业务总收入119.35亿元,比上年增长25.63%。医学院附属第一医院肿瘤科、感染病科、老年病科、器官移植科、临床药学、传染病诊治国家重点实验室、神经外科、病理科,附属第二医院肿瘤科、变态反应科、神经内科,附属邵逸夫医院临床护理共12个专科被确定为2013—2014年度国家临床重点专科建设项目。

5月6日,浙江大学转化医学研究院正式启用。12月30日,浙江大学医学中心(医疗中心)建设工程正式开工。

以市校医学合作为依托,积极推进地方医疗合作与服务,扩大学院及各附属医院的辐射力和影响力。5月13日,浙江大学与衢州市建立了浙江大学衢州医院,成为第六家市校合作医院。各附属医院与16家基层医疗单位建立了紧密型合作办医关系,促进优质医疗资源向基层医院延伸,形成了附属医院—地市医院—县级医院的多级辐射网络体系。选派附属医院5名医护人员参加援非医疗队,支援非洲地区医疗卫生事业。

【入选2014年度"2011协同创新中心"计划】 10月22日,李兰娟院士领衔的"感染性疾病诊治协同创新中心"入选该计划。该中心由浙江大学牵头,联合香港大学、清华大学、中国疾病预防控制中心三个核心协同单位组建,李兰娟出任中心主任兼首席科学家。中心围绕病毒性肝炎等重大传染病、新型流感等新发突发感染性疾病两大研究领域,全面提升"人才、学科、科研"三位一体的三大创新能力,建立了感染性疾病抗感染新药评价、动物实验、新理论新技术培训和临床诊治四大转化与服务基地,创建了感染性疾病病原、发病机制、预警预测、诊断、治疗、

附表　2014 年度医学院基本情况

项　目	数量		项　目	数量
★教职工总数(人)	618		在校本科生数(人)**	1640
教授数(人)	176		在读硕士研究生数(人)	1334
副教授数(人)	96		其中:专业学位研究生数(人)	777
具有博士学位的教师比例(%)	92.6		在读博士研究生数(人)	1197
两院院士(人)	4		其中:专业学位研究生数(人)	380
浙江大学文科资深教授(人)	0		在校外国留学生攻读学位生数(人)	484
国家"千人计划"入选数(人)	12	学生规模	应届本科毕业生数(人)	289
其中:创新人才项目(人)	4		应届硕士研究生毕业生数(人)	426
外专千人计划(人)	0		其中:专业学位研究生数(人)	243
青年千人计划(人)	8		应届博士研究生毕业生数(人)	238
"国家特支计划"入选数(人)	1		其中:专业学位研究生数(人)	101
其中:科技创新领军人才(人)	1		应届外国留学生毕业生数(人)	71
百千万工程领军人才(人)	0		其中:研究生数(人)	15
哲学社会科学领军人才(人)	0		应届本科毕业生一次就业率(%)	97.06
青年拔尖人才(人)	0		应届本科毕业生考研录取(出国)率(%)	17.65
973 计划首席科学家数*(人)	9		
省部级高校教学名师奖获得者(人)	4		应届毕业研究生一次就业率(%)	97.24
国家"百千万人才工程"入选数(人)	4		科研总经费(万元)	35494.21
			其中:国家自然基金比重(%)	24.90
"长江学者"数(人)	7		国家社科基金比重(%)	0
国家杰出青年基金获得者(人)	10		纵向经费比重(%)	90.21
教育部新(跨)世纪优秀人才培养计划入选数(人)	0		获国家级科技奖项目数(项)	1
			获国家级教学成果奖数(项)	0
浙江省特级专家(人)	4	科学研究成果	教育部第七届高等学校科学研究优秀成果奖(人文社会科学)(项)	0
浙江省千人计划入选者(人)	17		
一级学科国家重点学科数(个)	0		授权发明专利数(项)	47
二级学科国家重点学科数(个)	4		SCI 入选论文数(篇)	1208
国家重点(专业)实验室(个)	1		EI 入选论文数(篇)	27
国家工程(技术)研究中心(个)	0		SSCI 入选论文数(篇)	30
教育部人文社会科学研究基地数(个)	0		A&HCI 入选论文数(篇)	0
			权威刊物论文数(篇)	未统计
国家人才培养基地(含教学、教育基地)(个)	1		MEDLINE 入选论文数(篇)	175
			出版专著(部)	0
国家精品资源共享课(门)	4	国际交流	教师出国交流(人次)	931
国家精品视频公开课(门)	1		学生出国交流(人次)	178
社会捐赠经费总额(万元)	4004		举办国际学术会议数(次)	9

注:★不含附属医院职工数。
* 含重大科学研究计划、ITER 计划、青年科学家专题等。
** 不包含主修专业未确认的 2014 级分类招生进校的学生。

生物信息大数据六大研究平台。在感染性疾病诊治领域取得了重大理论突破和技术创新，为显著降低感染性疾病发病率与病死率、实现国家重大战略目标做出了卓越贡献。中心认真探索符合中国科研创新的组织管理模式，在管理体制机制、拔尖创新人才培养、科研组织模式、国际交流与合作模式等方面进行了制度创新，形成了一套与国际接轨的现代科研组织与运行体系。承担国家科技重大专项、973、863、国家自然科学基金项目等277项，经费逾12亿元。中心将按照既定目标，打造中国特色的感染病学学术"航母"。

【获 2014 年度国家科技进步二等奖】 由陈江华教授主持完成的"终末期肾病肾脏替代治疗关键技术创新与推广应用"项目获得该奖。该项目在国家、省部委等科技项目的支持下，历经31年研究，获得了系列创新性成果：①肾移植关键技术创新：创建了急性排斥预警和基于尿液生物标记物的无创诊断技术，成功甄别了排斥易感人群，并实现了急性排斥的无创诊断；②血液透析关键技术创新：创建了血管通路的系列技术，解决了制约血透患者长期生存的技术难题；建立了无菌无热源透析用水技术和血透患者心脑血管疾病防治技术；③腹膜透析关键技术创新：创建了腹膜透析分级网络管理技术，提高了终末期肾病患者的治疗率，显著降低了腹膜炎发生率，5年技术生存率提高到80.2%；④创建了终末期肾病一体化治疗体系：在技术创新的基础上，创建了以肾移植为核心的肾脏替代一体化治疗体系，实现了从单一技术为治疗手段的医疗模式转变为以病人利益与疗效最大化为目的的个体化医疗模式，显著提高了患者的长期生存率。

【获何梁何利科学与技术进步奖】 10月29日，李兰娟院士获得该奖。李兰娟从事传染病学医疗、教学和研究工作30余年，是中国传染病学领域杰出的领军人物。在创建人工肝支持系统治疗重型肝炎、感染微生态学建立及应用等研究领域取得了重大突破。其带领团队探索钻研SARS、手足口病、地震灾后防疫、甲型H1N1流感、H7N9禽流感等传染病防控难题；不断推进"感染性疾病诊治协同创新中心"的建设和培育工作，形成了以浙江大学为核心，联合清华、港大、CDC的感染性疾病诊治基础与临床、预防与控制协同创新链；在H7N9禽流感等重大疾病防治中做出卓越贡献。

【获国家重大科学研究计划项目】 由黄河教授牵头申报的国家重大科学研究计划（973计划）项目"多能干细胞定向分化为造血干细胞的调控机理及功能研究"获科技部批准立项。该项目由浙江大学牵头，联合中国医学科学院血液学研究所、中国科学院上海生命科学研究院、中国科学院广州生物医药与健康研究院等核心单位展开联合攻关。项目紧紧围绕多能干细胞如何获得功能性造血干细胞这一全球性难题，通过建立新的培养体系体外获得由人多能干细胞来源的造血干细胞并阐明调控机理，突破造血干细胞领域的若干关键核心技术，从而解决造血干细胞移植供者不足和血荒问题，为体外高效获得人造血干细胞提供理论和方法基础。该项目有望在基础理论和关键技术方面取得原创性的研究成果，并培养一支开拓创新的青年研究队伍。项目总经费为1500万元，研究期限为五年。

【获国家自然科学杰出青年基金】 11月21日，张宏教授获得该项资助。张宏教授主要从事核医学与分子影像的基础与临床研究，近年来在中枢神经损伤修复与脑功能的分子影像方面取得了突出的成绩：系统研究了干细胞、重复经颅磁刺激以及中药在中枢神经损伤修复中的作用和机制，从整体水平揭示了不同干细胞移植后的分化和作用规律，以及重复经颅磁刺激和中药的神经保护作用，为神经损伤修复的在体研究提供了新方法；建立了 PET 代谢和受体多模态分子影像方法，揭示了外在干预对脑功能的影响与作用机制，解决了传统研究方法无法证实行为模式能够重塑脑功能的科学问题；设计合成相关分子影像显像剂，率先建立和应用了重大疾病分子影像诊治方法。该系列研究不仅构建了 PET 分子影像在中枢神经损伤修复、脑功能方面研究的新方法，还对神经与脑功能机制的在体研究有重要的示范推动作用，促进了交叉学科的发展。

【微生态科研成果在 Nature 发表】 7 月 23 日，国际顶尖期刊 Nature（《自然》）在线发表了李兰娟院士团队最新微生态科研成果——"肝硬化中肠道菌群的改变"。该项研究成果收集了 181 个来自于中国人肠道菌群的样本，用宏基因组学的研究方法，开展了肝硬化肠道菌群的深度测序及关联分析研究，从中获得 269 万个非冗余的人体肠道微生物菌群的基因集，建立了世界上首个肝病肠道菌群基因集。这是国内首次从肠道菌群发生紊乱的角度揭示肝硬化发生发展的机制，用细菌标志物为治疗肝硬化的微生态制剂研发提供了方向，为全球医学科技研究提供了新思路。共同通讯作者为郑树森院士，第一作者为秦楠博士。

【医学院附属第四医院开业】 10 月 31 日，首家异地附属医院——浙江大学医学院附属第四医院在义乌开业，这也是浙江大学医学院第七家附属医院。附属第四医院是经浙江省卫生和计划生育委员会批准、义乌市政府全额投资、由浙江大学和义乌市政府合作共建、浙江大学负责管理、按照综合性三级甲等医院标准设计建设的大学附属医院。医院位于义乌市商城大道 N1 号，占地 189.3 亩；一期建筑面积 12.3 万平方米，建设床位 920 张；纳入省级医院管理，系省市医保定点医院。2014 年 5 月 8 日，经学校研究同意，浙江大学医学院附属义乌医院更名为浙江大学医学院附属第四医院。

【首届好医生好护士奖评选】 2014 年度首届评选工作自 9 月初启动，通过组织筹备、宣传发动、人选推荐、初次遴选、网站公示、社会投票、答辩评审等环节，并经校常委会、校务会讨论决定产生评选结果。附属口腔医院口腔修复科主任医师刘丽、附属第二医院神经外科主任医师张建民、附属邵逸夫医院骨科主任医师范顺武、附属第一医院心脏病中心主任医师倪一鸣、附属第二医院烧伤科主任医师韩春茂等 5 人获"浙大好医生奖"；附属邵逸夫医院干部保健中心主管护师王叶华、附属第一医院护理部主任护师冯志仙、附属第四医院手术室主管护师周敏燕、附属妇产科医院分娩室主管护师徐萌艳、附属儿童医院 ICU 主任护师楼晓芳等 5 人获"浙大好护士奖"，获奖者奖金为人民币 15 万元/人。

浙江大学以社会捐赠 3000 万人民币作为留本基金，设立"浙江大学医德医风奖励基金"，旨在倡导优良医德医风，提高医疗服务水平，促进和谐医患关系，引导良好行业风尚，提升学校声誉。

（施杭珏撰稿　陈　智审稿）

药学院

【概况】 学院设药学系、中药科学与工程学系;设药学实验教学中心、药物安全评价研究中心;设药物研究所、药物制剂研究所、药物信息学研究所、现代中药研究所、药理毒理与生化药学研究所;有教育部985三期Ⅱ类科技创新平台、浙江省抗肿瘤药物临床前研究重点实验室、全军特种损伤防治药物重点实验室、浙江省小分子药物研发关键技术科技创新团队、浙江省药物制剂工程实验室。

拥有药物分析学1个国家重点(培育)学科,中药分析学、生药学(协建)2个国家中医药重点学科,药物分析学、药理学2个浙江省重点学科,药学实验教学中心浙江省教学示范实验中心1个,药物分析学国家级精品课程1门,药物分析学网络教育国家精品课程1门,药物分析学、药理学浙江省精品课程2门。

设有药学一级学科博士后科研流动站、一级学科博士学位授予权和硕士学位授予权、中药学一级学科硕士学位授予权和药学专业硕士学位授予权以及3个本科专业。

现有教职工154人,其中正高级职称人员31人(比上年增减各2人),副高级职称人员26人(比上年新增2人),博士研究生导师35人,硕士研究生导师56人。2014年,全院新增国家杰出青年基金获得者1人、浙江大学求是特聘教授1人。

2014年,全院获5项校级以上教改项目立项;"药物分析"分别获"十二五"国家级精品资源共享课立项和"十二五"国家级网络教育精品资源共享课立项;出版《药物分析学》"十二五"国家级规划教材1部;学院承担的教育部试点学院专业综合改革项目和中国科学院上海药物研究所国家大学生药学实践基地项目等2项国家重点教改项目顺利开展。

全年到位科研经费总额5855.5万元,其中纵向2717万元,占46.4%。在研纵向项目92项。2014年,获国家自然科学基金25项,其中重点项目1项、面上项目15项、青年科学基金项目9项,资助总经费1712万元,总经费数和平均批准率都创历史新高;获国家国际科技合作专项项目2项、省部级5项;科研项目新立项44项(比上年增加8项),获资助经费2111万元(比上年增长81.8%);浙江大学药物安全评价研究中心顺利通过国家食品药品监督管理局的复查。"新型蛋白类生物药物研发创制"项目被列入学校科技发展战略的重点研究领域。

学院接待了德国慕尼黑大学副校长Sigmund Stintzing教授、美国北卡大学教堂山分校药学院院长Robert A. Blouin教授、英国巴斯大学理学院院长David Michael Bird教授等共10批22人次的来访;派出3个代表团8位教师访问了帝国理工学院等4所英国大学、加州大学洛杉矶分校等4所美国大学、加拿大阿尔伯塔大学和日本岐阜药科大学等;参加出国交流的教师45人、研究生20人、本科生13人。

【教学质量和成果突出】 连续三年被学校评为本科教学量化考核绩效评价A级院系,全校排名第七(比2013年再升2位);首获浙江省教学成果二等奖1项;曾苏教授获浙江大学心平教学贡献奖提名奖。

【科研业绩再获丰收】 继2013年之后,再次获得国家科技进步一等奖(第二完成单位)

项　目	数量	项　目	数量
教职工总数（人）	154	在校本科生数（人）**	217
教授数（人）	30	在读硕士研究生数（人）	192
副教授数（人）	28	其中：专业学位研究生数（人）	78
具有博士学位的教师比例（%）	94.3	在读博士研究生数（人）	160
两院院士（人）	0	其中：专业学位研究生数（人）	0
浙江大学文科资深教授（人）	0	在校外国留学生攻读学位数（人）	12
国家"千人计划"入选数（人）	0	应届本科毕业生数（人）	53
其中：创新人才项目（人）	0	应届硕士研究生毕业生数（人）	53
外专千人计划（人）	0	其中：专业学位研究生数（人）	0
青年千人计划（人）	0	应届博士研究生毕业生数（人）	35
"国家特支计划"入选数（人）	0	其中：专业学位研究生数（人）	0
其中：科技创新领军人才（人）	0	应届外国留学生毕业生数（人）	0
百千万工程领军人才（人）	0	其中：研究生数（人）	0
哲学社会科学领军人才（人）	0	应届本科毕业生一次就业率（%）	100
青年拔尖人才（人）	0	应届本科毕业生考研录取（出国）率（%）	69
973 计划首席科学家数*（人）	0	应届毕业研究生一次就业率（%）	100
省部级高校教学名师奖获得者（人）	0	科研总经费（万元）	5855.5
国家"百千万人才工程"入选数（人）	1	其中：国家自然基金比重（%）	20
		国家社科基金比重（%）	0
"长江学者"数（人）	1	纵向经费比重（%）	46.4
国家杰出青年基金获得者（人）	3	获国家级科技奖项目数（项）	1
教育部新（跨）世纪优秀人才培养计划入选数（人）	7	获国家级教学成果奖数（项）	0
浙江省特级专家（人）	0	教育部第七届高等学校科学研究优秀成果奖（人文社会科学）（项）	0
浙江省千人计划入选者（人）	0	授权发明专利数（项）	50
一级学科国家重点学科数（个）	0	SCI 入选论文数（篇）	158
二级学科国家重点学科数（个）	0	EI 入选论文数（篇）	17
国家重点（专业）实验室（个）	0	SSCI 入选论文数（篇）	0
国家工程（技术）研究中心（个）	0	A&HCI 入选论文数（篇）	0
教育部人文社会科学研究基地数（个）	0	权威刊物论文数（篇）	0
		MEDLINE 入选论文数（篇）	0
国家人才培养基地（含教学、教育基地）（个）	0	出版专著（部）	1
国家精品资源共享课（门）	1	教师出国交流（人次）	45
国家精品视频公开课（门）	1	学生出国交流（人次）	33
社会捐赠经费总额（万元）	91.1	举办国际学术会议数（次）	1

注：* 含重大科学研究计划、ITER 计划、青年科学家专题等。

** 不包含主修专业未确认的 2014 级分类招生进校的学生。

1 项；首次获得浙江省科学技术奖一等奖 1 项；发表 SCI 收录论文平均影响因子首次达到 4.0(2013 年为 3.1)，影响因子超过 5 的论文数达 38 篇(2013 年为 11 篇)。

【捐赠工作有新突破】 获得浙江大学教育基金会捐赠收入(2012 年 9 月 1 日至 2013 年 8 月 31 日)配比奖励金 121.16 万元,总额居全校各院系首位;10 月设立了药学 89 校友关爱基金,获得 1989 级校友捐赠 56.1 万元,为学院继 78 药校友基金之后成立的第二个且总额更高的校友基金。

(刘　伟撰稿　娄小娥审稿)

生命科学学院

【概况】 生命科学学院(简称生科学院)现有生物科学系、生物技术系和生物信息学系 3 个系,植物科学、微生物学、生物化学、细胞与发育生物学、生态、遗传学等 6 个校级研究所;建有植物生理学与生物化学国家重点实验室(浙江大学)、国家濒危野生动植物种质基因保护中心、教育部濒危动植物保护生物学重点实验室、浙江省细胞与基因工程重点实验室、浙江省微生物生化与代谢工程重点实验室、浙江省农业微生物开发利用重点实验室、浙江省微生物制药技术工程实验室等国家与省部级重点实验室。

学院拥有生态学、植物学、生物物理学 3 个二级学科国家重点学科,遗传学、微生物学 2 个浙江省重点学科以及药用植物资源学浙江省中医药重点学科。

学院建有生物学、生态学博士后流动站;拥有生物学、生态学 2 个一级学科博士学位授予权,涵盖 12 个二级博士学位授予权和 13 个二级硕士学位授予权;设有生物科学、生物技术、生物信息学和生态学 4 个本科专业。

现有教职工 144 人,其中正高级职称人员 43 人、副高级职称人员 43 人,博士研究生指导教师 49 人、硕士研究生指导教师 82 人。2014 年,学院新增浙江省青年千人入选者 1 人。

建有国家生物学理科基础科学研究和教学人才培养基地、国家生命科学与技术人才培养基地和国家级生物学实验教学示范中心;拥有植物生理学、生命科学导论、植物学、微生物学 4 门国家精品课程,植物生理学、生命科学导论、植物学 3 门国家级精品资源共享课程,生物化学、分子生物学、植物生理学 3 门国家"双语"示范教学课程和基因工程实验浙江省精品课程;教育部高等学校教学名师和浙江省高等学校教学名师各 1 名,植物学与系统进化浙江省教学团队 1 个;新获批准生态学本科专业已于 2014 年秋列入浙江大学"生命—环境—地学大类"的本科招生计划,生物科学专业列入国家一类特色专业建设和国家"基础学科拔尖人才培养计划"。

全年到位科研经费 9087 万元(比上年增加 13.3%),新增国家自然科学基金各类项目 31 项,总经费 2930 万元,资助率 48.4%,创历史纪录;新获资助科技基础性工作专项 1 项,预算总经费 1300 万元;发表 SCI 论文 172 篇,其中影响因子 10 以上论文 7 篇,5 以上论文 41 篇,平均影响因子达 4.15。

2014 年,学院教师出国交流 18 人次,学生出国交流 81 人次;聘请美国、加拿大、

附表　2014 年度生科学院基本情况

项　　目	数量		项　　目	数量
教职工总数（人）	144		在校本科生数（人）**	255
教授数（人）	42		在读硕士研究生数（人）	286
副教授数（人）	38		其中：专业学位研究生数（人）	0
具有博士学位的教师比例（%）	84		在读博士研究生数（人）	264
两院院士（人）	0		其中：专业学位研究生数（人）	0
浙江大学文科资深教授（人）	0		在校外国留学生攻读学位生数（人）	5
国家"千人计划"入选数（人）	8	学生规模	应届本科毕业生数（人）	91
其中：创新人才项目（人）	4		应届硕士研究生毕业生数（人）	80
外专千人计划（人）	0		其中：专业学位研究生数（人）	0
青年千人计划（人）	4		应届博士研究生毕业生数（人）	104
"国家特支计划"入选数（人）	1		其中：专业学位研究生数（人）	0
其中：科技创新领军人才（人）	1		应届外国留学生毕业生数（人）	0
百千万工程领军人才（人）	0		其中：研究生数（人）	0
哲学社会科学领军人才（人）	0		应届本科毕业生一次就业率（%）	95.8
青年拔尖人才（人）	0		应届本科毕业生考研录取（出国）率（%）	71.4
973 计划首席科学家数*（人）	2		应届毕业研究生一次就业率（%）	95
省部级高校教学名师奖获得者（人）	2		科研总经费（万元）	9087
国家"百千万人才工程"入选数（人）	2		其中：国家自然基金比重（%）	27.3
"长江学者"数（人）	2		国家社科基金比重（%）	0
国家杰出青年基金获得者（人）	6		纵向经费比重（%）	83.2
教育部新（跨）世纪优秀人才培养计划入选数（人）	7		获国家级科技奖项目数（项）	0
浙江省特级专家（人）	0		获国家级教学成果奖数（项）	0
浙江省千人计划入选者（人）	8		教育部第七届高等学校科学研究优秀成果奖（人文社会科学）（项）	0
一级学科国家重点学科数（个）	0		授权发明专利数（项）	19
二级学科国家重点学科数（个）	3	科学研究成果	SCI 入选论文数（篇）	172
国家重点（专业）实验室（个）	1		EI 入选论文数（篇）	6
国家工程（技术）研究中心（个）	0		SSCI 入选论文数（篇）	0
教育部人文社会科学研究基地数（个）	0		A&HCI 入选论文数（篇）	0
国家人才培养基地（含教学、教育基地）（个）	2		权威刊物论文数（篇）	0
			MEDLINE 入选论文数（篇）	0
国家精品资源共享课（门）	3		出版专著（部）	0
国家精品视频公开课（门）	0	国际交流	教师出国交流（人次）	18
			学生出国交流（人次）	81
社会捐赠经费总额（万元）	0		举办国际学术会议数（次）	1

注：* 含重大科学研究计划、ITER 计划、青年科学家专题等。

　　** 不包含主修专业未确认的 2014 级分类招生进校的学生。

英国、日本和荷兰等国著名高校 23 名教授为求是科学班学生授课,继续实施浙江大学—北卡州立大学—哈佛大学联合开设的"生物学野外实习"课程和聘请英籍教师 Chris Woods 开设"Biology in English"课程;以生科学院本科生为主的浙江大学代表队第五次参加国际基因工程机械大赛(iGEM),在美国麻省理工学院举行的决赛中取得良好成绩;举办了"可持续农业的根源:从概念到实践"国际研讨会。

【新增生态学本科专业】 浙江大学生态学专业的发展起始于 20 世纪 80 年代,1983 年获得了硕士学位授予权,1991 年获得了博士学位授予权,在 2012 年的一级学科评估中并列第三名(2001 年教育部批准生态学为国家重点学科,2011 年国务院学位委员会设立生态学为一级学科)。经过 30 多年的发展和建设,浙江大学生态学的基础研究、学科建设和本科教育等方面取得长足发展,具备培养生态学专门人才的学科基础。经教育部批准,生态学本科专业已于 2014 年秋列入浙江大学"生命—环境—地学大类"的本科招生计划。

【召开"可持续农业的根源:从概念到实践"国际研讨会】 2014 年 10 月 11 至 15 日,来自美国、英国、日本、法国、澳大利亚、新加坡、西班牙等国家和地区,以及国内的各大高校和研究机构的植物营养相关领域顶尖专家 40 余人集聚浙江大学,出席由学院植物生理与生物化学国家重点实验室主办的本次国际研讨会。本次会议是教育部、国家外国专家局"高等学校学科创新引智计划"(简称"111 计划")——"作物适应土壤逆境分子机制及分子设计育种创新引智基地"的主要内容之一,旨在探明植物耐土壤逆境的遗传及分子调控机制,会议围绕"创建适应土壤逆境遗传材料与挖掘优良基因、适应土壤逆境优良基因功能研究、适应土壤逆境分子设计育种研究"等议题,就可持续农业根源的前沿和热点问题展开了深入的交流与讨论。会议期间与会专家还参观考察了浙江大学长兴农业试验站,对浙江大学的作物养分高效抗旱转基因评价基地建设给予了高度评价。

【新增国家优秀青年基金获得者 3 人】 在 2014 年度的国家自然科学基金申请中,全院共获资助各类项目 31 项,资助经费总额 2930 万元,资助率创 48.4% 的历史新高,其中 3 位青年教师新获国家基金优秀青年科学基金项目资助。目前全院共有国家优秀青年基金获得者 5 人,为进一步冲击国家杰出青年基金打下了扎实的后备人才力量。

(丁伟华撰稿 郑 胜审稿)

生物系统工程与食品科学学院

【概况】 生物系统工程与食品科学学院(简称生工食品学院)设有生物系统工程、食品科学与营养 2 个系和 1 个实验中心,建有农业生物环境工程、智能农业装备、生物系统自动化与信息技术、食品加工工程和食品生物科学技术 5 个研究所,拥有农业部设施农业装备与信息化重点实验室、农业部农产品贮藏保鲜质量安全风险评估实验室、浙江省农产品加工技术研究重点实验室、浙江省食品加工技术与装备工程实验室。

农业机械化工程学科为二级学科国家重点学科,食品科学学科为浙江省重点学科。学院建有农业工程、食品科学与工程2个博士后流动站，拥有农业工程、食品科学与工程2个一级学科博士学位授权点，机械设计及理论、发酵工程等12个二级学科硕士学位授权点以及农业工程、食品科学与工程2个本科专业。

现有教职工122人。其中，教学科研并重岗64人、专职科研人员1人、博士后工作人员27人；具有正高级职称人员28人（2014年新增1人）、副高级职称人员30人（2014年新增2人）；博士研究生导师42人（2014年新增4人）、硕士研究生导师68人（2014年新增3人）。学院拥有国务院学位委员会学科评议组成员1人、国家"千人计划"专家1人、国家863现代农业主题专家1人、农业部农业科研杰出人才2人、浙江省特聘专家1人、浙江省"千人计划"专家2人。

2014年，招收全日制硕士生76人（其中科学学位硕士生44人、专业学位硕士生32人），招收博士研究生41人，招收博士留学生2人，硕士留学生2人。2013级本科生113人确认学院主修专业，2014级招收生物科学（生工食品类）本科生101人。接收了贵州大学、新疆塔里木大学本科交换生20人。毕业本科生101人、硕士研究生71人（其中专业硕士30人，科学硕士41人）、博士研究生30人。

全年新增主持国家科技支撑计划课题2项、国家自然科学基金14项，参加国家973计划课题1项、国家科技支撑计划课题4项，新增省部级科技计划项目10余项，签订了50余项的横向科技合作合同，到校科研经费达4764万元。全年被SCI收录论文160篇，9篇SCI论文的影响因子在5以上（其中1篇影响因子大于10）；被EI收录

论文36篇；授权发明专利112件；以第一完成单位获教育部科技进步奖一等奖1项，以第一完成单位获浙江省科学技术奖一、二、三等奖各1项。

全年，学院接待境外专家来访19批次114人次，教师、研究生和本科生出国出境交流分别为50人次、36人次和52人次；主办了农产品产地商品化处理技术与智能装备国际会议，承办了中国食品科学技术学会第十一届年会暨第二届东方食品国际会议。

【学科与人才队伍建设扎实推进】 制定学院2014—2017年学科与人才队伍建设发展规划，完善学科建设经费管理办法，出台高层次人才引进与培养、优秀青年人才培育的经费支持政策，引才育才的环境进一步优化；岑海燕通过国家"青年千人计划"评审，应义斌教授入选浙江省特聘专家，石贤权教授获聘浙江大学光彪讲座教授。

【获2014年国家级教学成果一等奖1项】 2014年9月，由应义斌教授领衔的研究生培养教学成果——"'以生为本 多元融合'——依托紧密型团队的农业工程研究生培养探索与实践"获2014年国家级教学成果一等奖。该紧密型团队——智能生物产业装备创新团队自1994年始建以来，坚持以培养人为团队的核心使命，注重研究生"健全人格、社会责任、人文情怀、学术素养、团队精神和国际视野"的协调发展，针对农业工程学科的交叉融合特色，努力破解"研究生培养全面性与导师个人能力局限性以及研究生学位论文研究课题的交叉性与导师个人学术背景的专一性"之间的矛盾，逐步形成了"依托紧密型学术团队，构建多元融合的指导载体，实施研究生综合素养全面培养"的新模式，取得了"一支紧密稳定的学术团队、一套系统规范的管理制度、一种多

附表　2014 年度生工食品学院基本情况

类别	项　目	数量
学科与人才队伍	教职工总数(人)	122
	教授数(人)	28
	副教授数(人)	30
	具有博士学位的教师比例(%)	94.2
	两院院士(人)	0
	浙江大学文科资深教授(人)	0
	国家"千人计划"入选数(人)	1
	其中:创新人才项目(人)	1
	外专千人计划(人)	0
	青年千人计划(人)	0
	"国家特支计划"入选数(人)	0
	其中:科技创新领军人才(人)	0
	百千万工程领军人才(人)	0
	哲学社会科学领军人才(人)	0
	青年拔尖人才(人)	0
	973 计划首席科学家数*(人)	0
	省部级高校教学名师奖获得者(人)	2
	国家"百千万人才工程"入选数(人)	2
	"长江学者"数(人)	2
	国家杰出青年基金获得者(人)	1
	教育部新(跨)世纪优秀人才培养计划入选数(人)	7
	浙江省特级专家(人)	1
	浙江省千人计划入选者(人)	2
	一级学科国家重点学科数(个)	0
	二级学科国家重点学科数(个)	1
	国家重点(专业)实验室(个)	0
	国家工程(技术)研究中心(个)	0
	教育部人文社会科学研究基地数(个)	0
	国家人才培养基地(含教学、教育基地)(个)	0
	国家精品资源共享课(门)	1
	国家精品视频公开课(门)	2
	社会捐赠经费总额(万元)	1360

类别	项　目	数量
学生规模	在校本科生数(人)**	353
	在读硕士研究生数(人)	233
	其中:专业学位研究生数(人)	97
	在读博士研究生数(人)	186
	其中:专业学位研究生数(人)	0
	在校外国留学生攻读学位生数(人)	13
	应届本科毕业生数(人)	101
	应届硕士研究生毕业生数(人)	71
	其中:专业学位研究生数(人)	30
	应届博士研究生毕业生数(人)	30
	其中:专业学位研究生数(人)	0
	应届外国留学生毕业生数(人)	0
	其中:研究生数(人)	0
	应届本科毕业生一次就业率(%)	96.08
	应届本科毕业生考研录取(出国)率(%)	56.86
	应届毕业研究生一次就业率(%)	98.11
科学研究成果	科研总经费(万元)	4764
	其中:国家自然基金比重(%)	10.7
	国家社科基金比重(%)	0
	纵向经费比重(%)	66.3
	获国家级科技奖项目数(项)	0
	获国家级教学成果奖数(项)	1
	教育部第七届高等学校科学研究优秀成果奖(人文社会科学)(项)	0
	授权发明专利数(项)	112
	SCI 入选论文数(篇)	160
	EI 入选论文数(篇)	36
	SSCI 入选论文数(篇)	0
	A&HCI 入选论文数(篇)	0
	权威刊物论文数(篇)	0
	MEDLINE 入选论文数(篇)	0
	出版专著(部)	2
国际交流	教师出国交流(人次)	50
	学生出国交流(人次)	88
	举办国际学术会议数(次)	2

注:* 含重大科学研究计划、ITER 计划、青年科学家专题等。

** 不包含主修专业未确认的 2014 级分类招生进校的学生。

元融合的指导模式、一种以生为本的育人方法、一批教学科研的突出成果和一群全面发展的优秀人才"的标志性成果。

环境与资源学院

【概况】　环境与资源学院（简称环资学院）由环境科学系、环境工程系和资源科学系组成，设有环境科学、环境污染控制技术等 8 个研究所，1 个实验教学中心和 1 个环境影响评价研究室，拥有污染环境修复与生态健康教育部重点实验室、浙江省亚热带土壤与植物营养重点研究实验室、浙江省农业遥感与信息技术重点开放实验室、浙江省水体污染控制与环境安全技术重点实验室、浙江省有机污染过程与控制重点实验室、环境与资源学院环境技术研究中心和农业信息科学与技术中心。

农业资源与环境为国家一级学科重点学科，环境工程为国家二级学科重点学科，环境科学为浙江省重点学科。

学院建有环境科学与工程、农业资源与环境 2 个博士后流动站；拥有环境科学与工程、农业资源与环境 2 个一级学科博士学位授予权，环境工程、环境科学等 7 个二级学科博士学位授予权和硕士学位授予权，以及环境科学、环境工程、资源环境科学、农业资源与环境等 4 个本科专业，其中农业资源与环境列为国家第二类特色专业，环境工程和环境科学列为国家第一类特色专业。学院具有博士、硕士、本科和继续教育的完整教学体系。

现有在职在编教职工 126 人。其中，正高级职称人员 40 人（2014 年新增 2 人）、副高级职称人员 55 人（2014 年新增 2 人）；博士研究生指导教师 54 人（2014 年新增 8 人）、硕士研究生指导教师 43 人（2014 年新增 2 人）。现有在站博士后工作人员 23 人。

学院坚持育人为本，创新培养模式，推进内涵建设，全面提升人才培养质量。8 名博士研究生、11 名硕士研究生、4 名本科生获得国家奖学金，博士研究生张中浩获浙大首届学生人文社会科学研究优秀成果一等奖。2014 年，学院招收博士研究生 54 人、硕士研究生 144 人，2013 级本科生确认环资学院主修专业 111 人。

到校科研经费 9559.7 万元，其中横向经费 5445.3 万元、纵向经费 4114.4 万元。2014 年，学院获批国家自然科学基金项目 21 项，资助总经费 2419 万元。其中陈宝梁教授获国家杰出青年基金项目资助，获批经费 400 万元；刘维屏教授获国家重大科研仪器研制项目资助，获批经费 470 万元；施积炎教授获优秀青年科学基金项目资助。环境/生态学科连续八年进入 ESI 世界十年引文次数前 1‰ 机构，排名 171 位，居国内高校第二位。被 SCI 收录论文 257 篇；2 名教师 H（高引用次数）指数超过 30，4 名教师 H 指数超过 20；授权发明专利 58 项。梁新强副教授为共同第一作者的研究成果在 Nature 杂志在线发表，胡宝兰课题组的研究成果在 PNAS 上发表。学院 4 个浙江省重点实验室均以优秀成绩通过浙江省科技厅的绩效评估。

学院非常重视国际交流与合作，与美国加州大学、明尼苏达大学、伊利诺伊大学和英国谢菲尔德大学、澳大利亚西澳大学、日

附表　2014 年度环资学院基本情况

项　目	数量		项　目	数量
教职工总数(人)	126		在校本科生数(人)**	349
教授数(人)	40		在读硕士研究生数(人)	430
副教授数(人)	55		其中:专业学位研究生数(人)	152
具有博士学位的教师比例(%)	89.58		在读博士研究生数(人)	244
两院院士(人)	0		其中:专业学位研究生数(人)	0
浙江大学文科资深教授(人)	0		在校外国留学生攻读学位生数(人)	12
国家"千人计划"入选数(人)	4	学生规模	应届本科毕业生数(人)	85
其中:创新人才项目(人)	3		应届硕士研究生毕业生数(人)	124
外专千人计划(人)	1		其中:专业学位研究生数(人)	31
青年千人计划(人)	0		应届博士研究生毕业生数(人)	73
"国家特支计划"入选数(人)	0		其中:专业学位研究生数(人)	0
其中:科技创新领军人才(人)	0		应届外国留学生毕业生数(人)	3
百千万工程领军人才(人)	0		其中:研究生数(人)	3
哲学社会科学领军人才(人)	0		应届本科毕业生一次就业率(%)	97.67
青年拔尖人才(人)	0		应届本科毕业生考研录取(出国)率(%)	48.83
973 计划首席科学家数*(人)	1			
省部级高校教学名师奖获得者(人)	1		应届毕业研究生一次就业率(%)	96.74
国家"百千万人才工程"入选数(人)	4		科研总经费(万元)	9559.7
			其中:国家自然基金比重(%)	16.0
"长江学者"数(人)	4		国家社科基金比重(%)	0
国家杰出青年基金获得者(人)	6		纵向经费比重(%)	43.0
教育部新(跨)世纪优秀人才培养计划入选数(人)	9		获国家级科技奖项目数(项)	0
			获国家级教学成果奖数(项)	0
浙江省特级专家(人)	2		教育部第七届高等学校科学研究优秀成果奖(人文社会科学)(项)	0
浙江省千人计划入选者(人)	1	科学研究成果		
一级学科国家重点学科数(个)	1		授权发明专利数(项)	58
二级学科国家重点学科数(个)	1		SCI 入选论文数(篇)	257
国家重点(专业)实验室(个)	1		EI 入选论文数(篇)	52
国家工程(技术)研究中心(个)	0		SSCI 入选论文数(篇)	0
教育部人文社会科学研究基地数(个)	0		A&HCI 入选论文数(篇)	0
			权威刊物论文数(篇)	0
国家人才培养基地(含教学、教育基地)(个)	0		MEDLINE 入选论文数(篇)	0
			出版专著(部)	0
国家精品资源共享课(门)	2	国际交流	教师出国交流(人次)	70
国家精品视频公开课(门)	0		学生出国交流(人次)	34
社会捐赠经费总额(万元)	77.4		举办国际学术会议数(次)	0

注:* 含重大科学研究计划、ITER 计划、青年科学家专题等。

** 不包含主修专业未确认的 2014 级分类招生进校的学生。

浙江大学年鉴

本北海道大学等一些国际著名大学及其研究机构保持长期稳定的合作关系。全年,全院短期因公出国(境)人次共计 104 人次,其中教职工 70 人次、学生 34 人次;短期外国专家来访 40 余人次;招收外国博士后 1 人,在校外国留学生 12 人(其中博士 9 人、硕士 1 人、本科生 2 人)。

【朱利中获浙江省劳动模范称号】 2014 年 4 月 29 日,朱利中教授获浙江省劳动模范称号。朱利中是浙江大学求是特聘教授、国家杰出青年基金获得者、973 计划首席科学家、浙江省特级专家,现任浙江大学农业生命环境学部主任。1994 年起享受国务院特殊津贴,1997 年入选国家"百千万人才工程"。

【梁新强的科研成果在 *Nature* 上发表】 2014 年 10 月 22 日,以浙大环资学院梁新强副教授为共同第一作者的一项全球保护性农业(*conservation agriculture*,简称 CA)评估研究成果 *Productivity limits and potentials of the principles of conservation agriculture*(《保护性耕作对农业生态系统生产力维持的局限性》)在 *Nature* 上在线发表。论文建立了全球最庞大的保护性农业生产力比对数据库,基于高标准的 meta 分析方法完成了全球尺度分析,首次全面阐释了保护性耕作对农业可持续生产力的全球影响效应,引起国内外学者对保护性耕作实施可行性及调控研究的"再思考"。这是学院在相关领域研究方面取得的历史性突破,论文的发表提升了浙江大学环境学科在面源污染领域研究的学术影响力。

(周 黎撰稿 姚 信审稿)

农业与生物技术学院

【概况】 农业与生物技术学院(简称农学院)由农学系、园艺系、植物保护系、茶学系和应用生物科学系 5 个系组成,设有原子核农业科学研究所、生物技术研究所等 9 个研究所。

学院与中国水稻研究所共建水稻生物学国家重点实验室,建有园艺植物生长发育与品质调控、核农学、作物病虫分子生物学 3 个农业部重点开放实验室,核农学、作物种质资源 2 个浙江省重点实验室,园艺产品冷链物流工艺与装备浙江省工程实验室以及浙江大学—IBM 生物计算实验室、浙江大学中美分子良种联合实验室和国际原子能机构—浙江大学植物诱变种质创新与研发合作中心。

园艺学、植物保护学为一级学科国家重点学科,作物遗传育种、生物物理学为二级学科国家重点学科;农业昆虫与害虫防治、植物病理学为农业部重点学科;生物物理学、作物遗传育种、植物病理学、作物栽培学与耕作学、果树学为浙江省重点学科。

学院建有作物学、园艺学、植物保护学、生物学(生物化学与分子生物学、生物物理学)等 4 个博士后流动站,拥有作物学、园艺学、植物保护学、生物学(共建)等 4 个一级学科博士学位授予点,生物化学与分子生物学、生物物理学等 13 个二级学科博士学位授予权,园林植物与观赏园艺等 14 个二级学科硕士学位授予权以及农业推广和风景园林硕士专业学位研究生的招生权。设有农学、园艺、植物保护、茶学、应用生物科学、园林等6个本科专业。

现有教职工222人。其中,正高级职称人员84人(2014年新增5人),副高级职称人员79人(2014年新增5人),博士研究生导师75人(2014年新增1人),硕士研究生导师69人。另有在站博士后47人,兼职博士研究生导师9人。2014年,教师中新增国家青年"千人计划"1人、教育部"长江学者"讲座教授1人、973计划首席科学家1人、浙大求是特聘教授1人。现有国家自然科学基金委员会创新研究群体1个,教育部"创新团队发展计划"创新团队3个,农业部"农业科研杰出人才及其创新团队"2个,浙江省重点创新团队5个(2014年新增1个)。

2014年,招收博士生94人,硕士生197人,在职专业学位研究生73人;2013级本科生203人确认主修本学院各专业。复合应用型和拔尖创新型两类卓越农林人才培养模式改革试点项目获教育部、农业部、国家林业局批准立项,园艺、植保、农学3个专业入选试点工作。1项本科教学成果获国家级教学成果奖二等奖、浙江省教学成果奖一等奖。本科生获得第二届全国植物生产类大学生实践创新成果一等奖、第二届全国大学生茶艺技能大赛创新茶艺团体赛一等奖和个人茶艺比赛一等奖。

实到科研经费1.41亿元,新增千万元级重大项目5项。2014年,获973课题1项、农业部公益性行业专项课题3项、转基因重大专项课题7项及国际合作重大课题3项;新上国家基金30项,其中重点项目1项,重大项目的培育项目1项,总经费2087万元。全年,以第一完成单位获国家自然科学奖二等奖1项、省部级科技成果一等奖1项、二等奖2项、三等奖1项;以参与单位获国家科技进步奖二等奖1项及省部级奖项共8项;被SCI收录论文共285篇;获授权发明专利数63项,审定(认定)省级审定品种6个,申请植物品种权1项,制订地方标准2项。

全院共有13名国家现代农业产业技术体系岗位科学家和14名浙江省科技特派员活跃在农业生产和科技推广第一线,其中3位教授被评为全国优秀科技工作者。学院再次被评为浙江大学—湖州市"市校合作共建美丽乡村"先进集体。

2014年,全院教师出访78人次,国外学者来访合作、学术交流等68人次;申报学校短期外专项目33项;举办外国专家学术报告63场、国际会议1次。

【获2014年度国家自然科学奖二等奖】 周雪平教授主持的"双生病毒种类鉴定、分子变异及致病机理研究"获得该奖项。该成果对中国双生病毒的发生与分布、变异进化与流行规律以及致病机理开展了系统研究,明确了中国双生病毒的种类、分布、生物学特性与侵染循环特征,鉴定了31种病毒新种,解析了双生病毒在植物体内的种群遗传结构和变异进化规律,阐明了双生病毒及其伴随的卫星DNA的致病机理。项目研究结果具有原创性,相关结果在双生病毒病预测预报和抗病毒育种中得到了应用,对于制定安全高效的双生病毒防控策略具有重要的理论和实践指导意义。

【获2014年国家级教学成果奖二等奖】2014年9月,陈学新教授主持的"农科拔尖人才培养的'五创新五提升'探索与实践"获得该奖项,实现了农学院在国家级教学成果奖上零的突破。针对中国传统高等农业教育存在学生知识面较窄、创新能力较弱、适应性相对差、国际化教育程度偏低等问题,

附表　2014 年度农学院基本情况

项　目	数量		项　目	数量
教职工总数（人）	222		在校本科生数（人）**	804
教授数（人）	74		在读硕士研究生数（人）	1000
副教授数（人）	62		其中：专业学位研究生数（人）	467
具有博士学位的教师比例（%）	87.1		在读博士研究生数（人）	440
两院院士（人）	1		其中：专业学位研究生数（人）	0
浙江大学文科资深教授（人）	0		在校外国留学生攻读学位生数（人）	41
国家"千人计划"入选数（人）	2	学生规模	应届本科毕业生数（人）	184
其中：创新人才项目（人）	1		应届硕士研究生毕业生数（人）	247
外专千人计划（人）	0		其中：专业学位研究生数（人）	97
青年千人计划（人）	1		应届博士研究生毕业生数（人）	97
"国家特支计划"入选数（人）	1		其中：专业学位研究生数（人）	0
其中：科技创新领军人才（人）	1		应届外国留学生毕业生数（人）	10
百千万工程领军人才（人）	0		其中：研究生数（人）	10
哲学社会科学领军人才（人）	0		应届本科毕业生一次就业率（%）	95.7
青年拔尖人才（人）	0		应届本科毕业生考研录取（出国）率（%）	48.9
973 计划首席科学家数*（人）	4			
省部级高校教学名师奖获得者（人）	1		应届毕业研究生一次就业率（%）	95.3
国家"百千万人才工程"入选数（人）	5		科研总经费（万元）	14142
			其中：国家自然基金比重（%）	15.3
"长江学者"数（人）	9		国家社科基金比重（%）	0
国家杰出青年基金获得者（人）	7		纵向经费比重（%）	82.5
教育部新（跨）世纪优秀人才培养计划入选数（人）	21	科学研究成果	获国家级科技奖项目数（项）	2
			获国家级教学成果奖数（项）	1
浙江省特级专家（人）	3		教育部第七届高等学校科学研究优秀成果奖（人文社会科学）（项）	0
浙江省千人计划入选者（人）	2		授权发明专利数（项）	63
一级学科国家重点学科数（个）	2		SCI 入选论文数（篇）	285
二级学科国家重点学科数（个）	2		EI 入选论文数（篇）	5
国家重点（专业）实验室（个）	1		SSCI 入选论文数（篇）	0
国家工程（技术）研究中心（个）	0		A&HCI 入选论文数（篇）	0
教育部人文社会科学研究基地数（个）	0		权威刊物论文数（篇）	0
			MEDLINE 入选论文数（篇）	0
国家人才培养基地（含教学、教育基地）（个）	0		出版专著（部）	21
国家精品资源共享课（门）	4	国际交流	教师出国交流（人次）	78
国家精品视频公开课（门）	2		学生出国交流（人次）	62
社会捐赠经费总额（万元）	0		举办国际学术会议数（次）	1

注：* 含重大科学研究计划、ITER 计划、青年科学家专题等。

** 不包含主修专业未确认的 2014 级分类招生进校的学生。

农学院从 2002 年开始,以对传统农学类专业的优化提升为突破口,以国家级"综合性大学农学类复合型拔尖人才培养模式创新实验区"和"农业生物学国家级实验教学示范中心"建设为载体,全面实施了以"五创新五提升"为内容的综合教学改革,取得了显著的育人成效,引领和促进了我国高等农业教育的发展。

(林良夫撰稿　赵建明审稿)

动物科学学院

【概况】　动物科学学院(简称动科学院)设有动物科技系、动物医学系、特种经济动物科学系,建有饲料科学研究所、动物预防医学研究所、奶业科学研究所、蚕蜂研究所、畜禽养殖与环境工程研究所、应用生物资源研究所。

学院建有生物饲料安全与污染防控国家工程实验室,动物分子营养学教育部重点实验室、农业部华东动物营养与饲料重点实验室、农业部动物病毒学重点开放实验室、浙江省饲料与动物营养重点实验室和浙江省动物预防医学重点实验室,浙江省饲料产业科技创新服务平台,杭州蜂业科技创新服务平台等。学院现为农业部中国蚕业信息网的挂靠单位。

特种经济动物饲养(含:蚕、蜂等)为国家重点学科,动物营养与饲料科学为国家重点(培育)学科及农业部、浙江省重点学科,预防兽医学、动物育种与繁殖学科为浙江省重点学科。

学院建有畜牧学和兽医学博士后流动站;拥有畜牧学、兽医学 2 个一级学科博士点;特种经济动物饲养、动物营养与饲料科学、动物遗传育种与繁殖、预防兽医学 4 个二级学科博士点;特种经济动物饲养、动物营养与饲料科学、动物遗传育种与繁殖、预防兽医学、基础兽医学、临床兽医学、食品科学、水产养殖学 8 个硕士点;设置动物科学(下设动物科学、蚕蜂科学、水产科学方向)、动物医学 2 个本科专业,其中动物科学专业为国家特色专业。

2014 年,学院招收硕士研究生 101 人(含全日制专业学位研究生 35 人、在职专业学位研究生 14 人)、博士研究生 39 人,2013级本科生有 85 人确认学院主修专业。

全院现有教职工 103 人(含专职研究人员 3 人)。其中,正高级职称人员 32 人、副高级职称人员 44 人,博士研究生指导教师 35 人,硕士研究生指导教师 33 人。另有在站博士后人员 23 人,项目聘用人员 12 人,兼职(任)客座教授 13 人。入选农业部行业科学家岗位教授 8 人,入选 2013—2017 年教育部高等学校教学指导委员会 2 人。现有教育部动物消化系统发育与功能创新团队、浙江省重大动物传染病防治科技创新团队、浙江省饲料研发与安全科技创新团队。

2014 年学院继续加强人才队伍建设,1人入选浙江省"151 人才工程"第二层次,3人入选浙江大学求是青年学者。学院共举行青年学者报告会 20 场,邀请 6 位校内外专家教授来院做专题报告,创造了学术交流的平台,帮助青年教师快速成长。

2014 年度,学院推进研究生优质生源工程,举办了第五届全国 AS&LS 优秀大学生杭州夏令营和暑期科研实习活动。以全面实行研究生课程"联合授课制"等探索性教学改革为突破口,制定并实施关于《加强研究生课程教学和管理的若干规定》,提升了研究生课程质量。潘炳龙副教授主持的"实验教学—生产实习—科研训练三结合的动物科学本科生实践能力培养模式探索"项目获第七届浙江省教学成果奖二等奖。首次开设动物营养学、动物繁育学、兽医药理学3门专业核心课程,邀请美国普渡大学承恒维教授开讲国内首个本科全英文课程"Animal Welfare",姜中其副教授主讲的"兽医药理学"获批校级在线开放课程(MOOC课程);在各专业中遴选10位教师编写13本课程教材,并已获得了学校26万元的经费资助。

2014年,实到科研总经费3800万元,比上年下降20.2%;获国家自然科学基金资助11项,总经费707万元,资助率为32.4%。新增转基因生物新品种培育重大专项(课题)1项、转基因生物新品种培育重大专项子课题1项、国家重大新药创制子课题1项、公益性行业科研专项课题1项、农业部"948"计划项目1项、浙江省自然科学基金重点项目1项、浙江省杰出青年基金1项、浙江省公益性技术应用研究计划重点项目1项。与地方政府和企事业单位共签订合作项目37项,总经费为929万元,其中横向重大项目(科研经费为100万元以上)2项,立项经费为332万元。学院被SCI收录论文93篇,其中IF>10的有4篇,IF>5的有6篇,IF>3的有23篇;列入学校TOP期刊23篇、ZJU100期刊9篇;获授权发明专利28项,申请国家发明专利27项,发布行业标准1项;出版著作3部。

2014年诺倍威生物技术有限公司向学院捐赠12万元继续在院设立"诺倍威创新奖"。浙江科盛饲料股份有限公司等企业捐赠到位金额达39.3万元。同年彭金荣校友,动科专业2000级70多位校友分别向学院平安基金捐赠500元和2600元。

2014年学院与12个国外高校及科研机构开展教学科研合作,包括美国普渡大学、佛蒙特大学,加拿大阿尔伯塔大学,澳大利亚麦凯瑞大学,挪威生命科学大学,日本筑波大学,以色列国家海水养殖研究中心,美国奥特奇生物制品有限公司等,来自上述机构的学者43人次来访学院,为学院师生开展了23场学术报告。牛冬、裴增杨、余旭平、肖英平、王迪铭等教师分别公派到美国、加拿大、英国等有关大学进行为期半年以上的合作研究;教师短期出国访问考察、学术交流、参加国际会议等36人次。

【首次开设本科国际全英文课程"Animal Welfare"】 为提高本科教育的国际化程度,培养学生的国际视野和跨文化交流的能力,让学生不出校门就能接触到原汁原味的国际先进教学理念与教学模式,学院邀请美国普渡大学承恒维教授面向全校本科生开设了全英文课程"Animal Welfare"。参加本次课程的学生80%来自动物医学和动物科学专业,有20%的学生来自社科、理科试验班和药学等专业,其中既有刚入学不久的大一新生,也有即将完成课程学习的大三学生。学院配备由刘建新教授,王佳堃、杜华华副教授组成的团队全程参加该课程建设。该课程在国内首次开设,原汁原味的英文教学受到了同学们的欢迎,课程增进了大家对动物福利的认知,激发了大家对动物研究的信心与热情,拓宽了我校本科生的国际化视野。同时,开设全英文本科课程也提升了学院中青年教师的国际化教学能力。

【开展研究生的多方式选拔录取改革】 优质生源工程是学院研究生教育工作的重中

项　目	数量		项　目	数量
教职工总数(人)	103		在校本科生数(人)**	287
教授数(人)	29		在读硕士研究生数(人)	256
副教授数(人)	27		其中:专业学位研究生数(人)	94
具有博士学位的教师比例(%)	91.6		在读博士研究生数(人)	163
两院院士(人)	0		其中:专业学位研究生数(人)	0
浙江大学文科资深教授(人)	0		在校外国留学生攻读学位生数(人)	5
国家"千人计划"入选数(人)	1	学生规模	应届本科毕业生数(人)	106
其中:创新人才项目(人)	1		应届硕士研究生毕业生数(人)	67
外专千人计划(人)	0		其中:专业学位研究生数(人)	21
青年千人计划(人)	0		应届博士研究生毕业生数(人)	32
"国家特支计划"入选数(人)	1		其中:专业学位研究生数(人)	0
其中:科技创新领军人才(人)	1		应届外国留学生毕业生数(人)	3
百千万工程领军人才(人)	0		其中:研究生数(人)	3
哲学社会科学领军人才(人)	0		应届本科毕业生一次就业率(%)	95.0
青年拔尖人才(人)	0		应届本科毕业生考研录取(出国)率(%)	36.3
973 计划首席科学家数*(人)	1			
省部级高校教学名师奖获得者(人)	1		应届毕业研究生一次就业率(%)	97.8
国家"百千万人才工程"入选数(人)	1		科研总经费(万元)	3800
			其中:国家自然基金比重(%)	15
"长江学者"数(人)	2		国家社科基金比重(%)	0
国家杰出青年基金获得者(人)	4		纵向经费比重(%)	82
教育部新(跨)世纪优秀人才培养计划入选数(人)	8		获国家级科技奖项目数(项)	0
			获国家级教学成果奖数(项)	0
浙江省特级专家(人)	0	科学研究成果	教育部第七届高等学校科学研究优秀成果奖(人文社会科学)(项)	0
浙江省千人计划入选者(人)	0			
一级学科国家重点学科数(个)	0		授权发明专利数(项)	28
二级学科国家重点学科数(个)	1		SCI 入选论文数(篇)	93
国家重点(专业)实验室(个)	1		EI 入选论文数(篇)	0
国家工程(技术)研究中心(个)	0		SSCI 入选论文数(篇)	0
教育部人文社会科学研究基地数(个)	0		A&HCI 入选论文数(篇)	0
			权威刊物论文数(篇)	0
国家人才培养基地(含教学、教育基地)(个)	0		MEDLINE 入选论文数(篇)	0
			出版专著(部)	3
国家精品资源共享课(门)	1	国际交流	教师出国交流(人次)	36
国家精品视频公开课(门)	0		学生出国交流(人次)	52
社会捐赠经费总额(万元)	39.3		举办国际学术会议数(次)	0

注:* 含重大科学研究计划、ITER 计划、青年科学家专题等。

** 不包含主修专业未确认的 2014 级分类招生进校的学生。

浙江大学年鉴

之重,是提升研究生培养质量的重要保证。2014年度,学院紧紧抓住教育部新开通国家研究生招生推免服务系统的有利时机,结合优秀大学生科研夏令营工作,积极推进优质生源工程,采取以素质能力为基础的申请与科研实习、面试考核等多方式相结合的选拔录取机制,吸引、选拔和接收国内重点院校优秀本科毕业生申请免试攻读硕士、博士研究生;成立2015年接收推免生遴选工作小组,制定工作实施细则,并公布透明学院接收推免生计划和复试录取等工作程序,经资格审查、复试遴选和网上相互确认等,已为2015年度拟录取了17名直博免试生、32名硕士免试生,学院接收推免生的比例接近50％,其中参加学院夏令营有16人,占33％;为学院培养创造型人才打下了基础。

(郝丽萍撰稿　潘炳龙审稿)

财务与资产管理

财务工作

【概况】 浙江大学 2014 年总收入为 1,090,771 万元(含后勤等二级非法人并表收入 2,119 万元),总支出为 709,286 万元。

收入情况 2014 年,浙江大学总收入比上年增加 257,376 万元,增长 30.88%,其中:财政补助收入占总收入的 25%,事业收入占总收入的 39%,附属单位缴款及其他收入占总收入的 36%(详见表 1)。

表 1　浙江大学 2013—2014 年收入变动分析表　　　(单位:万元)

项　　目	2014 年收入数	增减额 (与 2013 年比)	增长率(%, 与 2013 年比)
一、财政补助收入	271,346	66,416	32.41
1.教育补助收入	244,438	63,561	35.14
2.科研补助收入	17,168	1,644	10.59
3.其他补助收入	9,740	1,211	14.20
二、事业收入	421,169	23,393	5.88
1.教育事业收入	126,226	21,924	21.02
2.科研事业收入	294,943	1,470	0.50
2.1 非同级财政拨款	187,894	829	0.44
2.2 其他科研事业收入	107,049	641	0.60
三、上级补助收入	0	−15	−100.00
四、附属单位缴款	2,511	1,106	78.72
五、其他收入	395,745	166,476	72.61
合　　计	1,090,771	257,376	30.88

支出情况 2014 年,浙江大学总支出比上年减少 58,832 万元,下降 7.66%。其中,工资福利支出占总支出的 19%;商品和服务支出占总支出的 52%;对个人和家庭支出占总支出的 18%;基本建设和其他资本性支出占总支出的 11%(详见表 2)。

表 2 浙江大学 2013—2014 年支出变动分析表 (单位:万元)

项　　目	2014 年支出数	增减额(与 2013 年比)	增长率(%)(与 2013 年比)
一、工资福利支出	131,488	23,142	21.36
二、商品和服务支出	371,060	5,785	1.58
三、对个人和家庭的补助	129,069	10,552	8.90
四、基本建设支出	4,004	3,960	9000.00
五、其他资本性支出	73,665	−102,271	−58.13
合　　计	709,286	−58,832	−7.66

资产情况 截至 2014 年年末,浙江大学资产总值 3,065,815 万元(含并表资产 138,880 万元),比上年增加 648,788 万元,增长 26.84%。各类资产的构成如图 1。

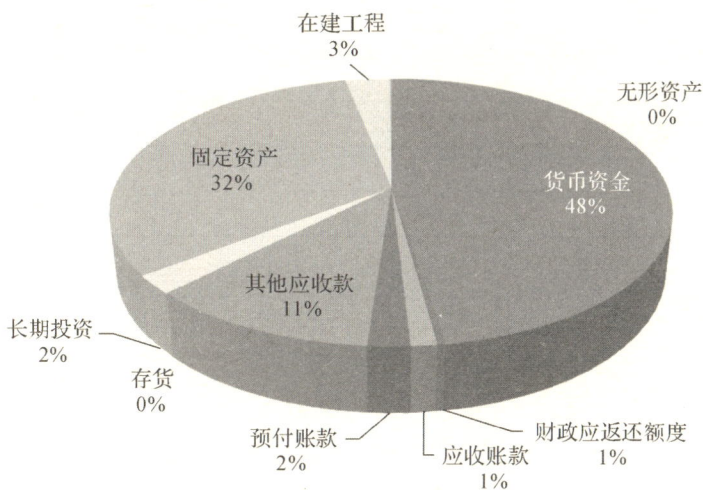

图 1　浙江大学各类资产构成图

负债情况 截至 2014 年年末,浙江大学负债总额 849,490 万元(含并表负债 20,637 万元),比上年增加 173,985 万元,增长 25.76%。各类负债的构成如图 2。

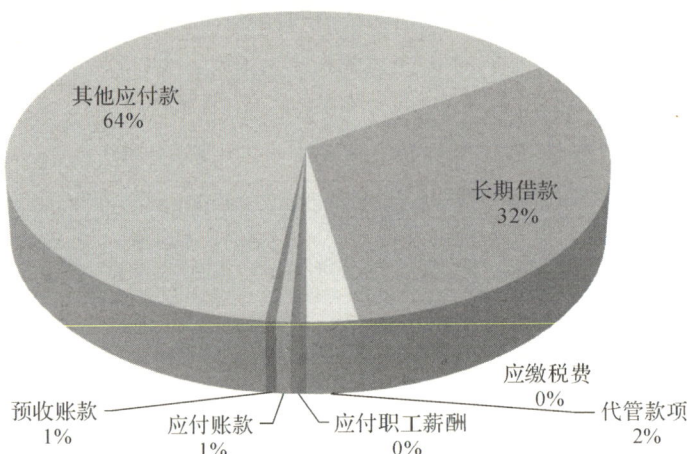

图 2　浙江大学各类负债构成图

净资产情况　2014年年末,浙江大学净资产总额 2,216,325 万元(含并表净资产 118,243 万元),比上年增加 474,803 万元,增长 27.26％。2014 年年末净资产变动情况见表3。

表 3　浙江大学 2013—2014 年末净资产变动情况分析表　（单位:万元）

项　　目	2014 年年末	增减额 （与 2013 年年末比）	增长率(％) （与 2013 年年末比）
一、事业基金	586,047	425,233	264.43
二、非流动资产基金	1,152,792	58,165	5.31
1.长期投资	70,047	175	0.25
2.固定资产	985,932	51,745	5.54
3.在建工程	92,998	6,244	7.20
4.无形资产	3,815	0	0.00
三、专用基金	14,682	2,034	16.08
1.职工福利基金	1,124	476	73.46
2.其他专用基金	13,558	1,558	12.98
四、财政补助结转结余	17,539	−271	−1.52
五、非财政补助结转结余	445,265	−10,358	−2.27
合　　计	2,216,325	474,803	27.26

【新旧会计制度转换】　根据 2014 年教育部出台的《高等学校会计制度》和学校内部管理的需要,设置完成了新的会计核算体系:

对教育事业收入、科研事业收入等项目进行重新归类划分;详细规定了会计科目使用要求和财务处理规范;完善并优化了财务报表体系和结构,从而进一步提升会计信息质量和财会管理水平;修订、编印《浙江大学高等学校会计制度实施手册》,加强新制度的学习培训工作,确保新旧高等学校会计制度顺利衔接、平稳过渡,促进新制度的有效贯彻实施。

【加强"三公经费"管理】 为进一步巩固学校控制"三公"经费取得的成果,确保"三公"经费管理规范化、制度化、长效化,结合学校关于进一步加强和改进机关作风建设的要求,制定了《浙江大学关于进一步加强"三公"经费管理的实施方案》,在加强预算管理、严格控制"三公"经费支出、完善会计核算科目、加强支出审核、建立统计通报制度、强化经费监督等方面做了具体要求。2014年,机关行政综合费(含特支费、部门业务费)预算削减5%。

【推进公务卡制度改革试点】 为贯彻落实教育部、财政部关于加快推进公务卡制度改革的要求,浙江大学从2014年起逐步实施公务卡制度改革,1月7日下发了《浙江大学关于实施公务卡制度的通知》,并通过召开动员大会、编印发放宣传手册、设立咨询电话、上门作专题讲座等方式广泛宣传。在公务卡试行过程中,不断完善公务卡管理制度、规范公务卡报销业务流程、推行公务卡强制结算目录、开发建设公务卡支持系统。至2014年年底,浙江大学公务卡制度改革试行工作进展顺利。

(杨　柳撰稿　胡素英审稿)

审计工作

【概况】 2014年,浙江大学组织实施各类审计共1919项,审计总金额为204679.12万元,查出有问题资金3277.73万元,其中违纪违规金额2929.22万元。直接为学校节约资金8110.66万元,纠正违纪违规金额2805.28万元,挽回损失金额410万元。

经济责任审计。对党委宣传部、党委学生工作部、外事处、地方合作处、档案馆、继续教育学院、经济学院、材料科学与工程学院、航空航天学院、软件学院、生物医学工程与仪器科学学院、农业与生物技术学院、动物科学学院、长兴农业科技园、生命科学学院、药学院共16个单位负责人和出版社、圆正控股集团有限公司、后勤集团、新宇集团、科技园发展有限公司、科技创业投资公司、圆正酒店管理公司、创新技术研究院、城乡规划设计院、水电保障中心共10家校属企业负责人进行了经济责任审计,揭示有关部门、单位在重大经济决策、预算管理、经费审批、合同管理、"三公"经费管理、合作经费管理、广告招标管理、外籍专家费管理、勤工助学经费管理、大型仪器平台测试费管理、职工福利管理、下属培训中心管理、设备物资采购和资产管理等方面存在的问题及校属企业在资产经营管理、投资保值增值等方面存在的问题。对审计过程中发现的个别单位存在的违纪违规问题,移交给学校纪检监察部门进行调查处理,追究相关人员责任。通过审计,正确评价各单位领导干部和企业负责人任期经济责任,促进领导干部和企业负责人勤政廉政、规范经营和全面履行工作职责。

科研经费审计。会同有关部门加强对科研经费的协同管理,组织开展两轮科研经费使用和管理情况专项审计,对213个科研项目进行了重点风险排查。通过审计,重点检查项目经费使用中涉及大额外协经费、材料与测试加工费、劳务与专家咨询费、燃料动力费、办公用品和会议费等支出情况,发现了部分科研项目经费使用管理中存在的问题和主要风险,督促采取了整改措施,规范了科研经费使用和管理,提高了科研经费使用效益,促进学校科研事业持续、健康发展。

工程审计。对《浙江大学建设工程全过程审计办法》(讨论稿)和专项维修资金项目及外地修缮工程的结算审计流程进行了修订,完善工程审计实践模式和工作规范。对紫金港校区艺术与考古博物馆、学生生活区组团及学生服务中心、博士后公寓、农科教用房等建设项目进行了全过程审计,加大了全过程审计介入深度。复审建工二期主体及室外、校医院二期等建设项目结算 24 项;审计西部发展研究院大楼装饰等建设项目结算 4 项。复审外地修缮工程项目结算 20 项;复审 20 万元以上零星修缮工程项目竣工结算 22 项;复审 20 万元以下修缮及零修项目竣工结算 187 项;审计 20 万以上修缮工程项目结算 70 项。

企业年报审计。组织审计圆正控股集团有限公司及下属后勤集团、新宇集团、科技园发展有限公司等 95 家校属企业 2013 年年报,深入分析校属企业普遍存在的问题、管理薄弱的环节和风险突出的领域,揭示校属企业内控制度不健全、股权投资权属不清以及公务经费管理不严格等方面存在的问题,推动校属企业年报审计整改工作,部分长期未得到整改的难点问题取得了突破性进展,整改效果明显。通过审计,促进圆正控股集团有限公司加强企业管理,防范经济风险,确保国有资产保值增值。

财务收支审计。对人文学部、社会科学学部、理学部、工学部、信息学部、农业生命环境学部和医药学部等七个学部财务收支进行了审计,规范学部经费使用和财务管理,为学校调整学部经济政策和合理安排经费预算提供决策参考。

工程竣工财务决算审计。对全国干部教育培训浙江大学基地工程竣工财务决算进行了审计。通过审计,为基地工程竣工验收和资产计价入账提供了准确依据。

审计成果利用。通过召开经济责任审计联席会议和科研经费审计专题会议,完善审计约谈等方法手段,交流工作情况,通报审计结果,分析存在的问题,提出审计意见和建议,推动审计整改。共组织对部门、院系、企业、科研项目等 180 多个审计项目的审计意见和建议落实情况进行了后续跟踪,督促落实整改,促进成果利用,有效发挥审计建设性作用。

【举办 2014 年教育部直属高校审计第一协作组工作研讨会】 该研讨会于 5 月 16 日至 17 日在浙江大学举行,共有来自 19 所教育部直属高校的 30 名代表参加了会议,会议以"高校内部控制评价和监督"为主题,学习贯彻教育审计有关政策法规,就教育内部审计中的有关重要理论和实践问题进行深入交流研讨,取得了良好的效果。

(方炎生撰稿　周小萍审稿)

国有资产管理

【概况】 截至 2014 年 12 月 31 日,浙江大学国有资产总额(含基建)为 30,658,154,071.95 元(详见附录 1);国有资产净额为 22,163,251,271.65 元(详见附录 2)。

2014 年,加强对国有资产监督和管理

的组织与协调工作,促进学校事业、企业资产的规范化管理。对于资产管理工作中存在的一些突出问题和薄弱环节进行了调研,并就国有资产管理提出了建设性意见,撰写《浙江大学国有资产管理调研报告》。同时,编印了《浙江大学国有资产管理制度汇编》以便于各资产归口管理部门更好地解读国资管理政策法规。

进一步完善学校事业资产处置行为,履行审批报备程序。2014年,按教育部工作规程要求共计上报仪器设备报废处置备案14批,报废设备4444台件,金额6392.99万元;上报历年房屋拆除资产处置备案1批,房屋29幢,金额428.93万元;债券投资损失备案1批次。

进一步理顺学校与企业的产权管理关系,规范企业资产评估行为,履行评估项目备案程序。按照股权转让规定的报批程序,以经国有资产监督管理部门备案的净资产评估值将学校所持浙江天松新材料股份有限公司5%股权以644.519万元(学校投资325万元)协议转让给学校全资公司科技创业投资有限公司;通过产权交易所将学校所持淳安千岛湖环境发展有限公司10%股权以73.028万元(学校出资5万元)公开挂牌转让。对企业因股权转让或投资所涉及的企业资产评估项目进行了从立项到内部审核、上报教育部备案的全过程管理,2014年完成评估项目备案14项。

做好中央企业国有资本收益的解缴工作。及时足额解缴2014年国有资本收益1276.02万元,其中圆正控股公司1010.52万元、建筑设计院265.5万元。

【国有资产自查自纠工作】 2014年8月,根据教育部《关于开展直属高校、直属单位国有资产管理自查自纠工作的通知》要求,浙江大学统一部署,相关职能单位逐条对照,分工协作,对国有资产管理监督体制机制和制度、重大经济决策制度制定和执行、设备和房屋等资产管理、事业资产处置管理、领导干部企业兼职、所办企业国有资产管理等方面进行了重点自查及梳理,并形成《浙江大学国有资产自查自纠工作报告》上报教育部。通过各项的自查自纠,查漏补缺,进一步完善和规范学校的国有资产管理工作。

【国有产权登记工作】 2014年7月,根据教育部要求,对浙江大学所属事业单位、所办企业开展国有产权登记工作,从布置任务到材料审核,并最终上报教育部共历时3个月,共计申请办理学校本级事业单位及二级事业单位产权登记事项6项,学校直接投资企业产权登记事项13项,圆正控股下属企业产权登记事项52项。通过产权登记工作,梳理了各事业、企业从成立到产权登记日的产(股)权变化情况,进一步明晰了国有产权关系。

【资产评估机构资格入围招标工作】 2014年12月,浙江大学为进一步做好各类资产评估工作,对学校2015—2017年国有资产评估业务进行了资产评估机构资格入围公开招投标,最终浙江浩华资产评估有限公司等5家资产评估机构入围。这是浙江大学第一次对资产评估机构进行招投标,也是国资管理的一项新举措,进一步规范了学校国有资产评估工作。

【附录】

附录1　2014年浙江大学国有资产总额构成情况

序号	项　目	金额(元)	备　注
一	流动资产	19,130,229,369.10	
1	银行存款及现金	14,552,509,673.56	
2	财政应返还额度	117,765,953.66	
3	应收账款	385,700,726.17	
4	预付账款	625,807,913.93	
5	其他应收款	3,427,533,408.20	
6	存货	20,911,693.58	
二	长期投资	700,470,856.00	
三	固定资产	9,859,323,907.13	
1	其中:房屋及建筑物	4,345,367,625.96	校舍面积 2,045,730 平方米
2	设备(含家具)	5,179,174,333.81	
3	图书	334,781,947.36	纸质图书 5742557 册,电子图书 3175826 册
4	档案		截至 2014 年年末总馆藏 547246 件、194037 卷;2014 年新增 126005 件、6857 卷
5	文物及陈列品		历史系馆藏文物 5471 件
四	在建工程	929,982,326.41	
五	无形资产	38,147,613.31	
	其中:土地	38,147,613.31	校园土地 4,503,741.24 平方米
1	浙大校名商标		四个浙大商标进行保护性注册
2	专利技术		2014 年三大专利授权量新增 2080 件
	合　计	30,658,154,071.95	

附录 2　2014 年浙江大学净资产构成情况

序号	项　目	金额(元)	备　注
一	事业基金	5,860,464,380.87	
二	非流动资产基金	11,527,924,702.85	
三	专用基金	146,817,007.61	
1	其中:职工福利基金	11,243,335.73	
2	其他专用基金	135,573,671.88	
四	财政补助结转	173,996,515.40	
五	财政补助结余	1,400,000.00	
六	非财政补助结转	4,452,648,664.92	
	合　　计	22,163,251,271.65	

（注:以上表内数据摘自《2014 年度浙江大学决算报表》中的资产负债简表,含基建财务合并数据。）

（杜京莲编撰　胡　放审稿）

浙江大学教育基金会

【概况】 2014 年,浙江大学接收社会捐赠协议签约项目 141 项,签约捐赠额折合人民币约 2.34 亿元,实际到款捐赠额折合人民币约 3.02 亿元。其中签约额人民币 1,000 万元以上的捐赠有:奥克斯集团有限公司捐赠人民币 4,000 万元,宁波方太厨具有限公司捐赠人民币 2,000 万元,深圳校友捐赠人民币 2,000 万元,新尚集团唐立新先生捐赠人民币 1,500 万元,百贤教育基金会捐赠美元 216 万元,杭州新海建设工程实业有限公司、湖州市中小企业服务中心、万菱实业(深圳)有限公司、浙江好安居置业有限公司、胡国赞先生各捐赠人民币 1,000 万元。

根据浙江大学教育基金会章程及相关协议规定,2014 年度基金会公益项目支出金额折合人民币约 1.95 亿元,主要用于支持学校基础设施建设、教学科研及学科发展、人才培养、奖助学金等各项事业。其中资助在校学生各类校级外设奖学金约人民币 700 万元,校级外设助学金约人民币 560 万元,对外交流项目近人民币 340 万元,心平贷学金项目约人民币 738.4 万元,心平奖教金为人民币 150 万元。

2014 年浙江大学教育基金会接收社会各界捐赠实际到款情况（30 万元以上）

（单位：人民币万元）

捐赠单位（或个人）	捐赠项目（用途）	捐赠金额
FONG SHU FOOK TONG FOUNDATION（方树福堂基金）	医学院 H7N9 禽流感研究人才培养基金	301.82
FORD FOUNDATIONATTN（美国福特基金会）	农民工社会保障权益优化方案	93.36
JIAJUN LIN AND JIANPING CHEN（林家俊陈建萍基金会）	教育学院教育基金、林家俊陈建萍基金	41.53
KWANJEONG EDUCATIONAL FOUNDATION（冠廷李锺焕教育财团）	浙江大学冠廷李锺焕教育财团奖学金	61.38
安斯泰来制药（中国）有限公司	树森兰娟院士人才基金	100.00
奥克斯集团有限公司	医学专项基金	1,000.00
澳门同济慈善会	文化中国人才计划（澳门）	74.80
百贤教育基金会	亚洲未来领袖奖学金	224.44
北京匡时国际拍卖有限公司	法学院阮氏奖学金	100.00
贝因美婴童食品股份有限公司	文化中国人才计划（贝因美）	30.00
曹其镛	中日青年交流中心基金等	1,229.20
陈君实	浚生贫困学生助学基金	157.86
陈　臻	法学院环境资源能源法律研究中心基金	30.00
晨兴基金会	文化中国人才计划（香港）	74.93
董氏东方文史哲基金/东方海外货柜航运有限公司	董氏基金	43.31
郭益敏	环资学院王人潮教授奖学金	37.80
海宁富盛房地产有限公司	求是书院铜制门楼等	2,000.00
杭州宏胜饮料集团有限公司	馥莉食品研究院教育基金	1,353.87
杭州钱塘通信工程有限公司	浙江大学学生宿舍文化建设及校园活动	31.00
杭州求是育英文化创意有限公司	经济学院奖教金	100.00

捐赠单位(或个人)	捐赠项目(用途)	捐赠金额
杭州新海建设工程实业有限公司	土木建筑规划教育基金	100.00
杭州宣诚科技有限公司	浙江大学发展联络工作基金	75.00
杭州云林公益基金会	云林教育奖励基金	30.00
杭州中美华东制药有限公司	树森兰娟院士人才基金	100.00
胡百熙	胡百熙奖学金、奖教金等	39.03
湖州市中小企业服务中心	医学专项基金	200.00
华东医药股份有限公司药品分公司	医学专项基金	100.00
黄秀兰	浙江大学龚浩然维果茨基研究出版基金	80.00
江苏豪森药业股份有限公司	树森兰娟院士人才基金	50.00
江苏恒瑞医药股份有限公司	树森兰娟院士人才基金等	450.00
林恒斌	树森兰娟院士人才基金	50.00
龙泉市医药药材总公司	医学专项基金	300.00
绿城房地产集团有限公司	绿城大学生助学金等	200.00
宁波方太厨具有限公司	茅理翔企业家教育基金	2,000.00
宁波医药股份有限公司	医学专项基金	500.00
齐鲁制药有限公司	树森兰娟院士人才基金	100.00
清华大学教育基金会	丘成桐数学大赛专项基金	35.00
上海新尚置业有限公司	唐立新教育发展基金	289.00
绍兴市慈善总会	金昌强鹰发展基金	40.00
寿柏年	七七历史学长基金	60.00
唐仲英基金会(美国)江苏办事处	农村慢性病防治技术研究及唐仲英示范基地建设等	1,150.42
万菱实业(深圳)有限公司	国学研究基金	150.00
潍柴动力股份有限公司	潍柴动力奖学金、机械系潍柴动力奖励基金	50.00
心平公益基金会	心平自立贷学金、心平奖教金等	766.45

续表

捐赠单位(或个人)	捐赠项目(用途)	捐赠金额
新鸿基地产郭氏基金	新鸿基助学金、新鸿基国际交流奖学金	89.74
徐氏控股股份有限公司	浙江大学发展联络工作基金	130.00
徐征	信电系新大楼	120.74
宜宾浙西西部金融科技城发展有限公司	中小企业融资担保研究基地建设	60.00
宜昌人福药业有限责任公司	树森兰娟院士人才基金	50.00
尹衍樑	光华奖学金	35.00
浙江馥莉慈善基金会	馥莉助学金	30.00
浙江六和律师事务所	浙大学子六和法学基金、经济学院教育基金	32.00
浙江省慈善总会	浙江大学浙江农信助学金、浙江农信国际交流奖学金	200.00
胡国赞	浙江大学广兆奖学金、国赞奖学金	200.00
浙江省能源集团有限公司	浙江大学浙能奖助学金	30.00
浙江省医药工业有限公司	树森兰娟院士人才基金	200.00
浙江英诺珐医药有限公司	医学院敏健基金	42.00
浙江浙大网新科技产业孵化器有限公司	浙江大学发展基金	500.00
浙江震元股份有限公司	医学专项基金	200.00
浙江中烟工业有限责任公司	浙江大学紫金港校区二期建设、高分子系吸附分离材料联合实验室	12,000.00
正大天晴药业集团股份有限公司	树森兰娟院士人才基金	200.00
中国农业银行股份有限公司杭州浙大支行	浙江大学发展基金	100.00
中天科技集团有限公司	高分子系中天科技奖学金	30.00
深圳校友	浙江大学教育基金会紫金港校友发展基金	100.00
合计		28,349.69

(张巧琼撰稿　顾玉林审稿)

浙江大学年鉴

校园文化建设

校园文化

【概况】 为进一步加强校园文化建设,浙江大学举办第三届校园文化建设优秀成果评选活动;发布《浙江大学楼宇及机构标识设置管理办法(试行)》,规范校园文化环境建设。2014年,浙江大学成功申报浙江省高校文化校园建设试点单位。

2014年,浙江大学举办《中国现代科学家》纪念邮票首发仪式、浙江省第一届感动校园人物颁奖晚会、第二届"清心·正道"廉政书画作品展、国家宪法日宣传教育活动等各式文化活动,并启动了120周年校庆专题网页设计大赛和校庆口号征集活动。

全年举办了浙江大学首届学生节、学生"微原创"校园文化作品大赛、浙江大学研究生会成立30周年纪念大会、"人文讲堂"系列弘扬优秀传统文化讲座等各类文化活动近600场,共有学生30余万人次参加。组织学生参加第四届华语辩论锦标赛、浙江省十佳歌手大赛、浙江省大学生演讲比赛、第

五届国际大学生雪雕大赛等高水平赛事,营造良好校园文化氛围,提升学生审美水平和人文素养。

与杭州市高新技术产业园区共建浙大虚拟创业园;大学生创业孵化项目累计支持57支创业团队;举办大学生创业大赛、创业论坛、创业沙龙;成立大学生创业发展中心,设立创业奖学金;指导浙大勤创未来企业家俱乐部、研究生创新创业中心等学生组织开展工作;学生创业团队发展到150余支,落地注册公司40支,20支团队获市场投资总额超过1亿元人民币。浙江大学在2014年全国挑战杯大学生创业计划大赛上获得8块金牌和2块银牌的历史最好成绩,金牌总数位居全国高校第一。

丰富教职工文化生活,组织迎国庆暨"三育人"颁奖晚会。女教授联谊会组织"女院士与女大学生面对面"、"鲜艳姊妹花——青年女教授分享成长经历"活动,帮助青年女教职工和女大学生成长。女工委关注女性身心健康,策划"健康美丽计划",举办女性健康讲座,开设健康咨询室。青工委组织"青春汇"系列活动,如"相聚最有诗意的大学校园"联谊活动,"艺术小旅行"活动,汇聚

释放青春正能量。

为丰富师生的校园文化生活,浙江大学邀请中国歌剧舞剧院、浙江歌舞团等国家、省市艺术团体进校进行高雅艺术表演,并引进中国国家话剧院《哥本哈根》、美国百老汇音乐剧声乐大师班、"美国之窗"科尔·波特作品独唱音乐会、以色列大提琴专场音乐会、指尖双人舞——双钢琴音乐会等高水平演出。

浙江大学文琴艺术团举办第二届艺术季活动;其民乐团、舞蹈团、交响乐团先后赴衢州、绍兴等地进行高雅艺术演出;其黑白剧社受邀参加第二届"共和国的脊梁——科学大师名校宣传工程"活动,携《求是魂》赴武汉汇演;其舞蹈团、民乐团与婉云京剧社、武术队组成的演出团队,受国家汉办委托赴美参加北美孔子学院十周年庆祝活动。

【浙江大学首届学生节】 学生节于 12 月 20 日开幕,历时 12 天。学生节坚持"以学生为本"的教育理念,以"健康、快乐、成长、梦想"为主题,分"律动青春—趣味互动篇"、"笃志创新—学术科技篇"、"高山流水—高雅艺术篇"、"求是印象—爱校荣校篇"、"礼乐合同—文艺表演篇"、"引领未来—成长梦想篇"六个篇章,涉及学习科研、创新创业、人际交流、休闲娱乐等 74 项创意活动。11 万余人次学生参与,受到全校学生的好评。中国教育报、中国青年报、浙江日报、浙江卫视、钱江晚报、都市快报、杭州网等媒体对学生节活动进行报道。

【开展首届学生十大学术新成果评选】 2014 年 3 月,启动首届"启真杯"学生十大学术新成果评选活动。申报成果为 2013 年 1 月 1 日至 12 月 31 日期间的研究成果,分为论文著作类、应用设计类和创意研究类。

活动通过学生自主申报,各学院(系)学生会、研究生会、博士生会初审推荐,校学生会、研究生会、博士生会第二轮评审,师生网络投票、现场答辩评审等环节,最终评选出十大学术新成果 10 项和十大学术新成果提名奖 10 项,进一步营造浓厚的校园学术氛围,增强学生学术创新意识,提高学生学术科研水平,提升学生学术自信。

【举办"中国梦,让梦想点亮生活"学生科技文化节】 该文化节于 4 月—6 月举行,以"中国梦,让梦想点亮生活"为主题。活动共分思想引领、文化体育、学术科技、实践服务等篇章,形式涵盖文化展演、学术报告会、体育赛事、演讲赛等。文化节共设 54 个项目,参与学生达 2 万余人次。

【获浙江省第四届大学生艺术节 5 个一等奖】 9 月 27 日,浙江大学文琴交响乐团、舞蹈团、合唱团,黑白剧社、键盘乐团、书画社参加了由浙江省教育厅、浙江省文化厅主办的浙江省 2014 年大学生艺术节,合唱团的《把我的奶名儿叫》和《我在飞翔》、交响乐团的《柴可夫斯基第五交响曲第四乐章》、民乐团的《十面埋伏》、舞蹈团的《呼吸》和《致青春》共 5 个节目均获得一等奖,绘画类作品获二等奖;黑白剧社原创剧目《海滨之歌》、键盘乐团《军队进行曲》分别获得三等奖。交响乐团、舞蹈团、合唱团的参赛节目被浙江省教育厅选送参加 2015 年全国大学生艺术展演活动的现场决赛。

【获中国音乐金钟奖合唱比赛铜奖】 9 月 19 日,第九届中国音乐金钟奖合唱比赛在苏州举行,文琴合唱团由浙江省音乐家协会选送参赛。合唱团分别演唱了《把我的奶名儿叫》、*Seventy-six Trombones*、《归园田居》、*Somebody That I Used to Know* 4 首风格迥异的作品,获得铜奖。本届金钟奖合唱比赛共35支参赛团队。中国音乐金钟奖作为音乐界的国家级艺术大奖,有"音乐界的奥斯卡"之称,是全国唯一常设的音乐综合大奖。

【青年教授联谊会获浙江省高校"教职工文化品牌"称号】 8月29日,浙江省教育工会、浙江省高等学校思想政治教育研究会评选第二届浙江省高校"教职工文化品牌"揭晓,浙江大学青年教授联谊会以全场最高分获得浙江省高校"教职工文化品牌"称号。青年教授联谊会以爱国爱校、传承弘扬浙大"求是创新"精神为宗旨,以"做学生的心灵朋友、做学校的桥梁参谋、做学术的骨干精英、做社会的服务智囊"为使命,以群众性、联谊性、思想性、文化性、前瞻性为特点,通过举办 super-seminar(超级论坛)、启真计划、Exercise & Education(锻炼教育)等独具特色的文化活动,加强青年教授之间的联系与合作,共担使命,共圆梦想,打造了一片青年教授自我成长成材的文化沃土,形成了一个生机勃勃的校园文化建设平台。

(任立娣 单珏慧 叶茵茵 袁 璐撰稿)

(刘艳辉 吕淼华 吴叶海 王 勤审稿)

体育活动

【概况】 2014年,浙江大学深化"以赛促练、以测促练、运动干预、课外指导"为整体的校园群众体育活动计划,共举办各类体育竞赛379场,其中"三好杯"系列比赛30项,全校27186师生参赛;学生体育社团主办33项,系院、学园主办活动316项次,全校109908人次参与。组建男子橄榄球队和女子足球队,培养383名国家级学生裁判员。

全年,浙江大学共有24支体育代表队参加省级以上大赛,共获得奖牌110枚,其中金牌49枚、5个一等奖和1项分区赛冠军。此外,美国肯恩大学足球队来校访问,并与浙大足球队举行友谊赛;7月,浙大高水平男子篮球队赴金门参加"金城杯"两岸篮球邀请赛;浙江大学于7月17日至19日在建德主办首届中国知名高校建德新安江龙舟赛,其龙舟队获一等奖,来自北京大学、清华大学等9支龙舟队参赛;龙舟赛期间,9校签订了《中国九校(C9)体育合作与交流备忘录》;11月,韩国丽水市乒乓球协会来浙大交流。

组织"舒鸿杯"环紫金港师生接力赛、教职工乒乓球赛、羽毛球赛、网球赛、篮球赛等赛事。各校区因地制宜开展登山、健步走、趣味运动会、拔河比赛、瑜伽、太极拳培训等健身活动,深受教职工欢迎。2014年,浙大代表队在多项浙江省钟声杯职工体育竞赛中为学校赢得荣誉。围棋协会承办首届高校教职工围棋比赛,与各高校代表队切磋技艺。

【建立课外阳光体育锻炼长效机制】 4月,浙江大学启动课外阳光体育锻炼长效机制,试行锻炼刷卡考核制度,并设置免费健身站予以技术辅导,提高学生课外锻炼的积极性和有效性。规定本科生每人每学年平均参与课外体育锻炼不少于120次,每次锻炼有效时长30分钟以上。9月,结合"健康之友"会员制教学模式改革,将学生课外体育锻炼次数纳入到体育成绩评价体系,采取体育教师与学生保持线上线下的互动、预约课外辅导、提供运动处方等方式,将课堂教学延伸至课外锻炼。自 10 月 12 日至年底,大学一至二年级学生共 12093 人参与课外体育锻炼,刷卡 467204 人次,人均 38.634 次。根据打卡制度效果调查问卷显示,59.4% 的学生增加了锻炼次数。

【破第十四届全国大学生田径锦标赛纪录】该锦标赛 8 月 25 日至 29 日在北京体育大学举行。浙江大学田径队获得 2 金、2 银、2 铜。其中,张宇以 8.14 米的成绩获得男子高水平组(甲 B 组)跳远冠军,打破全国大学生田径锦标赛和浙江省跳远项目的最高纪录,并达到奥运会 B 标,获得"国际健将"称号;并在三级跳远项目中以 15.85 米的成绩获得男子(甲 B 组)冠军。共有来自全国 124 所高校的 1200 名运动员参赛。

【获 2013—2014 全国大学生网球联赛团体双冠军】该总决赛于 10 月 11 日至 12 日在北京市中国人民大学举行。浙大男女队参加了高水平组的比赛,并双双夺得团体冠军。联赛由中国大学生体育协会主办,由分站赛和总决赛两部分组成。

【获 2014—2015 中国大学生排球联赛(南方赛区)冠军】该联赛于 10 月 17 日至 25 日在湖南长沙举行,经过 9 天的角逐,浙江大学高水平女子排球队在参赛的 20 支女排队伍中脱颖而出,获得南方赛区的冠军。

【获浙江省大学生篮球联赛暨第十七届 CUBA 浙江赛区 3 冠军】10 月,普通生男子篮球队以全胜的战绩获男子甲组冠军;11 月,普通生女子篮球队一路力克强敌,获得女子甲组冠军。11 月 21 日至 25 日,高水平男子篮球队夺得男子丁组(高水平组)冠军,并获得了第十七届 CUBA 中国大学生篮球联赛东南赛区的比赛资格。

【"我的健康"主题活动】该活动为浙江大学首届学生节活动之一,于 12 月 31 日开展,包含趣味体育嘉年华、水上嘉年华、艺术体验集结号三大环节。体育嘉年华包括雷霆战鼓、套圈圈、自行车接球、趣味健球比赛、九宫格射门、双龙戏珠、疯狂投篮、箭无虚发、平板支撑、闭目点圆、球到渠成等 11 个趣味项目和健美操、排舞、体育舞蹈公开体验课,让同学们体验了体育活动的无限乐趣。水上嘉年华包括龙舟、皮划艇体育活动,在专业老师的指导下,泛舟启真湖。在艺术集结号中,同学们亲自体验了二胡、古筝、琵琶等传统乐器,挥毫泼墨在宣纸上写下新年愿望。喜欢话剧的同学,感受舞台和空间,做了一回"剧里人"。此次"我的健康"活动共吸引了 5000 余名学生的参与,其中体育嘉年华 4000 余人,水上嘉年华 900 余人,艺术体验集结号 400 余人。

(叶茵茵 袁 璐撰稿
吴叶海 王 勤审稿)

学生社团

【概况】2014 年,全校共有校级注册学生社团 133 个,覆盖学生 8000 余人次,举办面向公众的社团活动共 1000 多场次,学生受众超过 50000 人次。浙江大学坚持"抓大放小、助强扶弱、去粗取精"的社团管理方针,加强对学生社团的规范管理及社团骨干的培养;完善社团顾问团制度,推进社团管理决策民主化;强化服务意识,引入社团客服机制;组织形式丰富的社团品牌活动,办好"社团文化节"、"社团开放日"、"社团建设月"等传统精品活动,承办长三角地区大学生理论学习型社团发展论坛、第四届高校社团骨干群英汇等。2014年,心系西部协会获第三届"阿克苏诺贝尔中国大学生社会公益奖"金奖,中国特色社会主义理论体系研究会获"中国特色社会主义理论体系学习省级学生示范社团",轮滑协会获"全国百佳体育公益社团"。

【长三角地区大学生理论学习型社团发展论坛】 该论坛于3月29日至30日举行,来自上海、江苏、浙江、安徽、江西5省市43所高校的百余名理论学习型社团骨干参加,活动以"求是论坛——读书、学习、实践、发展"为主题,分主题报告、分组讨论、擂台赛等环节,促进了区域理论性社团的合作。

【第十六届学生社团文化节】 该文化节于10月至12月开展,共有39个活动立项为精品活动,期间,通过举办"第四届高校社团骨干群英汇"、"优秀学生社团骨干南京高校行"、"紫金论剑"、"时事评论大赛"和"第十二届三农文化节"等活动,参与学生达8000余人次,进一步塑造社团文化品牌。

【第二届研究生创业文化节】 该文化节于2014年5月12日开幕。该文化节从5月中旬延续至11月下旬,为期半年。活动内容涵盖第二期涉农领域创业辅导班、第八期创业素质拓展班、青蓝创业论坛等多项活动,活动形式集企业家讲座、创业者论坛、项目路演、作品展览与创业比赛于一体。第八期研究生创业素质拓展班孕育出十一支创业团队,第二期涉农领域创业辅导班孵化出六支创业团队,成功引导广大研究生、本科生共同参与,对培养广大学生的科技创新能力,营造良好的育人环境发挥了积极作用。

【举办研究生创新创业中心成立15周年系列活动】 该系列活动包括研创十五周年论坛、第五届大学生创业博览会、第十七期"创·道人生"大讲堂等,同时创办了第一期"创·营未来"营销培训班。在11月15日举办的15周年纪念大会上,研创新老成员齐聚一堂,就如何秉持研创十五年来的优良传统,继续在校园创新创业服务中做出新贡献进行分享和展望。

(任立娣 单珏慧撰稿
刘艳辉 吕森华审稿)

青年志愿者服务活动

【概况】 2014年,全校共有注册志愿者人数33185余人,累计参与志愿服务总人数42177人次,提供服务总计为375031小时。新建青年志愿者服务基地18个。浙江大学不断拓展志愿服务工作内涵,构建"青春五丝带"志愿工作体系,"黄丝带"推动支西支贫平台建设、"青丝带"推动智力服务平台建设、"银丝带"推动敬老助老服务平台建设、"红丝带"推动关爱儿童平台建设、"绿丝带"推动节能环保服务平台建设。通过组织开展志愿服务月等活动,引导青年学生弘扬奉献、友爱、互助、进步的志愿精神;加强青年志愿者队伍建设,促进校地合作发展,选拔第十七届支教团成员和"西部计划"志愿者赴西部支贫支教,组建青年讲师团赴桐庐、长兴柔性挂职;参加重大活动志愿服务,共有1134名志愿者服务首届世界互联网大会等大型活动;开展校际交流,组织骨干赴台湾暑期交流。浙江大学青年志愿服务总队获"中国青年志愿者协会第四届团体会员"和"2014年度浙江省志愿服务优秀集体"称号;浙江大学"阳光助残"古荡工疗站志愿服务项目获"2014年度浙江省优秀志愿服务项目"。

浙江大学博士生报告团隶属于浙江大学博士生会,2014年博士生报告团陆续开展博士生科技服务工作,组织博士生走进义乌、台州、临安、舟山等地,提供了包括茶学、作物种植、水产养殖、卫生保健、业务培训、疾病预防、心理健康、科技创新、教育指导等各方面的咨询及报告,参与活动博士生数十人次,举办科普讲座、技术服务等活动50余场,惠及数千人。

【创设"五水共治"调研团和医疗志愿服务团】 2014年,浙江大学博士生报告团在已有的科技服务团、百强中学进校园等品牌活动基础上,创设"五水共治"调研团和医疗志愿服务团,不断拓展博士生的课外实践服务平台。2014年6月至8月期间,由10余名博士生组成的"五水共治"调研团实地走访浙江省长兴县、临安市、湖州市吴兴区、杭州水务集团等地区和单位,调研各地"五水共治"政策实施以来的新举措、新变化,宣传"五水共治"的重要意义。

2014年6月至12月期间,该服务团派出医疗服务队开展了4次医疗活动,共组织40余名来自骨科、血液科、神经内科、眼科、护理学、口腔学以及生工食品专业的博士生分别前往衢州江山、台州椒江、杭州天成社区、留下街道敬老院等地开展基层医疗服务与口腔义诊活动,为民众普及健康知识。

【第十五届研究生支教团】 2014年,第十五届支教团通过开展"千人圆梦"、"暖冬工程"、"微暖计划"、"求是强师"、"爱在滇西"等品牌活动,募集资金、各类物资合计400余万元,资助学生1600余人。

【依托基地实现志愿服务长效化发展】 5月,浙江大学的16个院系与西湖区9个街镇及8个工疗站建立结对合作关系并举行了结对授牌仪式,合作内容主要包括助残志愿服务活动、假期学生挂职锻炼以及青年联合培养等工作。至2014年年底,全校共设志愿者服务站118个,服务基地122个,志愿服务队以及专业助残服务队233个,"一对一"长期结对578对,形成了由校、院、班三级和志愿服务类社团组成的完整、高效的青年志愿者体系。

(任立娣 单珏慧撰稿 刘艳辉 吕淼华审稿)

社会实践活动

【概况】 2014年,以"践行核心价值观·青春共筑中国梦"为主题,围绕践行"我们的价值观"、深化"红色寻访"主题教育活动、推进"青春建功第二故乡"行动等三项重点内容,组织本科学生开展了"三支一扶"、基层挂职、社会调研、专业实践等形式多样的社会实践活动,并进一步推进了社会实践基地建设,推动大学生社会实践工作向长效化、制度化、深层次方向发展,进一步扩大社会实践工作的影响力。

全校研究生开展了以"服务社会,实践成才"为主题的社会实践活动,内容包括挂职锻炼、西部行和院系实践,形式多样,共有近百支团队、近2000名研究生参加。研究生在实践活动中充分发挥学科和专业优势,增长才干、培养品格,提升了社会责任感。

【开展主题社会实践活动】 组织本科学生开展了以"践行核心价值观·青春共筑中国

梦"为主题的大学生社会实践活动,共有760余支团队8000余名学生参加,足迹遍及全国32个省(自治区、直辖市、特别行政区)和6个海外地区,内容涵盖政策宣讲、社会调研、"三支一扶"、红色寻访、志愿服务等五个方面,形成了组织有序、结构合理、层次鲜明的实践格局。暑假,组织研究生开展主题鲜明、富有学院特色、形式多种多样的社会实践活动,共有90余支团队近1000名研究生分赴全国各地。实践活动内容涉及课题调研、扶贫支教、社区公益服务、技术改进、参观访问、学术报告以及学术竞赛等。校研究生会、博士生会及研干讲习所也组织4支队伍共计50人,分赴广西、舟山等地,对社会所关注的核心问题进行主题调研活动。人民网、新华网、光明网、《浙江日报》等多家媒体对浙江大学的社会实践活动进行了持续关注和报道,团中央网站专题刊发了《浙江大学:践行核心价值观 青春共筑中国梦》大学生社会实践活动。2014年,共青团浙江大学委员会获2014年全国大中专学生志愿者暑期"三下乡"社会实践活动先进单位、浙江省优秀组织工作奖,公共管理学院赴湄潭支教团和党委学工部赴美国硅谷暑期社会实践团获2014年全国大中专学生志愿者暑期"三下乡"社会实践活动优秀实践团队荣誉称号,医学院赴浙江省疾控中心社会实践团以第一名的成绩获浙江省十佳团队荣誉称号,15名指导老师获浙江省优秀先进个人。

【全面推进社会实践基地建设】 2014年,全面推进社会实践基地建设,发挥重点基地示范引领作用,确定了269个社会实践基地,其中校级重点示范基地29个,院级重点基地240个,涵盖战略布局、技能提升、海(境)外拓展和社会认知等四大方向,对于校级重点示范基地,加强统筹规划、完善激励机制、加大资金支持、构建专业支撑,基地建设取得开拓性进展。其中浙江大学学生会云南景东彝族自治县社会实践基地被评为浙江省社会实践基地。教育部网站专题刊发了《浙江大学大力推进社会实践基地建设》一文。

【研究生西部行】 2014年暑假,全校15名研究生组成3支队伍分赴广西、四川(洪雅和资中)进行了为期两周的社会实践。3支实践队伍从自身专业优势出发,分别就广西公益文化交流与生态补偿机制、洪雅县生态农业与城市规划、资中县旅游产业发展、黄石基层基础建设等领域深入展开调研活动,提出了相应的改进方案和建议,完成了多份优秀的实践调研报告。

(任立娣 单珏慧撰稿

刘艳辉 吕淼华审稿)

创新创业活动

【概况】 积极推进学校创业教育协调机制的建立,启动筹建校内创业苗圃。联合杭州市高新技术产业园区,共建浙江大学虚拟创业园(高新创业苗圃),每年共同出资100万元扶持学生创业团队(自2014年始,连续三年共300万元),全年共开展4次大学生创业孵化项目征集活动,累计支持57支创业团队,孵化金额总计52.5万元;举办首届大学生创业天使对接项目大赛、第十四届"挑战杯"大学生课外技术作品竞赛、"新尚杯"高校大学生创业邀请赛全国总决赛、"铭众杯"PBE大学生创意创业大赛、第四届浙江大学创业点子秀大赛、"中国梦•创业梦"大学生创业高峰论坛,成立浙江大学大学生创业发展中心,新东方教育科技集团捐资 100 万人民币设立创业奖学金。开展"著名企业家对话名校校长创业教育高峰论坛"、首届大学生创业团队峰会暨大学生创业项目展、创业者导航沙龙、创业分享活动、创业专题报告、创业教育课等,促进了企业家精神与创业价值观在浙大的传播。全年创业团队发展到 150 余支,落地注册公司的有 40 支,获得市场投资的有 20 支,总金额超过 1 亿元人民币。暑期组织 13 名同学赴美国 UCLA、硅谷等进行创业教育实践,举办数场项目路演和对接会,产生较大的社会反响,实践团还被评为 2014 年全国大中专学生暑期社会实践优秀团队。

浙江大学在"创青春"全国大学生第九届"挑战杯"创业大赛专项决赛和 2014 年"创青春"全国大学生创业大赛决赛中共获 8 块金牌和 2 块银牌,金牌总数位居全国高校第一。浙江大学 ICOIN 团队在"北极光-清华"第四届全国大学生公益创业实践赛中获金奖。

【共建浙江大学虚拟创业园(高新创业苗圃)】 该创业园由浙江大学本科生院、党委学生工作部与杭州高新区科技创业服务中心合作共建,揭牌仪式于 1 月 8 日在杭州市文三路 199 号创业大厦举行。根据协议,每年安排专项经费 100 万元用于"虚拟创业园(高新创业苗圃)"的运行管理。该创业园通过全方位、多渠道的"种子"遴选机制,定制精细化培育模式,辅以专业化、创新型的成长管理体系,实施"育苗评估＋合约管理＋园丁服务"三位一体苗圃责任制,为入孵苗圃的项目提供全方位的专业服务。引导和帮助欲创业者将科技创业点子转化为创业实践,为尚未注册公司、处于"-1 到 0 周

岁"的科技创业项目提供 3~6 个月的预孵化服务。第一期启动以来,先后入驻的 12 个项目中,已经有 8 个项目团队注册成立了公司,并获得了几十万到几百万不等的天使投资。

【成立浙江大学大学生创业发展中心】 6 月 7 日,浙江大学"中国梦·创业梦"大学生创业高峰论坛暨浙江大学首届创业团队峰会在紫金港校区举行。由浙江大学、新东方教育科技集团、真格天使投资基金、北京优视米网络科技有限公司四方合作共建的浙江大学大学生创业发展中心框架协议签署暨揭牌仪式在峰会上举行。根据协议,四方将充分发挥各自优势,培养大学生创业意识、能力和精神,引导和扶持大学生创业,培育和发现优质的创业项目和创业团队,为推进产业结构转型升级与创新型国家建设而共同努力。

【在"创青春"全国大学生创业大赛中获 8 块金牌】 9 月 27 日,"创青春"全国大学生第九届"挑战杯"创业大赛专项决赛在湖北举行。本届专项决赛分移动互联网创业专项和 MBA 创业专项赛决赛,共有来自全国高校的 201 支代表队参赛。浙大选送的 4 支创业团队均获得金奖。由浙大学生创立的杭州云制造科技有限公司的"专注于 TMT 领域的商业创新设计机构"、杭州聚好玩科技有限公司的"基于本地化的路线定制"、杭州友谦网络科技有限公司的"基于组织通讯录的协同管理系统"3 个项目获得移动互联网专项金奖,杭州斯聪文化创意公司的"快递广告"获得 MBA 专项组金奖。

11 月 4 日,2014 年"创青春"全国大学生创业大赛决赛在华中科技大学举行,浙大选送的 6 支团队获得 4 金 2 银及大赛"优胜杯",是金奖最多的高校。其中,杭州

米趣网络科技有限公司团队获得创业实践挑战赛金奖,杭州云造科技有限公司团队、杭州利珀科技有限公司团队获创业计划挑战赛金奖,iCion微公益计划团队获公益创业赛金奖。本届大赛决赛共有来自内地200所高校及港澳地区9所高校的385个项目参赛。

浙江大学在上述两次大赛中所获的金牌数在全国高校中名列第一。"创青春"全国大学生创业大赛由共青团中央、教育部、人力资源社会保障部、中国科协、全国学联主办。从2014年开始,"挑战杯"中国大学生创业计划竞赛正式升级为"创青春"全国大学生创业大赛,并在原有"挑战杯"中国大学生创业计划竞赛的基础上,新增创业实践赛和公益创业赛。

【联合国教科文组织中国创业教育联盟落户浙大】 该联盟于11月26日在杭州市成立,并落户浙江大学。联合国教科文组织亚太地区教育局局长金光祚发来贺信。浙江大学校长林建华、发展委员会主席张曦和中国联合国教科文组织全国委员会秘书长杜越、联合国教科文组织亚太教育局高级专员汪利兵等共同为联盟成立揭牌。

该联盟是联合国教科文组织亚太地区教育局根据"联合国教科文组织创业教育联盟"章程的规定而设立,旨在加强与国际组织、国内外学校、文化机构、企业的交流与合作,共同打造中国创业教育合作平台,大力推动中国创业教育、创业群体可持续发展,服务创业型社会建设。浙江大学为联盟主席单位,负责联盟的组织与筹建,对分支机构的领导和协调等工作。

该联盟将设立海归创业联合会、文化创业促进会、中国大学生创业促进会和创业学院等四大行业板块,组织开展与国际组织、

著名大学的合作与交流,举办创业与创业教育国际学术研讨会,开设创业大讲堂,开展国内创业沙龙、经验交流及公益性活动,组织国内外青少年创业创新夏令营、成人创业学习等创业教育活动。

【启动浙江大学e-WORKS创业实验室】 该实验室于12月19日启动,旨在推动更多的大学生创业项目得以成型、孵化与快速发展,也意味着浙江大学生的创业项目在商业化运营之前可获得针对性、专业化的预孵化服务,尽快获得商业价值。实验室将围绕创业团队的个性化需求,展开多样化培训,并组织创业团队前往国外知名创业园考察,享受国际合作资源。入驻项目应符合具有创新性、项目盈利点清晰且项目实施可行性、拥有合法的知识产权等条件。入驻项目在一年内将获得在浙江大学国家科技园注册成为企业法人的可能性。

该实验室还专门设立了100～500万元/年的圆正·创业种子基金,将以无偿资助或股权投资等方式,对通过评审选拔的优秀创业团队给予资金支持。同时,该实验室还为入驻项目免费提供创业场地和相应的配套设施,配备专职人员为入驻项目和团队提供咨询服务、分享创业政策信息及帮助创业团队解决发展中遇到的难题。

【2014年"新尚杯"高校大学生创业邀请赛】 该邀请赛由浙江大学主办,北京大学等16所高校协办,全国总决赛于12月20日在浙江大学紫金港校区举行。来自北京大学、清华大学、浙江大学、复旦大学等国内17所高校的24支优秀创业团队参加决赛。经过公开答辩,评委现场打分评审,本次大赛共评选出一等奖1名、二等奖2名、三等奖3名和优胜奖6名。浙江大学的创业团队——杭州蕴菌科技有限公司的"高盐污水

处理行业"获得一等奖,武汉大学的"蜜蜜移动情侣应用团队"、浙江大学的"杭州利珀科技有限公司"获二等奖,电子科技大学的"壹比特队"、北京大学的"极视角团队"、重庆大学的"云威商城"团队获三等奖,哈尔滨工业大学的"Runner 团队"、四川大学的"基于移动互联网哪儿租时尚公寓"等 6 支团队获优胜奖。

该邀请赛由新尚集团董事长兼总裁唐立新先生倡议举办,旨在为有志于创业的学生搭建平台。新尚集团为决赛项目设立2000 万创业基金,在所有参赛项目中选择具有良好市场前景和发展潜力的项目进行投资孵化。

（袁　瑢撰稿　邬小撑审稿）

办学支撑体系建设

图书情报工作

【概况】 2014 年,浙江大学图书馆采购纸本中外文图书 5.54 万种 9.94 万册,中外文期刊 6451 种 9986 册,新订数据库 20 个;截至 2014 年 12 月 31 日,全馆实体馆藏总量 574.3 万册。全馆借还书总量 130 万册,预约图书 6.6 册,进馆人数约 215 万人次;基础分馆信息共享空间总使用量 20 万人次,学生研究室使用量 1398 次。接收科技查新项目 270 项,提供原文文献 60810 篇,论文收录 39238 篇,引用 123341 次,提供决策情报、调研报告等 20 余份,开设面向本科生、研究生的各类常规讲座和定制讲座共计 69 次。

加强特色馆藏建设,引进《哥伦比亚大学民国时期文献(缩微胶卷)》《稀见清代四部辑刊》《明清科考墨卷集》《中华再造善本》等藏书;举办外文图书展,为学科选购外文图书 927 种;建立 Internet Archive(互联网档案)赠书工作机制,2014 年接收 IA 图书约 15 万册,其中 8 万册图书已向读者开放借阅。启动文献资源馆藏布局调整工作。

深化古籍整理,推广古籍文化传播。古籍碑帖中心场地建成,收藏引进 1400 余种拓片实物。编辑出版《浙江大学国家珍贵古籍名录图录》一书。

继续推进 CADAL(大学数字图书馆国际合作计划)、ZADL(浙江省高校数字图书馆)、CALIS(中国高等教育文献保障系统)等重大项目的实施,积极参与中国工程院科技知识中心的建设。2014 年 ZADL 门户访问量 906 万人次,ZADL 资源成为浙江省高校师生不可或缺的信息源。

加强对外合作交流。开通新浪微博“浙江大学图书馆”、腾讯微博及微信公众平台“浙大图书馆”。1 月,哈佛大学燕京图书馆郑炯文馆长来访,双方的合作有利于中华珍贵典籍以数字化方式回到祖国。2014 年图书馆接待 36 所兄弟院校 173 人次的来访考察;承办 RFID(射频识别)全国会议、承办“2014 年华东地区教育部直属高校图书馆馆长年会”。

【《浙江大学国家珍贵古籍名录图录》】 该书于 7 月正式编辑出版。全书分为序、凡例、目录、正文及后记五大部分,正文收录浙江大学收藏的 173 种珍贵古籍。《图录》的出版,有助于推动浙江大学古籍保护工作,发挥其应有的价值,促进学术研究和文化交流。

（陈蓉蓉编撰　杨国富审稿）

实验室建设与设备管理

【概况】　截至 2014 年 12 月 31 日,浙江大学全校仪器设备台件数达到 232893 台件(2014 年新增 24398 台件),总金额 496310.17 万元(新增 56611.15 万元);其中 10 万元以上 6442 台件(新增 618 台),金额 279629.88 万元(新增 32910.66 万元);100 万元以上 468 台(新增 67 台),金额 105175.02 万元(新增 15222.93 万元)。2014 年全校仪器设备减少 6303 台,原值总额 8158.38 万元;全年处置报废仪器设备竞标、开标 14 批次,残值收入 32.6 万元。(以上数据含二级财务单位资产)

校级公共技术服务平台的建设有较大进展,磁共振影像中心 3T 磁共振成像系统完成安装开始运行,微纳加工中心首期给予 6000 万元经费开始启动建设,生物医学高端电镜平台启动建设。积极探索大型仪器共享机制,组织对全校 40 万元以上 999 台分析测试大型仪器设备进行逐台走访检查,以全面掌握大型仪器的运行管理情况。全年共投入维修补贴基金 55.2 万元,使得 31 台总价值 5791.23 万元的大型仪器设备得到修复并继续发挥效益。截至 2014 年年底,共有 30 个院系单位的 971 台大型仪器加入学校有偿服务系统,241 台大型仪器加入浙江省大型科学仪器协作共享平台,第一批 49 台 40 万元以上分析测试类仪器(价值 6127 万元)加入教育部 CERS 系统对全国开放共享。积极开展大型仪器上岗培训工作,发放大型仪器操作上岗证 188 张。设立了 20 项实验技术研究项目,共计经费 12.5 万元,以鼓励实验技术人员开展研究。开展自研自制仪器设备成果认定工作,"高压氢气环境耐久性试验装置"和"大型多功能风洞试验平台"获认定通过。全年共执行 813.85 万元教学设备费和 70.14 万元教学仪器设备维修费,支持本科实验教学工作。

积极开展实验室安全管理工作。2014 年,组织开展院系自查、督查组检查以及与其他部门联合精细化检查,发布了 6 期实验室安全工作督查通报,督促整改。联合组织开展剧毒品、第一类易制毒品使用场所的资质认定工作以及年检工作,推进该两大类化学品在申购、存放、使用、处置等环节的规范化管理。积极协调、帮助相关院系做好涉辐许可申报工作,获得杭州市环保局核发的《辐射安全许可证》。积极开展实验室安全教育培训,面向全校新生、新教工发放《浙江大学实验室安全手册》(2014 版)近 16000 册。

【启动实验气体定点采购】　为规范实验气体的使用与管理工作,减少安全隐患,通过公开招标,确定了 3 家气体供应商,自 4 月 1 日起实行实验气体定点采购,并发布了《浙江大学实验气体使用管理实施细则》,以加强气体规范管理。

2014 年浙江大学教学科研仪器设备情况

单位名称	合计		其中:10 万元以上		其中:100 万元以上	
	台件	金额(万元)	台件	金额(万元)	台件	金额(万元)
合计	199626	462127.45	6013	262826.30	446	100961.25
人文学院	2056	1468.82	2	27.36	0	0.00
外国语言文化与国际交流学院	2730	1433.71	8	155.76	0	0.00
传媒与国际文化学院	835	1388.41	22	577.96	0	0.00
经济学院	931	773.59	3	67.99	0	0.00
光华法学院	787	514.88	2	42.50	0	0.00
教育学院	5996	4830.59	57	1177.93	0	0.00
管理学院	2270	2605.36	24	624.50	0	0.00
公共管理学院	1367	1125.35	9	172.41	0	0.00
思想政治理论教学科研部	147	73.69	0	0.00	0	0.00
数学系	1573	1267.62	4	94.42	0	0.00
物理学系	5838	13945.86	146	8054.66	19	4665.60
化学系	8429	18048.76	246	12141.85	25	5906.23
地球科学系	2050	3781.09	49	1958.75	4	715.63
心理与行为科学系	1238	2218.80	33	1355.45	2	298.03
机械工程学院	6414	20395.31	268	12790.12	31	5199.98
材料科学与工程学院	4475	23740.51	245	18757.10	50	12884.42
能源工程学院	6452	22532.52	310	14786.87	28	5733.52
电气工程学院	9639	15602.59	264	7293.19	6	1016.69
建筑工程学院	6459	18393.17	175	11659.58	19	7004.42
化学工程与生物工程学院	7436	18966.02	307	12088.10	12	2722.27
海洋学院	1404	4751.36	52	3067.11	4	1963.88
航空航天学院	3624	10658.11	115	5631.38	13	2406.91
高分子科学与工程学系	2698	6633.84	94	4247.24	7	1033.92

单位名称	合计		其中：10万元以上		其中：100万元以上	
	台件	金额(万元)	台件	金额(万元)	台件	金额(万元)
光电信息工程学系	5190	29065.81	364	22120.55	37	11724.81
信息与电子工程学系	6888	9898.95	133	4315.18	4	794.66
控制科学与工程学系	7025	17079.02	226	8383.49	16	2227.23
计算机科学与技术学院	10052	17047.82	138	6275.63	10	2667.70
生物医学工程与仪器科学学院	3248	8844.62	179	5393.70	5	682.03
生命科学学院	8872	16979.52	210	8248.62	15	3109.41
生物系统工程与食品科学学院	3986	7065.16	103	2685.12	1	108.76
环境与资源学院	6816	12452.01	200	6032.17	5	908.91
农业与生物技术学院	12533	23204.02	324	9702.61	6	1330.13
动物科学学院	5101	10230.49	158	4747.26	5	782.19
基础医学系	7703	14731.62	199	6670.95	9	1226.95
公共卫生系	2007	2796.31	40	924.98	0	0.00
药学院	3323	8928.05	172	5643.24	6	1391.92
附属医院	6537	20355.51	230	12389.79	25	5572.59
图书与信息中心	6025	17672.30	240	10951.20	23	4066.02
竺可桢学院	25	21.56	0	0.00	0	0.00
继续教育学院	3122	3524.25	37	1650.89	5	701.11
国际教育学院	336	367.59	3	98.91	0	0.00
公共体育与艺术部	1302	1637.77	21	877.73	2	501.09
工业技术研究院	1207	4503.14	37	2868.63	9	1472.96
浙江加州国际纳米技术研究院	988	4466.66	41	3598.38	8	2498.00
中国西部发展研究院	334	430.16	7	217.60	0	0.00
求是高等研究院	349	754.49	11	312.10	0	0.00
社会科学研究基础平台	310	302.33	3	126.42	0	0.00
生命科学研究院	2331	5627.03	54	3104.50	6	1444.00

浙江大学年鉴

单位名称	合计		其中：10万元以上		其中：100万元以上	
	台件	金额(万元)	台件	金额(万元)	台件	金额(万元)
水环境研究院	311	990.00	20	683.69	0	0.00
转化医学研究院	206	246.78	0	0.00	0	0.00
医学部公共平台	169	2341.51	33	2144.31	5	1136.04
实验动物中心	1307	2373.38	31	933.17	0	0.00
农生环测试中心	282	2372.85	39	2195.40	7	1162.07
其他	6893	20666.80	325	12972.13	17	3901.18

（赵月琴撰稿　冯建跃审稿）

校园信息化建设

【概况】 2014年,浙江大学校园网连接5个校区、6个附属医院,共80公里左右大网光缆。校园网出口总带宽24G,无线网AP（Access Point）数9865个。VPN（Virtual Private Network）系统网络账户数量共57436个,浙大邮箱正常账号达170793个。登记备案的网站和信息系统数量616个,托管主机153台,虚拟主机网站168个。

扩容改造网络基础设施,建设完善有线无线统一运维格局。扩容基础设施云平台,反向VPN系统实现双机互备,扩容至5000个并发数;邮件系统实现从32位升级到64位。保障五校区有线网、无线网、信息服务系统的日常运行,统一呼叫中心受理用户电话57385次,接入网运维上门处理故障6088起,满意度94%以上。

建成视频交互平台和视频流媒体系统项目。正式推出"浙江大学视频交互平台"服务,共设15个公共视频会议点,支持教学、科研及会议。

启动主数据管理服务平台建设。拟定基础数据标准规范文件和人员、机构编码体系,明确基础数据的范围与内容,推进部门信息化业务协同;建立知识资源中心,汇聚师生原创性资源,提供新闻、网站、视频、图片、文库的检索功能,提供各类特色资源的建库服务,支持教育教学模式创新。

提升校园卡服务功能。校园卡手机应用上线,可实现手机上进行校园卡账户的挂失、解挂、手机自助转账等功能;校园卡电子服务平台和门禁平台正式投入使用。

加强信息化交流。开通信息化微信公众平台"浙大e栈";组织召开CERNET浙江省第十四次年会、"2014年教育信息化融合发展技术研讨会",组织相关高校参加在南昌举行的"三省一市"高校信息化可持续发展高端论坛,分享、交流,促进省际的高校信息化建设发展。

【获"CERNET建设二十周年突出贡献奖"】

11月25日,中国教育和科研计算机网(CERNET)第二十一届学术年会在北京召开,开幕式由教育部科技发展中心主任李志民主持。开幕式上,CERNET表彰了二十年建设中做出突出贡献的高校与个人,浙江大学作为CERNET华东南地区杭州主节点及会员单位,获突出贡献奖。

(陈蓉蓉撰稿　杨国富审稿)

出版工作

【概况】 浙江大学出版社有限责任公司(以下简称出版社)设有人文社科事业部、理工事业部等14个业务部门及4个支撑服务部门,3个行政管理部门,另有北京启真馆文化传播有限责任公司和杭州飞阅图书有限公司2个控股公司。

出版社现有员工193人,其中高级职称33人,具有博士学历人员17人(2014年新增3人)。出版社现拥有用房建筑面积约6600平方米,固定资产950万元(2014年新增204万元),流动资产28114万元(2014年新增4174万元)。

2014年,在控制图书品种的前提下,营收总体保持稳定增长态势。全年新书出版品种由2013年的1645种下调至2014年的1387种;图书总生产码洋由2013年的约5.4亿元下调至2014年的4.6亿元;销售收入从2013年的2.0亿元增长到2014年的2.13亿元(同比增长6.5%)。

2014年,出版社共获得国家级基金及重要奖项20项,其中2014年度国家出版基金项目4项(其中1项与浙江人民美术出版社合作)、2014年度国家科技出版基金3

项、第五届中华优秀出版物提名奖1项、总局“新闻出版改革发展项目库”1项、“AAC”年度艺术出版物奖1项、第23届浙江树人出版奖4项。

在“中国图书世界影响力评价”中,出版社入选中国图书世界影响力100强单位,排名第23位;获“国家文化出口重点企业”和“浙江省文化出口重点企业”;还获得2014年度中国版权产业最具影响力企业、2013—2014年度全省新闻出版业“走出去”工作先进集体等荣誉称号。

《剑桥日本史(第五卷):19世纪》、《亚当·斯密传》、《若有所失》、《流动的斯文》等多种图书入选《光明日报》中国高校出版社书榜、“新浪读书”年度好书榜Top30、“百道选书”总榜Top100等多项全国重要年度图书榜。

《浙江大学学报》英文版、工学版、医学版合计被SCI收录311条、EI收录503条、MEDLINE收录236条。《浙江大学学报》(人文社科版)学术影响力名列国内社科期刊前茅,影响因子名列高校文科学报第1位。2014年期刊引证报告(JCR)显示,在中国169份SCI(含港台)期刊的影响因子排位中,《浙江大学学报》英文版(B辑)居第42名(高校SCI期刊为第2名),英文版A辑与C辑分别位居112名和139名。在国际影响力方面,《浙江大学学报》英文版A、B两辑入围“2014中国最具国际影响力学术期刊”Top5%,工学版和人文社科版入围“中国国际影响力优秀学术期刊”Top10%。此外,《浙江大学学报》农学版入选2014“第三届中国精品科技期刊300家”;英文版A辑继续承担中国科协等6部委“中国科技期刊国际影响力提升计划”A类基金资助的第2年度工作;人文社科版进入“国家社科基金项目"第 3 年度工作。

【《元画全集》通过结项验收】 3 月 10 日，国家新闻出版广电总局有关负责人率验收专家组来出版社验收"中国历代绘画大系"——《元画全集》项目。专家们分成两组分别对《元画全集》的资金管理与使用情况及质量、印刷、装帧等情况进行检查验收，最终形成结项综合意见，项目获得了 91.5 分优秀的成绩。《元画全集》是"中国历代绘画大系"项目的一部分，是继《宋画全集》之后的又一大型断代绘画总集，汇编海内外中国元代绢本（含缂本）、纸本绘画 451 件，以目前主要作品收藏地为依据，分 5 卷 12 册出版。

【承办科技与出版融合高端论坛】 11 月 22 日，在浙江大学出版社建社 30 周年之际，由中国音像与数字出版协会、浙江大学和杭州国家数字出版产业基地联合主办，浙江大学出版社承办的科技与出版融合高端论坛在紫金港校区举行，论坛以"科技促融合、转型促发展——传统出版单位数字化转型：寻找新动力"为主题，共计 160 余人参会。中国音像与数字出版协会理事长孙寿山、浙江大学党委书记金德水出席论坛并讲话。孙寿山表示，浙江大学出版社作为国家数字出版转型示范单位在数字化转型升级方面取得了实效，为行业提供了样板和可供借鉴的案例。

（赵　莹撰稿　袁亚春审稿）

档案工作

【概况】 截至 2014 年 12 月 31 日，校档案馆接收各类常规和特种类档案 3820 卷、41552 件；上架入库常规类和特种类档案 3693 卷、41535 件。提供档案利用 10877 卷（件），3120 人次，复制（复印、打印、拷贝）馆藏档案材料 20514 页。为财会、外事、设备、产品、教学类约 6 万卷（件）档案迁移排架标识和 6,500 余卷在职干部档案以职工号为档号进行重新编号、排架，对部分历年积存馆藏声像档案开展抢救保护。对全校各单位收藏的 248667 件各类（疑似）文物数据进行核实与汇总。

继续推进数字档案馆建设；持续加强档案法制建设和安全保密建设；持续开展档案的编研工作，出版、分发《浙江大学馆藏档案》（2013 年）共计 1000 册。校史馆（竺可桢纪念馆）全年开放，共计接待 37093 人次。优化校史馆爱国主义教育基地建设，更新陈展内容。

持续开展校史研究工作，传承创新浙江大学求是文化。第五次修订出版《图说浙大——浙江大学校史简本》，发行 12250 册，总印数已达六万余册，用于新生始业教育和新教工培训；继续主持《浙江大学学报》校史研究专栏，组织发表系列专栏文章；打印馆藏国立浙江大学影像档案 4,600 余卷，制成《老浙大资料》711 册；创办《浙江大学校史研究》刊物和"记忆浙大"微信栏目；举办"《竺可桢全集》进浙大"、"永远的校长——竺可桢逝世四十周年纪念图片展"、"浙江大学历史文物建筑图片展"、"浙江大学—成功大学交流 15 周年展"等活动。在玉泉校区图书馆开设"求是之路"校史展，迎接国务院总理李克强参观。

持续开展"浙江大学文化遗产抢救工程"，征集特色档案。完成谈家桢、鲍亦兴档案史料和江苏校友会 2013 年会刊的整理、编目工作；印制陈香梅档案目录；李浩培和严文兴等名人档案史料征集进馆；开展周有光、辛曼和陈从周档案史料征集。启动"浙大记忆"口述历史采集工作，组建采访队伍，培训采访人员，对校友陆熙炎院士、周志强和农学院农耕文化分会的老教师进行了口述采访；并委托江苏校友会开展"浙大记忆"口述历史采集工作。

持续加强专（兼）职档案员队伍建设，对全校兼职档案员进行培训，并编印发放《浙江大学干部人事档案工作手册》。

【数字档案馆建设】 完成增量档案数字化64430件，导入数据35339条；挂接电子文件34661个；有序开展模转数工作和馆藏浙大校刊（校报）的数字化工作。截至到2014年12月底，数档系统案卷级目录186080条、文件级目录2988200条、全文数据1048720个；馆藏总容量达到30T。开展离线数字资源复查工作，完成80%离线资源的迁移；启动"浙大学人"项目建设，开展前期调研；完成新版门户网站改版和上线；完成"基于虚拟打印的电子档案自动获取系统"试点示范项目和可移动文物与管理系统网站的开发建设工作并通过验收；完成陈香梅女士数字馆和3D展厅、APP应用等建设工作并顺利开放；历年馆刊和展览全部挂接上网；及时更新主页"每日一图"、"历史上的今天"等栏目并建立荣誉档案数据库；申请到干部人事档案数字化建设经费（132.5万元），开展干部人事档案数字化的前期准备工作，完成承建公司招标。

【举行《李辅燿日记》（影印本）首发式】 档案馆将烟台退休教师李崧峻捐赠的其祖父李辅燿的53本在浙日记和8本在湘日记进行整理，出版了《李辅燿日记》（影印本）共十卷，并在首发式上，接受了李崧峻等人捐赠的李辅燿与亲友的信札、书稿、杂记等史料。

李辅燿，湖南长沙人，清光绪年间曾两次到浙江为官，先后任浙江海塘工程局总办、杭嘉湖道台、宁绍台道台、浙江省防军支应局总办、温州盐厘局总办等职务，在浙江为官近30年，著有颇多著作和61本日记，记载其在浙江为官期间的各类历史事件、名人交往和风土人情等，其著作和日记具有较高的历史文化和经济建设研究价值，尤其记载有关钱塘江治理的内容详细而生动。

【附录】

附录1 浙江大学2014年档案进馆情况

类 目	数 量	类 目	数 量
党政	11515件	设备	398件、207卷
教学	8670件、1652卷	外事	8790件
科技	7136件、1262卷	财会	1191件
出版	271件、1卷	涉密档案	591件、48卷
基建	85件、259卷	声像	92卷
产品	102件	人物	251卷
资料	2803件、21卷	实物	27卷
合 计	41552件、3820卷		

附录 2　浙江大学 2014 年馆藏档案情况

全　宗	类　别	卷	件
浙江大学全宗	党群(DQ)	665	37205
	行政(XZ)	9543	67074
	教学(JX)	52791	83875
	科研(KY)	20154	71174
	产品(CP)	116	1631
	基建(JJ)	8616	31574
	设备(SB)	1522	3501
	出版(CB)	2581	1804
	外事(WS)	1470	48490
	财会(CK)	24346	72759
	声像(SX)	2744	69034
	人物(RW)	3711	2408
	实物(SW)	3048	
	资料(ZL)	2963	31978
	保密档案	1220	9772
	其他	1311	
杭州大学全宗	各类	19522	5622
浙江农业大学	各类	18606	4496
浙江医科大学	各类	14396	4849
之江大学	各类	12	
国立英士大学	各类	65	
杭州工学院	各类	1941	
浙江省农干院	各类	754	
沈德绪个人档案		1940	
合　计	194037 卷，547246 件(卷件不重复,其中包括照片 82045 张,底图 31294 张)		

（蓝　蕾撰稿　马景娣审稿）

采购工作

【概况】 2014年，全校通过加强采购管理，发挥集中采购优势，共完成货物、服务和工程（基建工程除外）采购预算90749.95万元，成交金额为84346.06万元，节约经费6403.89万元。其中，货物、服务采购预算金额为70812.36万元，成交金额为67464.55万元，节约经费3347.81万元；维修工程项目预算金额为19937.59万元，成交金额为16881.51万元，节约经费3056.08万元。

合理利用国家对科教仪器的免税政策，进口免税设备4716.8698万美元，办理免税794笔，共计免税金额944.9315万美元。

2014年12月2日至4日，教育部直属高校（东部片区）政府采购与招标投标工作研讨会在浙江大学召开。

【附录】

2014年浙江大学采购情况

（单位：万元）

采购执行单位	货物		服务		工程		节约总额	招标次数(次)
	预算金额	成交金额	预算金额	成交金额	预算金额	成交金额		
采购中心	50427.2	47646.09	2950.0	2707.0	0	0	3024.11	242
技术物资中心（含求是招标公司）	12909.36	12585.66	0	0	0	0	323.7	246
后勤管理处	4.08	4.08	4521.72	4521.72	19937.59	16881.51	3056.08	57
合计	63340.64	60235.83	7471.72	7228.72	19937.59	16881.51	6403.89	545

（钟旭伟撰稿　阮　慧审稿）

后勤服务与管理

基本建设

【概况】 2014 年,浙江大学扎实推进紫金港校区西区各项建设任务,已经完成了 110 多万平方米工程的报批、设计、招标和施工工作,涉及投资金额 1.2 亿元。

西区在建项目中,艺术与考古博物馆基本完成主体工程施工,部分设备进场安装,精装修、低压配电柜、气体灭火系统、变压器、柴油发电机等专业工程与设备的招标已全部完成。学生生活区组团 1♯、2♯ 楼完成桩基工程及电梯工程的招标。学生服务中心已结顶。留学生公寓一期工程主体通过竣工验收和消防验收,确保了秋季留学生按时安全入住。

稳步开展紫金港校区西区项目的前期准备工作。求是书院文化元素建筑群、博士后宿舍、农科教大楼及实验田供地已进行了方案设计、初步设计及审批、施工图设计和场地平整工作。文科类组团完成土地预审、水保、环评、可研编制和审批工作,全面推进

设计管理工作。理工农组团进行了土地预审和选址意见书的申领,其中理科、工科组团已完成方案设计。生物物理科研用房的土地预审、可研、放射性环评和非放射性环评、职业病危害预评价等均已通过审批,并完成了施工图设计和场地平整工作。教工宿舍及专家生活用房组团已开展工程项目建议书的委托编制和审批工作,并取得了浙江省发改委下达的项目建议书批复。专业教学与校园文化基地进行了方案设计和选址工作。理工农组团一(机械学院)、组团三(教学楼)和管理学院已进行了设计方案的招标。

进一步深化西区市政基础设施建设。为满足常年排水及洪水期排水需要,按规定完成了俞家河临时改道工程新开挖河道部分的施工,还进行了老花蒋路局部改道及路面的维修工作。通过对临时配电房的建设,解决了西区施工临时用电问题,为项目的全面建设给予了充分的保障。

其他校区开展基建工作的项目有:紫金港校区东区游泳馆完成初步设计调整审批及施工图设计;玉泉校区信电系大楼完成选址意见书的申领,设计方案已经捐赠人认

同,同步委托了水保、环评和可研编制工作；华家池校区农耕文化陈列室完成了规划许可证的申领及施工图设计报批。此外,完成紫金港校区东区纳米组团、体育馆,玉泉校区智泉大楼等工程的配套维修工作。

对青芝坞拆迁户个别住户启动法律诉讼程序,配合律师进行了大量前期资料的收集整理工作。妥善处理望月社区部分居民就紫金港校区东区建设征地拆迁事宜来校信访的接待和维稳工作。协助舟山海洋学院、海宁国际校区、医学研究中心、口腔医学中心、1250工程、杭州市配套市政的规划和建设。

本年度对91个项目的结算进行审核和复审,送审工程造价总计为77836万元。其中已完成审核及复审的共有55项,合计送审造价为44255万元,审核后造价为33838万元,核减额为10417万元。

【附录】

附录1　浙江大学2014年在建基本建设情况

名称	面积(平方米)	进展状态
紫金港校区西区艺术与考古博物馆	25338	部分设备进场安装
紫金港校区西区学生生活区组团	111600	2014年12月学生服务中心已结顶,1#、2#楼完成桩基工程
紫金港校区留学生公寓	39800	2014年竣工

附录2　浙江大学拟建工程报批及前期工作进展情况

名称	面积(平方米)	进展状态
紫金港校区西区求是书院文化元素建筑群	8300	完成施工图设计
紫金港校区西区理工农组团	239419	完成土地预审、选址意见书申领
紫金港校区西区文科类组团	332850	浙江省发改委已批复可行性研究报告
紫金港校区西区博士后宿舍	19000	完成施工图设计和场地平整工作
紫金港校区西区学生生活区(北)	163200	浙江省发改委已批复项目建议书
紫金港校区游泳馆	12500	完成施工图设计
紫金港校区西区运动场与地下停车库	37600	浙江省发改委已批复初步设计
紫金港校区西区生物物理科研用房	6000	完成施工图设计和场地平整工作
紫金港校区西区实验田和农科教楼	10000	完成施工图设计和场地平整工作

名称	面积(平方米)	进展状态
紫金港校区西区 教工宿舍及专家生活用房工程	14500	浙江省发改委已批复项目建议书
玉泉校区信电大楼	8600	完成选址意见书的申领
华家池校区农耕文化陈列室	300	完成施工图设计,规划许可证申领

（黄禾青撰稿　李友杭审稿）

房地产管理

【概况】　2014年,加强房地产的规范管理,盘活公共房产资源,优化内设机构。根据房地产管理重点工作的变化情况,对部门原有内设的10个科室进行了调整,将公用房管理办公室、历史文物建筑保护管理办公室合并成公用房与历史文物建筑管理办公室,玉泉校区办公室、西溪校区办公室和华家池校区办公室合并成校区管理办公室;将地产管理办公室更名为房地产权属与资产管理办公室;并新增房产资源经营管理办公室;保留综合办公室、房产管理办公室、房改办公室、行政设备办公室等4个科室;调整后的房地产管理处共内设8个科室。

结算启真名苑及杭大新村搬迁户等区块房款893户,收取房款1.59亿元。办理启真名苑672套住房的学校总证、105户教职工住房三证,回购245户教职工旧房三证。分配高层次引进人才预留房43套。出售专用房车库(位)16个,收取车库(位)款198.45万元。办理引进人才教师、进校新教工、博士后等租赁住房手续1311人次,收取教师公寓和博士后公寓房租2500万余元。启动800余户到期老公寓住户的续约工作。

2014年,为全校教职工调整年度住房公积金,缴存住房公积金2.04亿元。另外,为教职工538人缴存住房公积金补贴425.77万元,其中69人调整了年度住房公积金补贴。教职工111人(1998年12月31日及其以前参加工作的无房职工和已享受实物分房、面积低于规定标准的职工)通过一次性住房补贴审批,金额为408.97万元;171人(1999年1月1日及其以后参加工作的无房职工)通过住房公积金补贴初审,金额为90余万元。

根据学科发展和校区规划调整需要,调整用房建筑面积9243平方米。其中:建筑与城市发展研究中心、化工系欧阳平凯院士及生物甲烷氧化耦联平台等高层次引进人才用房调整980平方米;化学系、教育学院体育系、电气学院、信电系等其他单位公用房调整4152平方米;公管学院土地与国家发展研究院、高速铁路研究中心、高新材料化学中心、微纳平台、高分子系中烟重大项目大型设备场地等公共技术服务平台用房调整4111平方米。根据合同约定,收取营业用房费用969.84万元;根据公用房有偿使用原则,收取2014年公用房资源使用费2155.05万元。

"钟楼、白房、小礼堂"三幢文物建筑修缮工程方案经立项审核,获批 2014 年之江校区全国重点文物保护单位专项保护资金 110 万元。

积极推进华家池校区部分土地置换资金返还工作,共收到返还款 717170.16 万元。

全年增置行政设备资产 20045 件,金额 2115.39 万元;报废家具 9734 件,金额 412.8 万元。22 个单位、院系进行了家具资产自查核对工作。

【"1250 安居工程"建设取得阶段性成果】 该工程于 2012 年启动,包含了西湖区人才房专项房、余杭区块限价商品房建设。

西湖区块人才专项房位于紫金港校区西区以西、蓬驾桥港以东、五常港路以北、创新创业街以南,距浙江大学紫金港校区中央林荫大道 1600 米。项目用地面积 186.7 亩,容积率为 2.5,总建筑面积约 43.89 万平方米,总户数 2320 户,总投资约 34.63 亿。2014 年 9 月 1 日施工单位进场开工,截至 12 月 31 日,水泥搅拌桩已完成 78.8% 左右,钻孔灌注桩完成 95.6% 左右。该项目计划于 2017 年年底交付。配套小学、幼儿园与人才房小区一路之隔,由西湖区政府负责建设,同步投入使用。

余杭区块商品房位于余杭区常二路以东、永福路以西、新桥港以北、海兴路以南地块,北侧邻近地铁五号线,其东侧距离浙江大学紫金港校区约 5.6 公里。规划总用地面积约 90 亩,容积率 2.2,总建筑面积约为 19.2 万平方米,总投资约 15.3 亿。2014 年 10 月 15 日,浙江浙大网新集团有限公司受浙江大学委托竞得项目地块;11 月 18 日项目方案设计通过杭州未来科技城规划建设局组织的专家评审会,12 月 29 日通过余杭区城乡规划委员会重要建设项目审查小组审查通过。项目计划于 2015 年开工,于 2018 年交付。

【公用房管理进一步规范】 为全面规范公用房管理、深化公用房改革,出台《浙江大学党政机关办公用房管理办法》《浙江大学公用房管理办法》。

党委办公室、校长办公室、组织部于 2014 年 8 月底带头完成党政机关办公用房的整改,清退办公用房使用面积 2133.9 平方米。10 月 23 日,发布《中共浙江大学委员会办公室、浙江大学校长办公室关于党政机关办公用房整改的通知》(浙大党办〔2014〕25 号),要求各相关单位对现有办公用房进行清理和整改,成立了党政机关办公用房整改工作小组。截至 12 月 20 日,共有 87 家单位报送了用房清理自查和整改方案材料,党委行政、直属单位、校区机构等共计划清退办公房使用面积 1458.7 平方米,院系共计划清退 1035.34 平方米办公用房纳入教学科研用房。

【多层次教师公寓保障体系逐步完善】 为适应教职工多元化的住房需求,在已有标准型公寓、经济型公寓模式的基础上,尝试推出招待所式公寓和简易型公寓,缓解并改善了青年教师的居住条件。在求是村 59 幢集中开辟 36 套招待所式公寓,解决短期来校的兼职教师的住房问题。为新进校的青年教师在校园周边相对较集中的小区(如翠苑、古荡、体育场路等)整理出部分腾空房改造成简易型教师公寓,租住资格适当放宽,租金相应下浮,至 2014 年 6 月,已推出 79 套,受到广大新教职工的欢迎。

【附录】

附录1　2014年浙江大学土地资源情况　　（单位：亩）

校区	教育用地（有证）	教育用地（未办证）	总土地面积
玉泉	1235.85	0.00	1235.85
西溪	501.51	0.00	501.51
华家池	1210.04	145.24	1355.28
之江	653.82	0.00	653.82
紫金港	0.00	2949.40	2949.40
其他	7.11	52.00	59.11
总计	3608.33	3146.64	6754.97

说明：1.本次统计根据清产核资将出售给教职工的住宅用地面积1061亩土地进行了核减。
2."其他"为增加及调整面积，即科技园52亩、海南陵水县椰林镇0.47亩、原湖滨校区周边6.64亩。

附录2　2014年浙江大学校舍情况　　（单位：平方米）

	编号	学校产权建筑面积				在建施工面积	非学校产权建筑面积		
		计	其中：危房	其中：当年新增	其中：被外单位借用		计	独立使用	共同使用
甲	乙	1	2	3	4	5	6	7	8
总计	1	2045730		0		263053			
一、教学及辅助用房	2	990238		0		213119			
教室	3	145102		0					
图书馆	4	84940		0					
实验室、实习场所	5	430866		0		151992			
专用科研用房	6	258916		0		42123			
体育馆	7	42761		0		16234			
会堂	8	27653		0		2770			
二、行政办公用房	9	147637		0		24418			
三、生活用房	10	843240		0					
学生宿舍（公寓）	11	588414		0					
学生食堂	12	60015		0					
教工宿舍（公寓）	13	80979		0					

续表

甲	编号	学校产权建筑面积				在建施工面积	非学校产权建筑面积		
		计	其中：危房	其中：当年新增	其中：被外单位借用		计	独立使用	共同使用
甲	乙	1	2	3	4	5	6	7	8
教工食堂	14	4810		0					
生活福利及附属用房	15	109022		0					
四、教工住宅	16	0		0					
五、其他用房	17	64615		0		25516			

（袁爱群编撰　吴红瑛审稿）

学生公寓建设与管理

【概况】　2014 年，浙江大学做好学生公寓的基础服务工作，积极创新思维，增加特色服务，切实提升师生满意度。着重做好学生安全管理、宿舍硬件改善、文明建设等工作，进一步梳理和建立完整内部管理制度，努力达到"服务品牌、服务品质、服务品位"三方面的提升。

完善安全工作检查监控体系，编写、发放《学生公寓安防系统工作手册》《安全工作培训纲要》手册，建立各校区宿舍夜间总值班制度。宿舍楼全部建立消防设施设备情况台账。5 校区全面启用全国首创的 5 合 1 学生宿舍安防平台。重点管理商铺、电瓶车、寝室的安全用电，在紫金港校区建立"5 方"（即宿管中心、保卫处、学工部、团委、求是学院各学园）共建宿舍安全制度，共设 126 名学生安全员巡视公共区域安全情况。做好校园综合治理、维稳工作。全年浙江大学学生公寓内无重大安全责任事故发生。

2014 年，学生公寓改造维修项目共 5 项，包括消防安全整治工程（一期）（应急照明与疏散指示等）、宿舍设施安全整治（一期）（学生宿舍防盗窗改造）、学生宿舍灰木条顶棚改造、紫金港蓝田淋浴间改造、学生宿舍老旧电表更换及智能化改造。进行了各校区新生房间整修粉刷、做好智能电表改造、防盗窗全部改造成可开启式、蓝田学园和青溪 1、2 舍公共浴室进行了全面改造、之江校区学生宿舍安装了空气源热泵洗澡系等 5 项专项维修工程以及各类维修、大修改造项目 100 多项，并对 2014 年度各类维修项目的施工质量进行检查、评价、回访。

另外，将老式电表改造成智能电表系统，增加实时查询、充值、退费等服务；所有宿舍楼一楼的防盗窗全部改造成可开启式；在玉泉校区 9—10 舍活动室建立"学生综合之家"，增加自助洗衣、休闲、自助厨房功能；成立玉泉校区 9—10 舍 1897 交流吧、紫金港浙里吧，为学生交流学习提供便利；在紫金港校区、西溪校区开辟残疾学生专用寝室；每个楼的值班室都配有微波炉、针线包、医药箱、小五金工具、打气筒等，以满足学生需求。

积极开展宿舍文化活动,组织了多个主题活动,如:爱国卫生月系列活动、端午节系列活动、毕业生离校系列活动、11.9 消防周系列活动、第 19 届寝室文化节系列活动等主题活动等,5 校区组织大小各类活动累计约 14 个。

注册浙江大学学生公寓管理微信服务号,突破校内传统公寓管理向多元化管理的转型,改变业务发展的局限性,开拓浙大舟山、海宁两个新校区的延伸服务。

迎新服务得到社会广泛关注,《现代物业》杂志、《中国高校学生公寓与物业管理》杂志都对此做了全面专题报道,介绍我校在迎接新生工作上的管理服务经验。

【启用全国首创的 5 合 1 学生宿舍安防平台】 为保障学生宿舍长治久安,着力打造了浙江大学学生宿舍安防系统。安防系统由宿舍大门门禁系统、宿舍外围红外入侵系统、紧急疏散通道门远程操控系统、宿舍视频监控系统、管理人员电子巡更系统等五个设备子系统组成。五个子系统所采集的信号和数据通过专用网络实时传递到校区监控中心。安防系统平台基于自主研发的专用软件将各子系统采集的信号、数据及相关设备运行状况在大屏幕上分类显示,可以实时把控学生宿舍安全状况,便于紧急状况发生时的集中快速响应和应急处置,有效降低宿舍管理人员的工作强度,减少治安事件的发生。

【浙江大学学生公寓管理微信服务号】 该微信服务号于 2014 年 5 月 15 日通过认证,下设 15 个子板块,已实现桶装水预订、电表充值、常用信息查询等功能。截至 2014 年年底,微信服务平台粉丝达 34000 多人,占全部住宿学生的 80%,桶装水微信预订服务 14483 桶,90% 以上寝室学生实现网上或

手机电表充值,信息传达率为 100%。

(曹　蕾撰稿　郜蕴超　审稿)

后勤管理

【概况】 2014 年,浙江大学后勤管理处坚持以师生需求为本,提高主动服务能力,强化乙方监管力度,提升后勤保障实力。与后勤集团签订第十四个全成本核算工作协议,继续实行契约式管理。全年经常性开展饮食安全、在建工程及基础设施等安全隐患排查,未发生后勤方面安全事故。

为学校重大活动、会议、接待等提供后勤保障;完善了后勤考核监督办法,通过日常考核、月度考核、随机考核、年终考核等多级考核相结合的机制,扩大师生监管参与;适度提高服务费标准,提高后勤乙方积极性;实施物业管理改革,探索新的物业管理费补贴方案,完成紫金港校区医学院等 5 个"楼宇相对独立、使用单位单一"的学院(系)的物业管理交接,协调纳米楼、中心大楼、体育场馆、农生环组团等物业管理工作开展;并根据《浙江大学大楼(公用房)物业管理分类管理》,提出了《浙江大学公用房物业分级分类推进建议》;深化信息公开、征求意见机制;主动征求全校院系、单位意见,根据经费编制、完成院系年度修缮项目 88 项;公开公示项目 183 项,提高工作的透明度和计划性。

开展学校日常零修,专项维修,体育基础设施、教师公寓、学生公寓的维修,设备维保、之江校区历保建筑修缮、重点学科 211、985 经费等项目的实施与审核,各院系计划外自筹资金项目的审批与审核。全年实施

项目 936 项,投入经费累计 16700 万元。基本完成结算审核约 846 项,送审金额达 12692 万元,核减率 15.8%。协助学校制定"美丽校园"计划,实施道路等校园整治项目,有效改进校园面貌。全年清运垃圾 19890 吨,处理化学废弃物 169 吨,及时维修、添置果壳箱,"四害"密度持续保持较低水平,有效防止传染疾病的发生和流行。全年多层次改造校园绿化景观面积达 400000 平方米,调整、补修校园绿地面积 45000 平方米,新增校园休闲点 3 处,全年审计绿化改造工程项目 56 项;更新华家池校区导视系统,梳理、增加植物标牌 270 余块。

"健全体制,落实制度,智能管控,科学改造,培育人才"五位一体全面推进节约型校园建设。在确保能源、资源满足教学科研需求的基础上,有效控制了能耗增长,完成年度节能目标。全年能耗费支出总费用 10375 万元,比上年同期下降 492 万元,降幅为 4.52%。同时,通过完善教学区智慧空调管理系统,开发后勤设备资产管理系统,扩展能耗监管平台范围,开发教育能源大数据平台等手段,进一步推动了节能管理取得实效,引领和推动节约型大学建设。2014 年 10 月 13 日,浙江大学成为中国经济网向社会公布的七家建筑节能"节约之星"之一。

【获首批"节约型公共机构示范单位"称号】
浙江大学于 2014 年 3 月正式获批成为教育部直属高校的首批 13 个"节约型公共机构示范单位"之一。"节约型公共机构示范单位"创建工作由发展改革委、财政部和国家机关事务管理局三部委共同发起,旨在从能源资源消耗指标、管理制度与实施情况、建筑及设备系统节能、节约用水、绿色消费和可再生能源及创新管理等方面对高校节

能工作进行综合评定。浙江大学高度重视节约型校园建设,在组织、政策、管理及技术投入等方面多措并举,注重师生全员参与,成果显著。"十二五"前三年累计节能 8885 吨标准煤,实现单位建筑面积能耗比"十一五"末下降 17.75%,单位面积水耗下降 25.59%;并利用现代信息技术,构建了校园能耗监测与控制中心,实现校园能耗精细化管理和控制。

【获浙江省科学技术奖二等奖】 2014 年 4 月 29 日,后勤管理处承担的"节约型校园建筑节能监管体系示范项目及推广应用"获 2013 年浙江省科学技术奖二等奖。该项目自 2008 年开始建设,2010 年通过住建部和教育部的示范项目验收,之后逐步扩展延伸,形成了具有校园能耗监测、节水管理、灯光智能监控、生活热水热泵集中监控、空调集中监控、用能核算管理等功能的监管体系,项目实现了多能耗采集、信息化业务协同等技术创新,通过开展实时监测和海量数据分析,实现节能优化管理,项目成效明显。同时,项目成果已在全国多家高校和公共机构中得到推广应用,取得了较好的经济和社会示范效益。

【首次开展气象灾害应急综合演练】 2014 年 5 月 12 日,浙江大学首次大规模、多种类气象灾害应急综合演练在紫金港校区开展,10 余家单位共 335 人参与。本次演练通过排水抢险、水电保障、应急疏散、绿化抢险、医疗急救、电梯施救、现场警戒、安全保卫、通讯保障 9 个项目的协作,真实模拟救援救助,从险情发生至全体疏散人员到达临时应急避灾安置场所(即风雨操场)共计 14 分钟。综合性应急演练有利于各单位协同、积累经验,熟悉工作流程和具体要求,加强防灾减灾的意识和实际救援能力。此外,还修

订了《浙江大学自然灾害应急预案》、《浙江大学突发停水电燃气蒸汽事件应急预案》，实施应急处置物资采购储备、演练、预案启动等工作。

（张燕青撰稿　李友杭审稿）

医疗保健工作

【概况】　浙江大学校医院是按照国家二级甲等医院标准建设和管理的综合性医疗机构，是浙江省、杭州市医保定点医疗机构，是全国高校学会保健医学学会副理事长单位、浙江省高校保健医学学会理事长单位。

校医院的本部设在玉泉校区，下设紫金港校区、西溪校区、华家池校区三个分院及求是社区医务室、紫金文苑医务室、之江校区医务室。现有在岗职工数 292 人，其中卫生专业技术人员 250 人，高、中、初级职称比例分别为 19.2％、48％、31.2％，护理人员 80 人。2014 年新增科研课题 4 项，其中获国家级课题 1 项；被 SCI 收录论文 4 篇，EI 论文 1 篇。2014 年投入设备 350.2 万元，新增 1 台奥林帕斯胃镜、1 台激光治疗仪等，更新救护车一辆。医院信息化建设投入 103.2 万元，完成玉泉与分院之间的区域 PACS 影像系统和心电图远程联网读片诊断系统。

修订和完善了《公共卫生突发事件应急预案》，进一步强化了各负其责、联防联控的工作机制。按照传染病流行情况及上级部门要求，认真落实各项措施，有效防止了肺结核、埃博拉出血热、登革热等各类传染病在校园内的传播。2014 年全校共报告各类传染病 213 例，未出现聚集暴发疫情，无群体性食物中毒事件发生。

2014 年，新增呼吸内科、中医科专家门诊，充分发挥了外请专家的传、帮、带作用。新开展口腔种植牙技术，腹腔镜、关节腔镜三类手术通过了浙江省卫生计生委的技术审核，医疗技术水平不断提高。2014 年，门急诊量 61.34 万人次，比上年增加 6.56％；业务收入 14033 万元，比上年增长 6.74％；全年体检 18.74 万人次，其中高知体检 6869 人次、普教体检 8260 人次、本校学生体检 31925 人次，实现了社会效益和经济效益双丰收。

2014 年，校医院连续第六年获得浙江省医保综合医院协议评价 A 级单位，华家池分院作为社区卫生服务机构也获得 A 级单位。

进一步完善了计生工作管理体系，与全校 5 个校区 99 个部门签订了《目标管理责任书》，层层落实责任。2014 年玉泉校区和华家池校区分别被西湖区和凯旋街道评为计生工作先进集体。浙江大学继成为全国高教人口计生学会常务理事单位后，再次当选为全国高校计生协会副秘书长单位。

秉承"人道、博爱、奉献"的红十字精神，做好红十字知识传播、健康教育普及、志愿者服务、无偿献血等红十字会工作，获 2014 年浙江省红十字青少年工作先进集体。

【杭州市大学生门诊纳入市医保】　2014 年 9 月 1 日起，杭州市各行政区域的大学生门诊统一纳入杭州市医保。为保障和方便学生及教工就医，经努力并报浙江省、杭州市医保部门同意，整合校医院 5 个校区的信息化系统，解决各校区间省、市医保在不同等级情况下的结算矛盾，医院内部信息化管理流程更简便、更畅通。

【"世界艾滋病日"防艾宣传活动走进校园】

2014 年 12 月 1 日是第 27 个"世界艾滋病日"。由杭州市卫生计生委、西湖区卫生局和浙江大学联合主办的"美好青春我做主——2014—2015 年防艾大使青春校园行"系列宣传活动在浙江大学紫金港校区拉开帷幕。此次活动的主题为"行动起来，向'零'艾滋迈进"，包括医务工作者、高校师生、防艾志愿者等数百人参加了活动。通过活动，引起大学生和全社会对艾滋病防控工作的重视。

【浙江大学红十字会换届】 2014 年 7 月 3 日，浙江大学红十字会第十三届理事会第一次会议在紫金港校区召开。浙江省红十字会党组成员、专职副会长高翔先生，浙大党委副书记、校红十字会会长严建华教授以及学校相关部门的领导、各院系理事和学生分会理事们参加了会议。会议通过多项决议，并成立了新一届浙大红十字会理事会。理事会聘请校长林建华担任名誉会长。

【附录】

2014 年浙江大学校医院概况

建筑面积（平方米）	固定资产（万元）	职工总数（人）	核定床位（张）	门诊量（万人次）	其中急诊（万人次）	健康检查（万人次）
16000	4769	292	130	61.34	3.08	18.74

（唐　云撰稿　张仁炳审稿）

附属第一医院

【概况】 浙江大学医学院附属第一医院(又名浙江省第一医院)由浙江大学老校长竺可桢创建于 1947 年,医院系三级甲等医院,是国家级医疗、教学、科研指导中心之一。它曾先后获得全国百佳医院、全国医药卫生系统先进集体、全国医德建设先进集体、全国卫生文化建设先进集体等多项殊荣。

医院分为庆春、城站和大学路 3 个院区,占地面积 147 亩,建筑面积 21.5 万平方米,核定床位 2500 张;现有职工 4874 人,其中卫生技术人员 22 人,高、中、初级职称比例分别为 27%、38.6%、23.1%;护理人员 2180 人。医院拥有中国工程院院士 2 人、国家"千人计划"入选者 2 人,"973"首席科学家 3 人,教育部"长江学者"奖励计划特聘教授 2 人、讲座教授 2 人,"百千万人才工程"国家级人选 1 人,国家杰出青年基金获得者 1 人,浙江省"海外高层次人才引进计划"入选者 4 人,浙江大学求是特聘教授 6 人,求是讲座教授 3 人,浙大光彪学者 1 人,浙江省特级专家 1 人。

医院拥有内科学(传染病学)、外科学(普外)2 个国家重点学科、国家临床重点专科 22 个、浙江省重点学科 8 个和浙江省医学重点学科群 2 个、医学重点学科 23 个、中医药重点学科 6 个。医院还拥有国家重点实验室 1 个,省部级重点实验室 9 个,省部级研究中心、基地 3 个。

医院拥有国内一流的智能化门诊大楼、智能化医技综合楼、智能化病房综合楼、国内最先进的 P3 实验室和负压病房以及 PET/CT,回旋加速器,直线加速器等先进设备,建有浙江省医学领域唯一的国家重点实验室——传染病诊治国家重点实验室以及卫生部多器官联合移植研究重点实验室、国家中医药科研三级实验室(分子生物学)、国家药品临床研究基地、全国人工肝培训基地、国家级继续医学教学基地等多个医疗、教学、科研机构。

医院到位的科研经费 21840.7 万元。其中包括:"艾滋病和病毒性肝炎等重大传染病防治"和"重大新药创制"国家科技重大专项。新立项有 5 项,包含重大科学研究计划(973)首席科学家 1 项、国家支撑计划 1 项、国家"863"计划(青年科学家计划类)1 项、国家自然科学基金 65 项。其他项目包含国家教育部各类项目 16 项、浙江省自然科学基金 27 项、浙江省科技厅计划 37 项、省卫计委项目 73 项,其中省部项目 4 项、省中医局项目 12 项、省教育厅项目 22 项、学会协会项目 9 项。

医院在 2014 年被 SCI 收录论文 378 篇,在全国医疗机构中排名第 8 位。其中署名陈瑜、李兰娟、高海女、李兰娟的 2 篇论文入选"中国百篇最具影响国际学术论文",影响因子大于 10 的 SCI 论文共有 4 篇。2014 年度共获国家科技进步二等奖 1 项、"何梁何利科学与技术进步奖"1 项、教育部 2014 年度高校十大科技进展 1 项、中华医学科技奖二等奖 1 项、浙江省医药卫生科技奖 7 项、中国实验动物学会科学科技奖三等 1 项。李兰娟院士的"H7N9 禽流感的病原学及临床诊治研究"和金洁教授的"高三尖杉酯碱为基础的诱导方案治疗初发急性髓系白血病",入选 2013 年度浙江大学十大学术进展;李兰娟院士主编的《传染病学》和郑树森院士主编的《外科学》,入选 2013 年度浙江大学十大教材;陈跃主编的《中老年人常见病防治系列丛书》,入选科技部 2013 年全国优秀科普作品。同年,全院授权专利 22 项、著作 8 本。

【自然杂志发表李兰娟院士团队最新科研成果】 2014 年 5 月 6 日,国际权威科学期刊《自然·通讯》在全球率先公布中国科学家在研究 H7N9 禽流感病毒方面再次获得重要突破。由附属一院的李兰娟院士等专家组成的科研团队发现,人体中血浆血管紧张素Ⅱ水平与 H7N9 禽流感患者疾病的严重程度很有关系。其水平越高,H7N9 禽流感患者病情越严重,而且病死率明显增加。该科研成果,是由附属一院传染病诊治国家重点实验室感染性疾病诊治协同创新中心、中国医学科学院基础医学研究所和中国疾病预防控制中心的专家联合完成。

2014 年 7 月 24 日,国际顶尖期刊 Nature(《自然》)在线发表了附属一院传染病诊治国家重点实验室科研人员的论著《肝硬化中肠道菌群的改变》。该论著研究揭示了肠道菌群与肝硬化的秘密,给全球医学科技研究提供了新思路。

该项研究成果收集了 181 个来自于中国人肠道菌群的样本,用宏基因组学的研究方法,开展了肝硬化肠道菌群的深度测序及关联分析研究,从中获得 269 万个非冗余的人体肠道微生物菌群的基因集,建立了世界上首个肝病肠道菌群基因集,其中 36.1% 的基因为首次发现。

该研究同时阐明了粪便微生物群落及功能成分特征,从肠道菌群发生紊乱的角度揭示肝硬化发生发展的机制。首次发现肝硬化患者口腔菌移位至肠道,这在肝硬化发生发展中或许起了重要作用。

同时,研究人员发现了 15 个高特异性和灵敏性的微生物基因,建立了预测疾病的模型。今后,这模型不仅有助于肝硬化诊断,还能用于肝硬化疗效的评估,是具有重大国际影响力的科研成果。

【陈江华团队获 2014 年度国家科技进步二等奖】 1 月 9 日,附属一院陈江华教授历经 31 年研究,主持完成的"终末期肾病肾脏替代治疗关键技术创新与推广应用"项目获 2014 年度国家科技进步二等奖"。

在综合患者病情、家庭状况、卫生医疗可及性等因素后,通过技术创新,陈江华团队在国际上率先提出并建立了以肾移植为

浙江大学年鉴

项　目	数量	项　目	数量
建筑面积（万平方米）	21.5	国家重点实验室数（个）	9
固定资产（亿元）	203321.43	卫生部重点实验室（个）	2
床位数（张）	2500	省部重点实验室（个）	9
在编职工数（人）	4874	国家药监局临床药理研究基地数（个）	1
主任医师数（人）	244	卫生部专科、住院医师培训基地数（个）	26
副主任医师数（人）	271	业务总收入（亿元）	39.24
具有博士学位的医师比例（%）	31.6	药品占总收入比例（%）	40.39
两院院士（人）	2	门急诊人次（万）	376
长江学者奖励计划特聘教授数（人）	4	住院人次（万）	13.0895
教学总面积（平方米）	3005	出院人次（万）	13.0438
教学投入资金（万元）	280	手术台数（万）	7.5670
国家级精品课程（门）	2	平均床位周转率（%）	43.81
省级精品课程（门）	3	实际床位利用率（%）	106.59
		SCI 入选论文数（篇）	378
		MEDLINE 入选论文数（篇）	316
		出版学术专著（部）	8
出国交流（人次）	428	科研总经费（万元）	21840.7
		其中国家自然基金比重（%）	42.1
		其中纵向经费比重（%）	98.15

核心，以血液透析和腹膜透析为辅助的肾脏替代一体化治疗体系，实现了从单一技术为治疗手段的医疗模式转变为以病人利益和疗效最大化为目的的个体化医疗模式，显著提高了患者的长期生存率。陈江华团队迄今共完成终末期肾病肾脏替代治疗 10447 例，患者 10 年生存率达到 82.2%，达到国际领先水平。

研究组在 2011 年至 2013 年间的肾移植数量及质量均居全国第一，发表论文 366 篇，其中被 SCI 收录 151 篇（总影响因子 487.1，IF＞5.0 的论文 26 篇，包括 JAMA 等 TOP 期刊），他引 1246 次。成果获浙江省级科学技术奖 6 项（其中一等奖 4 项），授权发明专利 4 项。整体技术在全国 31 个省市自治区的 242 家医院推广应用，使 16.3

万例患者获益，为社会和科技进步做出了重大贡献，得到了国际专业组织的高度认可，陈江华教授在 2012 年被美国肾脏基金会（NKF）授予"国际杰出奖章"。

【中国肝移植注册中心落户附属第一医院】

2014 年 11 月 5 日，中国肝移植注册中心正式由香港转至附属第一医院，今后所有接受肝脏移植的患者都将在附属第一医院注册登记信息，并追踪术后移植用药及生存状况。该中心是世界第三大肝移植数据库。

这次转移，主要基于附属第一医院的信息化能力、肝移植技术及管理能力已经处于国内领军地位。附属第一医院已累计肝移植超过 1600 例，患者术后 1 年、2 年、3 年的存活率分别为 95.2%（美国为 86.2%）、84.9%（美国为 80.5%）、75.7%（美国为

77.2%），达到世界领先水平。

人体器官捐献也称心脏死亡器官捐赠，简称 DCD。附属第一医院 DCD 供肝的比例从 2010 年的 1.9% 提高到 2013 年的 41.7%，而 2014 年达到了 53.7%，已成为肝移植供肝的主要来源。

（张佳敏撰稿　邵浙新审稿）

附属第二医院

【概况】 浙江大学医学院附属第二医院（简称浙医二院）创建于 1869 年，其前身为英国圣公会在华设立的杭州广济医院，1885—1925 年医院附设的广济医校是国内最早的医校之一。

医院现有解放路和滨江两大院区，核定床位 3200 张。2014 年，门急诊量 350 余万人次，总手术量 10 万台，年出院量 10 余万人次，平均住院日 8.26 天；拥有卫生部临床重点专科 13 个，教育部重点学科 1 个，重点培育学科 1 个，包括肿瘤、眼科、心血管内科、外科、骨科、神经外科、神经内科、急诊医学科等，还有在国内颇有影响力的技术过硬、服务精良的护理团队；拥有全省唯一急救直升机停机坪。

医院拥有教育部"长江学者"奖励计划特聘教授 6 人，卫生部有突出贡献中青年专家 5 人，国家杰出青年基金获得者 4 人，"百千万人才工程"国家级人选 1 人，国家"青年千人计划"入选者 1 人，中华医学会系列副主任委员以上 6 人，973 首席科学家 1 人，获政府特殊津贴专家 15 人，浙江省特级专家 3 人；与加州大学里根医学中心、MD Anderson、约翰霍普金斯等国际顶级医疗机构建立深度国际合作，建有全国最大的国际远程医学中心。

医院是世界首批通过国际联合委员会（Joint Commission International, JCI）认证的医学学术中心以及浙江省省内唯一获得检验诊断服务质量金标准——美国病理学家学会（College of American Pathologist, CAP）认证的医院，被行业主管部门以及同行们公认为"国内精细化医院管理的典范"。

2014 年，医院开展首届新技术擂台赛，大力扶植新技术、新项目，提升学科关键技术引领能力；眼科中心在浙江省内率先引进飞秒白内障手术方法——白内障"无刀"手术；神经外科主任张建民的"出血性脑卒中的病理机制及诊治策略研究"获浙江省科技进步一等奖。其被 SCI 收录论文 351 篇，其中影响因子≥5 的论文共有 26 篇，并首次在国际权威期刊 Cell 子刊 Immunity 上发表封面论文（Article），影响因子近 20。

国际合作向纵深推进。医院与美国科罗拉多大学、宾夕法尼亚大学、MD Anderson（癌症中心）等开展培训交流；与 UCLA（美国加州大学洛杉矶分校）联合培训、难病共治，国际联合诊断病例共 1500 余例；举办了国际肝胆胰外科高峰论坛、第三届中国甲状腺外科高峰论坛暨第五届腔镜甲状腺手术国际研讨会等多个国际论坛和会议。

加快滨江院区建设，促进两院区联动升级发展。2014 年，滨江院区先后新建、扩展、搬迁 15 个科室，开放床位 960 余张。累计门诊量近 54 万人次，急诊量 1.6 万余人次，出院病人近 2.3 万人次，手术 1 万余台次。

持续深入阳光资质管理、病案管理、患者基本信息准确性管理；坚持 JCI 标准，提升医疗服务品质；优化门诊流程，实现智慧

浙江大学年鉴

项　　目	数量	项　　目	数量
建筑面积(平方米)	377830	国家重点实验室数(个)	0
固定资产(万元)	193456.90	卫生部重点实验室(个)	0
床位数(张)	3200	省部重点实验室(个)	6
在编职工数(人)	3788	国家药监局临床药理研究基地数(个)	1
主任医师数(人)	167	卫生部专科、住院医师培训基地数(个)	17
副主任医师数(人)	248	业务总收入(亿元)	36.10
具有博士学位的医师比例(%)	13	药品占总收入比例(%)	33.40
两院院士(人)	0	门急诊人次(万)	351
长江学者奖励计划特聘教授数(人)	6	住院人次(万)	10.50
浙江省特级专家数(人)	3	出院人次(万)	10.46
教学总面积(平方米)	1500	手术台数(万)	9.76
教学投入资金(万元)	2.72	平均床位周转率(%) 次数	41.99
国家级精品课程(门)	0	实际床位利用率(%)	95.63
省级精品课程(门)	0	SCI 入选论文数(篇)	295
获国家级教育奖励项目数	0	MEDLINE 入选论文数(篇)	300
出国交流(人次)	372	出版学术专著(部)	0
举办国际学术会议数(次)	6	科研总经费(万元)	8419.8
社会捐赠经费总额(万元)	1158.68	其中国家自然基金比重(%)	534.39
		其中纵向经费比重(%)	83.67

医疗;"广济之舟"志愿者共计7848人次,参加志愿服务。

【获"浙江省模范集体"称号】 浙医二院作为"7·5公交车事件"救治指导中心,共收治了其中病情最为危重的19名成人患者,经过由烧伤科、重症医学科、心血管内科等25个专科专家组成的多学科医护团队的奋战,创造了"群体重度烧伤患者超五个月零死亡"的医学奇迹。在这过程中,医院快速的应急反应、完善的急救体系、成熟的抢救机制给全国人民留下了深刻印象:15分钟完成8例气管切开术;救治全过程围绕"精细化照护、最优化治疗"十字方针,共进行多学科会诊110余次,2500余人次专家参与讨论,累计完成手术100余次,支气管镜下

肺泡冲洗和治疗100余次;全院2000多位员工参与救治,累计加班3737人次。浙医二院被省政府授予"浙江省模范集体"荣誉称号,并登上"最美浙江人——2014年度浙江骄傲十大人物"榜首。

【王建安团队在国内领先开展经导管主动脉瓣置入术(TAVI)等新技术】 2014年9月19日,该心脏团队成功完成了国内首例主动脉瓣关闭不全患者经导管主动脉瓣置入术(TAVI)。这不但为重度主动脉瓣关闭不全的患者带来了重生的希望,也掀开了中国心血管病介入治疗史上新的一页。该技术应用于主动脉瓣关闭不全是全新的尝试。严重的主动脉瓣关闭不全患者的药物治疗效果差,根本的解决方法是外科心脏瓣膜置

换术,但 30% 的患者因高龄、心脏功能差、存在严重的合并症等各种原因不能耐受外科治疗。经股动脉途径主动脉瓣置入术不开胸,只向"动脉"借个通道置入瓣膜,但手术难度高,国际上也只有零星的报道。该团队由于在主动脉瓣二叶瓣畸形、瓷化主动脉、冠脉开口低、选择锁骨下以及升主动脉途径等复杂 TAVI 手术中有丰富的经验,受邀在全国心血管学术年会上进行现场手术演示,在国际最重要的心血管病会议如 TCT、TCTAP 等进行学术交流,引领中国心脏瓣膜介入治疗的发展。该团队还于 2014 年 3 月 18 日,成功施行浙江省首例房颤患者左心耳封堵术。其提前封堵左心耳来预防房颤患者脑卒中的风险,与服用抗凝药的传统治疗方法相比,疗效更佳。欧美国家和我国香港地区也在积极推广该项技术,为房颤患者带来了福音。

【浙二·广济 145 周年院庆】 2014 年 12 月 18 日,浙医二院举行了"浙二·广济 145 周年回顾与展望"仪式。仪式上,医院出品了震撼人心的 145 周年献礼片《因为生命》,表彰了"浙二·广济杰出贡献人物",颁发了国际合作奖和海峡两岸医院管理合作奖,并举行了社会捐赠仪式,发布了承载浙医二院发展历史的新书——《相信——广济传人:38 位名医逸事》,举行了 2014 年临床新技术擂台赛颁奖典礼,表彰了 8 项具有较大应用价值和意义的临床新技术。从广济到浙二,医院始终贯彻着"患者与服务对象至上"的理念,科技创新更是历代"浙二人"的不懈追求。浙医二院在 145 周年之际,也制定了清晰的医院未来发展规划:基于"卓越战略"和"全球战略"的思想,确定了崇尚正确的价值观、极强的学科引领、全球化视野与合作、提升品质和细节、数字化医院、卓越的绩效管理、培养后备领导、强健的辐射能力的这 8 条路径。这将促进医院速航。

(胡卫林撰稿　王建安审稿)

附属邵逸夫医院

【概况】 附属邵逸夫医院是由香港知名实业家邵逸夫爵士捐资、浙江省人民政府配套建设,集医疗、教学和科研为一体的公立综合性研究型的三级甲等医院。医院分设庆春和下沙 2 个院区,实施一体化管理,其中庆春院区占地 89.5 亩、下沙院区占地 196 亩。医院总建筑面积达 293891 平方米,其中庆春院区 118228 平方米、下沙院区 175663 平方米;核定床位数为 2400 张,实际开放床位共 1905 张;开设 32 个临床科室,46 个护理单元,9 个辅助科室。

现有在职职工共 3520 人,其中庆春院区 2890 人、下沙院区 630 人;正高级职称人员 132 人,副高级职称人员 264 人;博士研究生导师 32 人(2014 年新增 8 人,含转化院划入的 3 人),硕士研究生导师 74 人(新增 10 人,含转化院划入的 2 人)。具有博士学位的医护人员共 296 人、硕士学位的医护人员共 666 人。

医院设有 26 个临床教学教研室,拥有 19 个博士培养专业点和 30 个硕士培养专业点,邵逸夫医院拥有国家临床重点专科 3 个;浙江省卫计委重点和创新学科 10 个;各级科研平台 7 个。浙江省技术指导中心 2 个。医护人员中入选国家"千人计划"和国家"青年千人计划"各 1 人、"长江学者"1 人、浙江大学求是特聘教授和特聘医师 3 人、"新世纪百千万人才工程"国家级人选 1

人、国务院政府特殊津贴获得者 2 人、浙江省特级专家 1 人、卫生部有突出贡献中青年专家 1 人、教育部新（跨）世纪优秀人才培养计划入选者 3 人。

医院业务总量快速增长，全年业务收入达 23.55 亿元，比上年增长 23.0%；年门诊量为 2,050,991 人次，比上年增长 20.08%；出院人数为 84,733 人次，比上年增长 12.42%；手术总例数为 69,047 例，比上年增长 11.8%。医疗质量不断提升，施行四类、特类手术 13,382 例，比上年增长 9.5%，该类手术占比达到历史新高 30.76%；开展新技术新项目 10 项，其中完全腹腔镜下绕肝带法"二步法"肝切除术，为国际首创，赢得国内外广泛赞誉；药品比例、抗生素占药比再创新低，分别为 33.27% 和 11.50%；平均住院日 6.94 天，继续保持浙江省省内三级甲等医院最低；首次申报并顺利通过爱婴医院的评审。

2014 年，全院获国家自然科学基金项目 31 项，比上年增长 29.2%，其中重点项目 1 项；获浙江省自然科学基金项目 23 项，比上年增长 27.8%，其中杰出青年 1 项、重点 1 项；另有省部级科技项目 7 项、厅局级科技项目 73 项；年度累计到位科研经费 2330.22 万元，比上年增长 11.9%。全年被 SCI 收录论文 202 篇，比上年增长 45.5%，其中影响因子大于 5.0 的论文 6 篇，最高影响因子为 11.4；获浙江省科技奖 1 项，厅局级奖 4 项。

教学质量稳步提高，住院医师培训模式规范、系统，与国际接轨，15 个浙江省省级住院医师培训基地通过省卫计委复评，并新增 1 个浙江省培训基地（精神卫生科），初步形成了以亚专科为主，学科中心为辅的学科建设新格局，学科实力和影响力明显提升，

学科带头人在省内外的地位和影响力显著提高。

积极推进优质医疗资源下沉工作。根据中共浙江省委、浙江省人民政府以及浙江大学、浙江省卫计委要求，截至 2014 年底，已先后与武义县人民医院、江山市人民医院、义乌中心医院、遂昌县中医院、德清县人民医院、舟山普陀医院、宁波明州医院以及浙江大学医学院附属第四医院、绍兴医院、金华医院、丽水医院、衢州医院、湖州医院等多家医院进行合作。

【蔡秀军首创完全腹腔镜下绕肝带法"二步法"肝切除术】 蔡秀军教授于 2014 年 5 月 14 日、5 月 25 日成功施行了"二步法"肝切除术，一期为腹腔镜联合门脉左支结扎，左右肝实质绕肝带捆绑术，二期为腹腔镜左半肝切除术。该技术是国际上第一次在完全腹腔镜下使用绕肝带的方法对以往被认为无法手术的肝硬化肝癌患者实施了二期肝切除术，彻底切除肝脏肿瘤，解决了预计剩余肝脏体积小于 40% 的肝硬化肝癌患者无法手术治疗的难题。特别是，应用该技术无须等待肝源就可以手术，且费用是常规肝移植手术的 30%。2014 年 10 月 4 日至 6 日，蔡秀军作为中国大陆唯一一名该领域权威专家受邀出席在日本盛岗召开的国际腹腔镜肝切除术专家共识大会，并在大会上介绍了其团队的这一最新的肝切除术。该切除术受到了本届大会主席 Go Wakabayashi 以及与会专家的一致肯定和高度赞赏。共有来自中国、美国、英国、法国、德国、意大利、比利时、荷兰、加拿大、阿根廷、巴西、澳大利亚、日本、韩国、印度等国家的 30 余位国际顶尖的腹腔镜肝切除领域专家参会。

国际腹腔镜肝切除术专家共识大会是腹腔镜肝切除学界最重要且最具权威指导

项　目	数量	项　目	数量
建筑面积(平方米)	293891	国家重点实验室数(个)	0
固定资产(万元)	59379.34	卫生部重点实验室(个)	0
床位数(张)	2400	省部重点实验室(个)	2
在编职工数(人)	1711	国家药监局临床药理研究基地数(个)	1
主任医师数(人)	101	卫生部专科、住院医师培训基地数(个)	17
副主任医师数(人)	174	业务总收入(亿元)	23.55
具有博士学位的医师比例(%)	42.64	药品占总收入比例(%)	33.27
两院院士(人)	0	门急诊人次(万)	205.10
长江学者奖励计划特聘教授数(人)	1	住院人次(万)	8.47
浙江省特级专家数(人)	1	出院人次(万)	8.47
教学总面积(平方米)	1500	手术台数(万)	4.35
教学投入资金(万元)	500	平均床位周转率(%)	48.86
国家级精品课程(门)	0	实际床位利用率(%)	93.25
省级精品课程(门)	0	SCI 入选论文数(篇)	163
获国家级教育奖励项目数(个)	0	MEDLINE 入选论文数(篇)	0
出国交流(人次)	305	出版学术专著(部)	0
举办国际学术会议数(次)	1	科研总经费(万元)	2330.22
社会捐赠经费总额(万元)	0	其中国家自然基金比重(%)	26.40
		其中纵向经费比重(%)	83.90

意义的会议,六年举办一次。上届大会于 2008 年在美国 Louisville(路易斯维尔)召开,并于会后发表了 Louisville 宣言。该宣言成为国际上指导腹腔镜肝切除的指南,影响了过去六年腹腔镜肝切除术的开展和发展。

【学科实力和影响力明显提升】 医院承担的国家、浙江省继续医学教育项目数逐年递增,2014 年新增 9 项,其中国家级 4 项、省级 5 项;项目总数达到 40 项,其中国家级 34 项、省级 6 项;项目培训达到 10218 人次;全年接受临床进修生 429 人,比上年增长 49.5%。截至 2014 年底,全院共有中华医学会外科分会常委 1 人,浙江省医学会分会主委 7 人,其中 2014 年新上 6 人;候任主委

6 人,均为 2014 年新当选;副主任委员 20 人,其中 2014 年新上 14 人。邵逸夫医院的优势学科,不仅拥有了较高的社会美誉度,也得到了浙江省省内同行专家的高度认可与肯定。

【新媒体宣传助推"未来医院建设"】 2014 年附属邵逸夫医院在浙江省内率先利用微信这一新媒体工具,建设掌上邵医 APP,搭建"邵逸夫医院"微信公众服务平台,开设支付宝钱包"邵逸夫医院"服务窗。患者可通过"掌上邵医 APP"在手机上实现预约挂号,在线查询等功能。该 APP 的上线,开启了"智慧医疗,改变生活"信息化平台的第一步。之后,"邵逸夫医院"微信公众平台相继推出,向公众传播健康保健知识、推送医院

新闻动态,不断扩大医院的影响力和社会美誉度;随后支付宝钱包"邵逸夫医院"服务窗上线,患者可在手机上进行挂号、缴费、排队候诊与取报告等就诊流程,大幅缩短了患者就医时间,有助于解决人流拥挤这些难题。

(陆红玲撰稿 蔡秀军审稿)

附属妇产科医院

【概况】 附属妇产科医院是浙江省妇产科医疗、教学、科研及计划生育、妇女保健工作的指导中心,是浙江省"三甲"妇女保健院(妇产科医院)、首批国家级住院医师规范化培训基地和全国首批助产士规范化培训基地。

2014年,国家临床重点专科建设项目(妇科和产科)通过中期检查;并通过浙江省住院医师规范化培训基地实地复审复评以及爱婴医院工作的省级复评。选派人员参加由国家卫生计生委和中华全国总工会联合举办的全国妇幼健康技能竞赛,其中1人获得妇女保健项目个人决赛一等奖。另外还有3个单项奖。医院获国家级节约型公共机构示范单位、浙江省绿色医院、浙江省突出贡献青年文明号活动组织单位等称号。分娩室创建五星级浙江省级青年文明号。1人入选浙江省千人计划,2人获浙江省妇幼健康技能竞赛个人决赛一等奖,1人获浙江省妇幼健康教育演讲比赛一等奖。

2014年度总立项科研项目75项,其中纵向科研项目65项,主要包括国家自然科学基金13项、浙江省科技厅重大项目1项、卫生部公益行业科研专项1项(合作项目)、浙江省十二五重大科技专项1项、浙江省自然科学基金13项、浙江省科技厅公益性技术应用研究项目3项、浙江省医药卫生科技计划项目6项、浙江省教育厅科研项目7项、浙江省计生委科研项目14项、浙江省中医药科技计划项目3项等;横向科研项目10项。

医院组织人员对全省孕产妇死亡和围产儿死亡进行评审,搞好产前筛查和诊断工作、母婴健康工程、产科质量检查、助产机构从业规范制定和监督检查等;全面开展艾滋病、梅毒和乙肝母婴阻断工作;开展国家梅毒感染母亲所生儿童的随访工作项目及孕期甲状腺功能筛查项目。

继续贯彻落实"双下沉"工作。全面托管宁海县妇幼保健院,重点托管常山县人民医院妇产科和岱山县人民医院妇产科,对托管医院实行同质化管理。组建志愿者服务团队"天使之翼",向社会招募志愿者,建立志愿者服务系统。

【浙江省"百万妇女生殖健康技术成果转化工程"】 林俊教授为总负责人、浙江大学医学院附属妇产科医院为项目牵头单位的浙江省基层卫生适宜技术成果转化工程"百万妇女生殖健康技术成果转化工程"以转化实施成熟且基层急需的适宜技术为手段,以利用浙江省完善的妇幼保健相关网络为途径,向浙江省11个地市14家从事妇女生殖健康服务的医疗机构转化实施5大类9项技术,以惠及100万及以上浙江省妇女为受益目标人群,重点对各地市级合作单位进行相关技术的转化应用,部分技术主要面向县区级医疗单位转化。2014年已对余杭、温岭、衢州、宁波4个示范基地进行了集训,集训辐射浙江省100余家医疗机构,培训学员1300余人次。

【"天使之翼"志愿者】 浙江大学医学院附

项　目	数量	项　目	数量
建筑面积(平方米)	96012	国家重点实验室数(个)	0
固定资产(万元)	50306.36	卫生部重点实验室(个)	0
床位数(张)	973	省部重点实验室(个)	2
在编职工数(人)	1016	国家药监局临床药理研究基地数(个)	1
主任医师数(人)	51	卫生部专科、住院医师培训基地数(个)	3
副主任医师数(人)	71	业务总收入(亿元)	9.146
具有博士学位的医师比例(%)	25.8	药品占总收入比例(%)	24.04
两院院士(人)	0	门急诊人次(万)	142.696
长江学者奖励计划特聘教授数(人)	0	住院人次(万)	6.6806
浙江省特级专家数(人)	1	出院人次(万)	6.6137
教学总面积(平方米)	750	手术台数(万)	4.9251
教学投入资金(万元)	15	平均床位周转率(%)	63.36
国家级精品课程(门)	1	实际床位利用率(%)	99.71
省级精品课程(门)	1	SCI 入选论文数(篇)	63
获国家级教育奖励项目数(个)	0	MEDLINE 入选论文数(篇)	39
出国交流(人次)	76	出版学术专著(部)	4
举办国际学术会议数(次)	1	科研总经费(万元)	1322.8
社会捐赠经费总额(万元)	0	其中国家自然基金比重(%)	61.9
		其中纵向经费比重(%)	89.4

属妇产科医院"天使之翼"志愿者组织成立于 2014 年 3 月 6 日。"天使之翼"志愿者服务团队是为了提高医院服务品质,更好体现"以病人为中心,以质量为核心"的服务宗旨,遵循自愿、平等、无偿、诚信、合法的原则而组建的,志愿者向社会公开招募,在册志愿者有 200 余人。志愿者在协助病人就医,维持就诊秩序,在缓解医患矛盾中起到了桥梁作用。

(孙美燕撰稿　吴瑞瑾审稿)

附属儿童医院

【概况】　附属儿童医院建院于 1951 年,是浙江省最大的三级甲等综合性儿童医院,是儿科学国家重点学科单位和儿科重症专业、新生儿专业、小儿消化专业、小儿呼吸专业的国家临床重点专科单位,拥有 6 个浙江省医学重点学科、1 个浙江省重点创新团队、1 个浙江省重点学科群及教育部重点实验室、浙江省重点实验室。医院还是国家药物临床试验机构、浙江省新生儿疾病防治中心、浙江省小儿心血管疾病防治中心、浙江省新生儿疾病筛查中心、浙江省基因诊断中心、浙江省听力筛查管理中心所在地,具有儿科学硕士、博士学位授予权,建有博士后流动工作站。

医院现设有滨江和湖滨2个院区,核定床位共1900张,职工总人数2196人,其中,正高级职称人员86人,副高级职称人员137人;博士学位人员95人,硕士学位人员506人。2014年,门急诊病人208.77万人次,住院病人4.6万人次,开展手术2万余台,开展新生儿疾病筛查57.34万例,筛查率99.53%。

医院获得各类科研项目82项,总科研经费1214.84万元,发表SCI论文83篇,平均IF为1.913(2013年为1.904),最高IF为5.386。医院创办的全英文儿科学国际期刊 World Journal of Pediatrics 累计出刊38期,共计发表文章585篇,其中国外来稿占69.4%,在全球118种儿科学领域期刊中排名第80位,稳居亚洲同类期刊第一,成为首本拥有国内统一连续出版物号(CN33-1390/R)的英文儿科期刊。

作为浙江大学教学医院,医院现已建立了一整套成熟、完善的教学体系和一支高水平、经验丰富的师资队伍,承担着浙江大学医学部及留学生的儿科学教学、研究生培养、专科医师培训、ICU专科护士培训和继续教育等儿科教学工作,为国家培养了大批儿科人才。

医院学科发展特色显著,临床业务能力、服务水平及综合实力在全国儿童医院中名列前茅。围绕儿科学领域的研究前沿,医院形成了新生儿、小儿消化、小儿血液肿瘤、小儿心血管、儿童保健、儿科重症、小儿呼吸、小儿内分泌、小儿神经等一批国内一流并具有一定国际影响力的学科群,同时还培养了一支包括中华医学会儿科分会候任主任委员、中华预防医学会儿童保健分会候任主任委员、中国医师协会儿科分会副主任委员、中华预防医学会儿童保健分会新生儿筛查学组组长、中华医学会儿科分会新生儿学组组长、中华医学会儿科分会消化学组副组长、中华医学会儿科分会儿童保健学组副组长、中华医学会小儿外科分会心胸学组副组长、亚太儿科内分泌学会秘书长、BioMed Central Pediatrics 学术期刊副主编、World Journal of Pediatrics 主编、中华儿科杂志副主编、浙江大学求是特聘学者等兼具医、教、研综合能力和创新意识的拔尖人才队伍。

【滨江新院区启用运行】 该院区于12月27日投入运行,浙江大学校长林建华、浙江省人民政府副秘书长李云林、浙江省卫生和计划生育委员会主任杨敬等主要领导为滨江新院区揭牌,相关政府部门、主管单位、兄弟医院代表等共100余人应邀到会祝贺,当天,滨江院区开展了大型义诊活动,共送出号源3229个。

滨江院区作为主院区位于钱塘江岸,建筑面积13万平方米,设有门诊中心、急诊中心、实验检验中心、住院部、突发公共卫生事件处置中心、行政中心七大功能区块,开放床位900张。

【全力救治"7·5公交事件"烧伤患儿】 "7·5"公交事件(7月5日)发生后,附属儿童医院收治了3名受伤患儿,成立患儿救治领导小组和专家组,集中多专业力量协作开展救治工作,PICU、SICU、烧伤整形科等科室医护人员相互配合,逐步攻克了"感染关"、"休克关",全力保障了3名烧伤患儿生命健康,同时还组织会诊,做好患儿的心理护理、临床营养和康复治疗工作,使烧伤患儿取得较好的治疗效果。

项　目	数量	项　目	数量
建筑面积（平方米）	171011	国家重点实验室数（个）	0
固定资产（万元）	15640.73	卫生部重点实验室（个）	0
床位数（张）	1900	省部重点实验室（个）	2
在编职工数（人）	2196	国家药监局临床药理研究基地数（个）	1
主任医师数（人）	68	卫生部专科、住院医师培训基地数（个）	1
副主任医师数（人）	90	业务总收入（亿元）	9.61
具有博士学位的医师比例（%）	13.6	药品占总收入比例（%）	33.69
两院院士（人）	0	门急诊人次（万）	208.77
长江学者奖励计划特聘教授数（人）	0	住院人次（万）	4.60
浙江省特级专家数（人）	0	出院人次（万）	4.46
教学总面积（平方米）	805.19	手术台数（万）	2.09
教学投入资金（万元）	20	平均床位周转率（%）（次）	50.11
国家级精品课程（门）	0	实际床位利用率（%）	99.07
省级精品课程（门）	1	SCI入选论文数（篇）	83
获国家级教育奖励项目数（个）	0	MEDLINE入选论文数（篇）	40
出国交流（人次）	101	出版学术专著（部）	4
举办国际学术会议数（次）	0	科研总经费（万元）	1214.84
社会捐赠经费总额（万元）	820	其中国家自然基金比重（%）	14.6
		其中纵向经费比重（%）	83

【楼晓芳获评"浙江大学好护士"】 10月，附属儿童医院推选出5名医务人员参加"浙江大学好医护"评选，最终楼晓芳主任护师获首届"浙江大学好护士"奖。楼晓芳是国内第一批儿童ICU护士、"2007—2008年度浙江省优秀护士"，现为儿科ICU护士长兼大内科护士长、硕士生导师，拥有30余年护理工作经验，曾全程参与了"非典"、禽流感、重症手足口病、H1N1甲型流感病毒等传染病病人的抢救与护理过程。

（周　欢撰稿　魏　健审稿）

附属口腔医院

【概况】 附属口腔医院（又名浙江省口腔医院）是浙江省唯一一家三级甲等（参照）口腔专科医院，是浙江省口腔医疗、科研、教学、预防指导中心，浙江省口腔医学会、浙江省口腔质量控制中心、浙江省口腔卫生指导中心、浙江省口腔正畸中心所在单位，也是"国家级生物医用材料工程技术中心/种植中心"分支机构所在地及国家住院医生规范化培训基地和国家执业医师考试基地。

医院建筑面积约6493平方米，核定床

浙江大学年鉴

位 50 张,开放床位 21 张,现有牙科综合治疗椅 149 台(含城西分院、华家池口腔诊疗中心)。现在院职工 389 人,副高以上职称 42 人,博士生导师 6 人,硕士生导师 12 人。

2014 年,门诊量 364150 人次,比上年增长 8.75%;出院人次 716 人,比上一年下降 10.05%;医院总收入 17601.84 万元,比上年增长 23.90%;其中医疗收入为 16392.57 万元,比上年增长 23.56%;医院总资产 26690.52 万元,比上年增长 25.97%。

根据学校的工作部署,医院继续深入党的群众路线教育实践活动,完成整改落实 13 个项目,完成制度建设 8 项,结合党的群众路线教育实践活动,进一步巩固与深化群众路线教育实践活动。医院召开了四届一次的"双代会",选举产生了医院第四届工会委员会和第二届经费审查委员会。

教学科研工作稳抓稳打。本年度申请获得教育部高等学校"专业综合改革试点"项目——口腔医学(七年制)150 万经费,医院获批国家卫计委第一批住院医师规范化培训基地。本年度医院共获批科研项目 28 项,其中国家自然科学基金 6 项,其他各类科研项目 22 项,获科研经费 494 万元。医院获得中华口腔医学会科技奖三等奖 1 项,浙江省医药卫生科技奖一等奖 1 项,浙江省科学技术进步奖二等奖 1 项。华家池校区转化医学平台口腔科研实验室开始投入使用。医院顺利承办了中华口腔医学会口腔生物医学 2014 年学术年会。本年度,医院还首次举办了浙江大学口腔医学院学术沙龙系列活动,共计 7 次。

注重人才引进及培养。本年度新职工上岗培训 54 人,其中博士学位 10 人,博士后流动站入站 5 人,博士学位专职科研岗 1 人;本年度公派出国进修人员 9 人次。

对外交流合作有新亮点。医院与美国佐治亚健康科学大学牙学院重启合作之旅,本年度来访学生 5 名,医院派遣交流学生 5 名。本年度共聘请外籍兼任教授及专家 4 人次,接待外籍专家的来访 20 余次,进一步提升医院科研项目的国际化合作水准。

医院继续担好服务社会之责。医院对口支援舟山市口腔医院(第二轮);新发展省内协作医院一家(余杭五院);医院合作办医单位——武义县口腔医院迁建新院工作已经顺利推进;组织了浙江省欠发达地区口腔健康公益活动。

医院管理工作有新气象。全面推行了"银医通"诊间结算,简化就诊流程;成立了"爱牙之友"志愿者团队,并注册为杭州市志愿者协会直属机构,已招募院外志愿者 114 人次。总务后勤工作保障到位,完成医院检验科及胸片室的装修工程,完成医院两台电梯的更换安装。

【医院扩建工程项目获突破性进展】 2014 年,为突破医院发展瓶颈、早日实现医院的二次创业,浙江大学医学院附属口腔医院扩建工程(浙江大学口腔医学中心)项目取得了突破性进展。该扩建工程项目建议书获浙江省发展和改革委员会批复(浙发改函〔2014〕55 号),同意项目按 56000 平方米的建设面积,120 张床位、300 张牙椅的规模进行建设;医院与浙江大学签订了合作共建的协议;项目选址意见书获杭州市规划局批复,项目土地预审获杭州市国土资源局批复。

选址位于杭州市秋涛路以东,严家路以南,昙花庵路以北,规划城市支路以西,属于浙大权属用地。

【承办全国口腔生物医学学术会议暨"西湖国际"口腔医学高峰论坛】 该会议于 2014 年 10 月 24—26 日在杭州召开。本次大会

附表　2014年度附属口腔医院基本情况

项　　目	数量	项　　目	数量
建筑面积(平方米)	6493	国家重点实验室数(个)	0
固定资产(万元)	6783.53	卫生部重点实验室(个)	0
床位数(张)	21	省部重点实验室(个)	0
在编职工数(人)	165	国家药监局临床药理研究基地数(个)	0
主任医师数(人)	14	卫生部专科、住院医师培训基地数(个)	1
副主任医师数(人)	18	业务总收入(亿元)	1.76
具有博士学位的医师比例(%)	31.45	药品占总收入比例(%)	1.35
两院院士(人)	0	门急诊人次(万)	36.42
长江学者奖励计划特聘教授数(人)	0	住院人次(万)	0.0721
浙江省特级专家数(人)	0	出院人次(万)	0.0716
教学总面积(平方米)	884	手术台数(万)	681
教学投入资金(万元)	103	平均床位周转率(次)	34.10
国家级精品课程(门)	0	实际床位利用率(%)	49.26
省级精品课程(门)	0	SCI入选论文数(篇)	22
获国家级教育奖励项目数(个)	0	MEDLINE入选论文数(篇)	35
出国交流(人次)	9	出版学术专著(部)	0
举办国际学术会议数(次)	1	科研总经费(万元)	494
社会捐赠经费总额(万元)	0	其中国家自然基金比重(%)	49.60
		其中纵向经费比重(%)	93.52

主题是交流口腔生物医学新技术、新进展。大会开幕式由候任主委、第四军医大学金岩教授主持。实验血液学家、中国科学院吴祖泽院士,浙江大学医学院院长、中国科学院段树民院士,中华口腔医学会王渤秘书长、首都医科大学副校长、中华口腔医学会口腔生物医学专业委员会主任委员王松灵教授,浙江省口腔医学会会长、浙江大学口腔医学院院长王慧明教授受邀出席开幕式并致辞。当天出席大会的还有浙江大学生命科学研究院院长冯新华教授,浙江大学转化医学研究院院长孙毅教授以及其他国内外重量级的学者和专家。此次会议共有来自全国各地近400名口腔医学工作者,共收到论文及摘要250余篇。

会议同期还召开了中华口腔医学会口腔生物医学专业委员会全体委员会议,选举产生了第二届中华口腔医学会口腔生物医学专业委员会。

【医院合作办医成效显著】 医院响应中共浙江省委、省政府号召,于2013年7月与武义县人民政府签署协议,开展合作办医,使得武义县口腔医院获得了较快的提升发展。2014年12月,武义县口腔医院新院区建设

浙江大学年鉴

工程正式立项批复动工。新院区位于武义北岭新城，按照二甲口腔专科医院标准，拟建设规模将达 5000 平方米，设置 60 张牙椅，15 张病床。新院将打造成为区域性口腔专科医院，突破县级口腔医院的辐射范围，更多惠及武义及周边地区的广大百姓。

3 月，医院发展余杭区第五人民医院作为附属口腔医院的技术协作单位，开启了省级专科医院与区级综合性医院协作帮扶的创新探索模式。医院旨在通过技术引领和管理规范，逐步将余杭第五人民医院口腔科建设成为能满足余杭区及周边地区群众需求的区域口腔诊疗中心，达到二级甲等口腔专科医院的水平。

9 月，医院启动了第二轮对口帮扶舟山市口腔医院送医下乡工作，周期为五年。

（董燕菲撰稿　黄　昕审稿）

附属第四医院

【概况】　经过 5 年的精心筹备，浙医四院的门诊试运行启动，标志着浙江省省级优质医疗资源下沉地方的模式开启。医院门诊开放 23 个临床科室，13 个医技科室，包括普通门诊、专家门诊和名医门诊。门诊运行两个月以来平稳有序，医疗业务收入 804 万元，日均门诊量 800 人次，药占比 37%，门诊均次费用 212 元。

以"科对科"形式援建浙医四院，派出学科带头人和高级专家，先后落实附属一院、附属二院、附属邵逸夫医院"科对科"对口援建附属第四医院的 26 个学科，附属妇产科医院、附属儿童医院、附属口腔医院等 3 家专科院进行整体援建。医院现有在编职工 619 名，已到位 23 名学科带头人和 68 名援建专家骨干。

科研项目立项工作不断取得突破，2014 年新立项 8 个项目，包括 1 项省自然科学基金、1 项省级公益性应用技术、2 项浙江省医药卫生科技计划、4 项浙江省教育厅项目。医院共发表各类论文 55 篇，其中 SCI 收录论文 8 篇（影响因子最高的达 3.463），IM 收录论文 2 篇，浙江大学期刊目录国内一级期刊 3 篇，核心期刊 3 篇。

医院积极探索人文医院模式，打造志愿者服务品牌。注重患者体验服务品牌，改进完善就医流程，创新服务模式，在二次候诊，全预约挂号，门诊，提倡门诊不输液，保护患者隐私等多方面多措并举。创新医院文化墙、文化长廊建设，倡导文化理念。启动社会志愿者工作，组建"医路相伴"志愿者团队，本着体现"奉献、友爱、互助"的志愿精神为有服务爱心的热心人士提供了优质的服务平台。2014 年注册志愿者 253 人，平均每天有 30 名志愿者参加门诊志愿服务，累积服务时间 5548 小时。

【门诊顺利运行】　推进完成 71 项开业筹备工作，基本建设、医疗设备、后勤物资、信息化等一期工程通过消防、环保、建设等验收，二期感染楼项目、室外总图工程通过初步验收，完成执业验收，多次开展模拟演练、消防演练、院感培训等，落实省、市医保定点医疗机构，保障医院门诊顺利开业。

【开诊座谈会成功举办】　10 月 31 日，浙医四院开诊座谈会在四楼多功能厅召开，浙江大学党委书记金德水、校长林建华、省卫计委杨敬主任，浙江大学党委常务副书记邹晓东，义乌市委书记李一飞、市长盛秋平出席，浙江大学各处办、医学院、各附属医院、义乌市相关职能部门共 130 余人参加座谈会。

附表　2013 年度附属第四医院基本情况

项　目	数量	项　目	数量
建筑面积（平方米）109849（一期）＋13318（二期）＝	123167	国家重点实验室数（个）	0
		卫生部重点实验室（个）	0
固定资产（万元）	15871	省部重点实验室（个）	0
床位数（张）	920	国家药监局临床药理研究基地数（个）	0
在编职工数（人）	619	卫生部专科、住院医师培训基地数（个）	0
主任医师数（人）	1	业务总收入（亿元）	0.0804
副主任医师数（人）	1	药品占总收入比例（％）	37
具有博士学位的医师比例（％）	10.85	门急诊人次（万）	3.1713
两院院士（人）	0	住院人次（万）	0
长江学者奖励计划特聘教授数（人）	0	出院人次（万）	0
浙江省特级专家数（人）	0	手术台数（万）	0
教学总面积（平方米）	0	平均床位周转率（％）（次）	0
教学投入资金（万元）	0	实际床位利用率（％）	0
国家级精品课程（门）	0	SCI 入选论文数（篇）	10
省级精品课程（门）	0	MEDLINE 入选论文数（篇）	0
获国家级教育奖励项目数（个）	0	出版学术专著（部）	0
出国交流（人次）	21	科研总经费（万元）	24
举办国际学术会议数（次）	0	其中国家自然基金比重（％）	0
社会捐赠经费总额（万元）	0	其中纵向经费比重（％）	100

【学科建设取得突破性进展】　8 月 29 日，浙江大学成功召开我院学科与高层次人才队伍建设协调会，决定由各在杭附属医院以对口援建的形式支持附属四院学科建设。先后落实附属一院、附属二院、附属邵逸夫医院"科对科"对口援建我院 26 个学科，附属妇产科医院、附属儿童医院、附属口腔医院等 3 家专科医院进行整体援建。医院已到位 23 名学科带头人和 68 名援建专家骨干，进一步充实各临床、医技、护理及管理团队，初步搭建了医院开业学科与人才梯队雏形，并为后续发展奠定了基础。2014 年共吸纳优秀应届毕业生 100 余名，学科业务骨干 7 名，各类基础性和辅助性岗位人员 74 名。

（王俊超撰稿　姚建根审稿）

浙江大学年鉴

机构与干部

学校党政领导班子 (2014 年 12 月 31 日在任)

党 委 书 记　金德水

校　　　长　林建华

常 务 副 书 记　邹晓东

常 务 副 校 长　吴朝晖　宋永华

副　书　记　任少波（兼秘书长）　周谷平（兼纪委书记）　严建华

副　校　长　张土乔　罗卫东　罗建红　张宏建

中共浙江大学委员会委员 (2014 年 12 月 31 日在任，以姓氏笔画为序)

王建安　石毅铭　史晋川　任少波　刘　旭　刘艳辉　严建华　李五一　吴　健
吴朝晖　何莲珍　邹晓东　沈文华　宋永华　张土乔　张宏建　陈　智　林建华
金海燕　金德水　周谷平　郑树森　郑爱平　胡旭阳　胡征宇　鲁东明　楼成礼

中共浙江大学常务委员会委员 (2014 年 12 月 31 日在任)

金德水　林建华　邹晓东　吴朝晖　宋永华　张土乔　任少波　周谷平　严建华
张宏建

中共浙江大学纪律检查委员会委员

(2014 年 12 月 31 日在任，以姓氏笔画为序)

委　员　万春根　马春波　毛晓华　叶桂方　叶晓萍　包迪鸿　李凤旺
　　　　吴丹青　张子法　周谷平　郑爱平
书　记　周谷平(兼)
副书记　马春波　张子法

总会计师、副秘书长、校长助理

(2014 年 12 月 31 日在任)

总会计师　石毅铭
副秘书长　胡旭阳
校长助理　张美凤　陈　鹰　应义斌　朱世强

党委办公室、校长办公室负责人

(2014 年 12 月 31 日在任)

部　门	职　务	姓　名
党委办公室 校长办公室 (保密办公室、信访办公室、接待办公室、法律事务办公室)	主　任	胡旭阳
	副主任	叶桂方(兼保密办公室主任，正处职) 李　磊 楼建悦(兼信访办公室主任) 傅方正 江雪梅(兼法律事务办公室主任) 金　滔 楼建晴 陈肖峰(兼接待办公室主任，挂职普洱市思茅区副区长)

浙江大学年鉴

党委机构负责人 *(2014年12月31日在任)*

部　门	职　务	姓　名
纪委办公室	主　任	马春波（兼）
	副主任	张子法（兼）　叶晓萍
组织部	部　长	金海燕
	副部长	李五一（兼）　朱　慧　王志强　许　翾
宣传部、新闻办公室（合署）	部　长	应　飚
	副部长	单　泠　李金林　董世洪
	新闻办公室主任	单　泠（兼）
统战部	部　长	赵文波
	副部长	王　苑
学生工作部	部　长	邬小撑
	副部长	刘艳辉（兼） 林伟连　潘　健　李文腾（兼）　陈君芳 颜　鹂（挂职桐庐县副县长）
研究生工作部	部　长	吕淼华
	副部长	徐国斌　陈凯旋
安全保卫部（与安全保卫处合署）	部　长	李凤旺（兼）
	副部长	蒋伟君（兼）　胡　凯（兼） 吴子贵（兼）
人民武装部（与学生工作部合署）	部　长	邬小撑（兼）
	副部长	李文腾
机关党委	党委书记	李五一
	党委副书记	周建华（兼）　陈　飞（兼） 胡义镰
	纪委书记	胡义镰（兼）
离休党工委	书　记	王庆文（兼）
	常务副书记	朱　征
	副书记	王剑忠（兼）　韩东晖（兼）　李　民（兼）

行政机构负责人 (2014 年 12 月 31 日在任)

部　门	职　务		姓　名
发展规划处	处长		刘继荣
	副处长		章丽萍
政策研究室	副主任		李铭霞
人事处	处　长		刘　旭
	副处长		朱晓芸(兼)　金达胜　李小东　吕黎江
人才工作办公室 (与人事处合署)	常务副主任		朱晓芸
	副主任		刘　翔
外事处 (含港澳台事务 办公室)	处　长		张明方(兼港澳台事务办公室主任)
	副处长		王　立(兼)　李　敏　薛　飞
本科生院	常务副院长		陆国栋
	教务处	处　长	刘向东
		副处长	金蒙伟　谢桂红　周金其
	学生工作处 (与党委学生工作部合 署)	处　长	邬小撑(兼)
		副处长	刘艳辉(兼)　林伟连(兼) 潘　健(兼)　李文腾(兼) 陈君芳(兼) 颜　鹏(兼,挂职桐庐县副县长)
	本科生招生处	处　长	吴　敏
		副处长	孙　健
	教学研究处	处　长	夏　强
		副处长	金娟琴

部门	职务		姓名
本科生院	求是学院	书记	邬小撑(兼)
	丹阳青溪学园	党总支书记兼主任(副处职)	吴巨慧
		党总支副书记兼副主任	郑丹文
	紫云碧峰学园	党总支书记兼主任(副处职)	应伟清
		党总支副书记兼副主任	蔡 荃(挂职普洱市景东彝族自治县副县长)
	蓝田学园	党总支书记兼主任(副处职)	江全元
		党总支副书记兼副主任	吴为进
研究生院	常务副院长		王家平
	研究生招生处	处 长	朱 原
		副处长	周文文
	研究生培养处	处 长	叶恭银
		副处长	沈 杰
	研究生管理处(与党委研究生工作部合署)	处 长	吕淼华(兼)
		副处长	徐国斌(兼)　陈凯旋(兼)
	学科建设处	副处长	周天华(主持工作)　蒋笑莉
	学位评定委员会办公室(与学科建设处合署)	副主任	周天华(兼)　蒋笑莉(兼)
科学技术研究院	院 长		陈昆松
	副院长		史红兵(兼)　夏文莉
	科技项目过程管理中心主任		夏文莉
	科技项目过程管理中心副主任		钱秀红
	高新技术部部长(副处职)		杜尧舜
	基础研究与海外项目部部长(副处职)		项品辉
	军工科研部部长(副处职)		史红兵(兼)
	科技成果与技术转移部部长(副处职)		陈中平
	2011计划与重大专项部部长(副处职)		杨世锡

续表

部　门	职　务		姓　名
社会科学研究院	院　长		余逊达
	副院长		何文炯　袁　清
	重点成果推广部部长（副处职）		方志伟
继续教育管理处	处　长		马银亮
	副处长		陈　军
地方合作处	处　长		夏标泉
	副处长		程荣霞　彭玉生
计划财务处（含国有资产管理办公室、采购管理办公室）	处　长		胡素英
	副处长		罗泳江　丁海忠　朱明丰　胡敏芳　阮　慧（兼）
	国有资产管理办公室	主　任	胡素英（兼）
		副主任	胡　放
	采购管理办公室	主　任（副处职）	阮　慧
审计处	处　长		万春根
	副处长		周小萍　周　坚
监察处（与纪委办公室合署）	处　长		马春波（兼）
	副处长		张子法（兼）　郭文刚
实验室与设备管理处（含采购中心）	处　长		冯建跃
	副处长		雷群芳　俞欢军　包晓岚（兼）
	采购中心主任（副处职）		包晓岚
房地产管理处（含"1250安居工程"办公室）	处　长		吴红瑛
	副处长		刘峥嵘（兼）　毕建权　王正栋
	"1250安居工程"办公室	主　任	吴红瑛（兼）
		常务副主任	刘峥嵘
基本建设处	紫金港校区西区基本建设指挥部副总指挥		李友杭（兼）
	处　长		李友杭
	副处长		朱宇恒　温晓贵　匡亚萍　梅祥院

続表

部　门	职　务	姓　名
安全保卫处	处　长	李凤旺
	副处长	蒋伟君　胡　凯　吴子贵
后勤管理处	处　长	陈　伟
	副处长	林忠元　刘辉文
离退休工作处	处　长	王庆文
	副处长	朱　征（兼）　王剑忠　韩东晖　李　民

学术机构负责人 (2014 年 12 月 31 日在任)

部　门	职　务	姓　名
学术委员会秘书处	秘书长	李浩然
	副秘书长	刘继荣（兼）
人文学部	主　任	徐　岱
	副主任	王　永
	办公室主任	瞿海东
社会科学学部	主　任	姚先国
	副主任	夏立安
理学部	主　任	麻生明
	常务副主任	李浩然
	副主任	瞿国庆　李胜宏　沙　健
工学部	主　任	陈云敏
	副主任	郑　耀
信息学部	主　任	鲍虎军
	副主任	李尔平
农业生命环境学部	主　任	朱利中
	副主任	刘建新　喻景权
医药学部	主　任	段树民
	副主任	陈　忠

校区党工委、管委会负责人 (2014年12月31日在任)

校 区	部 门	职 务	姓 名
紫金港校区 (与机关党委合署)	党工委	书 记	周建华
		副书记	李五一(兼)　陈　飞 胡义镰(兼)
	管委会	主 任	周建华(兼)
		副主任	李五一(兼)　陈　飞 胡义镰(兼)
玉泉校区	党工委	书 记	胡松法
		副书记	张幼铭
	管委会	主 任	胡松法(兼)
		副主任	张幼铭(兼)
西溪校区	党工委	书 记	罗长贤
	管委会	主 任	罗长贤(兼)
华家池校区	党工委	副书记	王晓燕
	管委会	副主任	王晓燕(兼)
之江校区	党工委	书 记	张永华(兼)
	管委会	主 任	张永华(兼)

群众团体负责人 (2014年12月31日在任)

部 门	职 务	姓 名
工 会	主 席	邹晓东(兼)
	常务副主席	楼成礼
	副主席	王　勤　毛晓华
团 委	书 记	刘艳辉
	副书记	沈黎勇　卢飞霞(正科职) 朱佐想(正科职)

浙江大学年鉴

学院(系)负责人 (2014年12月31日在任)

学院(系)	职 务	姓 名
人文学院	院　长 副院长	黄华新 楼含松(兼)　吕一民　黄厚明　苏宏斌 李恒威
	党委书记 党委副书记 纪委书记	楼含松 沈　玉 沈　玉(兼)
外国语言文化与 国际交流学院	院　长 副院长	何莲珍 褚超孚(兼)　马博森　方　凡　李　媛
	党委书记 党委副书记 纪委书记	褚超孚 沈　燎 沈　燎(兼)
传媒与国际文化学院	院　长 副院长	吴　飞 吕国华(兼)　李　杰　胡志毅
	党委书记 党委副书记 纪委书记	吕国华 王玲玲 王玲玲(兼)
经济学院	名誉院长 院　长 常务副院长 副院长	王洛林(外聘) 史晋川(兼) 黄先海 张荣祥(兼)　顾国达　潘士远　杨柳勇
	党委书记 党委副书记 纪委书记	张荣祥 卢军霞 卢军霞(兼)
光华法学院	常务副院长 副院长	朱新力 胡　铭　周江洪
	党委书记 党委副书记 纪委书记	张永华 吴勇敏　吴卫华 吴勇敏(兼)
教育学院	院　长 副院长	徐小洲 张丽娜(兼)　顾建民　刘正伟　于可红
	党委书记 党委副书记 纪委书记	张丽娜 王　珏 王　珏(兼)

续表

学院(系)	职务	姓名
管理学院	院长 副院长	吴晓波 包迪鸿(兼)　陈凌　周伟华　钱文荣
	党委书记 党委副书记	包迪鸿 阮俊华
公共管理学院	常务副院长 副院长	郁建兴 沈文华(兼)　毛丹　郭继强　叶艳妹
	党委书记 党委副书记 纪委书记	沈文华 包松 包松(兼)
思想政治理论 教学科研部	主任 副主任	吕有志 张永华(兼)　马建青
	党委书记 纪委书记	张永华 马建青(兼)
数学系	系主任 副系主任	包刚 李松　张立新　卢兴江(兼)
	系党委书记	卢兴江
物理系	系主任 副系主任	郑波 赵道木　王业伍
	系党委书记	阮晓声
化学系	系主任 副系主任	王彦广 方文军　胡吉明
	系党委书记 系党委副书记	马晓微 盛亚东
地球科学系	系主任 副系主任	陈汉林 沈晓华　沈忠悦
	系党委书记	闻继威
心理与行为科学系	系主任 副系主任	沈模卫 马剑虹
	系党委书记	金卫华
机械工程学院	院长 副院长	谭建荣 李伟(兼)　傅建中　杨灿军
	党委书记 党委副书记 纪委书记	李伟 王晓莹 王晓莹(兼)

学院(系)	职 务	姓 名
材料科学与工程学院	院 长 副院长	韩高荣 王 东(兼) 陈立新 吴勇军
	党委书记 纪委书记	王 东 陈立新(兼)
能源工程学院	院 长 副院长	骆仲泱 陈 炯(兼) 高 翔 王 勤
	党委书记 纪委书记	陈 炯 高 翔(兼)
电气工程学院	常务副院长 副院长	韦 巍 王瑞飞(兼) 何湘宁 郭创新 马 皓
	党委书记 党委副书记 纪委书记	王瑞飞 王玉芬 王玉芬(兼)
建筑工程学院	常务副院长 副院长	王立忠 陈雪芳(兼) 罗尧治 葛 坚 董丹申(兼)
	党委书记 党委副书记 纪委书记	陈雪芳 黄任群 傅慧俊 黄任群(兼)
化学工程与生物工程学院	院 长 副院长	任其龙 雷乐成 陈丰秋
	党委书记 党委副书记 纪委书记	姚善泾 尹金荣 尹金荣(兼)
海洋学院	院 长 副院长	陈 鹰 胡海鹰 胡富强 阮 啸(兼) 黄大吉(国家海洋局第二研究所)
	党委书记 党委副书记 纪委书记	朱世强 阮 啸 阮 啸(兼)
	党政办公室主任 (副处职)	吴 锋
	组织人事部部长 (副处职)	钱智敢
	学生思政工作部部 长(副处职)	陈 庆

学院(系)	职 务	姓 名
海洋学院	教学管理部部长（副处职）	陈 丽
	科研管理部部长（副处职）	赵川平
	总务部部长(副处职)	周亦斌
	财务资产部部长（副处职）	袁路明
	海洋工程学系系主任(副处职)	徐 文（兼）
航空航天学院	院 长 副院长	沈荣骏(外聘) 吴丹青（兼） 邵雪明 黄志龙 金仲和
	党委书记 党委副书记 纪委书记	吴丹青 戴志潜 戴志潜（兼）
高分子科学与材料工程学系	系主任 副系主任	徐志康 楼仁功（兼） 王 齐 高长有
	党委书记 纪委书记	楼仁功 王 齐（兼）
光电信息工程学系	系主任 副系主任	童利民 叶 松（兼） 王晓萍 白 剑
	党委书记 党委副书记 纪委书记	叶 松 刘玉玲 刘玉玲（兼）
信息与电子工程学系	系主任 副系主任	章献民 徐国良（兼） 徐 文 杨建义
	党委书记 党委副书记 纪委书记	徐国良 赵颂平 赵颂平（兼）
控制科学与工程学系	系主任 副系主任	张光新 王 慧（兼） 邵之江 李 光
	党委书记 党委副书记 纪委书记	王 慧 丁立仲 丁立仲（兼）
计算机科学与技术学院	院 长 副院长	庄越挺 冯 雁（兼）陈 刚 周 昆 陈文智

浙江大学年鉴

学院(系)	职　务	姓　名
软件学院	常务副院长 副院长	杨小虎 卜佳俊　干红华
计算机科学与技术学院 和软件学院党委	党委书记 党委副书记 纪委书记	冯雁 彭列平　姚青　胡昱东 彭列平(兼)
生物医学工程 与仪器科学学院	常务副院长 副院长	李劲松 曾超(兼)　黄海　田景奎
	党委书记 党委副书记 纪委书记	曾超 王春波 王春波(兼)
生命科学学院	院　长 副院长	彭金荣 郑胜(兼)　张舒群　程磊
	党委书记 党委副书记	郑胜 汤海旸
生物系统工程 与食品科学学院	常务副院长 副院长	朱松明 楼锡锦(兼)　叶兴乾　蒋焕煜
	党委书记 党委副书记 纪委书记	楼锡锦 陈素珊 陈素珊(兼)
环境与资源学院	院　长 副院长	刘维屏 王珂　徐向阳　陈宝梁
	党委书记 党委副书记 纪委书记	姚信 赵朝霞(挂职三门县副县长) 赵朝霞(兼)
农业与生物技术学院	常务副院长 副院长	陈学新 赵建明(兼)　华跃进　祝水金　王岳飞
	党委书记 党委副书记 纪委书记	赵建明 金敏 金敏(兼)
动物科学学院	院　长 副院长	彭金荣 潘炳龙(兼)　杜爱芳　汪以真
	党委书记 党委副书记 纪委书记	潘炳龙 王建军 王建军(兼)

浙江大学年鉴

续表

学院(系)	职务		姓名
医学院	名誉院长 院　　长 常务副院长 副院长		巴德年 段树民 陈　智 黄　河(兼)　许正平(兼)　阳宏伟 沈华浩　方向明　李晓明　郑树森(兼) 王建安(兼)　蔡秀军(兼)
	党委书记 党委副书记 纪委书记		黄　河 叶旭军　陈国忠 陈国忠(兼)
	教学办公室主任 (副处职)		俞　方
	科研办公室主任 (副处职)		易　平
	基础医学系	系主任 副系主任	欧阳宏伟 邵吉民(兼)　柯越海　王青青
		系党总支书记	邵吉民
	公共卫生系	系主任	陈　智(兼)
		副系主任	吴弘萍(兼)　朱善宽　夏大静　曾群力
		系党总支书记	吴弘萍
药学院	常务副院长 副院长		杨　波 娄小娥(兼)　俞永平
	党委书记 党委副书记		娄小娥 何俏军
	纪委书记		何俏军(兼)

直属单位负责人 (2014 年 12 月 31 日在任)

直属单位	职务	姓名
发展联络办公室(含发展 委员会办公室、校友总会 秘书处、教育基金会秘书处)	主　任	胡　炜
	副主任	吴　晨　顾玉林

直属单位	职　务		姓　名
就业指导与服务中心	主　任		陈谷纲
	副主任		谢红梅
图书与信息中心（含图书馆、信息中心）	主　任		鲁东明
	副主任		杨国富（兼）
	党委书记		杨国富
	纪委书记		程艳旗（兼）
	信息中心	主　任	鲁东明（兼）
		副主任	程艳旗　郭　晔
	图书馆	馆　长	鲁东明（兼）
		副馆长	黄　晨　田　稷
档案馆	馆　长		马景娣
	副馆长		胡志富
艺术与考古博物馆	副馆长		楼可程
竺可桢学院	院　长		林建华（兼）
	副院长		陆国栋（兼）　邱利民（主持工作）唐晓武
	党委副书记		钟蓉戎
继续教育学院、成人教育学院、远程教育学院（合署）	院　长		何钦铭
	党委书记		童晓明
	副院长		童晓明（兼）　郭常平　袁　方　周兆农（兼）
	纪委书记		周兆农（兼）
全国干部教育培训浙江大学基地	主　任		邹晓东（兼）
	常务副主任		何钦铭（兼）
	副主任		童晓明（兼）　王志强（兼）周兆农
国际教育学院	院　长		王　立
	副院长		刘　辉　徐为民
公共体育与艺术部	主　任		吴叶海
	副主任		虞力宏　周　聪
	直属党总支副书记		虞力宏（兼）

直属单位	职 务	姓 名
发展战略研究院	院 长	邹晓东（兼）
	副院长	徐小洲（兼） 刘继荣（兼） 胡旭阳（兼） 魏 江
工业技术研究院	院 长	赵荣祥
	副院长	陈中平（兼） 童水光 张 菊 柳景青
先进技术研究院	院 长	陈子辰
	常务副院长	史红兵
	副院长	金 钢
	总工程师	郑 耀（保留正处级）
新农村发展研究院（含农业技术推广中心）	院 长	吴朝晖（兼）
	常务副院长	张国平
	副院长	鲁兴萌（兼） 刘建新（兼） 项品辉（兼） 钱文荣（兼）
	农业技术推广中心 主 任	鲁兴萌
	副主任	宋文坚 袁康培
校医院	院 长	张仁炳
	副院长	王小英 王 为
	党委副书记	缪 锋
	纪委书记	缪 锋（兼）
出版社	社 长	鲁东明
	常务副总编	袁亚春
	副社长	黄宝忠 金更达
	直属党总支书记	鲁东明（兼）
建筑设计研究院	院 长	董丹申
	副院长	吴伟丰 黎 冰
	党委书记	吴伟丰
	纪委书记	黎 冰（兼）
国家大学科技园区管理委员会	主 任	葛朝阳
	副主任	邵明国

浙江大学年鉴

直属单位	职　务	姓　名
农业科技园管理委员会、农业试验站（合署）	主任（站长）	鲁兴萌
	副站长	林咸永
	直属党总支书记	斯赵樑
医学中心（筹）（归口医学院管理）	主　任	段树民（兼）
	常务副主任	许正平
国际联合学院（海宁国际校区）（筹）	院　长	宋永华（兼）
	常务副院长	应义斌
	副院长	傅　强（兼）
	党工委书记	傅　强
	学术事务部部长	应义斌（兼）
	学术事务部副部长（副处职）	陈　越　卫龙宝　柴　红
	总务办公室副主任（副处职）	毛一平

附属医院负责人 (2014 年 12 月 31 日在任)

医　院	职　务	姓　名
附属第一医院	院　长	郑树森
	副院长	薛金增（兼）　裴云庆　顾国煜　王伟林　沈　晔　许国强
	党委书记	薛金增
	党委副书记	陈江华　邵浙新
	纪委书记	陈江华（兼）
附属第二医院	院　长	王建安
	常务副院长	赵小英
	副院长	陈正英（兼）　梁廷波　游向东　黄　建
	党委书记	陈正英
	党委副书记	王　凯　项美香
	纪委书记	王　凯（兼）

医　院	职　务	姓　名
附属邵逸夫医院	院　长	蔡秀军
	副院长	何　超（兼）　俞云松　谢鑫友　潘弘铭
	党委书记	何　超
	党委副书记	刘利民　李　强
	纪委书记	刘利民（兼）
附属妇产科医院	院　长	林　俊
	副院长	赖瑞南　吕卫国　徐　键
	党委书记	谢　幸
	党委副书记	吴瑞瑾
	纪委书记	吴瑞瑾（兼）
附属儿童医院	院　长	杜立中
	副院长	舒　强（兼）　章伟芳　龚方戚　傅君芳
	党委书记	舒　强
	党委副书记	邹朝春
	纪委书记	邹朝春（兼）
附属口腔医院	院　长	王慧明
	副院长	黄　昕（兼）　谢志坚　傅柏平
	党委书记	黄　昕
	党委副书记	胡济安
	纪委书记	胡济安（兼）
附属第四医院	院　长	陈亚岗
	副院长	张新跃（兼）　徐志豪
	党委书记	张新跃
	党委副书记	王新宇
	纪委书记	王新宇（兼）

校设研究机构负责人 *(2014 年 12 月 31 日在任)*

机　构	职　务	姓　名
中国西部发展研究院	院　长	曹玉书　周谷平（兼）
	副院长	欧晓理　董雪兵　方攸同　陈　健
	直属党支书记	姚先国

机　构	职　务	姓　名
浙江加州国际纳米技术研究院	常务副院长	杨　辉
	副院长	吴　兰　方竹根
中国农村发展研究院	院　长	黄祖辉
	副院长	徐丽安　钱文荣　卫龙宝　郭红东
浙江大学台州研究院	院　长	冯培恩
	常务副院长	颜文俊
浙江大学求是高等研究院	院　长	徐立之
	常务副院长	郑筱祥
社会科学研究基础平台	执行主任	何文炯
浙江大学生命科学研究院	共同院长	冯新华　管坤良
浙江大学水环境研究院	副院长	史惠祥
浙江大学可持续能源研究院	院　长	倪明江
	常务副院长	骆仲泱
	副院长	董　宏
金融研究院	院　长	史晋川
	副院长	杨柳勇　贲圣林
文化遗产研究院	院　长	黄华新
	常务副院长	曹锦炎
	副院长	方志伟
浙江大学集成电路与基础软件研究院	院　长	严晓浪
	副院长	董　宏
浙江大学国际设计研究院	院　长	刘　波
全球浙商研究院	院　长	吴晓波
	执行院长	陈　凌
浙江大学转化医学研究院	院　长	孙　毅

续表

机　构	职　务	姓　名
公共政策研究院	院　长	姚先国
	执行院长	金雪军
	理事会秘书长	包迪鸿
	副院长	蔡　宁　李金珊　蓝蔚青　钱雪亚 范柏乃　徐伟红
	成都分院院长	徐　林
国际影视发展研究院	院　长	罗卫东
	执行院长	范志忠
	副院长	李　玮
土地与国家发展研究院	院　长	吴次芳
	常务副院长	叶艳妹
	副院长	岳文泽　谭　荣
浙江大学沃森基因组 科学研究院	副院长	罗建红
人文高等研究院	院　长	罗卫东　赵鼎新
	常务副院长	朱天飚
浙江大学海洋研究院	院长	张海生

产业与后勤系统负责人 (2014 年 12 月 31 日在任)

单　位	职　务	姓　名
圆正控股集团有限公司	总　裁 副总裁	胡征宇 郑爱平(兼)　楼润正
	党委书记	郑爱平(兼)
产业与后勤党工委	书记	郑爱平
后勤集团	总经理 副总经理	徐金强 魏仲权(兼)　林旭昌
	党委书记 党委副书记	魏仲权 姜群瑛
科技园发展有限公司	总经理 副总经理	葛朝阳(兼) 邵明国(兼)

独立学院负责人 (2014 年 12 月 31 日在任)

独立学院	职 务	姓 名
浙江大学城市学院	院 长 副院长	吴 健 斯荣喜(兼)　朱永平　江全元
	党委书记 党委副书记 纪委书记	叶 民 斯荣喜　刘玉勇 刘玉勇(兼)
浙江大学宁波理工学院	院 长 副院长	金伟良 俞春鸣　杨建刚　郑 堤
	党委书记 党委副书记 纪委书记	费英勤 陈小兰　黄光杰 陈小兰(兼)

表彰与奖励

2014 年部分获奖(表彰)集体

中华全国总工会授予
　　全国工人先锋号　　　　　　　　　　　　航空航天学院微小卫星研究中心
中华人民共和国人力资源和社会保障部、中华人民共和国教育部授予
　　全国教育系统先进集体　　　　　　　　　浙江大学基础医学系
共青团浙江省委员会授予
　　浙江省五四红旗团委　　　　　　　　　　共青团浙江大学委员会
浙江省教育工会授予
　　2013—2014 年度浙江省教育系统"三育人"先进集体
　　　　　　　　　　　　　　　　　　　　　电气工程学院电工电子基础教学中心
　　　　　　　　　　　　　　　　　　　　　公共体育与艺术部
　　教职工文化品牌　　　　　　　　　　　　青年教授联谊会

2014 年部分获奖(表彰)个人

浙江省人民政府授予
　　浙江省劳动模范　　　　　　　　　　　　朱利中　环境与资源学院
共青团浙江省委　浙江青年联合会授予
　　第十届"浙江青年五四奖章"　　　　　　陈积明　工业控制技术国家重点实验室

共青团浙江省委员会授予

浙江省优秀团干部　　　　　　　　　　　　　　　　张　威　求是学院蓝田学园

浙江省优秀团员　　　　　　　　　　　　　　　　　王　玥　外国语言文化与国际交流学院

浙江省教育厅、浙江省教育工会授予

浙江省第八届青年教师教学技能竞赛特等奖　梁君英　郑春燕　汪凯巍　仝维鋆

　　　　　　　　　　　　　　　　　　　　张　萌

浙江省第八届青年教师教学技能竞赛一等奖　胡吉明

浙江省教育工会授予

浙江省第一届"最美教师"　　　　　　　　　　　　苏德矿　数学系

2013—2014 年度浙江省教育系统"三育人"先进个人

王建安　　华　晨　何善蒙　李兰娟　杨冬晓　杨德仁　沈爱国　肖　文　邱利民

欧阳宏伟　任金林　阮俊华　吴巨慧　陈　敏　程晓东

2014 年浙江大学"竺可桢奖"获得者

杨　卫　航空航天学院

2014 年浙江大学第三届"心平奖教金"获得者

心平杰出教学贡献奖　　　　　苏德矿　数学系

心平教学贡献奖　　　　　　　潘再平　电气工程学院

　　　　　　　　　　　　　　唐建军　生命科学学院

　　　　　　　　　　　　　　应伟清　本科生院

心平教学贡献提名奖　　　　　潘一禾　传媒与国际文化学院

　　　　　　　　　　　　　　邢以群　管理学院

　　　　　　　　　　　　　　王晓萍　光电信息工程学系

　　　　　　　　　　　　　　曾　苏　药学院

2014 年浙江大学唐立新优秀学者奖

外国语言文化与国际交流学院	沈　弘
管理学院	马庆国
数学系	方道元
化学工程与生物工程学院	李伯耿
光电信息工程学系	刘　承
农业与生物技术学院	张国平
医学院附属邵逸夫医院	蔡秀军

2014 年浙江大学校级先进工作者

人文学院	陈东辉　杜正贞
外国语言文化与国际交流学院	吴宗杰　邵　勇
传媒与国际文化学院	鲍毅玲
经济学院	黄　英
光华法学院	陆　青
教育学院	吴建绍
管理学院	金　珺　李贤红　陈　月*
公共管理学院	周　萍
思想政治理论教学科研部	梁清华
数学系	周利平
物理学系	曹光旱
化学系	林旭锋　刘　清
地球科学系	李小凡
心理与行为科学系	张　萌
机械工程学院	居冰峰　柯映林
材料科学与工程学院	王育萍
能源工程学院	薄　拯
电气工程学院	齐冬莲　徐德鸿
建筑工程学院	金　方　王海龙　周　建　刘　瑜*

化学工程与生物工程学院	潘鹏举	陈志平		
航空航天学院	简永青*			
高分子科学与工程学系	高 超			
光电信息工程学系	张秀达			
信息与电子工程学系	虞 露			
控制科学与工程学系	陈 剑			
计算机科学与技术学院	吴志航	孙守迁		
软件学院	胡高权（专职辅导员）			
生物医学工程与仪器科学学院	王 平			
生命科学学院	傅承新	陆 庆		
生物系统工程与食品科学学院	章 宇			
环境与资源学院	梁新强			
农业与生物技术学院	石春海	袁熙贤		
动物科学学院	师福山			
医学院	张晓明	王红妹	郑 轶	谢 敏*
药学院	吴昊姝			
医学院附属第一医院	吴 涛	陈丽美	周 华	俞文娟
	秦 楠	张小英	陈臣侃	冯洁惠
	沈婵娟	耿 磊	章芒里	潘 喆
	赵海格	李洲斌	曹 飞	楼险峰
	张晓健	胡 瑛	胡金娜	倪玲美
	李兰娟	盛吉芳	周建英	金 洁
	杨云梅	严 盛	周 琳	倪一鸣
	夏 丹	徐三中	陈 瑜	徐 骁
	冯志仙	王其玲	赵雪红	金爱云
	袁 静	陈黎明		
医学院附属第二医院	冯建华	柴 莹	程水珍	贺 红
	洪 慧	胡小凤	黄建瑾	蒋鸿雁
	蒋正言	金福泉	李长岭	李立斌
	刘海静	刘伦飞	陆 群	任 英
	苏立达	孙静琴	唐沪强	王彩花
	温春杰	吴 丹	吴琳珊	谢彩琴
	徐雷鸣	徐 昕	鄢曹鑫	姚 克
	殷谷峰	袁 晖	张 锋	张建民
	张 涛	张 匀	周 炯	周 文
医学院附属邵逸夫医院	赵伟平	胡兴越	周道扬	朱陈萍

	梁 霄	桂 蒙	袁 方	乔 庆
	刘 翔	王先法	林 辉	张文斌
	闻国芬	胡红杰	牛焕江	杜 颖
	邱小明	乐志安	朱红芳	杜建丽
	傅雪琴	徐 成	陈岳亮	
医学院附属妇产科医院	丁祖福	梁 琤	叶俊花	张爱华
	金晓莲	邵丽凤	张晓辉	张晓飞
	俞 琤	徐 斌	蒋琳丽	王颖菊
医学院附属儿童医院	王陈红	朱双萍	黄寿奖	唐达星
	赵 雄	傅松龄	李婷霞	陈军民
	汤海燕	钮渭明	林夏琴	俞 刚
	沈小庆	陈 龙	邵敏慧	
医学院附属口腔医院	陈 晖	杨国利		
医学院附属第四医院	华永杰	庄根鹰	张 群	
党委组织部	孙 棋			
发展规划处	龚月聪			
人事处	周 礼			
本科生院	戴革萍	俞 磊(专职辅导员)		
科学技术研究院	翁 宇			
社会科学研究院	郑杰欣*			
计划财务处	杨学洁			
房地产管理处	施 云			
安全保卫处	韩树春			
后勤管理处	陈 伟(职工号:0006072)			
校工会	俞伟东			
发展联络办公室	鲁小双			
图书与信息中心	高 明	袁书宏		
档案馆	张淑锵			
继续教育学院	吴友谊	张 倩*		
国际教育学院	孙 琳*			
公共体育与艺术部	金 雷			
农业技术推广中心	徐海圣			
校医院	翁军伟	经琴琴*		
建筑设计研究院	余俊祥			
农业试验站	吴正辉			
圆正控股集团	陈国建	郗蕴超	朱玥腾	章 毅

	邬晓艳	刘万生	金晓东	钱向群
城市学院	张立煌			
宁波理工学院	赵继海			
求是高等研究院	许科帝			

注:加＊者为单位自筹经费聘用人员。

浙江大学 2013—2014 学年优秀班主任

人文学院	王　俊	陈　洁	
外国语言文化与国际交流学院	赵　佳	章红新	徐知媛
传媒与国际文化学院	张丽萍		
经济学院	唐吉平	王　东	
光华法学院	陈旭琴		
教育学院	金熙佳	张　旭	
管理学院	阮建青	王宏星	
公共管理学院	章燕华	陈东进	
数学系	贾厚玉		
物理系	潘国卫		
化学系	郭永胜		
地球科学系	林秀斌		
心理与行为科学系	王　慈		
机械工程学院	陈芨熙	邬义杰	
材料科学与工程学院	丁新更		
能源工程学院	孙志坚	刘建忠	
电气工程学院	吴　越	郭　清	
建筑工程学院	贺　勇	李育超	
化学工程与生物工程学院	潘鹏举		
海洋学院	赵西增		
光电信息工程学系	刘　崇		
信息与电子工程学系	王浩刚	张　昱	
控制科学与工程学系	杨秦敏		
计算机科学与技术学院	彭　韧	邓晃煌	周　红
生物医学工程与仪器科学学院	刘　军		
生命科学学院	董伟仁		

生物系统工程与食品科学学院	阮　晖
环境与资源学院	庄树林
农业与生物技术学院	方　华
动物科学学院	牛　冬
医学院	胡振华　　张　宁　　徐　骁　　陈光弟
药学院	胡瑜兰
竺可桢学院	孙元涛　　金传洪　　陆　柏　　罗　炜
	赵爱军
求是学院丹青学园	车海燕　　黄爱军　　彭列平　　戚振江
	田　钢　　王海强　　王宙洋　　徐晓虹
	叶　兵　　尤淑君　　张正萍　　章　华
	钟瑞军
求是学院云峰学园	潘　翔　　叶　志　　洪奇军　　冯　雷
	王友明　　张克俊　　周春琳　　王　青
	时　敏　　刘国柱
求是学院蓝田学园	樊立洁　　何　虹　　林旭瑗　　刘　毅
	罗　伟　　沈　红　　孙　盾　　王庆九
	郭　帅　　毛峥伟　　徐　亮　　杨晓春
	朱晓雷

2014 年浙江大学优秀辅导员

光华法学院	陆飞华
公共管理学院	卓亨逵
电气工程学院	卢　俏
信息与电子工程学系	赵蕾蕾
生命科学学院	谭　芸
生物系统工程与食品科学学院	陈晶妍
药学院	季湘铭
求是学院丹青学园	翁　亮
求是学院云峰学园	马宇光
求是学院蓝田学园	孙大雁

浙江大学 2013—2014 学年优秀研究生德育导师

人文学院	鲍永军	窦怀永	陈越骅	
外国语言文化与国际交流学院	李德高			
传媒与国际文化学院	李东晓			
经济学院	陈叶烽	李建琴		
光华法学院	林劲松	韩家勇		
教育学院	王进			
管理学院	金庆伟	李俊杰	陈学军	王贞玉
公共管理学院	崔顺姬	米红		
思想政治理论教学科研部	张彦			
数学系	贾厚玉			
地球科学系	田荣湘			
心理与行为科学系	钟建安			
机械工程学院	顾临怡	陈章位	毕运波	姚鑫骅
	顾大强	冯毅雄		
材料科学与工程学院	魏晓			
能源工程学院	朱绍鹏	钟崴	张小斌	罗坤
	王智化	黄镇宇		
电气工程学院	杨家强	辛焕海	林峰	
建筑工程学院	朱斌	吕庆	叶苗苗	汪劲丰
化学工程与生物工程学院	关怡新	张志新		
海洋学院	徐敬			
航空航天学院	徐彦			
高分子科学与工程学系	王幽香			
光电信息工程学系	叶辉	张冬仙		
信息与电子工程学系	王柏祥			
控制科学与工程学系	刘兴高	张武明		
计算机科学与技术学院	姚青	章方铭	吴永萍	李红
	李杨			
软件学院	柳栋桢	方红光	欧阳润清	
生物医学工程与仪器科学学院	宁钢民			
生命科学学院	吕镇梅	邱英雄		

生物系统工程与食品科学学院	王永维	章 宇		
环境与资源学院	翁小乐	施加春	梁建设	
农业与生物技术学院	关亚静	黄 鹏	周 泓	
动物科学学院	郑火青	王争光	胡彩虹	李肖梁
医学院	沈炜亮	杜亚平	王 薇	虞朝辉
	徐向荣	董 颖	朱永坚	周 伟
	虞燕琴			
药学院	楼宜嘉			

浙江大学 2013—2014 学年竺可桢奖学金获得者

卢妍利　　生物医学工程与仪器科学学院硕士生
黄敏敏　　药学院硕士生
吴敏慧　　公共管理学院硕士生
杨小龙　　人文学院博士生
牛丽丽　　环境与资源学院博士生
李 昂　　医学院博士生
白小龙　　机械工程学院博士生
梁骁勇　　材料科学与工程学院硕士生
刘双宇　　材料科学与工程学院博士生
李 衎　　光电信息工程学系博士生
郑 斌　　信息与电子工程学系博士生
吉晓帆　　化学系博士生
陈文慧　　教育学院本科生
陈彬彬　　管理学院本科生
黄力梁　　材料科学与工程学院本科生
温嘉炜　　电气工程学院本科生
章利锋　　化学工程与生物工程学院本科生
鲁航文　　光电信息工程学系本科生
李安祺　　控制科学与工程学系本科生
郑 旸　　医学院本科生
葛倩倩　　药学院本科生
曹鸿泰　　竺可桢学院本科生
杜竞杉　　竺可桢学院本科生
吴宜家　　竺可桢学院本科生

2014 年浙江大学第五届"十佳大学生"

邓惠婷　　经济学院本科生
毛　能　　经济学院研究生
卓步猛　　数学系本科生
赵　浩　　控制科学与工程学系研究生
张雨尘　　计算机科学与技术学院本科生
张　蕾　　农业与生物技术学院本科生
陈鹏飞　　医学院本科生
余　超　　医学院（生研院）研究生
曹鸿泰　　竺可桢学院本科生
王钊文　　求是学院蓝田学园本科生

浙江大学 2014 年本科生国家奖学金获得者

人文学院

何玲琳　高琦玲　吴依阳　何莉丹　沈梦迪　吴　姝　冯冬杰　金怡隽

外国语言文化与国际交流学院

陈祺祺　王林艳　姚燕南　王佳楠　初　悦　王雅萱　陈佳倩

传媒与国际文化学院

巩　晗　张琪菲　洪雅文　沈　捷

经济学院

王立博　黄潇洒　洪圆双　朱丹丹　李虹瑾　杜霞曦　施如画　孙文馨　童浩翔　叶　倩

光华法学院

洪　苗　胡嘉妮　吴旨印　干燕嫣　金　城

教育学院

陈梦笛　陈文慧　金琦钦　郑雅倩　周　正

管理学院

汤家红　张彦晗　王圣威　周烨枫　张云飞　夏天一　孙　晟

公共管理学院

代子伟　张丽君　潘　柔　姚　瑶　何其馨　俞盈克　金一丹　朱雅妮

数学系

范丽凤　金晓勇　马　骢　章　莺　卓步猛　袁百川

物理学系

张世豪　李孟谋　樊振豪

化学系

陈颖露　沈　哲　陈　栋

地球科学系

张书瑜　丁晓莹　尤江彬

心理与行为科学系

纪皓月　翟舒怡

机械工程学院

李　洁　林　杰　陈煜阳　曾元辰　李佳碧　王艳东　严梦玲

材料科学与工程学院

许　倩　王玮琦　杜思岑　巨菡芝

能源工程学院

章旭晖　孙　潇　钱虹良　王幻利　马丹娇　籍　婷　李淑莹　潘明豪

电气工程学院

蒙志全　温嘉炜　曹利兵　李　媛　程雨诗　叶　葳　张　林　黄汝霖　欧晨曦　胡小题
王喆鸿　李俊英

建筑工程学院

张　远　杨含悦　诸梦杰　王林静　潘　数　姚　杰　沈晓东　孙桐海　柯锦涛　严　璠
强烨佳　陈　璀　潘雯娜

化学工程与生物工程学院

李　磊　邹煜申　陈伟锋　何　琦　尹　婷

海洋学院

杜鹏飞　肖灿博

航空航天学院

夏国展

高分子科学与工程学系

梅清青　王向玥　张弈宇

光电信息工程学系

卢　玥　薛　丽　董祚明　鲁航文

信息与电子工程学系

韩　宽　王　凯　张　清　曹佳炯　卢建荣　王栩文　王鑫涛　姚宇瑾　张莉敏　郑柘炀

於巧梅

控制科学与工程学系

班旭东　黄莺莺　卢钟楷　孙启萌

计算机科学与技术学院

陈　展　黄　坤　闵　歆　陈梦静　陈颖舒　李慧玲　卢心远　吕汉慈　吴尚洋　于乐全
章雨桐　张雨尘　赵泽宇

生物医学工程与仪器科学学院

葛晨曦　彭媛洪　汪哲宇　王益忠　杨丽丽

生命科学学院

涂鑫韬　余俐俐

生物系统工程与食品科学学院

许　劲　柴巧会　刘梦芸　张润华

环境与资源学院

平　帆　徐　港　楼昭涵　王家骐

农业与生物技术学院

陈　琳　陈　璇　洪　叶　王　娇　傅良波　凌逸宁　沈心宇

动物科学学院

李杨阳　蒲依依　翁希莎

医学院

舒　畅　王　瑜　张　劼　张　萍　葛起伟　黄佳萍　黄灵洁　金宇曦　陆诗媛　邱宸阳
戎佳炳　沈丽莎　涂米雪　汪伊洁　许如意　游紫梦　虞哲彬　俞海兰　朱尧汝

药学院

吴佳禾　缪诗琴

求是学院丹青学园

陈　权　李　柳　刘　鐏　王　晴　熊　晔　亓　力　丁宇轩　冯译天　耿可煜　龚涵雨
郭柳天　郭婷慧　韩颖盈　何建春　黄嘉明　刘菁菁　陆格格　倪维成　倪张汀　聂礼珍
屠亦真　汪佳依　吴昂昆　吴静怡　向婷妍　徐彬涵　杨润波　杨仲舒　余启东　周梦竹
周忆瑜

求是学院云峰学园

黄　皓　季　缘　柯　沛　刘　雪　刘　琨　毛　欣　孙　冬　王　麒　谢　珂　陈舒啸
程瑞静　高晖胜　黄玉佳　李梦婷　刘泓森　骆馨燕　丘颖悦　田黄石　温家宝　谢慈晖
许蒙蒙　杨竣淋　杨蕴琪　余梦珂　张国栋　张伟阳　张颢阳　周歆宜

求是学院蓝田学园

巴　蒙　林　雨　倪　涛　孙　涛　徐　凡　严　铭　杨　阳　俞　杰　张　硕　郑　淑
陈泽建　方鑫宸　黄园豪　姜桑种　李博涵　李宣毅　潘雨闻　邵央婕　沈佳鑫　唐若兰
田子宸　王泽峰　王钊文　吴泽正　虞楚尔　张雨恬　赵梦娜　郑起明

竺可桢学院

蔡　茂　梁　元　陆　玮　宋　博　曾　咏　张　鹏　张　闻　程梦婕　邓博磊　杜竞杉
郭陆英　郭文颖　韩韦韦　柯书尧　劳观铭　李建树　李云峰　陆韶琦　唐坤杰　王小璐
王云龙　王胤臻　徐林霄　张慧敏　奚之砚　李闫瑞德

浙江大学 2013—2014 学年优秀学生奖学金获得者名单

优秀学生一等奖学金(875 人)

人文学院

陈　瑞　刘　佳　吴　晶　吴　姝　张　婧　张　婷　陈赛飞　冯冬杰　高琦玲
何莉丹　何玲琳　金怡隽　任仕东　沈梦迪　施懿真　田艳斐　吴依阳　周杉杉

外国语言文化与国际交流学院

初　悦　练　斐　王　璐　陈佳倩　陈祺祺　罗梦娅　邵梓然　王佳楠　王林艳
王萌岚　王雅萱　武则堃　徐诗莹　徐彰璐　姚嘉晨　姚燕南

传媒与国际文化学院

巩　晗　沈　捷　周　略　费彬烨　洪雅文　李戈辉　李增韬　林意桥　卢丹燕
张琪菲

经济学院

方　萃　李　菁　凌　慧　彭　章　平　坦　王　浩　叶　倩　张　媛　鲍昀骁
杜霞曦　洪圆双　黄潇洒　李虹瑾　李小雨　梁思宇　孟佳丽　施如画　石雨翔
孙文馨　童浩翔　王立博　邢佳妮　徐卓楠　曾佳敏　朱丹丹

光华法学院

洪　苗　金　城　马　波　徐　珂　姚　燚　张　玥　干燕嫣　韩明强　胡嘉妮
吴一昊　吴旨印　徐益盈　庄丹丽

教育学院

何　苗　宁　欣　施　政　周　正　陈梦笛　陈文慧　陈宇婷　金琦钦　李艺君
毛玮洁　聂秋桐　潘文莺　熊善虎　郑雅倩

管理学院

李　磊　沈　靓　孙　晟　夏　璐　陈彬彬　范思婕　李晓童　汤家红　王圣威
王小琪　吴双熠　夏天一　尤宇嘉　张彦晗　张翼炜　张云飞　周烨枫　祝飞伟

公共管理学院

陈　希　潘　柔　施　榕　姚　瑶　张　瑜　代子伟　何其馨　黄杨霖　季建芳
金一丹　卢锦峰　罗小璇　万一丰　王元新　许墨涵　薛玉贞　俞盈克　张佳芸

张丽君　朱雅妮

数学系

马　聪　章　莺　赵　琦　闵　钰　范丽凤　郭俊宏　黄晓琦　矫立凯　金晓勇
李彬彬　李童济　袁百川　朱闽峰　卓步猛

物理学系

蒋　慧　孙　健　王　安　巴理想　樊振豪　李孟谋　张世豪

化学系

陈　栋　沈　哲　郑　涛　陈颖露　钱和和　吴天笛　张浩杰　嵇陆怡

地球科学系

尹　淼　左　昱　陈奕君　丁晓莹　刘遵一　尤江彬　张书瑜　白合丹秋

心理与行为科学系

杜　娜　翟舒怡　丁俞芳　纪皓月　王凯旋

机械工程学院

李　洁　林　杰　刘　飞　陈宁宁　陈煜阳　李佳碧　刘子鑫　钱惠莉　王向军
王艳东　徐晓冬　许宝杯　严梦玲　姚伟杰　曾元辰　张朝贺　张晓天　郑多文
周瑞剑

材料科学与工程学院

林　欣　许　倩　陈丹科　陈智慧　杜思岑　黄力梁　蒋经纬　巨菡芝　汤王佳
王玮琦

能源工程学院

陈　栩　籍　婷　孙　潇　王　建　王　涛　周　娟　周　鑫　李俊杰　李淑莹
林华超　马丹娇　潘明豪　潘伟康　钱虹良　沈芳芳　孙丽沙　王幻利　魏楚煜
吴依静　章旭晖　张蔚琳

电气工程学院

董　宁　黄　锐　金　晗　李　媛　孙　毅　杨　健　叶　葳　张　林　蒯　琴
闫　琛　曹利兵　陈鸣中　程雨诗　储银雪　崔鹏程　何峪嵩　贺家发　胡长勇
胡小题　黄汝霖　雷轩东　李俊英　蒙志全　欧晨曦　钱佳佳　王喆鸿　王佳颖
温嘉炜　谢锋明　周昌平

建筑工程学院

曹　剑　陈　璀　梁　婷　潘　数　徐　威　严　疗　姚　杰　张　远　陈佳磊
胡雨辰　焦听雷　柯锦涛　梁铭耀　潘教正　潘雯娜　潘雯婷　庞佳燕　强烨佳
沈晓东　宋燕婷　孙桐海　王林静　王思佳　许照宇　杨含悦　杨佳音　姚翔宇
叶何凯　张沈斌　周玉冰　周轶凡　诸梦杰

化学工程与生物工程学院

何　琦　李　磊　夏　伶　尹　婷　陈聪聪　陈伟锋　胡易成　李晓康　廖绍文
姚皞宇　周冰洁　邹煜申

海洋学院

杜鹏飞　郭立恒　钱力扬　肖灿博　徐弋琅

航空航天学院

夏国展　张培杰

高分子科学与工程学系

白天闻　黄姝赟　李婷婷　梅清青　王向玥　王宇翔　张弈宇

光电信息工程学系

卢　玥　薛　丽　陈林泉　陈玉莹　董祚明　刘聪聪　卢锦胜　鲁航文　裴学璐
秦仲亚　吴函烁

信息与电子工程学系

陈　璐　董　玫　韩　凯　韩　宽　刘　瑞　王　东　王　凯　张　清　张　艺
曹佳炯　戴碧华　李博闻　刘佐珠　卢建荣　欧晓呈　邵慕涵　王栩文　王鑫涛
吴彬荣　吴秋韵　严超华　姚宇瑾　叶晓丹　于磊磊　岳平原　张莉敏　郑柘炀
於巧梅

控制科学与工程学系

郑　豪　班旭东　丁夏清　黄莺莺　李安祺　李超群　刘颂湘　卢钟楷　孙启萌
孙雅婷　原玮浩　朱熠博

计算机科学与技术学院

陈　展　黄　坤　李　琳　王　越　王　晗　闵　歆　毕婷宇　陈梦静　陈颖舒
何朝杰　胡译心　黄允磊　李慧玲　李泉来　廖翊康　林靖豪　卢心远　吕汉慈
施灿荣　吴尚洋　谢宁宁　薛孝炜　杨欣豫　尹嘉权　于乐全　俞云康　曾静华
章雨桐　张力乾　张雪雯　张永航　张雨尘　赵泽宇　朱宇烨　诸凯丽

生物医学工程与仪器科学学院

高　鹏　赵　航　秦玉函　汪哲宇　王益忠　徐静波　杨丽丽　姚志成　于震鑫
张宏威　张思萃　朱乾稳

生命科学学院

潘宇昕　涂鑫韬　余俐俐

生物系统工程与食品科学学院

许　劭　杨　振　柴巧会　费铮豪　蒋易蓉　刘梦芸　杨国财　占源航　张润华
郑子桓

环境与资源学院

方　丽　李　霞　平　帆　徐　港　方荣业　黄灶泉　楼昭涵　王家骐　俞伊璠
张鲁鋆　朱纯怡

农业与生物技术学院

陈　琳　陈　璇　洪　叶　金　梦　王　娇　张　蕾　傅超宇　傅良波　郭力勉
黄佳明　金瑛迪　凌逸宁　楼玉婷　沈心宇　谭黎娜　汤海琴　余明艳　张莉莉
鄢馨卉

动物科学学院

周　芸　陈宏伟　李杨阳　蒲依依　王陈颖　王驰誉　翁希莎

医学院

陈　聪　陈　悠　方　钰　李　悦　刘　宇　舒　畅　王　茹　王　晓　王　瑜
俞　浩　张　劼　张　萍　郑　旸　周　翔　岑　栋　陈玉兰　陈潇潇　葛起伟
龚佳幸　管晓静　黄佳萍　黄灵洁　蒋鎏骏　金佳敏　金宇曦　李建琼　柳佳美
卢如意　陆诗嫒　邱宸阳　戎佳炳　沈丽莎　寿艳红　汤佳丽　涂米雪　汪伊洁
王罕盈　王玲芳　王淑萍　王昭圆　谢娇娇　徐燕萍　许如意　游紫梦　虞哲彬
俞海兰　俞人可　张晓程　张叶三　张聿浩　朱尧汝　努丽艳·迪力夏提

药学院

陈海轶　葛倩倩　吴佳禾　缪诗琴

求是学院丹青学园

陈　欢　陈　权　单　韬　党　博　丁　昊　赖　笠　李　柳　刘　鐏　马　源
牛　惠　蒲　真　施　赟　童　颖　王　晴　熊　晔　张　豪　赵　冉　周　楚
亓　力　陈奕君　崔宝今　戴少丹　丁宇轩　费茜茜　冯译天　葛慧敏　耿可煜
龚涵雨　官予欣　郭柳天　郭婷慧　韩闰罡　韩颖盈　何建春　何林璇　胡可可
胡雪晗　黄嘉明　贾宏达　李默妍　林诗旖　凌郡妍　刘菁菁　楼晓霞　陆格格
马祎婷　倪维成　倪永红　倪玉辉　倪张汀　聂礼珍　沈佳贤　孙凡荃　屠亦真
汪佳依　汪津超　王丰峰　王皎洁　魏庭玉　吴昂昆　吴静怡　吴钊颖　伍瑞菡
向婷妍　徐彬涵　徐明之　许登辉　杨润波　杨仲舒　余启东　赵佳琪　周梦竹
周忆瑜

求是学院云峰学园

陈　希　樊　星　高　嵩　何　洋　黄　皓　季　缘　柯　沛　刘　雪　刘　琨
毛　欣　青　巧　孙　冬　孙　根　王　麒　韦　逸　谢　珂　熊　宇　郑　迎
朱　君　陈舒啸　程瑞静　崔白云　杜俊超　冯乐颖　傅笑宽　高晖胜　郭宣宏
胡晓南　黄玉佳　李昂诺　李长有　李梦婷　林葳洁　刘泓淼　骆馨燕　马素贤
丘颖悦　田黄石　王凯笛　王一能　王亦菲　王忆南　温家宝　吴星瑶　谢慈晖
许蒙蒙　许仲甲　杨竣淋　杨蕴琪　姚舒婷　叶俊利　由鸿周　虞国庆　余梦珂
俞钦濛　张国栋　张克越　张伟阳　张益硕　张梓麟　张颢阳　甄佳楠　郑家齐
周歆宜　朱炳昭　朱乾俊　朱昭汇

求是学院蓝田学园

巴　蒙　曹　喆　陈　柳　胡　兆　金　涛　林　雨　倪　涛　倪　晟　彭　淼
邵　谧　盛　景　孙　涛　童　雨　徐　凡　徐　健　严　铭　杨　阳　俞　杰
张　硕　郑　淑　佘　全　曹琪扬　陈明哲　陈泽建　方鑫宸　黄园豪　贾月怡
姜燊种　蒋雪松　李博涵　李宣毅　李瑶琦　李婷婷　梁志坚　林鸿基　刘旭峰

陆子岳	孟子航	聂小涛	潘雨闻	彭来鸽	邵央婕	沈佳鑫	孙俊彦	汤江辉
唐焕杰	唐若兰	田子宸	王涵乐	王惠如	王泽峰	王钊文	吴婉洁	吴泽正
吴皓楠	杨梦浩	姚青青	殷琦钏	虞楚尔	余鼎一	詹焕友	张方禹	张天晨
张雨恬	张昕瑶	赵梦娜	郑起明	郑志超	钟加魏	周梦琪	朱雪灵	庄寄涵
庄欣然	邬博骋	邬栋京	令狐昌鸿	申屠溢醇	张朱浩伯			

竺可桢学院

蔡 茂	陈 凡	陈 亮	冯 彬	高 琳	郭 赫	何 琛	江 源	李 兴
李 昊	梁 元	林 涛	刘 畅	刘 为	陆 婷	陆 玮	马 杰	石 岩
宋 博	孙 梦	王 波	王 凯	吴 霜	徐 鉴	徐 倩	杨 杰	杨 颢
叶 杨	应 立	曾 咏	张 驰	张 海	张 鹏	张 闻	曹鸿泰	陈旻硕
陈靖锴	陈俊晔	陈龙龙	陈少儒	陈雨露	程梦婕	戴秉璋	单才华	邓博磊
董未来	杜嘉伟	杜竞杉	冯佳韵	干一卿	郭陆英	郭文颖	韩韦韦	何柳佳
胡毓涵	黄仲毅	黄斐凡	江舟童	柯书尧	劳观铭	李旻辰	李建树	李梦宇
李世超	李思侃	李霄霄	李屹成	李元丙	李云峰	梁紫微	刘炳旭	刘明宇
娄晓烽	卢翰清	卢汝一	卢星辉	陆韶琦	吕敏达	吕青子	吕欣悦	罗杰巍
罗之麟	马家琪	马林健	马斯婕	马昊宇	潘苏亿	庞振峰	戚彤云	邵雷来
沈彦迪	盛慧雯	石小涵	孙梽博	孙永宁	唐坤杰	唐致远	陶良德	王丹萍
王军啸	王亮熙	王晓凯	王小璐	王欣然	王云龙	王胤臻	吴金宁	吴宜家
吴梓恒	谢小芳	徐林霄	许夏燕	许哲铃	杨京婷	杨雁勇	姚博文	姚梦云
叶梓康	应罂中	应雨平	余骏杰	岳瑞凝	曾昭赟	张柏岩	张博闻	张晨阳
张慧敏	张启翔	张乾坤	张希喆	张倩昀	赵浩天	赵虓虎	邹昕卉	邬媛媛
奚之砚	李闫瑞德							

优秀学生二等奖学金(1269 人,名单略)
优秀学生三等奖学金(2217 人,名单略)

浙江大学 2013—2014 学年本科生外设奖学金及获奖情况

(单位:人)

序号	外设奖学金名称	奖励人数	序号	外设奖学金名称	奖励人数
1	宝钢奖学金	4	4	陶氏化学特等奖学金	1
2	先正达奖学金	15		陶氏化学奖学金	8
3	博世奖学金	9	5	光华奖学金	63

表彰与奖励

序号	外设奖学金名称	奖励人数	序号	外设奖学金名称	奖励人数
6	南都一等奖学金	7	26	肖特奖学金	1
	南都二等奖学金	18	27	聚光一等奖学金	3
	南都三等奖学金	33		聚光二等奖学金	8
	南都创新奖学金	10	28	潍柴动力一等奖学金	9
7	葛克全奖学金	15		潍柴动力二等奖学金	15
8	希望森兰奖学金	5	29	宋都一等奖学金	1
9	心平奖学金	50		宋都二等奖学金	4
10	郑志刚奖学金	3	30	欧琳奖学金	26
11	三星奖学金	15	31	潘家铮水电奖学金	2
12	新加坡科技工程奖学金	6	32	航天科工一等奖学金	1
13	三井住友奖学金	8		航天科工二等奖学金	2
14	CASC 一等奖学金	1		航天科工三等奖学金	3
	CASC 二等奖学金	2	33	杨咏曼奖学金	12
	CASC 三等奖学金	4	34	康而达一等奖学金	3
15	罗姆奖学金	5		康而达二等奖学金	19
16	绩丰岩土奖学金	12	35	大连化物所奖学金	20
17	亿利达刘永玲奖学金	10	36	宏信奖学金	10
18	中国港湾一等奖学金	2	37	策维一等奖学金	4
	中国港湾二等奖学金	2		策维二等奖学金	8
19	岑可法一等奖学金	12		策维三等奖学金	24
	岑可法二等奖学金	7	38	唐立新奖学金	50
20	恒逸奖学金	20		唐立新优秀学生标兵奖学金	10
21	纳思奖学金	20		唐立新优秀学生干部奖学金	7
22	浙江能源奖学金	50	39	士兰微电子奖学金	8
23	冠廷李锺焕教育财团奖学金	21	40	天府汽车英才奖学金	5
24	福伊特奖学金	10	41	华陆科技奖学金	7
25	浙大不动产基金奖学金	50		合计	760

浙江大学 *2014* 届浙江省优秀本科毕业生

人文学院

柴　蒙　林　静　王　涵　张　鲁　张　群　周　佳　郭梦露　霍东晓　戚圆圆
任思怡　袁恩东

外国语言文化与国际交流学院

李　培　张　茵　谷甘琪　雷志红　李哲曦　林珂瑶　阮一沁

传媒与国际文化学院

潘　蕾　方艾青　孔南平　夏媛洁　项用斌　朱艺艺

经济学院

姚　瑶　陈胜辉　程心怡　傅国东　郭晓娟　郭之一　蒋辰玮　林楚君　刘青蓉
王东妮　姚雪瑜　俞清清　郑竹雯　祁徐元达

光华法学院

曹　丹　丁　颖　张　咏　周　森　裴　今　李延哲　楼斐菲

教育学院

刘树洋　王思远　朱封憬

管理学院

庞　欣　蓝博靖　陆美娟　彭超凡　卫妍姝　夏青青　徐颖超　许岱璇　许璐德
周远珍

公共管理学院

蒋　晨　金　敏　张　薇　鲍闰娃　李玥婷　吕晓赞　茅铭芝　毛家颖　沈路平
袁诗扬　张浩玥　张茜蓉

数学系

高　翔　刘　昭　钱　炜　鲁新阳　孟祥飞　潘人可　史成春　张逸伦

物理学系

白　杨　袁　泉

化学系

王　健　吴　熙　盛国荣

地球科学系

李　潇　王　曼　李靓靓　章青青

心理与行为科学系

何　淼　李白璐

机械工程学院

方　腾　于　欢　袁　野　蔡昀宁　齐晓婷　沈焱伟　汪文广　王润楠　赵江宏

材料科学与工程学院

王　维　寿国辉　王亦镠　徐吉健　叶涵洋

能源工程学院

陈　杰　范　港　章　杰　张　翀　赵　乐　陈建军　邓亚乔　杜怡琳　胡文硕
沈国锋　宋豫京　巫樟泉

电气工程学院

董　炜　许　扬　于　洋　张　高　赵　羿　周　宁　朱　炜　樊飞龙　林昶咏
潘思婕　孙舒柳　汪嘉恒　王星原　吴东亚　徐碧莹　徐明辉　朱超越

建筑工程学院

胡　鑫　邵　康　范嘉荧　方梦翌　方思宇　傅了一　何思宁　孙恺祺　王申昊
许振东　曾智峰　张婉越　张郑超　赵奇聪　周璐瑶

海洋学院

卢　峰　高雪燕

化学工程与生物工程学院

贺　繁　林　鹏　白聪儿　范雅敏　黄钰清　彭昕悦　沈小丽　徐林杰　杨贤鹏
周倩倩

航空航天学院

王　建　黄晓强

高分子科学与工程学系

李　璐　陈婷珽　金心仪　吴伊人

光电信息工程学系

崔　昕　丁　涧　李　卓　黄寒璐　王治飞

信息与电子工程学系

高　峰　王　松　王　哲　吴　璠　杨　哲　廉黎祥　施成燕　孙晓奇　徐晨蕾
杨卓然　杨珑顼　余先波

控制科学与工程学系

姜　楠　王　凯　蔡声泽　康书鼎　马彦楠　莫焱芳

计算机科学与技术学院

董　欣　童　上　王　凯　文明阳　及　赵　艺　陈铭洲　胡佳妮　黄浥晨
江梦源　马晓东　任伟超　荣雨默　唐钟贤　汪晓可　徐若尘　杨昕立　叶巧敏
邹楚杭

生物医学工程与仪器科学学院

樊　钰　苟　玲　吕　婧　史　浩　马天亮　徐郎特　易昊翔　曾汉洋　张妙芳

生命科学学院

李　潇　任　羿　颜　彦　周凯悦

生物系统工程与食品科学学院

马　轲　陈景楠　马露瑶　徐晨剑　徐紫默

环境与资源学院

李　名　陈玮珏　单玉龙　夏宇纾

农业与生物技术学院

黄　璐　孙　斌　魏　蔚　张　悦　吴丽丽　叶盛珺　余思扬　张乐文　周继红

动物科学学院

黄　艳　黄盛炎　孔琳婧　卢晓停

医学院

朱　哈　刘信燊

药学院

李　静　陆楠楠　郑艳榕

竺可桢学院

张　校　陈嘉骏　范天任　龚祎程　龚晓楠　侯方迪　黄潇健　孔艳阳　李东宇
李浩然　刘泽宇　王嘉煜　王轶伦　武绎宸　咸晓晨　许明杰　宣南霞　章浩泽
赵健云　赵妍卉

浙江大学 2013—2014 学年研究生国家奖学金获得者

人文学院

博士　谭　勤　武晓红　章　涛　李慈瑶　张波波　徐　怡　洪佳景　李艳芝　余　琼
　　　王东民　唐　宸

硕士　黄宝臣　杨望龙　胡凌燕　吴慧慧　潘建华　李　凡　陈蒙琪

外国语言文化与国际交流学院

博士　丛　进　张迎春　李蓓蕾

硕士　姚源源　徐秀玲　杨菁雅　徐艺宁　宋丹贵

传媒与国际文化学院

博士　姚锦云　丁方舟　胡雨濛

硕士　张卫东　张伶俐　王雅慧　顾舒贝

经济学院

博士　邹铁钉　黄　滕　潘家栋　吴国杰　祝　宇　任婉婉

硕士　汪茹燕　葛　枫　陈亚平　朱慧琳　庞雨潇　刘　莉　刘瀚驰

光华法学院

博士 马俊彦 吴 欢 黄 锴

硕士 徐逍影 金幼芳 卢 炜 陈如文 李安璐 戴一晨 刘家玲 施丁屹岑

教育学院

博士 袁传明 徐 雷

硕士 陶 阳 章瑚纬 江育恒

管理学院

博士 孟 亮 曹永辉 李宝值 耿瑞彬 杨 洋 栾 琨 郭艳婷 裴冠雄

硕士 丁亚婧 胡梦婕 王文星 徐笑梅 孙 凤 刘 博 傅家桢 李晓玲

公共管理学院

博士 沈永东 王笑言 朱 浩 曹 裕 任正委 梅 亮 翁默斯

硕士 叶 晗 王志永 郦水清 沈佳蕙 李 骅 王舒月

思想政治理论教学科研部

硕士 张伟鹏

数学系

博士 毛嘉昀 郑 佳 朱云洲 胡瑞珍 李抒行 沈 远 周需焕

硕士 王 瑛 沈 露 翟中华 张 明

物理学系

博士 孙云蕾 张兵坡 顾 林 张媛媛 满会媛 张 冬 罗美兰

硕士 潘德贝 龚 鑫 郭梦文

化学系

博士 岳 磊 高 远 张 琪 谈 洁 姚 勇 杨 洋 喻国灿 巩玉同 陈铮凯
何 驰 凌 飞 吴勤明

硕士 韩传龙 焦伟祥 李云燕 杨朋昊 何亚芸 杨姗姗 李 新

地球科学系

博士 杨孝强 邹思远 周 静 王汉闯

硕士 何谢锴 戴之希 江彬彬 王双晶

心理与行为科学系

博士 陈婉珍 谢 琳 蒋 多

硕士 海 棠 黄继久 陈希希

机械工程学院

博士 孟坚鑫 杨 勇 徐全坤 毕 千 肖 扬 易 兵 陈越超 梅 标 王尧尧
殷秀兴 金育安 朱吴乐

硕士 夏 冰 李 洋 梁灵威 段俊杰 庞 岩 周 培 葛 挺 丁正龙 邓民胜
金 挺 邓乾坤 邓学磊 朱成党 屈鹏飞 薛光怀 张绍勇 卢石松

材料科学与工程学院

博士　马瑞军　熊琴琴　赵宏健　王子奇　姜　颖　毛祎胤　刘　瑜　胡利鹏　段　星
　　　尹思敏

硕士　马　晔　邓世琪　梁骁勇　刘　岚　汪银洲　蔡晓波　李　陆　郑　婉　黄美玲

能源工程学院

博士　蔡勤杰　冯钊赞　毛　杰　高　能　任　咏　应　芝　陈　文　王锡辉　杜玉颖
　　　董　隽　郭凯凯　杨　玉　戴前进

硕士　丁政印　祝伟光　詹明秀　覃　睿　张海龙　吴碧莹　王　锐　朱洁丰　袁晓蓉
　　　陈　瑶

电气工程学院

博士　胡鹏飞　顾云杰　文云峰　张建承　赵力航　冯忱晖　罗皓泽　房新力　许　烽
　　　宋亦鹏　黄　超

硕士　陈诗澜　梁博森　刘天骥　许文林　董如良　孟　垚　史　哲　王　涛　易曦露
　　　杜　翼　陈建生　唐俊熙　蒋　群　赵婉芳　戴　行　暴英凯

建筑工程学院

博士　黄　睿　徐　菲　付浩然　戴靓华　占鑫杰　陈　斌　刘念武　陆　敏　朱　凯
　　　豆红强　王嘉伟　董建锋

硕士　李公羽　徐礼阁　王梦华　许卫平　王思照　李少骏　尚淑丽　周子懿　秦　玲
　　　韩秉玺　宗露丹　孙凤先　李训超　赵世凯　王斯熠　倪　彬　张　燕

化学工程与生物工程学院

博士　董克增　王　奂　郭　斐　邵世群　周池楼　徐志贤　赵海洋　葛　新　万　超
　　　刘　清　常刚刚

硕士　陈明强　杨宇航　王亚运　杨　瑶　魏博伦　娄俊毅　曹　骏　马　瑶　秦嘉旭
　　　华杰锋　吴彬霜　施烨挺　李　菁　潘炯彬

海洋学院

博士　袁卓立　黄元凤

硕士　虞斯然　蒋　伟　竺松嵩　叶洲腾　朱建斌

航空航天学院

博士　尹冰轮　黄　洋　王　鹏

硕士　李桂平　王崦瞩　张亚君　柴振洋

高分子科学与工程学系

博士　陶鑫峰　刘育京　冉诗雅　杨皓程　王　寅　朱凉伟

硕士　杨　清　孙　瑞　蔡童姜　王　玲

光电信息工程学系

博士　丁　飞　缪立军　杨陈楹　史　斌　赵　鼎　黄凌晨　武　林　王　健　张　磊

硕士　张雅琴　蔡欢庆　张　瑞　李　璐　顾晓强　成中涛　卢鹭云　王　毅　周启瑞

信息与电子工程学系

博士　黄文琦　张公正　周　剑　李荣鹏　沈鹏程　杨龙志　何至初　王作佳

硕士　金佳敏　王　嵘　回晓楠　罗奕梁　陈泽华　邵振江　李学辉　朱光旭　卢　玥
　　　江玉环　王　清

控制科学与工程学系

博士　柴　博　常　亮　池清华　卢　山　孟文超　周　颖　蔡　星

硕士　钟世勇　宣暨洋　沈佳骏　黄泽毅　郭子旭　许森琪　葛晓凡　欧阳权　喻成侠
　　　杜往泽

计算机科学与技术学院

博士　胡　尧　刘　霄　余　宙　毛　旷　卢鑫炎　王树森　柴蒙磊　王北斗　陈超超
　　　金仲明　江腾飞　彭　湃　曹　晨　秦　昊　向　为

硕士　岑　斐　李泽健　李子健　唐张鹏　钟　豪　袁亚振　黄芯芯　吴文彬　沈延斌
　　　秦　旭　孟静磊　袁明敏　周罗青　杨根茂　张睿卿　邵　帅　肇　昕　王悦阳
　　　黄德标　栾　乔　陈星宇　狄　天　陈英芝　李颂元

软件学院

硕士　冯绍波　浦予飞　王园园　杨　磊　张真真　王　山　周寿朋　孙忠汉　骆晓强
　　　刘　夏　敖　琦

生物医学工程与仪器科学学院

博士　王　彬　李伟军　庄柳静　邹莹畅　洪凯星　邹　玲

硕士　罗亚军　郑　翔　曹端喜　刘梦星　周　宏　赵冬冬　林华佑

生命科学学院

博士　王娟娟　聂　力　钟永嘉　高　芬　彭延延　舒　滢　任　远　石苗苗　何志兴
　　　岳　媛

硕士　郭　瑞　李　宁　胡　月　刘军霞　李　骞　佘振宇　李　丹　孙　颖　张　丽

生物系统工程与食品科学学院

博士　路来风　郑钜圣　苏光明　王延圣　谢传奇　张　芳

硕士　周鸣川　王　亮　祁凡雨　罗榴彬　程　军　买尔哈巴·塔西帕拉提

环境与资源学院

博士　张　萌　姚志远　李青青　苏　瑶　彭　程　陈　晨　孙成亮　潘灼坤

硕士　黄　薇　王　骏　傅朝栋　孙　琛　艾珠玉　陈　慧　朱思睿　张柏发　王乾龙
　　　侯昌萍　李梦蛟

农业与生物技术学院

博士　钱敏杰　云英子　金翔翔　程凯莹　刘丽红　刘振宁　顾　沁　邓　婉　祁　婷
　　　吕　强　卫　静　曹慧娟　黄雨晴

硕士　朱　平　林　晨　刘文星　孙永旺　宋　宁　王　峰　祁静霞　赵　越　王　洁
　　　葛梦禹　尹大芳　夏仁英　秦　瑕　兰美静　王浥尘

动物科学学院

博士　王　炳　苏小艳　帅亚俊　张岑容　宋泽和　袁　超

硕士　王云霞　肖　勘　周官山　黄　帅　汪　磊　焦乐飞　关　然

医学院

博士　景方圆　杨　英　张　薇　董顺利　朱守安　郭　静　胡新俊　陈　琼　魏　绪
　　　杨　静　马彦凝　吴　岩　任文丹　李培伟　韩　勇　王德娟　陈红霞　李　颖
　　　俞　宙　顾美娣　周　琦　章　云　任　浩　张　璨　崔光莹　田宝平　薛　猛
　　　徐　嵩　徐　鑫　任志刚　徐谷峰　朱春鹏　武　当　沈　琦　曾从丽　刘　慧
　　　陈敬寅　方　芝　胡　烨　林文龙　田　阳　严慎强　沈　跃　王启闻　邵安文
　　　柴守杰

硕士　蔡虹霞　丁　洁　丁仕力　杨　磊　江利冰　李　金　吴海建　李建儒　梁冠璐
　　　郑俏丽　陈　龙　刘艳茹　徐后云　彭巧华　陈联辉　徐　佶　李青青　熊　思
　　　孙　月　张　帆　任纪龙　孙艳红　田小影　张水莲　朱政怡　李珊珊　吕心游
　　　吴　谦　张　倩　向尉文　薛星河　唐俏梅　吴婷婷　潘五杰　吴聪聪　裴旭颖
　　　章　莉　王翀妍

药学院

博士　楼斯悦　张　璐　汪宇清　张　岩　杨继鸿　陶蓉蓉

硕士　吴启凡　黄　怡　靳秋霞　黄敏敏　周佳林

浙江大学 2013—2014 学年研究生奖学金获得者

一等奖学金

　医学院

　盛凯翔　骆丹艳　胡叶君　王　震　王　瑾　谭伊诺　章淑梦　潘　宇　唐　欢
　刘彭若峰

二等奖学金

　医学院

　傅林海　徐佳慧　吕　旻　李　娜　詹天翔　朱晓庆　励述元　范腾迪　俞　星
　刘益枫　吴　琰　陈云琳　徐少南　范扬帆　焦裕荣　王　琼

2013—2014 学年浙江大学研究生专项奖学金及获奖情况

(单位:人)

序号	奖学金名称	奖励人数	序号	奖学金名称	奖励人数
1	BCD 奖学金	8	23	南都奖学金	58
2	CASC 奖学金	11	24	欧琳奖学金	16
3	天府汽车英才奖学金	15	25	潘家铮奖学金	1
4	华陆科技奖学金	11	26	三星奖学金	7
5	肖特奖学金	5	27	宋都奖学金	2
6	宝钢奖学金	2	28	陶氏化学奖学金	13
7	博世奖学金	19	29	王惕悟奖学金	13
8	岑可法奖学金	20	30	潍柴动力奖学金	26
9	东芝奖学金	5	31	温持祥奖学金	36
10	福伊特奖学金	5	32	旭化成株式会社人才培养奖学金	3
11	绩丰岩土奖学金	4	33	希望森兰奖学金	7
12	葛克全奖学金	9	34	杨咏曼奖学金	12
13	冠廷李锺焕教育财团奖学金	13	35	宏信奖学金	6
14	光华奖学金	227	36	昭和电工奖学金	15
15	国睿奖学金	16	37	郑志刚奖学金	2
16	航天科工奖学金	9	38	浙能奖学金	9
17	华为奖学金	34	39	士兰微电子奖学金	6
18	黄子源奖学金	10	40	中国港湾奖学金	4
19	金都奖学金	18	41	庄氏奖学金	40
20	聚光奖学金	17	42	杜邦奖学金	6
21	康而达奖学金	22	43	唐立新奖学金	20
22	罗姆奖学金	5			

2014届浙江大学浙江省优秀毕业研究生

人文学院
博士　王晓辉
硕士　李政楠　李佳奇　姚　雪　陈　佳　刘爱芳　周丽莉　陶非奇

外国语言文化与国际交流学院
博士　杨　娜
硕士　贺　晨　黄　妍

传媒与国际文化学院
博士　袁爱清
硕士　刘雪亭　吴瑶瑶　张子凡　纪盈如

经济学院
硕士　张妍玫　钟月玥　王　辰　韦　星　唐筱辰　聂　晶　陈劲鸿　周育仙

光华法学院
博士　段海风
硕士　袁登华　李　洋　张　一　郑淑云　冯泽良

教育学院
博士　薛国瑞　臧玲玲
硕士　张　俏

管理学院
博士　詹沙磊　黄玉晶
硕士　陈　煊　俞函斐　刘　帅　杜景丽　谢丽琼　毛莹莹

公共管理学院
博士　赵　星　段忠贤
硕士　曾媛媛　李明坤　郑碧波　杨　洁　陈珲夏

思想政治理论教学科研部
硕士　刘　备

数学系
博士　张　勇　胡思煌
硕士　何波禄　宋述花　余梦佳

物理学系
硕士　司冰琪　李晨霞　马　骏

化学系
博士　李仁宏　伍廉奎　聂仁峰
硕士　李金英　金银樱　盛珈怡

地球科学系
博士　潘小青　王春阳
硕士　俞静燕

心理与行为科学系
博士　张　芷
硕士　陈　童　俞　州

机械工程学院
博士　林志伟　徐冠华　王林涛　严　华
硕士　古伟豪　李　勇　张登雨　娄心洋　韩　冬　张寅锋　江兴旺　周伟东　吴　健
　　　诸利君

材料科学与工程学院
博士　王　锋　高　倩　路　宜　马　毅
硕士　李青莲　宋文涛　汪彬彬　史　力

能源工程学院
博士　邹道安　王海鸥
硕士　曾　轶　叶遥立　谢　莲　王　萌　周斌武

电气工程学院
博士　耿光超　徐海亮
硕士　张　明　王莉莉　李焱鑫　蒋　婷　张新敏　赵　宇　邓　旭　王　璐　朱天宇
　　　吕文韬

建筑工程学院
博士　戴　璐　徐海巍　史致男　付　波
硕士　徐呈程　黄　楠　陶　翀　张利锋　吕　江　王方明　张　杰　畅　帅　王子龙
　　　马艳婷

化学工程与生物工程学院
博士　欧可升　周业丰　吴晶军　孟　枭　吴　疆　计　立　童红飞
硕士　朱晓波　熊进苏　陈　楠　黄佳民

航空航天学院
博士　陈忠利
硕士　董策舟　聂　亮

高分子科学与工程学系
博士　刘湘圣　左立见　孙海燕
硕士　李斯培

海洋学院

博士　姜利杰

光电信息工程学系

博士　陶叔银　胡　昱　严国锋

硕士　李　帅　周　强　兰　璐

信息与电子工程学系

博士　施学良　马　飞　郑　晨　徐魁文

硕士　吕　鹏　刘俊毅　谈　飞　卢　霄

控制科学与工程学系

博士　邓瑞龙　朱　理

硕士　齐瑞超　游　杰　叶　飞　胡灵龙　邵华杰

计算机科学与技术学院

博士　马建良　陈　亮　李　平

硕士　孙长昊　罗哲宁　刘　奕　熊运阳　郑家祥　侯仓健　陈　旻　范长军　许喆鹏
　　　田浩炜　夏　洋　王熙逵　林　媛

软件学院

硕士　周扬帆　王　霏　孟令坤　郧　笑　方　婧　袁耿楠　李志杰　何美玲　周舒雅

生物医学工程与仪器科学学院

博士　胡　宁

硕士　刘宇光　张　越　武　健　李文婷

生命科学学院

博士　朱晓芳　朱律韵　高　静　李　欧　张赛娜

硕士　鲁　翠　李苗苗

生物系统工程与食品科学学院

博士　介邓飞　郑钜圣

硕士　詹　耀　余　辰　高世阳

环境与资源学院

博士　肖文丹　邱吉国　曹小闯　纪文君　沈李东　王　行　陈再明

硕士　候佳艾　王　兰　曾凡凤

农业与生物技术学院

博士　程　远　李方方　王知知　邵雅芳　王　洋　曹方彬　冯　超　叶瑞强　邴孝利

硕士　高军杰　韩玉玲　袁国良

动物科学学院

博士　程昌勇　胡胜兰

硕士　孙冰冰　宋　娟　施李杨

医学院

博士　陈　衍　柴　浩　胡燕燕　杨　英　钱翠娟　刘欢欢　严天连　王勇杰　毛鲁娜
　　　郑明珠　吕　颖　许君芬　李广亮　陈　盛

硕士　张　静　何　鑫　周鑫叠　孔　娜　施丽冰　蔡韶芳　孙雅谊　徐春华　李德望
　　　于一佳　许　瑜　郎观晶　李晓芬　章殷希　苏俊威　卢　毅　王泽凤

药学院

博士　潘利强　邵加安　祝华建

硕士　沈　琦

人 物

在校两院院士 (* 为双聘院士)

中国科学院院士（按院士当选年份、姓氏笔画排列）

唐孝威　　陈子元　　沈家骢*　　曹楚南　　路甬祥　　沈之荃　　韩祯祥　　张　泽
朱位秋　　杨　卫　　麻生明*　　段树民

中国工程院院士（按院士当选年份、姓氏笔画排列）

巴德年*　　汪槱生　　路甬祥　　孙优贤　　岑可法　　董石麟　　潘云鹤　　郑树森
宫先仪*　　欧阳平凯*　李兰娟　　王　浩*　　许庆瑞　　谭建荣　　侯立安*　　龚晓南
杨华勇

在校中共浙江省委委员

中国共产党浙江省第十三届委员会委员　　杨　卫

在校全国和省市三级人大代表(委员)(以姓氏笔画为序)

全国人民代表大会   常委委员   杨　卫   姒健敏

代　表   林建华

浙江省人民代表大会   副主任   姒健敏

常委委员   朱新力   陈亚岗   罗卫东   罗建红

代　表   马景娣   金德水   裘云庆

杭州市人民代表大会   代　表   方　洁   何　超   张土乔   徐志康   雷群芳

在校全国和省市三级政协委员(以姓氏笔画为序)

中国人民政治协商会议第十二届全国委员会

常委   姚　克

委员   樊建人   段树民   蔡秀军   李兰娟

中国人民政治协商会议第十一届浙江省委员会

副主席   姚　克   蔡秀军

常委   王　珂   李有泉   李继承   郑树森   赵小英   鲍虎军

魏贤超

委员   方向明   王　勤   王庆丰   王建安   冯　雁   田　梅

刘伟文   刘艳辉   刘维屏   朱　岩   朱晓芸   许祝安

吴　兰   吴　飞   吴良欢   吴南屏   应义斌   张　英

张　宏   张明方   时连根   李浩然   来茂德   杨　波

邹晓东   陈　忠   陈艳虹   陈莉丽   范柏乃   段会龙

段树民   赵文波   唐睿康   喻景权   曾群力   蒋建中

谢志坚   雷群芳   蔡天新   谭建荣   颜钢锋

中国人民政治协商会议浙江省杭州市第九届委员会

常委   金建祥   楼章华

委员   王　竹   刘东红   陈怀红   曾玲晖

在校各民主党派委员

中国国民党革命委员会
    中央委员会   常　委　段会龙
    浙江省委员会 副主委　魏贤超　李继承　朱新力
    浙江大学委员会 主　委　段会龙
               副主委　戴连奎　唐吉平　曾群力　周坚红　金洪传
中国民主同盟
    中央委员会   常　委　樊建人
               委　员　王云路　雷群芳
    浙江省委员会 副主委　樊建人　罗卫东
    浙江大学委员会 主　委　雷群芳
               副主委　时连根　金建祥　谢志坚　唐睿康　郎友兴　张明方
中国民主建国会
    中央委员会   委　员　陈湘明　钱弘道
    浙江大学委员会 主　委　张　英
               副主委　邬义杰　吴建华　陈昆福　胡税根　钱弘道
中国民主促进会
    中央委员会   常　委　蔡秀军
               委　员　陈亚岗　鲍虎军
    浙江省委员会 主　委　蔡秀军
               副主委　陈亚岗　鲍虎军
    浙江大学委员会 主　委　陈　忠
               副主委　许晶波（常务）　郑晓冬　汤谷平　金杭美　于吉人
                     施培华
中国农工民主党
    中央委员会   常　委　姚　克
               委　员　罗建红
    浙江省委员会 主　委　姚　克
               副主委　罗建红
    浙江大学委员会 主　委　徐志康
               副主委　吴良欢（常务）　欧阳宏伟　钱文斌　许祝安　张信美
                     严　敏

中国致公党

  浙江大学委员会　主　委　裴云庆

  　　　　　　　　副主委　茅林春（常务）　白　剑　陈秋晓

九三学社

  中央委员会　　　常　委　姒健敏

  　　　　　　　　委　员　谭建荣　李有泉　范柏乃

  浙江省委员会　　主　委　姒健敏

  　　　　　　　　副主委　李有泉

  浙江大学委员会　主　委　谭建荣

  　　　　　　　　副主委　冯建跃（常务）　王　健　范柏乃　方向明　郑绍建

  　　　　　　　　　　　　王良静

台湾民主自治同盟

  浙江大学支部　　主　委　刘伟文

国家"千人计划"入选者

序号	姓　名	院　系	年　度	批　次	备　注
1	宋永华	电气工程学院	2008	第一批	创新人才项目
2	顾　敏	光电信息工程学系	2008	第一批	
3	李尔平	信息与电子工程学系	2008	第一批	
4	彭金荣	动物科学学院	2008	第一批	
5	邹鸿生	航空航天学院	2008	第一批	
6	彭笑刚	化学系	2009	第二批	
7	张富春	物理学系	2009	第二批	
8	陈　骝	物理学系	2009	第二批	
9	何赛灵	光电信息工程学系	2009	第二批	
10	沈炳辉	生命科学学院	2009	第二批	短期
11	包　刚	数学系	2009	第三批	
12	郑方阳	数学系	2009	第三批	
13	朱志伟	建筑工程学院	2009	第三批	
14	李延斌	生物系统工程与食品科学学院	2009	第三批	
15	冯新华	生命科学研究院	2009	第三批	
16	吴劳生	环境与资源学院	2009	第三批	

续表

序号	姓名	院系	年度	批次	备注
17	骆季奎	信息与电子工程学系	2009	第三批	
18	高福荣	控制科学与工程学系	2009	第三批	短期
19	李明定	附属第一医院	2009	第三批	
20	仇旻	光电信息工程学系	2010	第四批	
21	付敏跃	控制科学与工程学系	2010	第四批	
22	宋海卫	生命科学研究院	2010	第四批	
23	白勇	建筑工程学院	2010	第五批	
24	姚斌	机械工程学院	2010	第五批	
25	杨小杭	生命科学学院	2010	第五批	
26	陈志祥	农业与生物技术学院	2010	第五批	
27	张舒群	生命科学学院	2010	第五批	
28	邸洪杰	环境与资源学院	2010	第五批	
29	罗明	光电信息工程学系	2010	第五批	
30	杜一平	生物医学工程与仪器科学学院	2010	第五批	
31	王汝渠	经济学院	2011	第六批	
32	王曦	信息与电子工程学系	2011	第六批	
33	钟健晖	生物医学工程与仪器科学学院	2011	第六批	
34	林芳华	数学系	2011	第六批	短期
35	甘剑英	环境与资源学院	2011	第六批	短期
36	诸自强	电气工程学院	2011	第六批	短期
37	朱晨	地球科学系	2012	第七批	
38	陈望平	海洋学院	2012	第七批	
39	管敏鑫	生命科学学院	2012	第七批	
40	毛星原	材料科学与工程学院	2012	第七批	
41	潘之杰	计算机学院	2012	第七批	
42	邵启满	数学系	2012	第七批	短期
43	任广禹	高分子科学与工程学系	2012	第七批	短期
44	金建铭	信息与电子工程学系	2012	第七批	短期
45	陈邦林	材料科学与工程学院	2012	第七批	短期

人物

浙江大学年鉴

序号	姓 名	院 系	年 度	批 次	备 注
46	朱世平	化学工程与生物工程学院	2012	第七批	短期
47	赵鼎新	公共管理学院	2012	第七批	短期
48	郑光廷	信息与电子工程学系	2012	第七批	短期
49	李冬青	能源工程学院	2012	第七批	短期
50	齐家国	环境与资源学院	2012	第八批	
51	杨晓明	附属邵逸夫医院	2012	第八批	
52	邹克渊	光华法学院	2012	第八批	
53	李一恒 El Hang Lee	光电信息工程学系	2012		外专千人计划
54	Philip charles Brookes	环境与资源学院	2012		外专千人计划
55	潘 杰	生物医学工程与仪器科学学院	2013	第九批	
56	谢 涛	化学工程与生物工程学院	2013	第九批	
57	王 菁	医学院	2013	第九批	
58	孙 毅	医学院	2013	第九批	
59	程志渊	信息与电子工程学系	2013	第九批	
60	张俊森	公共管理学院	2013	第九批	短期
61	俞 滨	信息与电子工程学系	2013	第九批	短期
62	Rajeev Ahuja	材料科学与工程学院	2013	第九批	短期
63	康毅滨	医学院	2013	第九批	短期
64	彭华新	材料科学与工程学院	2014	第十批	
65	王贵国	光华法学院	2014	第十批	
66	陈勇民	经济学院	2014	第十批	
67	Dinesh Manocha	计算机科学与技术学院	2014	第十批	短期
68	Ortega Romeo	控制科学与工程学系	2014	第十批	短期
69	George Christakos	海洋学院	2014		外专千人计划

教育部"长江学者"奖励计划特聘教授、讲座教授入选者

序号	姓 名	院 系	批准年度	批次	备 注
1	何赛灵	光电信息工程学系	1999	1	
2	骆仲泱	能源工程学院	2000	2	
3	林芳华	数学系	2000	2	讲座
4	励建书	数学系	2000	2	讲座
5	彭方正	电气工程学院	2000	2	
6	杨德仁	材料科学与工程学院	2000	3	
7	樊建人	能源工程学院	2000	3	
8	赵　昱	药学院	2000	3	
9	徐世烺	建筑工程学院	2000	3	
10	李伯耿	材料科学与工程学院	2001	4	
11	郑　耀	航空航天学院	2001	4	
12	冯明光	生命科学学院	2001	4	
13	李有泉	物理学系	2001	4	
14	郑　波	物理学系	2001	4	
15	胡　汛	医学院	2001	4	
16	周向宇	数学系	2001	4	
17	曹一家	电气工程学院	2001	4	
18	叶修梓	计算机科学与工程学院	2001	4	
19	包　刚	数学系	2001	4	
20	宋永华	电气工程学院	2001	4	
21	陈湘明	材料科学与工程学院	2002	5	
22	麻生明	化学系	2002	5	
23	杨肖娥	环境与资源学院	2002	5	
24	严建华	能源工程学院	2002	5	
25	戴伟民	化学系	2002	5	

浙江大学年鉴

序号	姓 名	院 系	批准年度	批次	备 注
26	于晓方	医学院	2002	5	
27	王明海	医学院	2002	5	
28	郑 强	高分子科学与工程学系	2004	6	
29	鲍虎军	计算机科学与技术学院	2004	6	
30	华跃进	农业与生物技术学院	2004	6	
31	许祝安	物理学系	2004	6	
32	罗 锋	数学系	2004	6	讲座
33	朱世平	化学工程与生物工程学院	2004	6	讲座
34	吴息凤	公共卫生系	2004	6	讲座
35	何建军	光电信息工程学系	2005	7	
36	唐睿康	化学系	2005	7	
37	杨华勇	机械工程学院	2005	7	
38	陈云敏	建筑工程学院	2005	7	
39	王荣福	医学院	2005	7	
40	周雪平	农业与生物技术学院	2005	7	
41	蒋建中	材料科学与工程学院	2006	8	
42	喻景权	农业与生物技术学院	2006	8	
43	罗民兴	物理学系	2006	8	
44	梁永超	环境与资源学院	2006	8	
45	刘 荧	物理学系	2006	8	讲座
46	李正祥	地球科学系	2006	8	讲座
47	彭金荣	动物科学学院	2007	9	
48	高长有	高分子科学与工程学系	2007	9	
49	徐建明	环境与资源学院	2007	9	
50	周 昆	计算机科学与技术学院	2007	9	
51	袁辉球	物理学系	2007	9	
52	王汝渠	经济学院	2007	9	讲座
53	严玉山	化学工程与生物工程学院	2007	9	讲座

浙江大学年鉴

人 物

续表

序号	姓　名	院　系	批准年度	批次	备　注
54	甘剑英	农业与生物技术学院	2007	9	讲座
55	盛　况	电气工程学院	2008	10	
56	刘　旭	光电信息工程学系	2008	10	
57	庄越挺	计算机科学与技术学院	2008	10	
58	沈华浩	医学院	2008	10	
59	成少安	能源工程学院	2008	10	
60	应义斌	生物系统工程与食品科学学院	2008	10	
61	陈启瑾	物理学系	2008	10	
62	郑铭豪	医学院	2008	10	讲座
63	宋顺锋	经济学院	2008	10	讲座
64	左　康	数学系	2008	10	讲座
65	刘俊杰	信息与电子工程学系	2008	10	讲座
66	沈炳辉	农业与生物技术学院	2008	10	讲座
67	周继勇	动物科学学院	2009	11	
68	吴忠标	环境与资源学院	2009	11	
69	高　翔	能源工程学院	2009	11	
70	陈学新	农业与生物技术学院	2009	11	
71	郑绍建	生命科学学院	2009	11	
72	葛根年	数学系	2009	11	
73	施　旭	外国语言文化与国际交流学院	2009	11	
74	蔡秀军	医学院	2009	11	
75	方向明	医学院	2009	11	
76	陈勇民	经济学院	2009	11	讲座
77	莫家豪	教育学院	2009	11	讲座
78	斯其苗	物理学系	2009	11	讲座
79	姚　斌	机械工程学院	2009	11	讲座
80	俞　滨	信息与电子工程学系	2009	11	讲座
81	L. T Biegler	控制科学与工程学系	2009	11	讲座

序号	姓　名	院　系	批准年度	批次	备　注
82	周武元	控制科学与工程学系	2009	11	讲座
83	陈志祥	农业与生物技术学院	2009	11	讲座
84	戴一凡	医学院	2009	11	讲座
85	钱国栋	材料科学与工程学院	2011	12	
86	郑津洋	化学工程与生物工程学院	2011	12	
87	梁廷波	医学院	2011	12	
88	邱利民	能源工程学院	2011	12	
89	华中生	管理学院	2011	12	
90	康景轩	生物系统工程与食品科学学院	2011	12	讲座
91	刘坚能	信息与电子工程学系	2011	12	讲座
92	Steven H. Low	控制科学与工程学系	2011	12	讲座
93	陈　忠	药学院	2012	13	
94	沈模卫	材料科学与工程学院	2012	13	
95	苏宏业	控制科学与工程学系	2012	13	
96	童利民	光电信息工程学系	2012	13	
97	郁建兴	公共管理学院	2012	13	
98	黄铭钧	计算机科学与技术学院	2012	13	讲座
99	陈红胜	信息电子工程学系	2014	14	
100	黄先海	经济学院	2014	14	
101	李晓明	医学院	2014	14	
102	潘洪革	材料科学与工程学院	2014	14	
103	申有青	化学工程与生物工程学院	2014	14	
104	田　梅	附属第二医院	2014	14	
105	王云路	人文学院	2014	14	
106	吴晓波	管理学院	2014	14	
107	徐　骁	附属第一医院	2014	14	
108	H. HOLLY WANG	管理学院	2014	14	讲座

序号	姓 名	院 系	批准年度	批次	备 注
109	Junshan Zhang	控制科学与工程学系	2014	14	讲座
110	Peter ten Dijke	生命科学研究院	2014	14	讲座
111	甘苏生	农业与生物技术学院	2014	14	讲座
112	魏文毅	转化医学研究院	2014	14	讲座

教育部高等学校教学名师奖获得者

序号	姓 名	单 位	获得年度	备 注
1	吴秀明	人文学院	2003	第一届
2	林正炎	数学系	2003	第一届(退休)
3	陆国栋	机械工程学院	2006	第二届
4	杨启帆	数学系	2006	第二届(退休)
5	何莲珍	外国语言文化与国际交流学院	2006	第二届
6	应义斌	生物系统工程与食品科学学院	2008	第四届
7	吴 敏	生命科学学院	2008	第四届
8	何 勇	生物系统工程与食品科学学院	2009	第五届
9	刘 旭	光电信息工程学系	2011	第六届
10	朱 军	农业与生物技术学院	2011	第六届

国家杰出青年科学基金项目获得者

序号	姓 名	单 位	获得年度	备 注
1	樊建人	能源工程学院	1994	
2	谭建荣	机械工程学院	1994	
3	冯明光	生命科学学院	1995	

序号	姓 名	单 位	获得年度	备注
4	杨 卫	航空航天学院	1995	
5	马利庄	计算机科学与技术学院	1996	调出
6	林建华	化学系	1997	
7	吴 平	生命科学学院	1997	
8	褚 健	控制科学与工程学系	1997	
9	肖丰收	化学系	1998	
10	林建忠	航空航天学院	1999	调出
11	杨肖娥	环境与资源学院	1999	
12	鲍虎军	计算机科学与技术学院	1999	
13	陈湘明	材料科学与工程学院	2000	
14	何振立	环境与资源学院	2000	
15	骆仲泱	能源工程学院	2000	
16	苏宏业	控制科学与工程学系	2000	
17	邱建荣	材料科学与工程学院	2001	
18	李伯耿	化学工程与生物工程学院	2001	
19	郑 强	高分子科学与工程学系	2001	
20	朱利中	环境与资源学院	2001	
21	周雪平	农业与生物技术学院	2001	调出
22	杨德仁	材料科学与工程学院	2002	
23	陈红征	高分子科学与工程学系	2002	
24	曹一家	电气工程学院	2002	调出
25	陈 劲	公共管理学院	2002	调出
26	郑 耀	航空航天学院	2002	
27	刘维屏	环境与资源学院	2002	
28	李有泉	物理学系	2002	
29	许祝安	物理学系	2002	
30	杨卫军	生命科学学院	2002	
31	曾 苏	药学院	2002	
32	刘建新	动物科学学院	2003	

序号	姓　名	单　位	获得年度	备注
33	郑　波	物理学系	2003	
34	喻景权	农业与生物技术学院	2003	
35	方盛国	生命科学学院	2003	
36	蒋建中	材料科学与工程学院	2004	
37	高长有	高分子科学与工程学系	2004	
38	徐建明	环境与资源学院	2004	
39	杨华勇	机械工程学院	2004	
40	陈云敏	建筑工程学院	2004	
41	罗民兴	物理学系	2004	
42	沈志成	农业与生物技术学院	2004	
43	华跃进	农业与生物技术学院	2004	
44	童利民	光电信息工程学系	2004	
45	于晓方	医学院	2004	调出
46	叶旭东	电气工程学院	2005	
47	周俊虎	能源工程学院	2005	
48	庄越挺	计算机科学与技术学院	2005	
49	许宜铭	化学系	2005	
50	吴朝晖	计算机科学与技术学院	2005	
51	章晓波	生命科学学院	2005	
52	徐志康	高分子科学与工程学系	2006	
53	钱国栋	材料科学与工程学院	2006	
54	周继勇	动物科学学院	2006	
55	陈学新	农业与生物技术学院	2006	
56	郑绍建	生命科学学院	2006	
57	何赛灵	光电信息工程学系	2006	
58	陈伟球	航空航天学院	2007	
59	王　平	生物医学工程与仪器科学学院	2007	
60	何建军	光电信息工程学系	2007	
61	陈　忠	药学院	2007	

序号	姓 名	单 位	获得年度	备注
62	申有青	化学工程与生物工程学院	2008	
63	彭金荣	动物科学学院	2008	
64	邱利民	能源工程学院	2008	
65	周 昆	计算机科学与技术学院	2008	
66	葛根年	数学系	2008	调出
67	方 群	化学系	2008	
68	应义斌	生物系统工程与食品科学学院	2008	
69	沈华浩	医学院	2008	
70	方向明	医学院	2008	
71	林 强	物理学系	2009	调出
72	林福呈	农业与生物技术学院	2009	
73	梁廷波	医学院	2009	
74	黄志龙	航空航天学院	2010	
75	王晓光	物理学系	2010	
76	潘远江	化学系	2010	
77	汪以真	动物科学学院	2010	
78	叶恭银	农业与生物技术学院	2010	
79	潘洪革	材料科学与工程学院	2010	
80	计 剑	高分子科学与工程学系	2010	
81	罗尧治	建筑工程学院	2010	
82	肖 磊	动物科学学院	2010	
83	冯 波	物理学系	2011	
84	黄飞鹤	化学系	2011	
85	罗英武	化学工程与生物工程学院	2011	
86	金勇丰	生命科学学院	2011	
87	周天华	医学院	2011	
88	高 翔	能源工程学院	2011	
89	何晓飞	计算机科学与技术学院	2011	
90	欧阳宏伟	医学院	2011	

浙江大学年鉴

续表

序号	姓　名	单　位	获得年度	备注
91	张立新	数学系	2012	
92	盛　况	电气工程学院	2012	
93	陈仁朋	建筑工程学院	2012	
94	李晓明	医学院	2012	
95	王福俤	医学院	2012	
96	胡有洪	药学院	2012	
97	高　超	高分子科学与工程学系	2013	
98	鲁林荣	医学院	2013	
99	黄　俊	生命科学研究院	2013	
100	王立忠	建筑工程学院	2013	
101	陈宝梁	环境与资源学院	2014	
102	居冰峰	机械工程学院	2014	
103	仇　旻	光电信息工程学系	2014	
104	张　宏	医学院	2014	

中国青年科技奖获得者

序号	姓　名	单　位	获得时间	备　注
1	倪明江	能源工程学院	1988	第一届
2	益小苏	高分子科学与工程学系	1988	第一届（调出）
3	杨　卫	航空航天学院	1988	第一届
4	刘树生	农业与生物技术学院	1990	第二届
5	陈启璃	生命科学学院	1990	第二届（调出）
6	陈　纯	计算机科学与技术学院	1992	第三届
7	陈杰诚	数学系	1992	第三届（调出）
8	戴连奎	控制科学与工程学系	1992	第三届
9	曹雪涛	医学院	1992	第三届（调出）

序号	姓　名	单　位	获得时间	备　注
10	骆仲泱	能源工程学院	1994	第四届
11	陈龙珠	建筑工程学院	1996	第五届（调出）
12	陈云敏	建筑工程学院	1998	第六届
13	马利庄	计算机科学与技术学院	1998	第六届（调出）
14	刘国华	建筑工程学院	2000	第七届
15	刘　旭	光电信息工程学系	2004	第八届
16	李有泉	物理学系	2004	第八届
17	杨德仁	材料科学与工程学院	2006	第九届
18	童利民	光电信息工程学系	2006	第九届
19	曹一家	电气工程学院	2008	第十届（调出）
20	葛根年	数学系	2009	第十一届（调出）
21	唐睿康	化学系	2011	第十二届
22	顾临怡	机械工程学院	2011	第十二届
23	陈仁朋	建筑工程学院	2011	第十二届
24	周　昆	计算机科学与技术学院	2011	第十二届

教育部"新世纪优秀人才支持计划"入选者

序号	姓　名	单　位	入选年度
1	马向阳	材料科学与工程学院	2004
2	甘德强	电气工程学院	2004
3	汪以真	动物科学学院	2004
4	徐君庭	高分子科学与工程学系	2004
5	吴晓波	管理学院	2004
6	丁志华	光电信息工程学系	2004
7	孙笑侠	光华法学院	2004（调出）
8	郑津洋	化学工程与生物工程学院	2004

续表

序号	姓　名	单　位	入选年度
9	罗英武	化学工程与生物工程学院	2004
10	吴忠标	环境与资源学院	2004
11	郑绍建	环境与资源学院	2004
12	陶国良	机械工程学院	2004
13	王宣银	机械工程学院	2004
14	鲁东明	计算机科学与技术学院	2004
15	吴朝晖	计算机科学与技术学院	2004
16	张土乔	建筑工程学院	2004
17	商丽浩	教育学院	2004
18	吴　俊	控制科学与工程学系	2004
19	李　方	数学系	2004
20	陈庆虎	物理学系	2004
21	李　冲	数学系	2004
22	刘建忠	能源工程学院	2004
23	陈学新	农业与生物技术学院	2004
24	娄永根	农业与生物技术学院	2004
25	宋凤鸣	农业与生物技术学院	2004
26	虞云龙	农业与生物技术学院	2004
27	黄华新	人文学院	2004
28	应义斌	生物系统工程与食品科学学院	2004
29	王　俊	生物系统工程与食品科学学院	2004
30	金勇丰	生命科学学院	2004
31	寿惠霞	生命科学学院	2004
32	夏　灵	生物医学工程与仪器科学学院	2004
33	施　旭	外国语言文化与国际交流学院	2004
34	俞云松	医学院	2004
35	严　密	材料科学与工程学院	2005
36	张才乔	动物科学学院	2005
37	计　剑	高分子科学与工程学系	2005

序号	姓 名	单 位	入选年度
38	刘 南	管理学院	2005
39	卫龙宝	管理学院	2005
40	陈 凌	管理学院	2005
41	沈永行	光电信息工程学系	2005
42	黄志龙	航空航天学院	2005
43	陈伟球	航空航天学院	2005
44	单国荣	化学工程与生物工程学院	2005
45	陈宝梁	环境与资源学院	2005
46	魏建华	机械工程学院	2005
47	金小刚	计算机科学与技术学院	2005
48	徐小洲	教育学院	2005
49	方 群	化学系	2005
50	李晓东	能源工程学院	2005
51	叶恭银	农业与生物技术学院	2005
52	樊龙江	农业与生物技术学院	2005
53	汪俏梅	农业与生物技术学院	2005
54	何莲珍	外国语言文化与国际交流学院	2005
55	章献民	信息与电子工程学系	2005
56	俞永平	药学院	2005
57	杨 军	医学院	2005（调出）
58	许正平	医学院	2005
59	方向明	医学院	2005
60	潘洪革	材料科学与工程学院	2006
61	陈国柱	电气工程学院	2006
62	吴小锋	动物科学学院	2006
63	王 齐	高分子科学与工程学系	2006
64	郁建兴	公共管理学院	2006
65	钱文荣	管理学院	2006
66	钱弘道	光华法学院	2006

序号	姓 名	单 位	入选年度
67	徐新华	环境与资源学院	2006
68	周 华	机械工程学院	2006
69	刘新国	计算机科学与技术学院	2006
70	罗尧治	建筑工程学院	2006
71	汪 炜	经济学院	2006
72	潘远江	化学系	2006
73	王晓光	物理学系	2006
74	高 翔	能源工程学院	2006
75	邱利民	能源工程学院	2006
76	马忠华	农业与生物技术学院	2006
77	张明方	农业与生物技术学院	2006
78	杨大春	人文学院	2006
79	严庆丰	生命科学学院	2006
80	叶学松	生物医学工程与仪器科学学院	2006
81	金仲和	信息与电子工程学系	2006
82	陈 忠	药学院	2006
83	瞿海斌	药学院	2006
84	周天华	医学院	2006
85	陈立新	材料科学与工程学院	2007
86	郭创新	电气工程学院	2007
87	占秀安	动物科学学院	2007
88	毛 丹	公共管理学院	2007
89	贾生华	管理学院	2007
90	林来梵	光华法学院	2007（调出）
91	包永忠	化学工程与生物工程学院	2007
92	吴伟祥	环境与资源学院	2007
93	杨灿军	机械工程学院	2007
94	陈 刚	计算机科学与技术学院	2007
95	耿卫东	计算机科学与技术学院	2007

序号	姓 名	单 位	入选年度
96	赵 阳	建筑工程学院	2007
97	顾建民	教育学院	2007
98	黄先海	经济学院	2007
99	葛根年	数学系	2007（调出）
100	赵道木	物理学系	2007
101	周 昊	能源工程学院	2007
102	吴殿星	农业与生物技术学院	2007
103	徐昌杰	农业与生物技术学院	2007
104	吴 坚	生物系统工程与食品科学学院	2007
105	陈 铭	生命科学学院	2007
106	冉立新	信息与电子工程学系	2007
107	虞 露	信息与电子工程学系	2007
108	沈 颖	医学院	2007
109	江全元	电气工程学院	2008
110	蔡 宁	公共管理学院	2008
111	韩洪云	管理学院	2008
112	梁上上	光华法学院	2008（调出）
113	曲绍兴	航空航天学院	2008
114	林东强	化学工程与生物工程学院	2008
115	杨 坤	环境与资源学院	2008
116	何 闻	机械工程学院	2008
117	陈仁朋	建筑工程学院	2008
118	沈满洪	经济学院	2008
119	孙永革	地球科学系	2008
120	吴 韬	化学系	2008
121	张立新	数学系	2008
122	周劲松	能源工程学院	2008
123	包劲松	农业与生物技术学院	2008
124	蔡新忠	农业与生物技术学院	2008

浙江大学年鉴

序号	姓 名	单 位	入选年度
125	王德华	人文学院	2008
126	欧阳宏伟	医学院	2008
127	王青青	医学院	2008
128	王兴祥	医学院	2008
129	彭新生	材料科学与工程学院	2009
130	刘妹琴	电气工程学院	2009
131	廖 敏	动物科学学院	2009
132	朱新力	光华法学院	2009
133	王宏涛	航空航天学院	2009
134	黄飞鹤	化学系	2009
135	史 舟	环境与资源学院	2009
136	徐 兵	机械工程学院	2009
137	卜佳俊	计算机科学与技术学院	2009
138	黄 英	经济学院	2009
139	王勤辉	能源工程学院	2009
140	周艳虹	农业与生物技术学院	2009
141	蒋焕煜	生物系统工程与食品科学学院	2009
142	吴建平	生物系统工程与食品科学学院	2009
143	张 宏	物理学系	2009
144	张朝阳	信息与电子工程学系	2009
145	魏兴昌	信息与电子工程学系	2009
146	杨 波	药学院	2009
147	刁宏燕	医学院	2009
148	金洪传	医学院	2009
149	冯 杰	动物科学学院	2010
150	宋义虎	高分子科学与工程学系	2010
151	范柏乃	公共管理学院	2010
152	魏 江	管理学院	2010
153	邵雪明	航空航天学院	2010

浙江大学年鉴

序号	姓　名	单　位	入选年度
154	王靖岱	化学工程与生物工程学院	2010
155	范　杰	化学系	2010
156	马　成	化学系	2010
157	林道辉	环境与资源学院	2010
158	冯结青	计算机科学与技术学院	2010
159	詹良通	建筑工程学院	2010
160	邵之江	控制科学与工程学系	2010
161	王树荣	能源工程学院	2010
162	蒋明星	农业与生物技术学院	2010
163	田　兵	农业与生物技术学院	2010
164	苏宏斌	人文学院	2010
165	罗自生	生物系统工程与食品科学学院	2010
166	陈　新	生命科学学院	2010
167	叶　升	生命科学研究院	2010
168	董　浙	数学系	2010
169	王业伍	物理学系	2010
170	池　灏	信息与电子工程学系	2010
171	何俏军	药学院	2010
172	鲁林荣	医学院	2010
173	吴希美	医学院	2010
174	夏总平	生命科学研究院	2011
175	项　基	电气工程学院	2011
176	居冰峰	机械工程学院	2011
177	程　军	能源工程学院	2011
178	胡吉明	化学系	2011
179	张　挺	数学系	2011
180	王浩华	物理学系	2011
181	施积炎	环境与资源学院	2011
182	毛传澡	生命科学学院	2011

人　物

序号	姓 名	单 位	入选年度
183	章雪富	人文学院	2011
184	肖忠华	外国语言文化与国际交流学院	2011
185	刘正伟	教育学院	2011
186	潘士远	经济学院	2011
187	马云贵	光电信息工程学系	2011
188	吴 飞	计算机科学与技术学院	2011
189	陈积明	控制科学与工程学系	2011
190	邱利焱	药学院	2011
191	李晓明	医学院	2011
192	叶 娟	医学院	2011
193	陈启和	生物系统工程与食品科学学院	2012
194	王晓伟	农业与生物技术学院	2012
195	陈红胜	信息与电子工程学系	2012
196	尹建伟	计算机科学与技术学院	2012
197	柯越海	医学院	2012
198	徐 峰	医学院	2012
199	徐 骁	医学院	2012
200	范骁辉	药学院	2012
201	黄 俊	生命科学研究院	2012
202	苏 彬	化学系	2012
203	朱国怀	物理学系	2012
204	朱铁军	材料科学与工程学院	2012
205	赵羽习	建筑工程学院	2012
206	徐明生	高分子科学与工程学系	2012
207	郁发新	航空航天学院	2012
208	赵春晖	控制科学与工程学系	2012
209	马述忠	经济学院	2012
210	周江洪	光华法学院	2012
211	韦 路	传媒与国际文化学院	2012

浙江大学年鉴

序号	姓　名	单　位	入选年度
212	陈林林	光华法学院	2013
213	陈树林	心理与行为科学系	2013
214	陈　曦	控制科学与工程学系	2013
215	胡　虎	医学院	2013
216	金　滔	能源工程学院	2013
217	李　鲜	农业与生物技术学院	2013
218	梅德庆	机械工程学院	2013
219	米玉玲	动物科学学院	2013
220	宁凡龙	物理学系	2013
221	潘　纲	计算机科学与技术学院	2013
222	齐冬莲	电气工程学院	2013
223	汪　洌	医学院	2013
224	邢华斌	化学工程与生物工程学院	2013
225	虞朝辉	医学院	2013
226	周伟华	管理学院	2013

国家自然科学基金创新研究群体

序号	批准年度	项目名称	负责人	学院(系)
1	2000、2003	网络视觉计算的基础理论与算法研究	鲍虎军	计算机科学与技术学院
2	2004、2007	工业过程的控制理论与总线技术及其应用研究	褚　健	控制科学与工程学系
3	2010、2013	农业害虫生物防治的基础研究	刘树生	农业与生物技术学院
4	2011	人工肝与肝移植治疗终末期肝病的基础应用研究	郑树森	医学院
5	2012	突触和神经环路调控的分子机制及其在神经精神疾病中的作用	段树民	医学院

序号	批准年度	项目名称	负责人	学院（系）
6	2012	机电液系统基础研究	谭建荣	机械工程学院
7	2013	智能材料和结构的力学与控制	陈伟球	航空航天学院

教育部创新团队

序号	负责人	所属学院	研究方向	批准年度
1	骆仲泱	能源工程学院	清洁燃烧中的重大基础问题研究	2004
2	冯明光	农业与生物技术学院	农业害虫生物防治	2005
3	杨肖娥	环境与资源学院	污染环境修复与生态系统健康	2005
4	杨德仁	材料科学与工程学院	信息功能材料	2006
5	庄越挺	计算机科学与技术学院	网络多媒体智能信息处理技术	2006
6	郑树森	医学院	终末期肝病综合治疗研究	2007
7	许祝安	物理学系	非常规超导电性和强关联电子体系	2007
8	杨华勇	机械工程学院	全断面大型掘进装备关键技术研究	2008
9	李伯耿	化学工程与生物工程学院	聚合物产品工程	2009
10	周雪平	农业与生物技术学院	水稻重要病害的成灾机理和持续控制	2009
11	段树民	医学院	神经精神疾病的基础研究	2010
12	刘　旭	光电信息工程学系	新一代微纳光子信息技术与工程应用	2010
13	彭金荣	动物科学学院	动物消化系统发育与功能研究	2010
14	陈云敏	建筑工程学院	软弱土与环境土工	2011
15	黄荷凤	医学院	生殖安全转化医学研究	2011
16	郑绍建	生命科学学院	植物营养生理与分子改良	2011
17	喻景权	农业与生物技术学院	园艺作物生长发育与品质调控	2012
18	张　泽	材料科学与工程学院	功能材料微结构调控及能源应用	2013

浙江大学年鉴

"973" 计划首席科学家
(含重大科学研究计划、ITER 计划、青年科学家专题)

序　号	批准时间	项目类型	负责人	学院(系)
1	2002、2008	973 计划	鲍虎军	计算机科学与技术学院
2	2003、2008	973 计划	郑树森	附属第一医院
3	2004	973 计划	何赛灵	光电信息工程学系
4	2005	973 计划	吴　平	生命科学学院
5	2007	973 计划	骆仲泱	能源工程学院
6	2007、2012	973 计划	项春生	附属第一医院
7	2007、2012	973 计划	杨德仁	材料科学与工程学院
8	2007、2012	973 计划	杨华勇	机械工程学院
9	2008	973 计划	喻景权	农业与生物技术学院
10	2009	973 计划	娄永根	农业与生物技术学院
11	2009	重大科学研究计划	罗建红	医学院
12	2010	973 计划	张　泽	材料科学与工程学院
13	2010	973 计划	段树民	基础医学系
14	2010	973 计划	李伯耿	化学工程与生物工程学院
15	2010	973 计划	谭建荣	机械工程学院
16	2010	973 计划	严建华	能源工程学院
17	2010	973 计划	杨立荣	化学工程与生物工程学院
18	2011	973 计划	陈云敏	建筑工程学院
19	2011	973 计划	蒋建中	材料科学与工程学院
20	2011	973 计划	庄越挺	计算机科学与技术学院
21	2011	重大科学研究计划	冯新华	生命科学研究院
22	2011	重大科学研究计划	黄荷凤	附属妇产科医院
23	2011	重大科学研究计划	彭金荣	动物科学学院
24	2011	ITER 计划	肖　湧	物理学系
25	2012	973 计划	陈学新	农业与生物技术学院

続表

序 号	批准时间	项目类型	负责人	学院(系)
26	2012	973 计划	吴朝晖	计算机科学与技术学院
27	2012	973 计划	周劲松	能源工程学院
28	2012	重大科学研究计划	杨小杭	生命科学学院
29	2012	973 计划青年科学家专题	蔡 登	计算机科学与技术学院
30	2013	973 计划	朱利中	环境与资源学院
31	2013	973 计划	管敏鑫	生命科学学院
32	2013	973 计划	王青青	医学院
33	2013	重大科学研究计划	许祝安	物理学系
34	2013	重大科学研究计划	申有青	化学工程与生物工程学院
35	2013	重大科学研究计划	王建安	附属第二医院
36	2013	973 计划青年科学家专题	李武华	电气工程学院
37	2014	973 计划	刘 旭	光电信息工程学系
38	2014	973 计划	郑津洋	化学工程与生物工程学院
39	2014	重大科学研究计划	华跃进	农业与生物技术学院
40	2014	重大科学研究计划	黄 河	医学院
41	2014	重大科学研究计划青年科学家专题	陈 伟	医学院

"国家特支计划"入选者

序号	姓 名	单 位	获得时间
科技创新领军人才			
1	盛 况	电气工程学院	2013
2	高 翔	能源工程学院	2013
3	鲍虎军	计算机科学与技术学院	2013
4	周继勇	动物科学学院	2013
5	孙崇德	农业与生物技术学院	2014

序 号	姓 名	单 位	获得时间
6	李晓明	医学院	2014
7	杨灿军	机械工程学院	2014
8	吴朝晖	计算机科学与技术学院	2014
9	邱利民	能源工程学院	2014
10	金勇丰	生命科学学院	2014
百千万工程领军人才			
1	李有泉	物理学系	2014
哲学社会科学领军人才			
1	史晋川	经济学院	2014
教学名师			
1	何莲珍	外国语言文化与国际交流学院	2014
青年拔尖人才			
1	黄 俊	生命科学研究院	2013
2	罗 坤	能源工程学院	2013
3	王宏涛	航空航天学院	2013
4	何晓飞	计算机科学与技术学院	2013
5	陈积明	控制科学与工程学系	2013
6	周燕国	建筑工程学院	2013
7	周 昆	计算机科学与技术学院	2013
8	王浩华	物理学系	2013
9	陈红胜	信息与电子工程学系	2013
10	张 挺	数学系	2013
11	李春光	信息与电子工程学系	2013
12	周江洪	光华法学院	2013

国家"百千万人才工程"入选者

序号	姓名	单位	获得时间
1	何振立	环境与资源学院	1996
2	陈杰诚	数学系	1996(调出)
3	王 坚	心理与行为科学系	1996(调出)
4	刘树生	农业与生物技术学院	1996
5	杨 卫	航空航天学院	1996
6	马利庄	计算机科学与技术学院	1996(调出)
7	褚 健	控制科学与工程学系	1996
8	张小山	医学院	1996(调出)
9	郝志勇	能源工程学院	1996
10	叶志镇	材料科学与工程学院	1997
11	胡建淼	光华法学院	1997
12	林建忠	航空航天学院	1997
13	杨肖娥	环境与资源学院	1997
14	朱利中	环境与资源学院	1997
15	樊建人	能源工程学院	1997
16	骆仲泱	能源工程学院	1997
17	陈云敏	建筑工程学院	1997
18	潘兴斌	数学系	1997(调出)
19	张涌泉	人文学院	1997
20	冯明光	生命科学学院	1997
21	吴 平	生命科学学院	1997
21	李伯耿	化学工程与生物工程学院	1999
22	文福拴	电气工程学院	1999
23	项保华	管理学院	1999(调出)
24	谭建荣	机械工程学院	1999
25	杨华勇	机械工程学院	1999

序号	姓　名	单　位	获得时间
26	严建华	能源工程学院	1999
27	史晋川	经济学院	1999
28	刘康生	数学系	1999
29	陈学新	农业与生物技术学院	1999
30	何　勇	生物系统工程与食品科学学院	1999
31	张耀洲	生命科学学院	1999（调出）
32	曾　苏	药学院	1999
33	陈江华	医学院	1999
34	王玉新	机械工程学院	1999（调出）
35	郑　强	高分子科学与工程学系	2004
36	陈英旭	环境与资源学院	2004
37	徐建明	环境与资源学院	2004
38	陈　鹰	海洋学院	2004
39	周俊虎	能源工程学院	2004
40	鲍虎军	计算机科学与技术学院	2004
41	许祝安	物理学系	2004
42	周雪平	农业与生物技术学院	2004
43	喻景权	农业与生物技术学院	2004
44	廖可斌	人文学院	2004（调出）
45	应义斌	生物系统工程与食品科学学院	2004
46	王　平	生物医学工程与仪器科学学院	2004
47	来茂德	医学院	2004
48	宋金宝	海洋学院	2004
49	叶旭东	电气工程学院	2006
50	柯映林	机械工程学院	2006
51	庄越挺	计算机科学与技术学院	2006
52	李有泉	物理学系	2006
53	章晓波	生命科学学院	2006
54	杨德仁	材料科学与工程学院	2007

序号	姓 名	单 位	获得时间
55	曹一家	电气工程学院	2007（调出）
56	孙笑侠	光华法学院	2007（调出）
57	周 昊	能源工程学院	2007
58	蔡袁强	建筑工程学院	2007
59	徐小洲	教育学院	2007
60	朱祝军	农业与生物技术学院	2007（调出）
61	何莲珍	外国语言文化与国际交流学院	2007
62	金建祥	控制科学与工程学系	2007
63	蔡秀军	医学院	2007
64	陈 劲	公共管理学院	2009（调出）
65	郁建兴	公共管理学院	2009
66	葛根年	数学系	2009（调出）
67	高 翔	能源工程学院	2009
68	吴朝晖	计算机科学与技术学院	2009
69	冯冬芹	控制科学与工程学系	2009
70	沈志成	农业与生物技术学院	2009
71	华中生	管理学院	2009
72	李浩然	化学系	2013
73	汪以真	动物科学学院	2013
74	蒋建中	材料科学与工程学院	2014
75	黄先海	经济学院	2014
76	梁廷波	附属第二医院	2014

浙江省"千人计划"入选者

序号	姓 名	院 系	年 度	批 次
1	何建军	光电信息工程学系	2009	第一批

序号	姓　名	院　系	年　度	批　次
2	申有青	化学工程与生物工程学院	2009	第一批
3	李延斌	生物系统工程与食品科学学院	2009	第一批
4	范伟民	医学院	2009	第一批
5	白　勇	建筑工程学院	2009	第一批
6	蒋建中	材料科学与工程学院	2009	第一批
7	杨小杭	生命科学学院	2009	第一批
8	张仲非	信息与电子工程学系	2009	第一批
9	朱善宽	医学院	2010	第二批
10	闫克平	化学工程与生物工程学院	2010	第二批
11	杜一平	生物医学工程与仪器科学学院	2010	第二批
12	沈志成	农业与生物技术学院	2010	第二批
13	项春生	医学院	2010	第二批
14	韩　彤	浙江大学科技园发展有限公司	2010	第二批（创业）
15	唐睿康	化学系	2010	第三批
16	朱豫才	控制科学与工程学系	2010	第三批
17	徐　文	信息与电子工程学系	2010	第三批
18	盛　况	电气工程学院	2010	第三批
19	成少安	能源工程学院	2010	第三批
20	朱　俊	医学院	2010	第三批
21	黄飞鹤	化学系	2010	第三批
22	袁辉球	物理学系	2010	第三批
23	董恒进	医学院	2010	第三批
24	田　梅	医学院	2010	第三批
25	骆　严	医学院	2010	第三批
26	管敏鑫	生命科学学院	2010	第三批（转入）
27	刘海江	海洋学院	2011	第四批
28	王林翔	海洋学院	2011	第四批
29	王文俊	化学工程与生物工程学院	2011	第四批
30	金传洪	材料科学与工程学院	2011	第四批

序号	姓　名	院　系	年　度	批　次
31	朱松明	生物系统工程与食品科学学院	2011	第四批
32	叶　升	生命科学研究院	2011	第四批
33	杨晓明	医学院	2011	第四批
34	金洪传	医学院	2011	第四批
35	余　红	医学院	2011	第四批
36	仓　勇	生命科学研究院	2011	第四批
37	周煜东	医学院	2011	第四批
38	陈望平	海洋学院	2011	第四批
39	梁金友	化学工程与生物工程学院	2011	第四批（调出）
40	陈启瑾	物理学系	2011	第四批
41	林　舟	地球科学系	2011	第四批
42	王浩华	物理学系	2011	第四批
43	陈　焰	计算机科学与技术学院	2011	第四批（海鸥计划）
44	黄　勇	机械工程学院	2011	第四批（海鸥计划）
45	张晓晶	机械工程学院	2011	第四批（海鸥计划）
46	毛星原	材料科学与工程学院	2011	第四批（海鸥计划）
47	杨亦农	生命科学学院	2011	第四批（海鸥计划）
48	石贤权	生物系统工程与食品科学学院	2011	第四批（海鸥计划）
49	孙　仁	医学院	2011	第四批（海鸥计划）
50	王　朔	医学院	2011	第四批（海鸥计划）
51	黄永刚	航空航天学院	2011	第四批（海鸥计划）
52	王　能	经济学院	2011	第四批（海鸥计划）
53	朱　晨	地球科学系	2011	第四批（海鸥计划）
54	周　毅	物理学系	2012	第五批
55	李铁强	生物医学工程与仪器科学学院	2012	第五批（辞职）
56	蔡庆军	航空航天学院	2012	第五批（放弃）
57	彭新生	材料科学与工程学院	2012	第五批
58	王亦兵	建筑工程学院	2012	第五批
59	黄　俊	生命科学研究院	2012	第五批

序号	姓名	院 系	年 度	批 次
60	黄力全	生命科学研究院	2012	第五批
61	李学坤	生命科学研究院	2012	第五批
62	李正和	农业与生物技术学院	2012	第五批
63	周宏庚	管理学院	2012	第五批
64	黄英	经济学院	2012	第五批
65	约翰·弗顿豪威尔	能源工程学院	2012	第五批(海鸥计划)
66	陈根达	建筑工程学院	2012	第五批(海鸥计划)
67	姚宇峰	航空航天学院	2012	第五批(海鸥计划)
68	陈平	生命科学学院	2012	第五批(海鸥计划)
69	黄文栋	生命科学学院	2012	第五批(海鸥计划)
70	康毅滨	医学院	2012	第五批(海鸥计划)
71	詹姆士·麦克·维兰	生命科学学院	2012	第五批(海鸥计划)
72	徐明生	高分子科学与工程学系	2014	第六批
73	余路阳	生命科学学院	2014	第六批
74	王福俤	医学院	2014	第六批
75	俞绍才	环境与资源学院	2014	第六批
76	宋旭滨	能源工程学院	2014	第六批
77	王立铭	生命科学研究院	2014	第六批
78	钟清	生命科学研究院	2014	第六批
79	何向伟	生命科学研究院	2014	第六批
80	赖蒽茵	医学院	2014	第六批
81	郭苏建	公共管理学院	2014	第六批
82	熊秉元	光华法学院	2014	第六批
83	邹益民	医学院	2014	第六批(海鸥计划)
84	李龙承	医学院	2014	第六批(海鸥计划)
85	陈绍琛	机械工程学院	2014	第六批(海鸥计划)
86	项阳	计算机科学与技术学院	2014	第六批(海鸥计划)

序号	姓　名	院　系	年　度	批　次
87	陈延伟	计算机科学与技术学院	2014	第六批（海鸥计划）
88	朱　冠	生命科学学院	2014	第六批（海鸥计划）
89	Stefan Kirchner	物理学系	2014	第六批（外专千人）
90	Douglas B. Fuller	管理学院	2014	第六批（外专千人）
91	李小凡	地球科学系	2014	第七批
92	路　欣	物理学系	2014	第七批
93	陈荣辉	控制科学与工程学系	2014	第七批
94	黎　鑫	机械工程学院	2014	第七批
95	闵军霞	转化医学研究院	2014	第七批
96	谢安勇	转化医学研究院	2014	第七批
97	唐　亮	公共管理学院	2014	第七批
98	Peter ten Dijke	生命科学研究院	2014	第七批（海鸥计划）
99	俞益洲	计算机科学与技术学院	2014	第七批（海鸥计划）
100	俞　皓	生命科学学院	2014	第七批（海鸥计划）
101	张绳百	材料科学与工程学院	2014	第七批（海鸥计划）

浙江省特级专家入选者

序号	姓　名	学　院	批准年度
1	杨肖娥	环境与资源学院	2005
2	樊建人	能源工程学院	2005
3	陈　纯	计算机科学与技术学院	2005
4	陈云敏	建筑工程学院	2005
5	田正平	教育学院	2005
6	李有泉	物理学系	2005
7	林正炎	数学系	2005

序号	姓　名	学　院	批准年度
8	郑小明	化学系	2005
9	朱　军	农业与生物技术学院	2005
10	崔富章	人文学院	2005
11	张涌泉	人文学院	2005
12	吴 平	生命科学学院	2005
13	褚　健	控制科学与工程学系	2005
14	刘　旭	光电信息工程学系	2005
15	蔡秀军	医学院	2005
16	叶志镇	材料科学与工程学院	2008
17	杨树锋	地球科学系	2008
18	刘祥官	数学系	2008
19	杨华勇	机械工程学院	2008
20	刘树生	农业与生物技术学院	2008
21	朱利中	环境与资源学院	2008
22	姚　克	医学院	2008
23	王重鸣	管理学院	2008
24	束景南	人文学院	2008
25	金建祥	控制科学与工程学系	2008
26	林建忠	航空航天学院	2008
27	陈　鹰	海洋学院	2011
28	来茂德	医学院	2011
29	骆仲泱	能源工程学院	2011
30	王建安	医学院	2011
31	吴朝晖	计算机科学与技术学院	2011
32	杨德仁	材料科学与工程学院	2011
33	杨　辉	材料科学与工程学院	2011
34	喻景权	农业与生物技术学院	2011
35	庄越挺	计算机科学与技术学院	2014
36	严建华	能源工程学院	2014

续表

序号	姓　名	学　院	批准年度
37	杨立荣	化学工程与生物工程学院	2014
38	应义斌	生物系统工程与食品科学学院	2014
39	沈华浩	附属第二医院	2014
40	张土乔	建筑工程学院	2014
41	陈江华	附属第一医院	2014
42	陈耀武	生物医学工程与仪器科学学院	2014
43	柯映林	机械工程学院	2014
44	高　翔	能源工程学院	2014

青年千人计划入选者

序号	姓　名	院　系	年　度	批　次
1	徐正富	数学系	2011	第六批（放弃）
2	钱　劲	航空航天学院	2011	第六批
3	李寒莹	高分子科学与工程学系	2011	第六批
4	曹　龙	地球科学系	2011	第六批
5	金传洪	材料科学与工程学院	2011	第六批
6	劳长石	材料科学与工程学院	2011	第六批（转出）
7	杨贞军	建筑工程学院	2011	第六批
8	田　梅	医学院	2011	第六批
9	阮智超	物理学系	2012	第七批
10	肖　湧	物理学系	2012	第七批
11	徐文渊	电气工程学院	2012	第七批
12	方卫国	生命科学学院	2012	第七批
13	周煜东	医学院	2012	第七批
14	刘鹏渊	医学院	2012	第七批
15	赵　斌	生命科学研究院	2012	第七批

人　物

序号	姓 名	院 系	年 度	批 次
16	屠大启	医学院	2012	第七批(放弃)
17	王 勇	材料科学与工程学院	2012	第七批
18	赵 毅	信息与电子工程学系	2012	第七批
19	尹 艺	物理学系	2012	第八批
20	武慧春	物理学系	2012	第八批
21	陈 剑	控制科学与工程学系	2012	第八批
22	谢 金	机械工程学院	2012	第八批
23	汪方炜	生命科学研究院	2012	第八批
24	李 峰	农业与生物技术学院	2012	第八批(转出)
25	刘海江	海洋学院	2013	第九批
26	曲行达	机械工程学院	2013	第九批(转出)
27	陆 展	化学系	2013	第九批
28	易 文	生命科学学院	2013	第九批
29	刘 旸	信息与电子工程学系	2013	第九批
30	倪 东	控制科学与工程学系	2013	第九批
31	宋吉舟	航空航天学院	2014	第十批
32	刘 涛	机械工程学院	2014	第十批
33	吴 禹	航空航天学院	2014	第十批
34	余 倩	材料科学与工程学院	2014	第十批
35	林 展	化学工程与生物工程学院	2014	第十批
36	陈 伟	医学院	2014	第十批
37	Simon Duttwyler	化学系	2014	第十批
38	程 磊	生命科学学院	2014	第十批
39	王立铭	生命科学研究院	2014	第十批
40	贾俊岭	生命科学研究院	2014	第十批
41	应颂敏	医学院	2014	第十批
42	董辰方	医学院	2014	第十批
43	陈才勇	生命科学学院	2014	第十批

序号	姓 名	院 系	年 度	批 次
44	陈仲华	农业与生物技术学院	2014	第十批
45	冯友军	医学院	2014	第十批
46	徐 翔	数学系	2014	第十批
47	斯 科	光电信息工程学系	2014	第十批
48	李 玺	计算机科学与技术学院	2014	第十批
49	徐 晗	医学院	2014	第十批
50	丁 一	电气工程学院	2014	第十批
51	尹 俊	机械工程学院	2014	第十批

2014 年新增浙江大学光彪讲座教授

聘请院(系)	受聘人姓名	受聘人任职单位及职务
人文学院	包智明	新加坡国立大学英语系教授
光华法学院	姜永琳	美国 Bryn Mawr College 教授,系主任
公共管理学院	Joseph Fewsmith	美国波士顿大学亚洲研究中心主任,国际关系与政治学系教授
生物医学工程与仪器科学学院	John K-J. Li	美国罗格斯大学杰出教授
附属邵逸夫医院	张传祥	美国罗切斯特大学教授,George Whipple Laboratory for Cancer Research 主任

2014 年新增浙江大学思源讲座教授

聘请院(系)	受聘人姓名	受聘人任职单位及职务
基础医学系	唐 淳	中国科学院武汉物理与数学研究所研究员

聘请院(系)	受聘人姓名	受聘人任职单位及职务
附属第一医院	周　晶	哈佛大学医学院副教授,哈佛大学附属布莱根妇女医院肾脏病科副主任医师
附属第二医院	孙　红	美国内华达肿瘤研究所教授,肿瘤遗传学主任

2014 年新增浙江大学恒逸讲座教授

聘请院(系)	受聘人姓名	受聘人任职单位及职务
管理学院	Franciscus J. A. M. Greidanus	飞利浦中国亚洲区研究部总裁,首席技术官,飞利浦研究院资深副主席
机械工程学院	Nikita A. Fomin	白俄罗斯科学院传热与传质研究所教授
海洋学院	方家松	美国夏威夷太平洋大学教授
附属第一医院	何国伟	美国俄勒冈医学及科技大学临床外科学教授
经济学院	宋顺锋	美国内华达大学经济系教授
化学工程与生物工程学院	杨双华	英国拉夫堡大学计算机系教授

2014 年新增浙江大学求是讲座教授

聘请院(系)	受聘人姓名	受聘人任职单位及职务
管理学院	周荫强	香港大学经济及工商管理学院教授,商学院主任
管理学院	李勉群	美国斯坦福大学商学院(GSB)约瑟麦克唐纳讲座教授

聘请院(系)	受聘人姓名	受聘人任职单位及职务
地球科学系	林初昇	香港大学地理系 Chair Professor
建筑工程学院	马洪琪	华能澜沧江水电开发有限公司 教授级高工,中国工程院院士
电气工程学院	Kaushik Rajashekara	美国德克萨斯大学达拉斯分校杰出教授, 美国工程院院士
信息与电子工程学系	吴 柯	加拿大蒙特利尔大学工学院教授,加拿大 皇家学会院士、加拿大工程院院士
控制科学与工程学系	Kok Lay Teo	澳大利亚科廷大学 John Curtin Distinguished Professor
农业与生物技术学院	Harry Klee	美国佛罗里达大学特聘教授, 美国科学院院士
转化医学研究院	王 敏	美国耶鲁大学病理学系教授

2014 年新增浙江大学求是特聘教授

序号	所在院(系)	姓 名	批准年度
求是特聘教授			
1	高分子科学与工程学系	高 超	2014
2	基础医学系	鲁林荣	2014
3	生命科学研究院	黄 俊	2014
4	建筑工程学院	王立忠	2014
5	人文学院	杨大春	2014
6	教育学院	张 辉	2014
7	公共管理学院	张国清	2014
8	航空航天学院	金仲和	2014
9	化学工程与生物工程学院	马紫峰	2014
10	建筑工程学院	吴 越	2014
11	信息与电子工程学系	徐 文	2014

序号	所在院（系）	姓　名	批准年度
12	控制科学与工程学系	冯冬芹	2014
13	农业与生物技术学院	祝水金	2014
14	基础医学系	刘　伟	2014
15	基础医学系	顾　琛	2014
16	环境与资源学院	梁永超	2014
17	药学院	胡有洪	2014
18	管理学院	华中生	2014
19	海洋学院	宋金宝	2014
求是特聘医师岗			
1	附属第一医院	蔡　真	2014
2	附属第二医院	吴育连	2014
3	附属第二医院	张宝荣	2014
4	附属第二医院	张建民	2014
5	附属邵逸夫医院	俞云松	2014

2014 年在职正高职名单

人文学院

李　杰	韦　路	胡志毅	朱则杰	高力克	何扬鸣	张节末	范志忠	徐　岱
吴　飞	邵培仁	潘一禾	李　岩	沈建平	陈　强	章雪富	黄河清	孔令宏
朱春秧	王德华	胡可先	董　萍	邹广胜	贾海生	王小松	徐永明	王海燕
彭利贞	李恒威	何善蒙	陆敏珍	刘国柱	陈红民	冯国栋	廖备水	汪维辉
姚晓雷	吴艳红	曹锦炎	孙竞昊	吴义诚	黄厚明	陈　新	吴小平	徐向东
刘进宝	彭国翔	张　杨	庞学铨	张秉坚	吴秀明	金健人	黄华新	沈　坚
严建强	楼含松	林家骊	孙敏强	黄　健	盛晓明	方一新	吕一民	王云路
许志强	董小燕	潘立勇	丛杭青	吴　笛	张德明	包伟民	关长龙	池昌海
梁敬明	盘　剑	李咏吟	杨大春	胡小军	戚印平	苏宏斌	许建平	周明初
徐　亮	陶　然	祖　慧	应　奇	王志成	包利民	张涌泉	黄笑山	黄　擎

金　立　周少华　汪超红

外国语言文化与国际交流学院

陈　刚　范捷平　何辉斌　李德高　梁君英　施　旭　吴宗杰　沈　弘　肖忠华
刘海涛　程　乐　孟筱敏　庞继贤　黄天海　王小潞　周　星　蒋景阳　褚超孚
何莲珍　郑达华　高　奋　王　永　马博森　盛跃东　黄建滨　张建理　瞿云华
李　媛　方　凡　谭惠娟　刘慧梅

传媒与国际文化学院

李　杰　韦　路　胡志毅　朱则杰　高力克　何扬鸣　张节末　范志忠　徐　岱
吴　飞　邵培仁　潘一禾　李　岩　沈建平　陈　强

经济学院

王志凯　曹正汉　潘士远　马述忠　朱希伟　汪森军　王汝渠　方红生　黄　英
赵　伟　顾国达　郑备军　马良华　金雪军　史晋川　翁国民　金祥荣　朱柏铭
王维安　蒋岳祥　杨柳勇　黄先海　戴志敏　严建苗　邹小芃　汪　炜　李建琴
肖　文　黄燕君　叶　航　陈菲琼　陈勇民　熊秉元

光华法学院

夏立安　王冠玺　钱弘道　胡　铭　叶良芳　周江洪　张　谷　陈林林　周　翠
赵　骏　余　军　葛洪义　朱庆育　张文显　钱水苗　方立新　李永明　陈信勇
金彭年　朱新力　金伟峰　阮方民　章剑生　李有星　王为农　翁晓斌　邹克渊

教育学院

郑　芳　王　进　刘正伟　李　艳　张剑平　蓝劲松　张　辉　田正平　于可红
丛湖平　许迈进　魏贤超　顾建民　刘　力　杨　明　吴雪萍　徐琴美　王　健
盛群力　方展画　汪利兵　商丽浩　吴　华　祝怀新　肖龙海　徐小洲　肖　朗
林小美　诸葛伟民

管理学院

杨万江　熊　伟　寿涌毅　陈明亮　韩洪云　邬爱其　周　帆　周伟华　霍宝锋
Douglas Brain Fuller　　　周宏庚　黄　灿　贲圣林　华中生　徐晓燕　许庆瑞
邹益民　马庆国　范晓屏　王重鸣　陈旭东　丁关良　陆文聪　包迪鸿　刘　渊
王婉飞　黄祖辉　邢以群　卢向南　周玲强　张忠根　卫龙宝　张大亮　王端旭
钱文荣　郭红东　周洁红　许小东　姚　铮　汪　蕾　张　钢　吴晓波　贾生华
宝贡敏　陈　凌　魏　江　郭　斌　刘　南

公共管理学院

刘卫东　范柏乃　阮云星　郎友兴　李金珊　岳文泽　米　红　苗　青　林　卡
周　萍　曹　洋　郭苏建　唐　亮　余潇枫　陈国权　陈大柔　姚先国　吴次芳
胡税根　冯　钢　许庆明　郭夏娟　毛　丹　郭继强　张国清　王诗宗　王小章
傅荣校　张蔚文　郁建兴　吴宇哲　叶艳妹　钱雪亚　戴文标　汪　晖　蔡　宁
赖金良　陈建军　陈丽君

思想政治理论教学科研部

张　彦　万　斌　马建青　张应杭　王东莉　吕有志　段治文　黄　铭

数学系

李　冲　董　浙　阮火军　谈之奕　郜传厚　张　挺　孔德兴　郑方阳　包　刚
朱建新　陈叔平　卢兴江　吴庆标　蔡天新　苏德矿　程晓良　张振跃　孙利民
苏中根　许洪伟　孙方裕　尹永成　方道元　黄正达　刘康生　张　奕　王　伟
盛为民　卢涤明　张泽银　李　松　翟　健　李胜宏　张立新　吴志祥　李　方
武俊德　杨海涛　陈志国

物理学系

鲁定辉　唐孝威　金洪英　郑　波　郑大昉　张　宏　王晓光　万　歆　张剑波
王立刚　马志为　朱国怀　冯　波　陈　骦　张富春　王业伍　袁辉球　陈启瑾
周　毅　王浩华　肖　湧　宁凡龙　王　凯　尹　艺　武慧春　阮智超　叶高翔
陆璇辉　赵学安　盛正卯　李海洋　吴惠桢　潘佰良　许晶波　应和平　冯春木
陈一新　李有泉　章林溪　沙　健　方明虎　谭明秋　罗民兴　许祝安　李宏年
陈庆虎　赵道木　曹光旱　何丕模　罗孟波　王　森

化学系

吴庆银　吴　军　胡吉明　张子张　吴　韬　王　敏　王从敏　陈万芝　唐睿康
吴传德　黄建国　范　杰　苏　彬　肖丰收　彭笑刚　史炳锋　楼　辉　陈　敏
包伟良　阎卫东　周仁贤　郭伟强　陈林深　汤谷平　吴天星　傅春玲　林贤福
黄志真　王　琦　吕　萍　张玉红　王彦广　费金华　方文军　曹楚南　潘远江
邬建敏　李浩然　朱龙观　何巧红　朱　岩　王建明　陈卫祥　侯昭胤　滕启文
许宜铭　商志才　马　成　张　昭　方　群

地球科学系

朱扬明　田　钢　厉子龙　陈生昌　孙永革　贾晓静　林　舟　曹　龙　李小凡
陈桥驿　翟国庆　翁焕新　沈忠悦　沈晓华　董传万　杨树锋　陈汉林　邹乐君
章孝灿　刘仁义　汪　新　黄克玲　肖安成　朱　晨

心理与行为科学系

陈树林　高在峰　钱秀莹　沈模卫　马剑虹　张智君　曹立人　何贵兵

机械工程学院

梅德庆　徐　兵　甘春标　龚国芳　曹衍龙　刘振宇　纪杨建　冯毅雄　邹　俊
居冰峰　王林翔　谢　金　刘　涛　胡树根　陆国栋　丁　凡　唐任仲　潘晓弘
葛耀峥　谭建荣　汪久根　顾新建　余忠华　王庆丰　杨华勇　杨将新　邬义杰
陶国良　张树有　阮晓东　柯映林　李　伟　周晓军　童水光　陈章位　王宣银
魏建华　傅建中　杨克己　何　闻　周　华　杨灿军　金　波　魏燕定　李江雄
顾临怡　付　新

材料科学与工程学院

黄靖云	李东升	朱丽萍	蒋建中	邱建荣	朱铁军	张 辉	吴勇军	杨杭生
刘宾虹	刘永锋	皮孝东	彭新生	李吉学	金传洪	张 泽	王 勇	彭华新
翁文剑	赵新兵	杨 辉	叶志镇	宋晨路	凌国平	樊先平	刘 芙	韩高荣
严 密	杨德仁	陈立新	王智宇	王小祥	杜丕一	王新华	涂江平	洪樟连
陈湘明	罗 伟	赵高凌	潘洪革	孟 亮	陈胡星	钱国栋	张溪文	马向阳
吴进明								

能源工程学院

甘智华	余春江	王 飞	程 军	王 勤	郝志勇	金余其	张学军	陆胜勇
罗 坤	黄群星	俞自涛	王智化	李 蔚	唐黎明	成少安	肖 刚	岑可法
施正伦	倪明江	骆仲泱	樊建人	谷月玲	黄镇宇	俞小莉	刘建忠	陈光明
蒋旭光	程乐鸣	胡亚才	盛德仁	周俊虎	赵 虹	方梦祥	池 涌	何文华
李晓东	高 翔	周 昊	吴 锋	周劲松	王勤辉	邱利民	马增益	王树荣
周志军								

电气工程学院

严晓浪	刘妹琴	沈海斌	甘德强	姚缨英	郭创新	方攸同	石健将	江全元
齐冬莲	张军明	沈建新	陈阳生	谭年熊	项 基	辛焕海	林志赟	李武华
盛 况	徐文渊	汪槱生	韩祯祥	陈隆道	叶云岳	潘再平	江道灼	黄民翔
周 浩	颜钢锋	何奔腾	徐 政	韦 巍	吕征宇	黄 进	徐德鸿	何湘宁
赵荣祥	陈辉明	文福拴	陈国柱	许 力	祝长生	颜文俊	叶旭东	吴建华
杨仕友	马 皓	张森林	朱善安	卢琴芬	何乐年	卢慧芬		

建筑工程学院

张仪萍	王 竹	蒋建群	王 洁	袁行飞	柯 瀚	谢 旭	赵羽习	詹良通
高裕江	杨贞军	贺 勇	朱 斌	边学成	张永强	龚顺风	吕朝锋	冉启华
许月萍	杨仲轩	韩昊英	方火浪	徐世烺	张毓峰	王殿海	白 勇	张 宏
王亦兵	吴 越	韦娟芳	龚晓南	叶贵如	姚 谏	钱晓倩	刘国华	李王鸣
罗卿平	董石麟	徐 雷	华 晨	王柏生	陈雪芳	谢康和	高博青	陈云敏
毛义华	余 健	罗尧治	金南国	关富玲	夏唐代	金贤玉	金伟良	赵 阳
葛 坚	陈水福	王立忠	楼文娟	项贻强	童根树	柳景青	凌道盛	谢新宇
徐日庆	陈仁朋	詹树林	王奎华	尚岳全	邓 华	徐长节	徐荣桥	黄志义

化学工程与生物工程学院

戴立言	王靖岱	金 涛	吴林波	张 林	许忠斌	姚 臻	吴大转	李洲鹏
张安运	闫克平	王正宝	于洪巍	陈圣福	邢华斌	申有青	王文俊	温月芳
林 展	任其龙	吴 嘉	冯连芳	姚善泾	郑水英	杨亦文	李 希	李伯耿
陈志荣	梅乐和	申屠宝卿		洪伟荣	陈新志	阳永荣	陈志平	范 宏
徐志南	陈英奇	孟 琴	施 耀	何潮洪	雷乐成	曹 堃	杨 健	王 立

吴素芳　陈丰秋　吕秀阳　郑津洋　杨立荣　关怡新　郑传祥　夏黎明　陈纪忠
罗英武　单国荣　金志江　林建平　包永忠　曾　胜　林东强　李　伟　叶笃毅
詹晓力

海洋学院
吴嘉平　马忠俊　王　岩　冷建兴　韩　军　陈望平　刘海江　宋金宝　孙志林
叶　瑛　胡富强　陈　鹰　朱世强　楼章华　孙红月　夏枚生　齐家国
George Christakos

航空航天学院
郑　耀　叶　敏　王惠明　孟　华　郁发新　余钊圣　曲绍兴　陈伟芳　陆哲明
王宏涛　邹鸿生　钱　劲　吴　禹　朱位秋　李　平　黄志龙　鲁　阳　宋广华
金仲和　应祖光　陶伟明　陈伟球　沈新荣　吴丹青　邵雪明　宋吉舟

高分子科学与工程学系
宋义虎　邱利焱　朱宝库　施敏敏　马　列　安全福　杜滨阳　高　超　徐明生
李寒莹　胡巧玲　涂克华　沈之荃　范志强　徐志康　王利群　陈红征　江黎明
徐君庭　孙维林　高长有　计　剑　王　齐　孙景志

光电信息工程学系
吴兴坤　丁志华　郑晓东　车双良　刘华锋　张冬仙　戴道锌　何建军　杨　青
高士明　马云贵　仇　旻　罗　明　EL HANG LEE　斯　科　杨甬英　沈亦兵
牟同升　冯华君　岑兆丰　沈永行　王晓萍　严惠民　徐之海　李海峰　李晓彤
余飞鸿　徐海松　林　斌　叶　辉　白　剑　刘　承　章海军　童利民　舒晓武
吴　兰　何赛灵　郑臻荣　刘　旭

信息与电子工程学系
赵民建　池　灏　周柯江　杜　阳　金晓峰　李　凯　沈会良　陈红胜　李建龙
史治国　徐　文　张宏纲　尹文言　张仲非　李春光　李尔平　魏兴昌　骆季奎
王　曦　赵航芳　赵　毅　刘　旸　程志渊　王德苗　韩　雁　金心宇　于慧敏
沈继忠　张　明　章献民　冉立新　杨冬晓　王　匡　金　韬　虞　露　杨建义
江晓清　董树荣　黄爱苹　张朝阳

控制科学与工程学系
陈　曦　刘兴高　宋春跃　陈积明　牟　颖　周建光　付敏跃　杨再跃　朱豫才
赵春晖　陈　剑　孙优贤　金建祥　胡协和　戴连奎　荣　冈　李　光　王　慧
王　宁　梁　军　张光新　吴　俊　卢建刚　黄志尧　苏宏业　王文海　毛维杰
冯冬芹　宋执环　熊　蓉　邵之江　金晓明　黄文君　杨春节　王保良

计算机科学与技术学院
卜佳俊　尹建伟　吴　飞　陈　为　刘玉生　潘　纲　吴　健　陈华钧　寿黎但
刘新国　宋明黎　周　昆　蔡　登　张东亮　刘　波　李　玺　潘之杰　王跃宣
潘云鹤　陈　纯　李善平　史　烈　庄越挺　林　海　高曙明　孙守迁　许端清

人物

张三元　陈文智　鲍虎军　孙建伶　郑扣根　应放天　耿卫东　吴春明　金小刚
姚　敏　林兰芬　周　波　童若锋　陈　越　张国川　魏宝刚　陈　刚　陈天洲
钱沄涛　冯结青　罗仕鉴　唐　敏　于金辉　陈德人　杨小虎

生物医学工程与仪器科学学院

吕旭东　田景奎　李劲松　刘清君　潘　杰　黄　海　陈耀武　封洲燕　宁钢民
段会龙　余　锋　夏顺仁　陈祥献　王　平　陈　杭　夏　灵　宋开臣　叶学松

生命科学学院

郑绍建　杨卫军　王根轩　毛传澡　寿惠霞　吕镇梅　陈　铭　陈　新　罗　琛
周耐明　章晓波　高海春　陈　军　张舒群　方卫国　易　文　余路阳　陈才勇
程　磊　吴雪昌　朱睦元　傅承新　丁　平　赵宇华　蒋德安　邵建忠　葛　滢
常　杰　李永泉　管文军　于明坚　龚兴国　严庆丰　冯明光　金勇丰　杨万喜
王金福　邱英雄　方盛国　陈　欣

生物系统工程与食品科学学院

罗自生　沈立荣　陈启和　李　铎　吴　坚　朱松明　何国庆　应铁进　李建平
陈健初　沈生荣　叶兴乾　盛奎川　楼锡锦　郑晓冬　茅林春　张　英　何　勇
应义斌　王　俊　蒋焕煜　成　芳　王剑平　裴正军　饶秀勤　刘东红　徐惠荣
冯凤琴　郭宗楼

环境与资源学院

黄敬峰　张丽萍　官宝红　章明奎　施积炎　杨　坤　李廷强　何　艳　刘维屏
俞绍才　梁永超　吴建军　章永松　方　萍　沈学优　倪吾钟　何振立　卢升高
郑　平　朱利中　吕　军　吴良欢　杨肖娥　陈雪明　徐建明　杨京平　徐向阳
吴伟祥　王　柯　陈　红　吴忠标　史惠祥　徐新华　吴祖成　童裳伦　胡宝兰
田光明　林道辉　陈宝梁　史　舟

动物科学学院

张才乔　吴信忠　彭金荣　杨明英　黄耀伟　徐宁迎　朱良均　吴跃明　胡福良
邵庆均　傅　衍　胡松华　方维焕　陈玉银　钟伯雄　刘建新　缪云根　邹晓庭
吴小锋　时连根　汪以真　李卫芬　胡彩虹　杜爱芳　孙红祥　周继勇　占秀安
冯　杰　王敏奇

农业与生物技术学院

莫建初　何普明　柴明良　唐启义　余小林　滕元文　涂巨民　沈志成　周艳虹
田　兵　李　鲜　王校常　马忠华　蒋立希　高中山　孙崇德　甘银波　王晓伟
李正和　徐建红　陈仲华　陈子元　朱　军　石春海　胡　晋　施祖华　朱国念
骆耀平　周伟军　叶庆富　刘树生　陈昆松　虞云龙　张国平　娄永根　张传溪
夏宜平　李　方　梁月荣　华跃进　陈学新　李红叶　祝增荣　舒庆尧　叶恭银
樊龙江　邬飞波　宋凤鸣　林福呈　张明方　陈利萍　郭得平　王政逸　卢　钢
曹家树　蔡新忠　吴建祥　屠幼英　汪俏梅　王岳飞　喻景权　吴殿星　郑经武

王学德　蒋明星　章初龙　祝水金　程方民　肖建富　徐昌杰　包劲松

医学院

王青青	陈学群	谢万灼	曹倩	王建莉	朱海红	胡汛	吕中法	顾扬顺
凌树才	陈功祥	郑敏	丁凌	李君	张咸宁	张宏	王伟	祁鸣
沈颖	胡虎	金永堂	唐修文	段树民	王晓健	刘伟	项春生	朱善宽
范伟民	柯越海	包爱民	李兰娟	邱爽	李明定	刁宏燕	吴希美	李晓明
鲁林荣	王迪	盛建中	王秀君	董恒进	王英杰	汪洌	金洪传	肖磊
孙秉贵	周煜东	田梅	骆严	杨小杭	肖永红	纪俊峰	龚哲峰	梁廷波
李学坤	刘鹏渊	戴一扬	孙毅	董辰方	邹键	钱大宏	陈伟	陈伟
Stijn van der Veen	梁平	陆燕	陆林宇	闵军霞	赵永超	徐晗	赵经纬
Dante Neculai	冯友军	郭国骥	赵士芳	平飞云	陆源	谢强敏	厉有名
赵正言	余红	刘迪文	魏尔清	陈智	吴南屏	何超	徐耕	施卫星
周韧	李继承	陈坤	林俊	金帆	黄丽丽	戴宁	姚玉峰	曹利平
李惠春	刘丽	胡济安	温小红	张苏展	谢幸	郑伟	俞惠民	杜立中
严杰	胡小君	陈丽荣	陈晖	包家立	沈华浩	郑树森	赵小英	陈鹏
王选锭	方马荣	朱心强	徐志豪	姚克	曹江	夏大静	许正平	郑敏
邓甫川	吴瑞瑾	朱益民	胡兴越	徐荣臻	邵吉民	黄河	谢立平	王雪芬
沈朋	滕理送	金洁	蔡建庭	任跃忠	曹越兰	祝向东	陈力	韩春茂
杨亚波	蔡秀军	沈岳良	虞燕琴	孙文均	赵伟平	周嘉强	王炜琴	吴明
吕时铭	牟一平	程浩	陈江华	吴健	胡申江	傅国胜	张建民	吴继敏
陈志敏	薛金增	徐雯	陈亚岗	周志慧	徐骁	吴育连	施育平	陈益定
王建安	曾群力	姒健敏	张敏鸣	汤永民	杨廷忠	袁瑛	詹金彪	范顺武
陈玮琳	田炯	严盛	方向明	徐立红	管敏鑫	赖蒽茵	蔡真	方红
钱文斌	寿张飞	佟红艳	詹仁雅	张鸿坤	楼敏	严世贵	陈高	丁克峰
黄建	项美香	严敏	张宝荣	张茂	李江涛	叶娟	王良静	董研
李雯	张松英	谢鑫友	应可净	梁黎	龚方戚	江米足	舒强	毛建华
欧阳宏伟	那仁满都拉							

药学院

应晓英	陈枢青	俞永平	陈勇	杜永忠	范骁辉	游剑	戚建华	陈建忠
韩峰	连晓媛	崔孙良	侯廷军	胡永洲	程翼宇	楼宜嘉	吴永江	蒋惠娣
曾苏	刘龙孝	王龙虎	袁弘	何俏军	高建青	杨波	瞿海斌	孙翠荣
刘雪松	陈忠							

校机关

罗卫东	张土乔	褚健	吴朝晖	金滔	宋永华	林建华	严建华	罗建红
张宏建	胡旭阳	周谷平	任少波	邹晓东	刘继荣	张美凤	王勤	楼成礼
李五一	马银亮	夏文莉	杨世锡	葛朝阳	杨潮	洪健	高其康	缪哲

余逊达	何文炯	冯建跃	雷群芳	赵文波	朱晓芸	应 飚	彭凤仪	周天华
吕森华	沈 杰	王家平	陈慰浙	吴 敏	刘向东	金蒙伟	夏 强	朱婉儿
唐晓武	周建华	金海燕						

直属单位

张 明	陈晓嘉	袁亚春	金更达	樊晓燕	鲁东明	杨晓鸣	徐 枫	张月红
马景娣	杨 毅	吴 杰	吴伟丰	秦从律	王靖华	董丹申	吴开成	干 钢
黎 冰	余祖国	沈 金	郭宏峰	胡慧峰	李 宁	肖志斌	刘永立	贾惠娟
汪自强	石伟勇	陈安国	叶志毅	叶均安	张 放	王人民	汪炳良	龚淑英
梁建设	鲁兴萌	沈建福	余东游	罗安程	李肖梁	毛碧增	崔海瑞	楼兵干
胡东维	廖 敏	张华达	虞力宏	吴叶海	董晓虹	钱铁群	陈志强	何钦铭
陈 伟	徐金强	林咸永	赵美娣	章云兰	钱佳平	陈益君	黄 晨	胡慧珠
董辉跃	蒋君侠	杨建华	陈子辰	史红兵	厉小润	陈 侃	傅 强	周丽萍
董雪兵	朱之平							

其他单位

许为民	赵继海	费英勤	方征平	杨建刚	胡礼祥	张立煌	朱永平	叶 民
吴 健	龚惠香	应 晶	冯新华	宋海卫	何向伟	张 龙	宋 海	贾俊岭
汪方炜	罗树明	徐 瀛	姚志邦	杨建军	刘培东			

附属医院在职正高职名单

附属第一医院

蔡 巍	蔡 真	曹红翠	陈春晓	陈 峰	陈海红	陈 军	陈李华	陈卫星
陈文斌	陈伊伦	陈 瑜	陈 中	陈作兵	崔红光	邓银泉	董风芹	杜持新
范 骏	方 红	方 强	方雪玲	冯靖祎	冯志仙	冯智英	高 原	葛玲玉
顾新华	顾竹影	韩威力	韩 伟	韩 阳	胡 坚	胡晓晟	黄红光	黄建荣
黄丽华	季 峰	姜 海	姜玲玲	蒋天安	金百冶	金晓东	金争鸣	孔海莹
李成江	李 谷	李 鸣	李夏玉	梁 黎	梁伟峰	林建江	林 山	林胜璋
林文琴	林向进	凌 玲	凌志恒	刘建华	刘 剑	刘小蕉	刘 忠	楼定华
卢安卫	卢晓阳	鲁裕玉	陆远强	吕国才	罗本燕	马 量	马跃辉	马志敏
麦文渊	孟海涛	倪一鸣	彭志毅	钱建华	钱文斌	裘云庆	任国平	阮 冰
阮黎明	阮凌翔	邵爱仙	沈柏华	沈建国	沈丽萍	沈 岩	沈 晔	沈毅弘
盛吉芳	寿张飞	宋朋红	苏 群	孙嫦娥	汤灵玲	陶谦民	滕晓东	佟红艳
童剑萍	童向民	童 鹰	屠政良	万 曙	汪国华	汪审清	汪 朔	王慧明
王慧萍	王临润	王 敏	王 薇	王伟林	王永清	王战坤	王照明	魏泽庆
邬一军	邬志勇	吴福生	吴慧玲	吴建永	夏 丹	夏雅仙	肖文波	徐靖宏
徐 农	徐亚萍	许国强	许顺良	许 毅	严森祥	杨小锋	杨益大	杨云梅
姚航平	姚 华	姚 磊	姚雪艳	叶琇锦	于吉人	余国伟	余国友	虞朝辉
詹仁雅	张冰凌	张芙荣	张鸿坤	张 珉	张 萍	张幸国	章 宏	章渭方

赵　葵　　赵　琼　　郑杰胜　　郑良荣　　郑　临　　郑秀珏　　郑旭宁　　郑哲岚　　钟紫凤
周东辉　　周建英　　周水洪　　周燕丰　　周永庆　　朱　彪　　朱慧勇　　朱建华　　祝胜美
郭晓纲　　王兴祥　　何静松　　王仁定　　吴仲文　　何剑琴　　梁　辉　　徐明智　　林　进
王春林　　潘剑威　　伍峻松　　徐三中　　谢小军　　刘　犇　　方丹波　　汪晓宇　　徐盈盈
申屠建中　　　　　　黄明珠

附属第二医院

蔡绥勃　　柴　莹　　晁　明　　陈　钢　　陈　高　　陈国贤　　陈怀红　　陈佳兮　　陈　军
陈莉丽　　陈　鸣　　陈其昕　　陈维善　　陈　焰　　陈毅军　　戴平丰　　戴雪松　　丁克峰
丁美萍　　董爱强　　董　研　　杜传军　　杜　勤　　杜新华　　范国康　　方河清　　方肖云
冯建华　　傅伟明　　谷　卫　　何荣新　　胡　华　　胡未伟　　胡　颖　　黄　建　　黄建瑾
黄品同　　蒋定尧　　蒋国平　　蒋　峻　　蒋正言　　金静芬　　金晓滢　　劳力民　　李方财
李　杭　　李江涛　　李天瑯　　李　雯　　李志宇　　梁　华　　林季建　　林志宏　　刘凤强
刘　进　　刘学明　　陆志熊　　马　骥　　马岳峰　　毛建山　　毛善英　　茅晓红　　潘文胜
潘志军　　申屠形超　　　　　　沈　宏　　沈惠云　　施小燕　　宋水江　　宋永茂　　宋震亚
苏兆安　　孙朝晖　　孙　梅　　孙伟莲　　孙　勇　　陶惠民　　陶志华　　汪四花　　王彩花
王国凤　　王华林　　王　坚　　王连聪　　王　良　　王良静　　王　平　　王祥华　　王跃东
王志康　　魏启春　　邬伟东　　吴　丹　　吴华香　　吴立东　　吴勤动　　吴琼华　　吴　群
吴燕岷　　项美香　　肖家全　　徐　峰　　徐根波　　徐　侃　　徐雷鸣　　徐小红　　徐　旸
许东航　　许凤芝　　许晓华　　薛　静　　严君烈　　严　敏　　严世贵　　严伟琪　　颜小锋
杨蓓蓓　　杨光钊　　杨旭燕　　叶　娟　　叶招明　　应淑琴　　应智林　　游向东　　余日胜
岳　岚　　詹小萍　　占宏伟　　张　茂　　张片红　　张晓红　　张啸飞　　张仲苗　　章燕珍
赵百亲　　赵小纲　　赵学群　　郑　强　　周建维　　周　权　　朱君明　　朱　莹　　朱永坚
许　璟　　李立斌　　别晓东　　张召才　　李伟栩　　沈肖曹　　林　铮　　谢小洁　　王　凯
陈芝清　　王利权　　王良静　　罗　巍　　黄　曼　　李　星　　崔　巍　　周　峰　　高　峰
朱永良　　张　嵘　　兰美娟　　戴海斌

附属邵逸夫医院

陈恩国　　陈　炜　　陈肖燕　　邓丽萍　　丁国庆　　方力争　　方　青　　方松华　　方向前
高　力　　高　敏　　龚向阳　　缑东元　　何　红　　何启才　　何正富　　胡红杰　　黄金文
黄学锋　　黄　悦　　蒋晨阳　　金　梅　　李恭会　　李　红　　李　华　　李立波　　李毓敏
郦志军　　梁峰冰　　林小娜　　楼　岑　　楼伟建　　马　珂　　潘宏铭　　施培华　　苏关关
孙蕾民　　孙晓南　　汤建国　　万双林　　王　达　　王观宇　　王建国　　王　谨　　王林波
王敏珍　　王青青　　王先法　　王义荣　　闻胜兰　　翁少翔　　项伟岚　　谢俊然　　谢　磊
谢鑫友　　徐秋萍　　严春燕　　杨建华　　杨　进　　杨树旭　　叶有新　　叶志弘　　应可净
余大敏　　俞云松　　虞海燕　　虞和君　　虞　洪　　张　蓓　　张　剑　　张　钧　　张　雷
张　楠　　张松英　　张志根　　章　辉　　赵博文　　赵凤东　　赵文和　　钟泰迪　　周斌全
周大春　　周海燕　　周　畔　　朱　江　　朱可建　　朱玲华　　朱先理　　吴加国　　吕芳芳

郑伟良　陈丽英　徐　妙　潘孔寒　朱洪波　胡孙宏　陈文军　陈定伟　梁　霄
汪　勇　楼海舟　方　勇　吴　皓　吴晓虹　李　华　潘红英　徐玉兰　冯金娥

附属妇产科医院

蔡雪芬　陈丹青　陈晓端　陈新忠　陈亚侠　程　蓓　程晓东　董旻岳　方　勤
冯素文　高惠娟　顾耕华　何晓红　贺　晶　胡文胜　金杭美　鲁东红　鲁　红
鲁惠顺　陆秀娥　吕卫国　毛愉燕　缪敏芳　潘永苗　潘芝梅　钱洪浪　邱丽倩
孙　革　孙惠兰　万小云　王凤鸣　王建华　王新宇　王正平　吴明远　徐　键
徐开红　徐鑫芬　杨小福　应伟雯　张信美　郑彩虹　郑　斐　周坚红　周庆利
朱小明　朱依敏　庄亚玲　柴　芸　丁志明　胡燕军　王军梅　邢兰凤　陈凤英

附属儿童医院

陈飞波　陈　洁　陈理华　陈小友　陈秀琴　陈学军　戴宇文　董关萍　傅君芬
高　峰　龚方戚　胡智勇　黄晓磊　黄　昕　黄新文　江克文　江米足　江佩芳
蒋国平　蒋优君　解春红　金　姬　李建华　李　笋　李　荣　林　茹　刘爱民
刘　锐　楼金吐　楼晓芳　卢美萍　罗社声　马晓路　毛建华　阮文华　尚世强
邵　洁　沈红强　施丽萍　石淑文　舒　强　宋　华　谈林华　汤宏峰　唐达星
唐兰芳　童美琴　汪天林　王继跃　王　珏　王秀敏　魏　健　吴　芳　吴秀静
吴秀英　夏永辉　夏哲智　熊启星　徐红贞　徐美春　徐　珊　徐亚萍　杨茹莱
叶菁菁　余钟声　袁天明　张晨美　张洪波　张泽伟　章毅英　郑季彦　周雪娟
周雪莲　周银宝　朱卫华　朱雄凯　祝国红　邹朝春　徐卫群　陈　安　俞建根
诸纪华

附属口腔医院

张　凯　樊立洁　何福明　施洁珺　傅柏平　谢志坚　黄吉娜　程志鹏　何　虹

附属第四医院

陈毅力　徐建红　傅云峰　王新宇　虞和永　黄　健　冯　强

人　物

浙江大学年鉴

2014 年新增兼职教授名录

姓 名	聘请单位	职务	工作单位
蒋田仔	数学系	兼职教授	中科院自动化所脑网络组研究中心
王涌天	光电信息工程学系	兼职教授	北京理工大学
叶杭冶	电气工程学院	兼职教授	浙江运达风电股份有限公司
周成虎	地球科学系	兼职教授	中国科学院地理科学与资源研究所
骆剑承	地球科学系	兼职教授	中国科学院遥感应用研究所
陈时飞	药学院	兼职研究员	浙江省食品药品监督管理局
郭 健	建筑工程学院	兼职研究员	浙江省舟山市交通运输局
王志乐	管理学院	兼职研究员	北京新世纪跨国公司研究所
孔令义	生物医学工程与仪器科学学院	兼职教授	中国药科大学
程小明	建筑工程学院	兼职研究员	中船重工 702 所
彭 寿	材料科学与工程学院	兼职教授	蚌埠玻璃工业设计研究院国家重点实验室
赵 荣	艺术与考古博物馆	兼职教授	陕西省文物局
林 强	生物医学工程与仪器科学学院	兼职教授	浙江工业大学
吴 健	文化遗产研究院	兼职教授	敦煌研究院
张建林	文化遗产研究院	兼职研究员	陕西省考古研究院
张书恒	文化遗产研究院	兼职研究员	浙江省文物考古研究所
杨永耀	电气工程学院	兼职研究员	浙大中控信息技术有限公司
李献华	地球科学系	兼职教授	中国科学院地质与地球物理研究所
倪健民	公共管理学院	兼职教授	中华全国总工会
张旭东	社会科学研究院	兼职教授	纽约大学
杨桂生	高分子科学与工程学系	兼职教授	上海杰事杰新材料(集团)股份有限公司
袁国勇	附属第一医院传研所	兼职教授	香港大学

姓 名	聘请单位	职务	工作单位
黄少铭	材料科学与工程学院	兼职教授	温州大学
陆建德	外国语言文化与国际交流学院	兼职研究员	中国社科院外国文学研究所
陈学恩	海洋学院	兼职教授	中国海洋大学
卢宠茂	医学院	兼职教授	香港大学玛丽医院
万 钧	医学院	兼职教授	香港大学
唐立新	管理学院	兼职教授	成都新尚置业集团有限公司
郭吉丰	电气工程学院	兼职教授	浙江省中国民主建国会
王孙禺	发展战略研究院	兼职教授	清华大学
查建中	发展战略研究院	兼职教授	北方交通大学
周光礼	发展战略研究院	兼职教授	中国人民大学
胡宣德	建筑工程学院	兼职教授	台湾成功大学
向松祚	管理学院	兼职教授	中国农业银行
焦瑾璞	管理学院	兼职研究员	中国人民银行研究局
俞 栋	信息与电子工程学系	兼职教授	美国微软研究院
李潘剑	材料科学与工程学院	兼职教授	苏州银胜新能源材料有限公司
龙江平	海洋学院	兼职研究员	国家海洋局第二海洋研究所
徐汉良	先进技术研究院	兼职研究员	中央办公厅第一局
谢亿民	工业技术研究院	兼职教授	澳大利亚皇家墨尔本理工大学
黄 滋	建筑工程学院	兼职研究员	浙江省古建筑设计研究院
朱云夫	建筑工程学院	兼职研究员	杭州市人民政府
林梅村	文化遗产研究院	兼职教授	北京大学
陈文华	机械工程学院	兼职教授	浙江理工大学
陈磊江	光电信息工程学系	兼职研究员	宝成公司
赵海涛	海洋学院	兼职研究员	国家海洋局第二海洋研究所
王炜林	文化遗产研究院	兼职教授	陕西省考古研究院

大事记

一月

1月1日　"2014 大学之声——第七届浙江大学新年音乐会"在杭州剧院举行。中共浙江省委书记夏宝龙等省领导,浙大校领导以及浙大师生、校友,各界群众等 1000 余人观看了演出。

1月3日　浙江大学女教授联谊会产生新一届理事会,何莲珍当选为新一届女教授联谊会会长。

1月6日　浙江大学在紫金港校区举行 2013 年度退休教职工荣休典礼,校领导为 216 位退休教职工颁发退休纪念章并合影留念。这是浙江大学首届退休教职工的荣休典礼。

1月7日　香港电视广播有限公司荣誉主席、浙江大学名誉博士邵逸夫先生离世,浙江大学发唁电悼念。

1月10日　浙江大学获 2013 年度国家科技奖励共 11 项,获奖总数为全国高校第一。其中科技进步奖一等奖 2 项,分别是控制科学与工程学系孙优贤院士领衔的"高端控制装备及系统的设计开发平台研究与应用"项目和医学院附属第一医院李兰娟院士领衔的"重症肝病诊治的理论创新与技术突破"项目。浙江大学校友、核武器技术专家、"两弹一星"元勋程开甲获国家最高科学技术奖。

1月11日　浙江大学与天津市滨海新区签署合作协议,双方将共建浙江大学滨海产业技术研究院,以推进浙江大学在天津滨海新区的科技研发及科技成果产业化。

1月17日　浙江大学与欧盟签订"欧盟——中国环境永续发展项目'铅酸电池产业重金属污染防治计划'(ESP 项目)项目"协议书。

1月23日　浙江大学在紫金港校区举行党的群众路线教育实践活动总结大会。

同　日　浙江大学求是潮网站获教育部"第六届全国高校百佳网站"称号和"最佳网络文化奖""最佳视觉效果奖"。

1月24日　浙江大学高分子系高超团队的"'全碳气凝胶'的固态材料"和浙江大学医学院附属第一医院联合香港大学、中国疾病预防控制中心、中国食品药品检定研究院和中国医学科学院协同攻关完成的"首例人感染 H7N9 禽流感病毒疫苗株"入选 2013 年中国十大科技进展新闻。

二月

2 月 10—13 日　浙江大学常务副校长宋永华率领浙江大学代表团对英国伦敦帝国理工学院、伦敦大学学院、伦敦大学亚非学院与爱丁堡大学进行了访问，进一步推动国际校区建设工作。

2 月 13 日　教育学院田正平、人文学院张涌泉受聘为浙江大学文科资深教授。

2 月 26 日　香港浙江大学教育基金会、浙江大学香港校友会换届典礼在香港国际会展中心举行，中国资源交通集团有限公司主席兼执行董事曹忠出任会长。

2 月 27 日　方树福堂基金、方润华基金捐资建设"浙江大学传染病诊治国家重点实验室树华人感染 H7N9 禽流感研究中心"的签约仪式在香港协成行集团举行。方润华先生通过在香港创设的方树福堂基金和方润华基金向浙江大学教育基金会捐赠人民币 300 万元。

2 月 28 日　香港百贤教育基金会、百贤亚洲研究院向浙江大学捐赠 216 万美元，用于浙江大学实施"亚洲未来领袖奖学金计划"项目。

同　日　校长林建华应邀访问香港科技大学，并续签浙江大学——香港科技大学学术交流协议。

三月

3 月 4 日　中宣部公布了第一批 50 名全国岗位学雷锋标兵。数学系教授苏德矿入选。

3 月 5 日　包头市与浙江大学在紫金港校区签约共建浙大包头工业技术研究院。这是浙大与地方政府合作共建的第 8 个工业技术研究机构。

3 月 6 日　浙大出版社的《中国"金钉子"——中国全球年代地层单位界线层型剖面和点位研究》《中国历代绘画大系——明画全集》《〈说文〉三十部五音阴入阳对举谐声谱》、与浙江人民美术出版社合作的《潘天寿全集》4 个项目入选 2014 年度国家出版基金资助项目。入选数创历年之最。

3 月 8 日　浙江大学与中国工程院在北京签约共建"中国工程科技数据和知识技术研究中心"的合作协议。

3 月 13 日　诺贝尔基金会主席 Carl-Henrik Heldin 教授访问浙江大学，并作为启真海外名师大讲堂首场讲座嘉宾，解读了诺贝尔奖的历史、使命和愿景。

3 月 17 日　浙江大学与德国柏林工业大学的校际合作关系三十周年庆典活动在浙大举行。浙江大学校长林建华与柏林工业大学校长 Steinbach 代表两校签订了 2014—2019 校际合作协议。

同　日　浙江大学新增生态学、农业工程 2 个本科专业。

3 月 18 日　浙江大学召开传达贯彻全国"两会"精神会议。会议传达了中共中央总书记习近平、全国人大常委会委员长张德江等中央领导同志的重要讲话和全国"两会"精神。

3月20日　2010年诺贝尔化学奖得主Ei-ichi Negishi教授作客浙大启真海外名师大讲堂,介绍其研究成果。

3月24日　浙江大学与浙江省人民检察院在浙大签订了院校双向交流框架协议。

3月25日　浙大高水平足球队获2013—2014中国大学生五人制足球联赛(CCFL)浙江赛区选拔赛冠军。

同　日　浙江大学获国家机关事务管理局、国家发展改革委、财政部授予的首批"节约型公共机构示范单位"称号。

四月

4月2—6日　浙江大学赴第42届瑞士日内瓦国际发明展览会参展,共获2金4银。

4月8日　英国大学生2014年"体验动感中国"活动在浙大玉泉校区邵科馆开幕。

4月9日　新尚集团董事长兼总经理唐立新先生向浙江大学教育基金会捐赠人民币1500万元,设立"浙江大学教育基金会唐立新教育发展基金"。

4月11日　浙江大学首届学生人文社会科学研究优秀成果奖揭晓,共有33项成果入选。

同　日　浙江大学与陕西省文物局在浙大紫金港校区签署合作协议。

4月13日　浙江大学辩论队获第四届世界华语辩论锦标赛亚军。

4月18日　美国艺术与科学院院士、美国国家科学院院士、中国科学院外籍院士、美国加州大学伯克利分校荣休教授沈元壤受聘为浙江大学名誉教授.

4月20日　浙江大学ICOIN微公益团队在"北极光—清华"第四届全国大学生公益创业实践赛决赛中获金奖和"最受媒体关注奖"。

4月21—25日　浙江大学代表队获(ASC)2014世界大学生超级计算机竞赛总决赛一等奖。

4月25日　校友喻祖洪代表其创办的杭州澳海控股有限公司,向浙江大学教育基金会捐赠1000万元设立"土木建筑规划教育基金"。

4月25—26日　第七届教职工代表大会、第二十一届工会会员代表大会第一次会议在紫金港校区召开。

4月28日　浙江大学皮卫星团队被授予2013年度"全国工人先锋号"荣誉称号。

五月

5月5日　浙江大学发展战略研究咨询会在紫金港校区召开,中国科学院副院长、民盟中央副主席丁仲礼,民盟中央副主席、全国政协常委徐辉,中国工程院副院长谢克昌,中国工程院院士、教育部科技委主任钟掘,中国科学院院士、北京大学原校长许智宏,中国工程院院士李国杰,香港大学原校长徐立之等专家围绕浙江大学人才培养特色、学科战略思路、队伍建设机制、内部治理体系、内涵发展动力等深层次矛盾和问题,把脉建言。会议由中国工程院常务副院长潘云鹤主持。

同　日　英国南安普顿大学校长 Don Nutbeam 访问浙江大学。

5 月 6 日　浙江大学转化医学研究院启用仪式举行。国家"千人计划"入选者孙毅教授受聘担任院长。

同　日　浙江大学与自然出版集团在紫金港校区校友活动中心联合举办新闻发布会，向新闻媒体解读关于 H7N9 禽流感最新的研究发现。

5 月 7 日　浙江大学工业控制技术国家重点实验室教授陈积明获第十届"浙江青年五四奖章"。

5 月 7—9 日　由教育部委托浙江大学承办的第五届亚欧教育部长会议 2014 年中期高官会在杭州召开。

5 月 8 日　耶鲁大学前校长 Coursera、现任 CEO Richard Levin 率团访问浙江大学。

5 月 9 日　国际金圆规奖主席顾托洛专程来中国，向浙江大学教授朱仁民颁发"国际金圆规生态设计特别奖"。

同　日　浙江大学海洋研究院成立暨张海生研究员受聘院长仪式在紫金港校区举行。

5 月 13 日　浙江大学与衢州市签订医学战略合作协议，衢州市人民医院挂牌"浙江大学衢州医院"。

同　日　美国国家科学院、人文科学院院士 Charles R. Plott 教授受聘浙江大学名誉教授。

5 月 15 日　浙大人才引进"百人计划"正式启动，向全球招聘高水平优秀青年学者，并试行教师 Tenure-Track 制。

同　日　中共中央台湾工作办公室、国务院台湾事务办公室主任张志军赴浙江大学调研。

5 月 16 日　浙江大学 2014 年学术年会在玉泉校区邵科馆开幕。首届"启真杯"学生十大学术新成果颁奖典礼在年会上举行。全国人大常委会原副委员长、中国科学院原院长、浙江大学原校长路甬祥出席开幕式，并做了"提升创新设计能力，加快创新型国家建设"的报告。

5 月 16—18 日　浙江大学在浙江省第九届"挑战杯"大学生创业计划竞赛中获 5 个特等奖，10 个一等奖，10 个二等奖，14 个三等奖和优秀组织奖。

5 月 17 日　浙江大学春季特色项目运动会在紫金港、玉泉校区举行。

5 月 18 日　"浙江大学教育基金会紫金港校友发展基金"成立。该基金由校友捐设，总规模为 2000 万元人民币，主要用于学生第二课堂和校友工作的开展。

5 月 20 日　查氏企业集团主席查懋声先生代表查氏集团向浙江大学捐赠 4000 万元人民币，用于紫金港校区西区求是文化建筑群的建造。

同　日　共青团中央书记处第一书记秦宜智在浙江大学调研网络思想引导工作。

5 月 21 日　浙江大学举行建校 117 周年庆祝大会。

同　日　浙江大学—中科院长春光机所"联合培养本科生计划"签约仪式在浙大玉泉校区举行。

5 月 23 日　在第八届 AAC 艺术·中国年度影响力评选颁奖盛典上，浙大出版社出版的《元画全集》获年度艺术出版物大奖。

5 月 23—25 日　浙江省教育工会 2014 年"钟声杯"羽毛球赛在嘉兴举行，浙大代表队以全胜战绩获得高校组冠军。

5 月 26 日　英国巴斯大学校长 Dame Glynis M. Breakwell 教授访问浙大，并作

客启真海外名师大讲堂。

　　同　日　浙江大学代表团访问印尼、泰国,推动与东盟国家在海洋方面的合作交流。

　　5月27日　博士研究生徐海亮当选"最美青春——浙江省第一届感动校园人物"。

　　同　日　浙江大学与中国建设银行在浙大紫金港校区签署全面战略合作协议。

　　5月24—30日　浙江大学网球队获浙江省第十四届大学生运动会网球赛甲组所有项目金牌。

　　5月30日　《浙江大学学报(人文社会科学版)》两年及五年影响因子跃居全国综合性学报第一,并入选"2014中国国际影响力优秀学术期刊"榜单。

六月

　　6月3日　浙江大学与日本富士电机控股株式会社在紫金港校区签约成立"浙江大学—富士电机合作中心"。

　　6月5日　浙江大学航空航天学院教授、国家自然科学基金委主任、中国科学院院士杨卫获浙江大学"竺可桢奖"。

　　6月6日　环境与资源学院退休教师王人潮教授向浙江大学教育基金会捐赠50万元设立"浙江大学环资学院王人潮教授奖学金"。

　　6月8日　浙江大学与浙江省档案局签署合作协议,双方将在浙江历史档案资源整理研究等领域开展合作。

　　6月11日　浙江大学在紫金港校区召开学科与人才队伍建设动员大会,部署2014—2017年学科与人才队伍建设工作。

　　6月12日　美国艺术与科学院院士罗泰(Lothar von Falkenhausen)受聘为浙江大学名誉教授。

　　同　日　浙江大学在全国武术套路锦标赛中获5块金牌。

　　6月15日　浙江大学第三十一次学生代表大会举行。

　　6月13日　浙江大学与中国农业银行股份有限公司浙江省分行在杭州新签合作协议。浙江省农行还向浙大教育基金会捐赠人民币100万元。

　　6月16日　心理与行为科学系教授龚浩然、黄秀兰夫妇向浙江大学捐赠首期人民币80万元,专项用于支持设立"浙江大学龚浩然维果茨基研究出版基金"。同时向图书馆捐赠了500多册有关维果茨基研究的专业书籍。

　　6月19日　2013年诺贝尔化学奖得主Michael Levitt教授受聘浙江大学名誉教授。

　　6月20日　诺贝尔经济学奖得主Lars Peter Hansen教授作客浙大启真海外名师大讲堂。

　　6月23日　浙江大学召开大会表彰2014届主动赴西部就业毕业生。本期毕业生共有206人赴西部地区就业。

　　同　日　陈香梅数字馆开幕,并视频连线共庆陈香梅90岁寿辰。

　　6月24日　浙江大学与浙江省计量科学研究院、国家海洋二所签约共建浙江省海洋产业计量测试中心。

　　6月23—25日　校长林建华赴澳大利亚首都堪培拉出席第18届环太平洋大学联盟(Association of Pacific Rim Universities,简称APRU)校长年会。

　　6月27日　浙江大学在紫金港校区庆

祝中国共产党成立93周年。

6月28日 浙江大学授予香港永新企业有限公司副董事长曹其镛先生"浙江大学名誉校董"。

6月30日 位于海宁市区鹃湖湖畔的浙江大学国际联合学院（海宁国际校区）开工，规划总占地1200亩，这是浙江省目前最大的国际联合办学项目。校区建设工程计划于2017年8月竣工交付使用。

七月

7月1日 美国工程院院士Kaushik Rajashekara受聘为浙大求是讲座教授。

同 日 在浙江省高校第八届青年教师教学技能竞赛活动中，浙大参赛选手梁君英、郑春燕、汪凯巍、仝维鋆、张萌5人获特等奖，胡吉明获一等奖。

7月3日 *Nature*杂志在"Research Highlights"栏目以"Rice pollen goes the distance"为题重点介绍浙大农业与生物技术学院陈学新教授团队有关访花昆虫能长距离传播水稻花粉并促进水稻异花授粉的最新研究成果。

7月4日 浙江大学与杭州市联合召开市校战略合作促进委员会第十次会议。

同 日 "中国文化走出去协同创新中心——中国图象整理与研究创新平台"在浙大紫金港校区揭牌。

7月5日—16日 浙江大学2014年赴美国硅谷暑期社会实践团在美国开展了为期10天的创业教育与实践活动。

7月7日 人力资源社会保障部办公厅下发通知，浙江大学被确立为第四批国家

级专业技术人员继续教育基地。

7月15日 《浙江大学章程》经教育部第22次部务会议审议通过，予以核准并实施。

7月17日 第十四届全国大学生游泳锦标赛落幕。浙江大学共摘得4金1银1铜。

7月17—24日 浙江大学定向队在2014年全国学生定向锦标赛中获男子团体总分第一。

7月18—19日 浙江大学举行浙江大学—帝国理工日（ZJU-Imperial Day）。期间，两校共建的应用数据科学联合实验室揭牌。

7月21日—28日 浙江大学网球队在第十九届全国大学生网球锦标赛中获2银2铜。

7月23日 浙江大学首次参加由中国大学生体育协会跆拳道分会主办的中国大学生跆拳道锦标赛，获得男子甲组74kg级冠军。

同 日 医学院李兰娟院士团队在《自然》上在线发表最新微生态科研成果"肝硬化中肠道菌群的改变"，共同通讯作者为郑树森院士，第一作者为秦楠博士。

7月25日 在巴西举行的2014年全球顶尖机器人足球比赛——机器人世界杯（RobCup）上，浙江大学ZJUNlict队获小型组（Small Size League）冠军。

八月

8月4日—7日 "金川"杯第七届全国大学生节能减排社会实践与科技竞赛在昆

明理工大学举办,浙江大学获特等奖1项、一等奖5项、二等奖2项、三等奖3项和优秀组织奖。

8月20日 浙江大学"挑战杯"获奖作品"细胞传感器科技创新团队"获首批全国大学生"小平科技创新团队"称号。

8月21—23日 由教育部主办的第九届全国大学生"飞思卡尔"杯智能汽车竞赛全国总决赛在成都电子科技大学举行,浙江大学获电磁组、摄像头组2项一等奖。

8月29日 浙江大学光华法学院郑春燕获全国高校青年教师教学竞赛人文组第一名。

九月

9月1日 浙大举行2014级本科新生开学典礼。本期报到新生共5839人。

9月2日 浙大基础医学院被人力资源社会保障部、教育部授予"全国教育系统先进集体"称号。

9月4日 浙江大学共11个项目获教育部2014年国家级教学成果奖,其中一等奖1项、二等奖10项。

9月8日 数学系教授苏德矿获浙江大学"心平奖教金",奖金100万元人民币。

9月9日 浙江省政协主席乔传秀来浙江大学看望浙大省政协委员并召开座谈会。

9月11日 美国十万强基金会(100K Strong Foundation)及瑟古德·马歇尔学院基金会(Thurgood Marshall College Fund)代表团访问浙大。

9月13日 香港中银国际副董事长林

广兆先生、金龙科技集团董事局主席胡国赞先生向浙大教育基金会捐赠1000万元人民币设立专项奖学金。

9月18日 台湾佛光山开山星云大师受聘为浙江大学名誉教授,并作客浙大启真海外名师大讲堂。

9月21日 浙江大学2014级研究生开学典礼在紫金港校区体育馆举行。本期新生共5839人。

9月22日 在韩国仁川举行的第17届亚洲运动会武术项目男子南拳南棍全能比赛中,代表中国武术队出赛的浙大教育学院2012级本科生王地摘得该项目金牌。

同　日 浙江大学国际海洋土木工程研究中心在紫金港校区成立。

同　日 数学系教授苏德矿获浙江省第一届"最美教师"称号。

9月26日 2013年度中国科技论文的统计结果发布。浙江大学6篇论文入选百篇最具影响的国际学术论文,入选数列C9高校第一;表现不俗论文数、国际论文十年被引篇次、各学科领域高影响力期刊论文数等,继续保持全国高校首位。

9月27日 "创青春"全国大学生第九届"挑战杯"创业大赛专项赛决赛在湖北举行,浙大选送的4支创业团队均获金奖。

9月29日 浙江大学在紫金港剧场集会,庆祝中华人民共和国成立65周年。

9月30日 浙江海拓环境技术有限公司董事长楼洪海向浙江大学教育基金会捐赠100万元设立"浙江大学环资学院海拓奖学金",用以激励学院学子成长成才。

同　日 "浙江大学—帝国理工学院联合培养研究生项目"被国家留学基金委确定为首批创新型人才国际合作培养资助项目。

同　日 浙江大学在杭州凤凰山北麓

的于子三烈士墓前举行公祭活动。

十月

10月2日 在韩国仁川举行的第17届亚运会男子4×100米接力决赛中,浙大教育学院体育学系2012级运动训练专业本科生谢震业与队友苏炳添、陈时伟、张培萌一起以37秒99的成绩夺冠并打破亚洲纪录。

10月9日 校长林建华出席2014一流大学建设系列研讨会暨中国大学校长联谊会,并做了题为"全球视野下创新创业人才培养"的主旨报告。

10月11日 依托于浙江大学的中国创新设计产业战略联盟在杭成立。路甬祥院士当选为第一届理事会会长,潘云鹤院士当选为理事长。

10月18日 浙江大学与中国棋院签订棋类项目共建战略合作协议。

10月19日 欧洲浙江大学校友会联谊会正式成立,首届年会在比利时首都布鲁塞尔举行。这是浙大首次建立的洲际校友会。

10月21日 浙江大学"煤炭分级转化清洁发电协同创新中心"和"感染性疾病诊治协同创新中心"入选国家"2011计划"。

同 日 香港儒释道功德同修会会长黄维溢先生向浙江大学教育基金会捐赠人民币1000万元,用于支持浙江大学哲学系"东部道藏"研究和筹建相关国学研究院。

10月22日 环境与资源学院副教授梁新强以共同第一作者身份在世界著名学术期刊 Nature(《自然》)上在线发表论文 Productivity limits and potentials of the principles of conservation agriculture（Doi 10.1038/nature13089）(保护性耕作对农业生态系统生产力维持的局限),首次全面阐释保护性耕作对农业可持续生产力的全球影响效应。

同 日 澳大利亚西澳大学校长Paul Johnson率代表团访问浙大,并与浙江大学校长林建华共同续签了两校合作备忘录。

10月24日 浙江大学下发《中共浙江大学委员会 浙江大学关于印发〈浙江大学进一点加强学科与人才队伍建设的实施方案〉的通知》(党委发〔2014〕98号)。

同 日 世界大学网络(简称WUN)首席执行官John Hearn教授访问浙大。

同 日 德国慕尼黑大学代表团访问浙大,两校签署了合作备忘录。

10月24—25日 浙江大学2014年运动会在紫金港校区举行。

10月25日 浙江大学宣布"意念控制机械手"研制成功。

10月26日 浙江大学从1988年至今的连续四任校长:路甬祥、潘云鹤、杨卫、林建华同时出席在杭州举行的中国城市学年会。

10月28日 浙江大学亚洲青年交流中心大楼正式启用。该大楼由香港永新企业有限公司副董事长曹其镛先生捐资2000万元人民币建造。

10月29日 诺贝尔化学奖得主Jean-Marie Lehn教授访问浙大,为浙大师生做了题为"从物质到生命:化学? 化学!"的报告。

10月30日 第六届(2014)杭州网络文化节暨网络文明进校园活动在浙江大学玉泉校区启动。

10 月 31 日 浙江大学首家异地附属医院——附属第四医院于义乌市开业。

同 日 浙江大学龙泉分校办学 75 周年纪念暨"美丽龙泉"走进浙大活动在紫金港校区举行。

10 月 30 日—11 月 1 日 第一届西湖国际光电子论坛暨博士生学术论坛在浙江大学玉泉校区进行。论坛期间,浙江大学光子学与技术国际联合实验室宣布成立。

十一月

11 月 4 日 浙江大学选送的 6 支参赛队在 2014 年"创青春"全国大学生创业大赛决赛中获 4 块金牌、2 块银牌及"优胜杯"。

11 月 5 日 浙江大学学生心系西部协会凭借"成熟支教模式"项目获第三届中国大学生社会公益奖金奖。

11 月 6 日 浙江大学高新材料化学中心彭笑刚课题组和金一政课题组解决了载流子平衡注入的难题,设计出一种新型量子点发光二极管(QLED),其研究成果的第一篇论文以 Solution-processed, high-performance light-emitting diodes based on quatumdots(基于溶液工艺的高性能量子点 LED)为题在 Nature《自然》杂志上发表。论文的第一作者为材料科学与工程学院 2012 级博士研究生戴兴良。

11 月 7 日 浙江大学获第七届全国大学生海洋知识竞赛总决赛一等奖。

11 月 10 日 宁波方太集团名誉董事长茅理翔向浙江大学教育基金会捐赠 2000 万元,支持设立"浙江大学管理学院企业家学院"。

11 月 12 日 浙江大学文化遗产研究院科技考古中心团队宣布:仿真重建的敦煌 220 号石窟竣工。

11 月 18 日 由浙江大学和中国工程院教育委员会联合主办的"工程教育改革与发展国际研讨会暨第九届科教发展战略论坛"在浙大举行。

11 月 21 日 中共中央政治局常委、国务院总理李克强考察浙江大学,寄语浙大学子:创业要靠创新才能实现。

11 月 23 日 浙大西迁办学 75 周年纪念会在湄潭举行。常务副校长吴朝晖在纪念大会上为"浙江大学湄潭现代农业示范园产学研基地"授牌。

11 月 25 日 在中国教育和科研计算机网(CERNET)第二十一届学术年会上,浙江大学因在 CERNET 二十年建设中的突出贡献而获表彰。

11 月 26 日 联合国教科文组织中国创业教育联盟在杭成立,并落户浙江大学。

11 月 28 日 浙江大学情绪智能(EQ)发展研究中心成立。

同 日 浙江大学郑州技术转移中心在河南省郑州市成立。

11 月 30 日 由龙泉市档案局和浙江大学地方历史文书编纂与研究中心合编的《龙泉司法档案选编》第二辑,由中华书局正式出版发行。

十二月

12 月 5 日 由浙江大学与国土资源部合作共建的"浙江大学土地与国家发展研究院"在浙江大学紫金港校区成立。

12月8日　浙江大学包头工业技术研究院在内蒙古包头市揭牌成立。

12月10日　浙江大学发文成立浙江大学"一带一路"合作与发展协同创新中心。

12月11日　1985年普利策国际新闻报道奖得主Josh Friedman教授做客启真海外名师大讲堂，为浙大师生做了题为"西方新闻危机"的报告。

12月12日　首届中外音乐节在紫金港校区举行。

同　日　浙江大学与普洱市人民政府在浙江大学紫金港校区签署合作框架协议。

12月16日　建工学院博士研究生黄博滔、化工系博士研究生钱锦远、传媒学院硕士研究生纪盈如获得2013—2014年度"百人会英才奖"。该奖自2005年设立至今，浙大共有19人获此殊荣。

12月18日　浙江大学第一艘教学实习船——"紫金港"号在嘉兴市下水。

12月19日　浙江大学e-WORKS创业实验室启动仪式暨"移动互联网时代的大学生创业"主题分享会在浙大玉泉校区正式举行。

同　日　浙江大学发文成立浙江大学人文高等研究院。

12月23日　《浙江大学综合改革方案》经国家教育体制改革领导小组办公室批复同意备案。

同　日　浙江大学与中国交通建设股份有限公司开展全方位合作，双方就联合成立"中国港湾——浙江大学教学科研实习基地"签署协议。

同　日　浙江大学与扬州市人民政府在浙大紫金港校区签订新一轮合作协议。

12月20日　2014年"新尚杯"高校大学生创业邀请赛全国总决赛在浙江大学紫金港校区举行。

12月20—31日　浙江大学举行首届学生节。学生节主题为"健康、快乐、成长、梦想"。

12月31日　浙江大学学生科技文化展在紫金港校区举行。

同　日　浙江大会举行优秀学生表彰大会。

同　日　"石头剪刀布"成果入选《麻省理工科技评论》年度最佳（Best of 2014）和BBC"2014年度科技新闻亮点"（The science news highlights of 2014）。

浙江大学年鉴